Reconciliación

JUAN CARLOS I

RECONCILIACIÓN

Memorias

Con la colaboración de Laurence Debray

Planeta

Obra editada en colaboración con Editorial Planeta – España

Título original: *Réconciliation*

© de la traducción del francés, Elisabeth Burgos y Karin Taylhardat, 2025
Diseño de portada: Planeta Arte & Diseño
Fotografía de portada: © Fundación Alberto Schommer, VEGAP, Barcelona, 2025. Fotografía: © EFE
Composición: Realización Planeta

Bajo el sello editorial PLANETA M.R.
Avenida Presidente Masaryk núm. 111,
Piso 2, Polanco V Sección, Miguel Hidalgo
C.P. 11560, Ciudad de México
www.planetadelibros.us

Primera edición impresa en esta presentación: diciembre de 2025
Segunda reimpresión en esta presentación: marzo de 2026
ISBN: 978-607-39-3814-3

Impreso en los talleres de Impregrafica Digital, S.A de C.V.
Avenida 11 463, interior Bodega 2
Colonia San Nicolas Tolentino, C.P. 09850
Iztapalapa , CDMX
Impreso y hecho en México - *Printed and made in Mexico*

A mis padres,
a mi hermano y mis hermanas,
a mi mujer,
a mis hijos,
a mis nietos
y a todos aquellos que me acompañaron en la Transición

Índice

Tercera parte
Cuando yo no era nadie

Cuarta parte
Cambié España... a pesar de todo

Quinta parte
La configuración del prestigio de España

Sexta parte
Mis renuncias

Séptima parte
Mi diario de Abu Dabi

Preámbulo

Mi padre siempre me aconsejó que no escribiera mis memorias. Los reyes no se confiesan. Y menos públicamente. Sus secretos permanecen sepultados en la penumbra de los palacios.

¿Por qué le desobedezco hoy? ¿Por qué he cambiado de opinión?

Siento que me roban mi historia.

Ya se han publicado muchas biografías sobre mí, pero en ninguna me reconozco plenamente. En los últimos años, las interpretaciones erróneas y las falsas verdades acerca de mi vida han ido creciendo. Van dirigidas a mi persona —es el tributo que paga todo personaje público—, pero, sobre todo, apuntan hacia la institución democrática de la Corona de España. La misma por la que luché con todas mis fuerzas tras casi cuarenta años de dictadura. La que defendí, frente a las armas, cuando el intento de golpe de Estado el 23 de febrero de 1981. La que siempre quise constitucional, social, moderna y europea. La misma que hoy atacan algunos partidos políticos populistas, de extrema izquierda, de extrema derecha o independentistas, que se proponen disgregar el país, y que pretenden hacer ver que la transición de un régimen autoritario a otro democrático se produjo «de manera espontánea». ¡Como si la historia solo pudiera avanzar en la buena dirección! Son los mismos que no tendrían ahora la libertad de criticarme si yo no hubiera luchado antes contra viento y marea para conquistar esa libertad. Olvidamos que España, en 1975, era el último bastión de la autocracia occidental. A la muerte del general Franco, el temor a una segunda guerra civil era muy real.

Los de mi generación recuerdan haber crecido en un país encerrado en sí mismo, subdesarrollado en infraestructuras y economía, desdeñado por sus vecinos e ignorado por el resto del mundo, a pesar de la especial relación del régimen con Estados Unidos. En veinte años, en menos de una generación, el rostro de España se transformó totalmente. Y eso es lo que hicimos, sin descanso, todos unidos tras un mismo sueño, un mismo objetivo, por una nueva España. Esta es la obra de mi vida, la que quiero explicar y defender aquí. Mi prioridad fue la continuidad y la estabilidad de las instituciones políticas, incluso después de mi abdicación. He consagrado mi destino a la proyección internacional del país. En un momento en el que la democracia retrocede en el mundo, en que el autoritarismo y el populismo se imponen con fuerza, es urgente recordar cuán necesario es preservar los principios democráticos. Nada está garantizado: las instituciones que hemos construido y que creemos sólidas pueden tambalearse bajo el yugo de políticos sin escrúpulos, más preocupados por su poder personal que por su país. En España, como en cualquier otro lugar, debemos permanecer alerta. El momento es crítico.

En pleno verano de 2020, abandoné el Palacio de la Zarzuela rumbo a Abu Dabi. Nadie sabía nada. Es poco habitual que un jefe de Estado europeo —pese a que yo, tras abdicar seis años antes en favor de mi hijo Felipe, ya no ejercía como tal— decida expatriarse. Ninguna guerra, ningún proceso judicial me obligaban a hacerlo. Ante la presión de los medios de comunicación y del Gobierno tras la revelación de la existencia de una cuenta bancaria en Suiza y las acusaciones totalmente infundadas de comisiones, decidí marcharme para no obstaculizar el buen funcionamiento de la Corona ni ser un obstáculo para mi hijo en el ejercicio de sus funciones de soberano. Pensaba alejarme unas semanas, como mucho, para que se olvidaran de mí los medios de comunicación, y dejar que los tribunales de justicia, en España y en Suiza, llevaran a cabo sus investigaciones con total tranquilidad. No imaginaba que cinco años después, dos de ellos sin regresar a mi país, seguiría en Abu Dabi.

Verse forzado al desarraigo y al aislamiento al final de la vida no es fácil. Estoy resignado, y me hiere un sentimiento de abandono. No puedo contener la emoción cuando pienso en determinados miembros de mi familia para quienes ya no importo y, sobre todo, en España, a la que tanto echo de menos. Hay días de abatimiento y de vacío. Vivo sin perspectivas, sin saber si algún día podré volver a establecerme en mi país. A pesar de que todas las causas judiciales han sido sobreseídas, y no se me ha imputado nada. Contra viento y marea, me mantengo en pie. Por instinto de supervivencia, por fuerza de carácter. Pese a mis problemas de movilidad y los múltiples intentos de desacreditarme.

Desde que nací, no he sido dueño de mi destino. Aún hoy, debo cumplir con los deseos de la Casa Real y del Gobierno actual. Al final, mi vida ha estado dictada por las exigencias de España y del trono. Devolví la libertad al pueblo español al instaurar la democracia, pero nunca pude disfrutar de esa libertad para mí. Ahora que mi hijo, por deber, me ha dado la espalda, que mis supuestos amigos han desaparecido, me doy cuenta de que nunca he sido libre. Antes no quería admitirlo y tampoco le prestaba atención: estaba demasiado ocupado haciendo de la Corona de España un motor de modernidad y prosperidad. Hoy no puedo más que constatarlo, con pesar.

Unas semanas después de mi llegada a los Emiratos Árabes Unidos, me sometí a mi vigésima operación quirúrgica. Había que reemplazar la prótesis de mi rodilla derecha. Fue otra prolongada y dolorosa hospitalización. Me beneficié de la inigualable ayuda y acogida del jeque Mohamed bin Zayed, gobernante de los Emiratos Árabes Unidos, a quien me une una estrecha relación de amistad que se remonta a su padre, el jeque Zayed, fundador del país hace unos cincuenta años. Desde los años setenta, gracias a mis múltiples viajes y encuentros, he forjado vínculos perdurables y sinceros con los jefes de Estado de la región, que me tratan como a un hermano o a un padre. Unos meses después de mi operación, a la que siguió una dolorosa convalecencia, y pese a todas las precauciones, contraje el covid. Muchos de nosotros hemos sufrido este calvario, y millones de personas en todo el mundo han fallecido a causa de él.

Dada mi edad, ochenta y cuatro años, y mi frágil estado de salud desde hacía unos diez años, me asusté. Tuve mucho miedo de desaparecer sin haber sido capaz de contarlo todo, de explicarlo todo.

Después de tantas pruebas, morales y físicas, me retiré a serenarme en el desierto emiratí. Necesitaba paz, vacío, silencio. Pasé mucho tiempo mirando las estrellas, y vi desfilar mi vida. Desde mi nacimiento en el exilio en Roma hasta las pruebas que afronté para llegar a ser un rey democrático, pasando por mis fracasos y mis satisfacciones, todas relacionadas con España y por España. Ahora estoy lejos de mi patria, pero mi corazón permanece firmemente anclado en ella. Fue allí, en la tranquilidad del desierto, donde sentí el apremio de las confidencias, la necesidad de la verdad. Y eso que nunca me ha gustado hablar de mí. El jeque Mohamed bin Zayed también me animó mucho a hacerlo.

En nuestra familia ni lloramos ni nos quejamos. Nos educaron en la modestia y en el rigor. Tomamos la vida como viene, con sus alegrías y sus penas, ya sea en el exilio o en el Palacio de la Zarzuela de Madrid. No hablamos de lo que sentimos, ni de nuestros actos. Hemos sido educados para servir a nuestro país, para cumplir con nuestras obligaciones, para someternos al servicio de una causa y de una agenda milimetrada. Eso es lo que he intentado hacer lo mejor que he podido. Y sin embargo... me siento relegado. ¿Qué me queda? Me quedan los recuerdos de una vida sin igual. ¿Y si mi testimonio pudiera ser útil para ayudar a la gente a comprender nuestra historia, nuestro país? Antes de que otros se apoderen de él para falsificarlo, antes de que me traicione la memoria, antes de que me fallen las últimas fuerzas, quiero contar mis aventuras, mis pesares, mis logros. Porque siempre me he tomado la vida como una sucesión de peripecias. Aunque nunca imaginé que la última sería la más amarga.

Me dispongo a contar, por primera vez, las batallas de mi vida. Las batallas que he librado para transformar España. Soy el único soberano con poder absoluto que ha garantizado la democratización de su país, rápida y pacíficamente, bajo la mirada en un principio recelosa de los observadores internacionales y de una mayoría de españoles; que renunció a su preeminencia y la devolvió a sus ciudadanos, gracias a la Constitución de 1978; que en los años ochenta restituyó a España en la escena política, económica, cultural, europea e internacional, tras medio siglo de aislamiento y dictadura. Con la ayuda extraordinaria de una generación de españoles y de políticos, forjamos un país dinámico. Estos recuerdos me llenan de orgullo, pero la nostalgia es traicionera. No me engaño a mí mismo. También he cometido errores de juicio en mi vida privada. Por amor y por amistad. Por exceso de confianza y también de ceguera. Lo admito y me arrepiento. He tenido mis debilidades. Es cierto, he tenido relaciones que han resultado perjudiciales y he recibido regalos que a algunos les pueden parecer inapropiados. Se me ha acusado de muchas faltas, e incluso de haberme enriquecido con supuestas comisiones, sin ninguna prueba, sin ningún fundamento. No voy a rehuir estas calumnias. Nunca he pretendido ser un santo, pero he hecho todo lo que he podido por España y no he fallado como rey constitucional.

¿Acaso ha llegado la hora de hacer balance, de hablar

con mi propia voz? La Casa Real solo se comunica mediante comunicados oficiales. Los discursos del Rey son revisados por el Gobierno. Pero ¿acaso no me he ganado el derecho de expresar libremente mi voz? Mis nietas, Leonor y Sofía, pasaban a veces a verme de camino al despacho de su padre. Era solo un instante, pero era un momento festivo y delicioso. Añoro sus risas. ¿Tal vez algún día se interesarán por la vida de su abuelo?

Evidentemente, estas no son unas memorias exhaustivas. Cuando dejé el Palacio de la Zarzuela, donde he vivido más de sesenta años, no pensé en llevarme mis archivos familiares, mis álbumes de fotos o mis notas. Estos son mis recuerdos. Como diría Ortega y Gasset, «el hombre no tiene naturaleza, lo que tiene es historia». He aquí mi testimonio para la historia. He aquí lo que me queda, en el atardecer de mi vida.

PRIMERA PARTE

EN LA SOLEDAD DEL DESIERTO

1

A mi pesar

Salí del Palacio de la Zarzuela la mañana del domingo 2 de agosto de 2020. Sin avisar a nadie.

Dejé la casa donde fundé mi familia, donde construí la democracia española, donde recibí a jefes de Estado de todo el mundo y a los presidentes de Gobierno de España. Como los intereses de la Corona deben estar siempre por encima de cualquier consideración personal, resolví marcharme.

La educación que recibí me obliga a ocultar mis emociones, pero aquel día fue difícil contener mi desconcierto. Tenía el corazón roto. Estaba abrumado como pocas veces lo he estado. Por supuesto que había cometido errores. Desde ese momento, fui objeto de una histeria mediática, un estorbo para el buen funcionamiento de la Corona y una decepción para mi hijo, el rey Felipe. No podía contar con ninguna ayuda de la Casa Real, ninguna atención, ningún apoyo. Llevaba semanas dándole vueltas a esta decisión. No veía otra alternativa.

Las grandes decisiones que debí asumir durante mi reinado siempre las tomé solo, en la penumbra de mi despacho. Asumo la entera responsabilidad. Al heredar los plenos poderes del general Franco en 1975, todo lo que ocurría en el país recaía sobre mis hombros. Tenía treinta y siete años y era el jefe de Estado más joven del mundo con un total poder de mando. Fue un cargo que asumí con serenidad, aunque reconozco que hubo momentos de gran tensión. Se dice que tuve intuición política. Tal vez, en efecto, tengo olfato para ello, o simplemente sentido común. Pero nada se logra sin determinación, firmeza y audacia. Y estas iniciativas o arbitrajes se adoptan en solitario. El poder sigue siendo un ejercicio en el que el entorno se agita, los asesores, o los que pretenden serlo, van y vienen, pero al final solo hay una persona que decide, actúa y avala. No hay que permitir que el temor, el cansancio o el desánimo se interpongan en el camino del discernimiento. Una vez más, es con la cabeza fría que decidí abandonar España.

Tras mi abdicación en 2014, me propuse ceder el protagonismo a mi hijo y optar por la discreción en España. Incluso pensé en trasladarme a otro país. Al final, viajé todo lo que pude, hasta el extremo de pasar, en 2016, doscientos diez días en el extranjero. La prensa no se preocupó en su momento. Yo estaba encantado de que me invitaran a todas partes del mundo. Forjé amistades cosmopolitas en los ámbitos más diversos. Por fin podía aceptar las invitaciones de mis amigos y verlos con tranquilidad, disfrutando de una vida privada y libre, exenta de toda obligación oficial. Sin embargo, seguía a disposición de la Corona y mi hijo me convocaba de vez en cuando para que representara a España en un traspaso de poderes de un jefe de Estado, una entrega de premios o un acto en el extranjero al que él no podía asistir. El funeral de Fidel Castro, la inauguración del nuevo canal de Panamá, la firma de los acuerdos de paz en Colombia... Cuando era príncipe de Asturias, le correspondía a él reemplazarme. Los papeles se habían invertido. Durante esos años al margen, lo ayudé siempre que me lo pidió. Hasta que me falló la salud. Nadie se atreve a decir que esos actos oficiales son agotadores: el programa es intenso y cronometrado, y la agenda la organizan otros. Se nota sobre todo cuando se tienen más de ochenta años y mis problemas de movilidad. Al final, es una existencia que no te pertenece. En mayo de 2019, me retiré completamente de la vida oficial después de ciento veinte ceremonias oficiales, una treintena de discursos y nueve viajes oficiales en cuatro años. ¡Hasta los reyes tienen derecho a jubilarse!

Me habría gustado llevar una existencia nómada, manteniendo España como mi puerto de base. Me gusta cambiar de entorno, adaptarme a contextos diferentes, vivir nuevas experiencias, descubrir nuevos países y nuevas gentes. No busco destinos lujosos, busco la sorpresa de un encuentro, la risa de un amigo, la revelación de un lugar. Nunca me quedo mucho tiempo en el mismo sitio. Viajar me mantiene en movimiento, estimulado. No conozco el sabor de la permanencia, de lo inmutable, como ciertos reyes que nacieron en un palacio, y han trabajado y morirán en ese mismo palacio. Probablemente, mi hijo tendrá el privilegio de ese destino, y me alegro por él. De hecho, lo veo como un logro personal: nada ha sido más importante para mí que poder asegurar la continuidad de la monarquía. Felipe nació en el Palacio de la Zarzuela, creció en el palacio y, aparte de los años que pasó estudiando en Canadá y Estados

Unidos, ha vivido en el palacio, en un entorno estable, metódico y confortable. Mi destino se forjó de otra manera. Nací en el exilio en Roma, crecí entre Suiza y Portugal y luego fui a estudiar a España, sin saber si ocuparía algún día un papel al frente de la jefatura del Estado. Viví las mudanzas constantes e imprevistas, la falta de dinero, la hostilidad y el desprecio de algunas personas, el valor de la amistad. ¿Optaría por seguir la carrera militar? ¿El régimen del general Franco me dejaría gobernar? ¿Iba a tener que reunirme con mi padre y vivir exiliado a su lado en Estoril? Todo era posible. Me veo como un equilibrista, en el filo de la vida, afrontando tormentas, riesgos y tambaleos. Me abrí camino en la incomodidad del exilio, en la precariedad de ser finalmente considerado como un huésped en España. No albergo resentimiento por ello. No tengo un temperamento nostálgico. No soy un rey con una existencia banal, «normal», con sus ventajas e inconvenientes, con los estigmas y las fragilidades que ello conlleva.

2

¿Dónde está mi hogar?

Muchas veces les decía a mis tres hijos, Elena, Cristina y Felipe, que el Palacio de la Zarzuela no nos pertenecía, que bien podríamos estar de paso, que no teníamos casa propia ni en España ni en ningún otro lugar. La Familia Real española es la única Familia Real reinante en el mundo que no posee una propiedad privada, pese a que en el siglo XVIII era una de las más ricas del mundo. Mi abuelo, Alfonso XIII, se exilió en 1931, dejándolo todo atrás. Mi padre, don Juan, vendió a las autoridades locales los dos palacios en mal estado que el régimen franquista le había devuelto, al no poder costear las reparaciones ni el mantenimiento: el Palacio de Miramar, en las colinas de San Sebastián, encargada la construcción por la reina María Cristina, esposa de Alfonso XII, que solía ir allí a veranear, y el Palacio de la Magdalena, en Santander, residencia de verano de mis abuelos. Franco me cedió el usufructo del Palacio de la Zarzuela en 1960. Era la única residencia disponible a escala humana, a la que nosotros llamábamos «palacio», pero que en realidad era un pabellón de caza. Lo hizo restaurar para que yo me instalara cerca de su residencia, el Palacio del Pardo, que en el siglo XVIII fue la residencia de invierno de mi antepasado Felipe V, nieto del rey Luis XIV y el primer Borbón en el trono español. Viví en la Zarzuela como soltero y luego formé allí mi familia. Después de casarme con Sofi en Atenas, primero vivimos en la Villa Psijicó, puesta a nuestra disposición por mi suegro, el rey Pablo. Luego nos instalamos en Madrid, en la Zarzuela, que se convirtió en nuestra residencia privada antes de pasar a ser la sede de la jefatura del Estado.

En Grecia, tras el golpe de Estado de los coroneles en 1967, a la Familia Real de ese país se la despojó de todos sus bienes. Sofi, apartada de su país natal, regresaría a los bellos paisajes del Mediterráneo gracias a nuestras escapadas estivales en Palma de Mallorca. A partir de 1974, empezamos a pasar la Semana Santa y el verano en el Palacio de Marivent, una casa construida en los años veinte por el pintor griego Juan de Saridakis, y cedida en 1966 por su viuda a las Islas Baleares. Marivent significa «mar y viento» en catalán, lo que describe a la perfección este gran edificio de estilo típicamente mallorquín, cuya fachada blanca está cubierta de hiedra, del lado interior, y domina los acantilados cubiertos de pinos, del lado del mar. Dos plantas están dedicadas a habitaciones, lo que me permitía recibir a muchas personalidades y jefes de Estado; solíamos reunirnos en la terraza cubierta, convertida en comedor. La piscina construida en la parte baja hacía las delicias de mis hijos. Los hermosos jardines mediterráneos están ahora abiertos al público cuando la familia se ausenta.

Desde mi abdicación, solo he estado allí una vez, en 2018, a petición de la Casa Real, que quería mostrar la unidad y la armonía de la Familia Real. Resultó ser un desastre. La reina Letizia, mi nuera, se enfadó con Sofi delante de las cámaras, al salir de la misa de Pascua. Los montajes de los comunicadores no consiguen milagros. Creo más en la espontaneidad y en la veracidad. Yo no quería ser una molestia para mi hijo y su familia, aunque las dependencias de la casa permiten vivir de forma independiente. Además, ya no disponía del *Fortuna*, mi yate, vendido por motivos presupuestarios. Después de una decena de años en servicio, las reparaciones eran demasiado costosas y sustituirlo era impensable.

Lo que me encantaba de Palma era salir al mar, no quedarme encerrado en casa. Iba a tomar el café de la mañana al restaurante de mi leal y discreto amigo Miguel Arias, cerca del puerto, y luego me hacía a la mar. Cuando recibía a dignatarios extranjeros los llevaba conmigo a navegar: Bush padre, Clinton, Gorbachov, Carlos y Lady Di, la reina Isabel II, el rey Balduino de Bélgica, Huséin de Jordania... La lista es extensa. Es algo que ha contribuido a hacer de Palma un destino de moda, con un enorme crecimiento en términos turísticos desde mi primera visita. Descubrí Palma en 1969, cuando fui a participar en una regata. Me alojaba entonces en un hotel y pude ver el potencial de la isla. Cuarenta años después, pasé página. Dejé Palma en la cúspide, como uno de los principales destinos veraniegos de Europa. Ahora le corresponde a mi hijo seguir promocionando la isla, recibiendo a jefes de Estado y participando en la competición de vela, la Copa del Rey. Sofi sigue pasando allí todos los veranos, con la mayor discreción, con su hermana, la princesa Irene. Está muy apegada a los lugares que le recuerdan su infancia. Nada la hace más feliz que recibir allí a todos sus nietos y a su familia griega.

Mi amigo el rey Huséin de Jordania me regaló en 1989 la residencia de La Mareta, una magnífica casa blanca construida sobre la arena negra volcánica de la isla de Lanzarote, en las Canarias. La hizo construir en los años setenta, y fue decorada por el famoso artista local César Manrique, pero nunca la disfrutó personalmente. Tuve que cederla a Patrimonio Nacional. Hacienda me pedía una cantidad de dinero para conservar la propiedad de la que yo no disponía. En aquella época, ese regalo no causó ningún escándalo, y nadie me reprochó que lo aceptara. Los criterios con los que se evalúan las cosas han cambiado bastante. Lo comprendí a mis expensas. Quienes pasan hoy allí las vacaciones son los presidentes de Gobierno, algunos de los cuales no dejan de criticarme y de debilitar a la Corona. ¡Qué ironía de la historia!

A fuerza de sentirme de paso en todas partes, y de no estar nunca realmente en casa en ningún sitio, no me siento atado a ningún lugar. Tal vez esté más apegado a los barcos que a la piedra, como mi padre. Llevamos el mar en la sangre. Pensé en comprarme una discreta casa de campo a la que retirarme los fines de semana, para que mi hija mayor, Elena, pudiera montar a caballo y para tener una vida alejada del protocolo, con un mínimo de seguridad. Incluso había encontrado una bonita finca aislada, no lejos de Madrid. Sin embargo, el jefe de la Casa Real me disuadió de hacerlo. Era al principio de mi reinado y temía las maledicencias de un país que aún desconfiaba de la monarquía. Enterré entonces el tema y no he vuelto a intentar tener una casa propia, un hogar. Me preocupaba más construir una ampliación en la Zarzuela, necesaria para los equipos de la Casa Real, cada vez más nutridos. Sin duda por esta razón, y para que mis hijos no pensaran que todo les pertenecía, les repetía una y otra vez que la casa en la que vivíamos no era nuestra. Quizá ya por entonces creía que así alejaba el destino que se cernía sobre nosotros. ¿Y si mis palabras fueron finalmente premonitorias? ¿Estamos condenados a repetir lo que experimentamos durante la infancia, como un destino ineludible?

Haré un paréntesis histórico para ilustrar la fatalidad que pesa sobre los Borbones de España desde hace dos siglos: la reina Isabel II fue destronada por la Revolución de 1868. Se exilió en la Francia de Napoleón III y su esposa española, la emperatriz Eugenia de Montijo. Abdicó en favor de su hijo de doce años, Alfonso XII, que fue restaurado en el trono en 1875. Desde el exilio, Isabel II siguió de lejos el reinado de su hijo, muerto de tuberculosis, y luego la regencia de su nuera, María Cristina de Habsburgo, y los primeros años del reinado de su nieto, Alfonso XIII, mi abuelo. Este, a su vez, se vio obligado a exiliarse a Francia en 1931, tras unas elecciones municipales en las que los republicanos ganaron en las principales ciudades, junto con sus hijos, entre ellos mi padre, don Juan, que pasó la mayor parte de su vida en Portugal. El destierro ha sido el destino de los últimos reyes y reinas españoles.

Yo creía haberlo evitado al anclar la Corona a la democracia y ayudar al surgimiento de un país moderno. Pero, al final, y dado el clima hostil hacia mi persona de una parte del país, habiendo sido condenado al ostracismo en mi casa, esperaba que mi alejamiento, que inicialmente había previsto que durara unas cuantas semanas, fuera un gesto lo bastante fuerte y radical como para aliviar las tensiones. No fue una fuga, como algunos han afirmado, puesto que no se me había inculpado de nada. Había una investigación fiscal en curso y yo dejaba que las autoridades fiscales hicieran su trabajo. Pero nunca me beneficié de la presunción de inocencia. Conozco a un jefe de Estado europeo —¡por no hablar de ministros!— condenado por los tribunales que sigue viviendo en su casa y disfrutando de los atributos de su antiguo cargo. Aún hoy, en la mente de algunos, sigo siendo sospechoso. Pese a que he regularizado mi situación fiscal en España por medio de tres ajustes consecutivos. En cuanto a la investigación judicial llevada a cabo en Suiza por blanqueo de capitales con agravantes, ni siquiera se me citó como investigado y fue sobreseída. El procedimiento incoado contra mí en Londres, por otra parte, por presunto acoso, fue desestimado en su totalidad. Después de tan implacable acoso legal, heme aquí completamente absuelto de toda culpa.

Siempre he llamado a la Zarzuela «la casa», no «mi casa». Es a la vez nuestro domicilio privado, nuestras oficinas y nuestro lugar de recepción de audiencias públicas, porque, al final, en nuestra función todo está relacionado. Un pequeño parque infantil, utilizado por mis hijos y nietos, linda con la entrada donde recibimos las visitas protocolarias, justo al lado de las perreras que albergan una docena de perros que nos pertenecen a todos nosotros: es una imagen que resume nuestra vida. Vivimos a diario al servicio de la institución de la Corona; la frontera entre la vida familiar y la vida pública es muy fina. Algunos jefes de Estado se convierten en amigos, y mis tres hijos, como miembros de la Familia Real, desempeñaron desde el principio un papel de representación. Nuestro horario de trabajo no tiene límite: recibir una visita oficial a altas horas de la noche, salir de viaje muy temprano, estudiar expedientes, hacer frente a una crisis imprevista... Siempre estamos disponibles. No podemos decir: «Trabajo hasta las nueve de la noche y luego ya no soy Rey, vuelvo a ser una persona privada, un ciudadano español». Esta no es solo una función, es una forma de vida. Tenemos que ser reyes las veinticuatro horas del día. Lo que dificulta tener una vida privada, sobre todo en esta época de redes sociales y paparazzi. Mi padre ya me lo había advertido: «Ten cuidado, estás siempre en el punto de mira. El único lugar donde puedes tener paz y tranquilidad es en los aseos, ¡y aun así!». Estábamos entonces en los años sesenta, y desde entonces la situación ha empeorado. En Palma, podía decirles a los paparazzi que me perseguían: «Ya habéis hecho bastantes fotos por hoy, ahora largaos». Y me dejaban en paz. Las visitas de Lady Di a Marivent con el príncipe Carlos y sus dos hijos, en 1986, 1987, 1988 y 1990, dieron rienda suelta a batallones de fotógrafos que alimentaron a la prensa sensacionalista. No estábamos acostumbrados a semejante acoso. Me parece que esos años marcaron un punto de inflexión en nuestra relación con los medios de comunicación. La más sencilla escapada en familia a un restaurante o al mar entonces era objeto de fotos, comentarios e incluso de habladurías. Luego, la era de los teléfonos móviles convirtió a todo el mundo en un reportero en ciernes, e hizo imposible controlar la información, a menudo manipulada o sesgada. No nos reconocemos en la imagen que los medios de comunicación proyectan de nosotros. No estoy seguro de que nuestra manera de informar, a partir de comunicados de prensa oficiales o de la distribución limitada de imágenes controladas por la Casa Real, sea la mejor manera de transmitir información en este siglo XXI. Pero ¿cómo responder a la exigencia actual de transparencia total, permanente e inmediata, cuando la esencia misma de la Corona está hecha de trascendencia, de tiempos prolongados y del deseo natural de tener un espacio privado? ¿El silencio que manifestamos ante las declaraciones difamatorias contra nosotros es acaso la solución adecuada? Es un desafío importante para nuestras monarquías europeas.

Debemos trabajar todos en armonía, toda la Familia Real unida al servicio de la Corona. Siempre les decía a mis hijos que había palabras que no podían decirme: «No puedo» o «No me apetece». Mis hijas, una vez casadas y fuera de la Zarzuela, siguieron representando a la Corona en inauguraciones y ceremonias. Debían encontrar el tiempo y la energía para hacerlo, aunque implicara no ver a sus hijos los fines de semana, o levantarse al amanecer. Ser infanta es una servidumbre, y ellas aceptaron el papel sin rechistar, mientras cursaban estudios superiores y, más adelante, compaginando su vida familiar y su trabajo. Ellas decidieron forjar su propio destino, además del ya predestinado de pertenecer a la Familia Real. Los privilegios conllevan una cuota de obligaciones y deberes para con la institución y para con el país. Hoy, cuando están excluidas de las funciones oficiales de la Corona, me doy cuenta del acierto que tuvieron al elegir su propio camino, al construirse de manera independiente de sus padres y de la Casa Real.

En mis tiempos, la Familia Real estaba formada por mi esposa, mis tres hijos y sus respectivas parejas. Gracias a la implicación de toda la Familia Real, pude multiplicarme y acompañar en lo posible a los españoles en sus alegrías, penas y retos. Mi madre, la condesa de Barcelona, asistió en 1999, un año antes de su muerte a los ochenta y nueve años, a ciento veinte corridas de toros. La gente solía decir: «¡Qué maravilla que a la condesa le gusten tanto los toros!». Los disfrutaba muchísimo por los años de infancia que pasó en Sevilla, pero también asistía porque yo no podía hacerlo, pues no tenía tiempo. A mí me parecía esencial estar presente en todas partes, en las ceremonias oficiales, pero también en los actos populares, en los desfiles militares y en los acontecimientos públicos. No se reina enclaustrado en un palacio. La Familia Real ha quedado ahora reducida al Rey, Felipe; su esposa, la reina Letizia; sus ancianos padres y sus dos jóvenes hijas: la heredera, Leonor, y su hermana menor, Sofía. Mis dos hijas, Elena y Cristina, forman parte de la «familia del Rey», pero no de la Familia Real. Había razones tangibles para hacerlo. Pero cuantos menos somos en primera línea, menos se nos ve. Me pregunto si, de manera indirecta, la utilidad de la monarquía es menos perceptible. Como solía decir mi prima Lilibeth, la reina de Inglaterra: «Hay que ser visto para ser creído». Otras monarquías europeas también han decidido reducir el número de familiares reales, por razones de presupuesto y simplificación; algunos de sus miembros, además, desean recobrar su libertad de acción, lejos de las normas restrictivas de la Corona, y volver a ser personas privadas. Pero a fuerza de restringir las familias reales al mínimo, ¿no se las debilita? Es una pregunta que me hago y para la que no tengo una respuesta clara. La Corona tiene que adaptarse a los tiempos, pero a veces carecemos de la distancia necesaria para juzgar la efectividad de ciertas decisiones.

Mi hijo Felipe tiene su residencia a quinientos metros de la mía y trabaja con su equipo en las oficinas contiguas a mi piso. Por razones de seguridad y organización, todas las generaciones viven y trabajan en el mismo recinto, la Zarzuela, a ocho kilómetros de Madrid, una finca rodeada de robles por donde los ciervos pasean tranquilamente. En su juventud, mi padre iba hasta allí en burro. El palacio fue abandonado tras los bombardeos que sufrió durante la Guerra Civil, y luego se restauró para mí. Este lugar discreto y tranquilo, alejado del bullicio de Madrid, fue una bendición mientras las relaciones siguieron siendo más o menos armoniosas.

3

La separación

Seis meses antes de mi salida, mi hijo, que entonces llevaba seis años como Rey, me retiró mi asignación —la pensión anual de un jefe de Estado jubilado— y escrituró ante notario la renuncia de mi herencia a favor de él y sus dos hijas. ¿Es eso jurídicamente válido? Todavía me lo pregunto. Poco importa. Soy el único español que no cobra pensión después de casi cuarenta años de servicio y al que se le impide, en vida, dejar un legado a su hijo y a sus descendientes. Supongo que se trata de otro «privilegio» real añadido. Supongo también que él se enfrentaba a presiones del Gobierno y que actuaba, ante todo, como yo siempre le inculqué, para proteger los intereses de la Corona. Los escándalos que me rodeaban podían dañar su credibilidad. Yo sabía que había cometido errores en mi ámbito personal. Ser excluido públicamente como Rey era comprensible. Pero fue un impacto doloroso para el padre que también soy, e hizo que me sintiera solo ante los ataques de los medios de comunicación y ante el diluvio de noticias falsas.

«Por favor, ven a verme», me pidió de improviso la mañana del 15 de marzo de 2020. Llegué a su despacho, que fue el mío durante casi cuarenta años. Para mi gran sorpresa, allí estaba el jefe de la Casa Real, Jaime Alfonsín, que para entonces hacía veinticinco años que trabajaba con mi hijo y gozaba de su plena confianza. Este abogado serio y austero, de unos sesenta años, de baja estatura y frente despejada, había asumido un poder desmesurado en el seno de la Casa Real. Le nombré en 1995 secretario de Felipe, que en aquella época había terminado su formación militar y sus estudios superiores, y empezaba a tener su propio programa de actividades oficiales. Le consideraba un hombre eficaz, honesto y leal. Venía todas las semanas a rendirme cuentas. Mucho más tarde me enteré de que inducía a mi hijo a que se distanciara de mí. Yo había imaginado que ese 15 de marzo de 2020 tendría una reunión a solas con mi hijo, así que obviamente me molestó verle allí, entre nosotros. Para no agravar la situación, preferí callar.

Mi hijo me entregó un papel. Leí el comunicado con atención.

—Este anuncio significa que me recusas... —dije mirando impasible a mi hijo—. No olvides que heredas un sistema político que yo forjé. Puedes excluirme personal y financieramente, pero no puedes rechazar la herencia institucional que te sustenta. Y solo hay un paso entre ambas cosas.

No respondió.

—La vicepresidenta Carmen Calvo ha dicho que la carta tiene que publicarse tal cual —se apresuró a añadir Alfonsín, preocupado por la posibilidad de que yo pidiera alguna modificación.

La reunión duró poco. Sin preámbulos ni discusiones, me encontré ante un hecho consumado. El comunicado de prensa se publicaría inmediatamente. Esa fue su respuesta a la revelación de la donación que hizo el rey Abdalá de Arabia Saudí a la Familia Real española, depositada en una cuenta bancaria suiza. Estaban convencidos de que así se protegían ante el escándalo que yo había provocado. Felipe actuaba como un jefe de Estado implacable para preservar el aura de la Corona. El Gobierno, una alianza de partidos de izquierda y de extrema izquierda republicana asociada con los independentistas que no ha dejado de saltarse constantemente las prerrogativas del Rey, debía de estar más que satisfecho ante esta situación.

La Corona de mi hijo se asienta sobre una base institucional de la que yo soy el padre. El artículo 57.1 de la Constitución es claro: «La Corona de España es hereditaria en los sucesores de S. M. Don Juan Carlos I de Borbón, legítimo heredero de la dinastía histórica». No descansa sobre varias generaciones de monarcas constitucionales; descansa enteramente sobre mí. No es como el Reino Unido, que nunca ha conocido una república. Al excluirme, temo que la Casa Real debilite la monarquía. Temo que se produzca una fisura que resquebraje los cimientos con el riesgo de que, a la menor tempestad, todo vacile. Aunque evidentemente espero equivocarme. Felipe es un hombre de su tiempo que sabe cómo responder a los deseos de ejemplaridad de su generación. Comprendo que, en tanto que Rey, debe marcar una distancia con respecto a mí. Pero he sufrido como padre. En esos momentos difíciles, sentía la necesidad de afecto y de apoyo familiar.

Atacándome, no es a mi persona a la que se golpea,

pues en el fondo desde ahora soy poca cosa, sino a la institución de la Corona. Denigrándola, se perjudica al Estado, a la unidad del país y a sus fundamentos democráticos. El Gobierno actual parece alegrarse. En lugar de proteger el Estado, de trabajar respetando sus instituciones por la prosperidad y el desarrollo del país, ellos lo debilitan. Y eso que, al tomar posesión del cargo, el presidente del Gobierno y sus ministros prometen por su «conciencia y honor cumplir fielmente con las obligaciones del cargo, con lealtad al Rey, y guardar y hacer guardar la Constitución, como norma fundamental del Estado».

Una plataforma ciudadana organizó en diciembre de 2018, durante una «jornada democrática participativa y de libre expresión», un referéndum sobre el modelo de Estado. El presidente del Gobierno, o su portavoz, no lo desaprobó, lo que significa autorizarlo. Como veremos con detalle más adelante, en 1978 el 87% de los españoles votó a favor de nuestra Constitución, que promulgaba la monarquía como forma del Estado. Pero hoy los ministros pueden denigrar abiertamente a la Corona sin consecuencia alguna. Al faltarle el respeto al Estado se le falta el respeto a nuestro país. ¿Cómo asegurar su prestigio en la escena internacional, cómo ser tomados en serio por nuestros socios del mundo entero si nosotros mismos colaboramos para hundirlo? Rara vez se cambia de régimen político sin guerra y sin revolución. El caso de España en 1975, como luego explicaré, es un caso excepcional.

Reconozco haber cometido errores. Me han puesto en la picota. No volví a abordar ese tema con mi hijo, ni antes ni después de esa reunión. No estaba enfadado: trataba de preservar mi relación con él. Sabía que actuaba como Rey, persuadido de cumplir con su deber. También yo tuve que tomar decisiones dolorosas, difíciles de enunciar, y contrarias a mis sentimientos personales. Sé lo que se llega a sentir: un malestar, una molestia a la que uno se debe sobreponer.

Como suele ocurrir, su nueva vida familiar lo alejó de sus antiguas relaciones, de sus amigos de la infancia, de sus padres e incluso de sus hermanas. Mi hijo estaba convencido de la elección de su esposa. Tenía treinta y cuatro años y sabía lo que quería. Igual que mis hijas, que se casaron con los hombres que amaban. No intenté influir en ellas ni hacer de casamentero. ¡O si lo intenté fue inútil! La entrada de Letizia en nuestra familia no ayudó a la cohesión de nuestras relaciones familiares. Le decía: «La puerta de mi despacho está siempre abierta para ti, ven cuando quieras». Pero nunca vino. Nuestro desencuentro personal no debía reflejarse en nuestra acción institucional. Hice todo lo posible para superar nuestras diferencias, porque el éxito de la pareja real es una garantía para el futuro de la Corona.

Por desgracia, nunca he podido salir solo por Madrid con mis nietas Leonor y Sofía. Mi mujer nunca ha podido recibirlas a solas en Palma, como hace habitualmente con todos sus primos. Las veía de vez en cuando, pero le habría encantado verlas más a menudo, sobre todo porque viven a escasos cien metros de distancia. Ella hubiera deseado transmitirles la genealogía, la historia y los valores de nuestra familia. Y algunos consejos de reina emérita con una trayectoria impecable a una futura Reina, aunque el contexto del reinado de Leonor será, sin duda alguna, diferente. Sé que Letizia y Felipe educan maravillosamente a sus hijas —son muy graciosas y simpáticas—, pero me entristecía no poder entablar una relación personal con ellas, contarles historias, compartir comidas en restaurantes, hacer viajes, llevarlas a ver algún partido, tal y como he hecho con mis otros nietos. Me hubiera encantado entablar una relación especial con mis herederas.

Aunque sigo siendo un lobo solitario —porque así crecí—, siempre cumplí de corazón con mi papel de cabeza de familia: reunía a mis hijos con su abuela para la comida del domingo, a mis hermanas y sus familias para Navidad, y me ponía a disposición de mis primos, mis sobrinos y mis numerosos ahijados. Siempre les preguntaba: «¿Qué puedo hacer por vosotros?». Sé que una mano amiga, un apoyo o simplemente una opinión pueden marcar la diferencia, en especial para una persona joven que empieza. Nada me hace más feliz que ser útil. En mi papel de Rey, de hermano, de abuelo, tío o amigo, considero que es mi deber estar al servicio de los demás. Me preocupo por saber cómo están todos, hago llamadas rápidas e improvisadas. Contar con una red cálida y dinámica de familiares y amigos hizo menos árida mi vida en la Zarzuela.

Llegó el primer confinamiento, en marzo de 2020, para hacer frente a la pandemia del covid. Me habría gustado ayudar, movilizar a mis contactos para intentar facilitar el aprovisionamiento de mascarillas, acercarme a dar ánimo a médicos y a enfermeras visitando hospitales: las pocas cosas que un rey puede hacer ante semejante desastre sanitario y humano. No se me permitió hacer nada públicamente. En privado, a petición personal de los médicos, facilité la llegada de unos respiradores retenidos en el aeropuerto de Barcelona por una tonta cuestión administrativa. Una pequeñez ante tanto sufrimiento. Estaba replegado en la Zarzuela, solo e impotente. La soledad no me asusta, incluso se ha convertido en una amiga.

Me habían retirado la asignación, y yo era consciente de que cada vez que saliera de la Zarzuela la prensa haría comentarios malintencionados. Pensé que debía hacer algo lo suficientemente radical como para calmar el clima de tensión. Así que empecé a pensar en marcharme, pero ¿adónde ir? Sobre todo, porque mi condición física se había deteriorado. Estaba cansado y abatido. Caminaba con gran dificultad y un peso me impedía incorporarme. Mis piernas cedían tanto como mi moral. Había pasado por numerosas crisis importantes en mi vida, pero aquella vez estaba agotado.

Comprendía que Felipe, como Rey, adoptara una postura pública firme, pero sufrí que como hijo se mostrara tan insensible. Siempre traté de ser un padre atento y afectuoso, pese a las obligaciones que me reclamaban. Sin duda le resultaba difícil conciliar sus deberes como Rey y sus sentimientos como hijo, separar el aspecto oficial de las consideraciones familiares. Lo importante es que heredó de mí una Corona y una Constitución que, a pesar de las críticas actuales, es nuestra primera Constitución fruto de un consenso histórico. Por supuesto, es mejorable y sin duda requiere algunos ajustes, pero permite a los españoles convivir en cohesión y armonía. Sabía que Felipe gobernaría a su manera, según su propia personalidad, muy distinta de la mía, y con criterios más adecuados a las exigencias del siglo XXI.

Como recordé en mi discurso de abdicación del 2 de junio de 2014: «Hoy merece pasar a la primera línea una generación más joven, con nuevas energías, decidida a emprender con determinación las transformaciones y reformas que la coyuntura actual está demandando y a afrontar con renovada intensidad y dedicación los desafíos del mañana». Me sentí orgulloso de cederle el trono. Los españoles podían contar con un heredero muy preparado, por su formación militar, por sus excelentes estudios universitarios, por sus años de experiencia práctica sobre el terreno, en el país y en el extranjero, cómodo en sus discursos y apariciones públicas, en sus contactos con la sociedad y con otros jefes de Estado. En aquel entonces, se mostraba comprensivo con mis problemas de salud. Compartíamos almuerzos de trabajo y nos reuníamos regularmente. Tenía la impresión de que, a pesar de nuestras diferencias de carácter y de edad, manteníamos una buena relación.

Me imaginé yendo a Portugal, donde pasé buena parte de mi juventud. Es una segunda patria para mí, tengo amigos allí y aún hablo bien el idioma. Pero los periodistas y los paparazzi me habrían localizado en pocas horas, igual que en cualquier otro país europeo. Marruecos, que también es muy frecuentado por los españoles, no estaba lo suficientemente lejos. Mi objetivo era salir del foco mediático español. Necesitaba un destino remoto, acogedor, que me garantizara el anonimato y la seguridad, bien dotado en hospitales que me atendieran en caso de necesidad. Australia y Nueva Zelanda son países magníficos, pero están al otro lado del mundo. Fue entonces cuando pensé en los Emiratos, donde podría contar con el apoyo, la generosidad y la confidencialidad de sus dirigentes, a quienes frecuento desde hace ya mucho tiempo, y con la garantía de un anonimato total.

Asistía todos los años al Gran Premio de Fórmula 1 de Abu Dabi, y había celebrado allí, en 2018 y 2019, la Nochevieja junto con amigos. Me gustaban la calidad vida, la tranquilidad y discreción de la zona, pero también su perspectiva cosmopolita. He visto evolucionar esta ciudad desde unas pocas calles de arena hasta la modernidad extrema en solo cincuenta años. A comienzos de los años setenta, cuando visité Abu Dabi por primera vez enviado por el Gobierno de Franco, descubrí este rincón del mundo que empezaba a emerger del desierto. Entonces no había gran cosa, solo cuatro o cinco calles que llevaban al palacio. Sabía que la región había cobrado importancia estratégica gracias al petróleo, pero eso aún no se había traducido en una ciudad efervescente. Aquel fue el primero de los muchos viajes oficiales que realicé a la península arábiga. Son bien conocidas mis relaciones de amistad con los dirigentes de la región. Me gustó su cultura, comprendía sus costumbres, acepté sus particularidades. Desarrollamos una relación muy estrecha, alejada del protocolo, una relación privilegiada que otros reyes europeos no mantienen con ellos. A veces incluso me encontraba con que era el único no árabe en sus ceremonias. Es algo que debe de estar ligado al pasado común con España, los ocho siglos de convivencia de nuestras dos culturas en al-Ándalus, desde el año 711 hasta 1492, pero también a mi personalidad y mi actitud hacia ellos. Siempre les he tratado de igual a igual, cosa que otros probablemente no hacen. He respetado sus diferencias y sus valores, muy alejados de nuestras normas europeas. Aprendí mucho en su compañía.

A finales de los años sesenta, a petición de Franco, ofrecí un almuerzo en la Zarzuela al fundador de los Emiratos Árabes Unidos, el jeque Zayed Al Nahayan, que llegó en visita oficial. Me causó una honda impresión. Tenía una mirada penetrante, como la de un águila; tuve la sensación de que me traspasaba, como si mirara a alguien detrás de mí. Se decía que no sabía leer ni escribir, que había pasado su infancia en el desierto. Hablaba con gran sabiduría. Me dio consejos de hombre sensato sobre la vida, sobre el comportamiento adecuado de un jefe de Estado: cómo actuar con prudencia, cómo obtener la ayuda de quienes te rodean, cómo saber escuchar, cómo interesarse por todos y evitar ofender a alguien. Son este tipo de encuentros los que marcan toda una vida. Y fue este joven país en plena ebullición, dirigido en la actualidad por un hombre inteligente, abierto y sabio, el jeque Mohamed bin Zayed, el que elegí como refugio. Sabía, sin siquiera pedírselo formalmente, que no pondría traba alguna en mi camino. Todo lo contrario. Cuando él aún era príncipe heredero, en 2011, inauguramos juntos una planta de energía solar en Andalucía, una *joint-venture* hispano-emiratí con una innovadora tecnología baja en carbono. Comprobé lo muy adelantado que estaba a su época y lo mucho que llevaba pensando en romper con su dependencia financiera y energética del petróleo. Tanto él como su padre en el pasado son hombres de visión, tolerantes y cálidos.

Antes de dejar España para lo que, en principio, solo iban a ser unas semanas, quise ir a Galicia, al pequeño puerto de Sanxenxo, en la costa atlántica, a cinco o seis horas en coche desde Madrid. Estaba seguro de que nadie sospecharía que, una vez allí, despegaría del aeropuerto regional de Vigo. Me gusta estar en Sanxenxo, con mi amigo Pedro Campos, cerca de mi barco, bautizado *Bribón*, y con mis compañeros de navegación. Son navegantes de primera categoría a los que conozco desde hace mucho tiempo: Ross Macdonald, Jane Abascal, Roy Álvarez, Alberto Viejo, Eduardo Marín, Lino Pérez, David Louzao y, *last but not least*, Pedro Campos, que atesora numerosos trofeos, entre ellos diecinueve títulos mundiales, once Copas del Rey y ocho vueltas a España a vela. En compañía de esta banda bien unida y experimentada he participado en regatas de la clase 6 metros y he compartido la inmensa alegría de ganar tres veces el Campeonato Mundial (en Vancouver en 2017, luego en Finlandia dos años más tarde y finalmente en Cowes, Reino Unido, en 2023), y cuatro veces el Campeonato de Europa, a pesar de mi edad y mis problemas de salud. No creo que muchos reyes hayan logrado eso con más de ochenta años.

Mi cuñado, el rey Constantino II de Grecia, fue campeón olímpico de vela en Roma en 1960, con veinte años. El rey Harald de Noruega también ha participado en tres Juegos Olímpicos y ha ganado regatas internacionales, además de ser patrón de la Federación Internacional de Vela. A mí se me escapó el título en la clase dragón en los Juegos Olímpicos de 1972, en Kiel. Fue una gran decepción, lloré de rabia. Luego, mis obligaciones oficiales me impidieron entrenar lo suficiente como para participar en más Juegos Olímpicos, pero llevaba cuarenta años pensando en subsanar aquel fracaso.

En 1982 lancé la Copa del Rey en Palma de Mallorca,

que desde entonces se ha convertido en una cita ineludible para regatistas de toda clase de embarcaciones. En 1961, paseando por Londres, pasé por casualidad por Silver Vaults, el mercado de la plata, y compré una preciosa copa por cincuenta libras. Se convertiría en el trofeo para el ganador de la Copa del Rey. La he ganado en múltiples ocasiones. En 1993, mis compañeros de equipo me lanzaron completamente vestido a la piscina para celebrar la victoria. Estábamos eufóricos por nuestra hazaña. En aquella época podías permitirte no cuidar tanto tu imagen. ¡Todavía se podía tirar al agua a un rey sin causar revuelo! En aquel entonces, tanto en los medios de comunicación como en la sociedad, se imponía cierto humor y un distanciamiento alegre y desenfadado en lo que a mí respecta.

Me sentí orgulloso de acoger en Vigo, en 2005, la salida de la Volvo Ocean Race, con casi cinco mil embarcaciones, seguida de la famosa Copa América, en Valencia, en 2007. El defensor del título anterior de esta última competición, Suiza, buscaba un puerto donde poder organizar su trigésima segunda edición, de modo que, junto con la alcaldesa de Valencia, Rita Barberá, hoy fallecida, y Paco Camps, entonces presidente de la Generalitat Valenciana, unimos fuerzas para que la más ilustre de las competiciones náuticas internacionales se realizara en aguas del Mediterráneo y, por segunda vez desde su creación en 1851, en Europa. La experiencia se repitió en el 2010 con la trigésima tercera Copa América, en la que se enfrentaron únicamente dos veleros gigantescos, un trimarán americano y un multicasco suizo. Contribuir a colocar España en el centro de las competiciones deportivas de alto nivel ha sido todo un éxito.

He practicado muchos deportes a alto nivel: esquí, tiro, squash, equitación. El deporte siempre ha sido para mí una forma de realizarme, y competir me aporta un vigor incomparable. Me ha ayudado a sobrellevar largas jornadas de trabajo, reuniones y viajes. El esfuerzo y el sacrificio que supone el entrenamiento deportivo me han dado la capacidad de afrontar crisis, momentos de gran tensión y también de gran decepción. Desde mi abdicación, la vela me ha permitido superarme a mí mismo, proporcionarme la motivación necesaria para entrenar y superar mis problemas de movilidad. Siempre he sido tenaz en el esfuerzo: siempre que me propongo un objetivo, ya sea deportivo o político, voy a por él. Es una forma de medirse a uno mismo, de ser humilde y de perseverar. Esta es con seguridad la clave de mi éxito en la democratización de España y, luego, en el desarrollo del país: no rendirse nunca y seguir día a día sin vacilar, sorteando los obstáculos, evitando los peligros. El deporte ocupa un lugar destacado en nuestra familia desde hace varias generaciones. El mar me proporciona una sensación de libertad y serenidad. En tierra estoy rodeado de guardaespaldas, me siento atrapado dentro de un sistema de seguridad. Soy objeto de atención, pero también de vigilancia. En un barco solo cuentan los elementos naturales que debemos dominar. Soy por fin libre. Vuelvo a ser solo un hombre.

Pasé la noche del 2 de agosto de 2020 junto a Pedro Campos, mi amigo desde hace treinta años, en su casa frente al paseo marítimo, con sus paredes forradas de trofeos y maquetas de barcos. Allí, en Sanxenxo, localidad de pescadores, preside el club náutico y dispone de un amarre para embarcaciones de la clase 6 metros. Llevo entrenando allí desde 2015. Se ha convertido en un lugar donde me siento revivir: tengo mi red de navegantes cómplices, mis costumbres, la vista de paisajes únicos y mi barco. En su casa dispongo de una habitación reservada para mí en la planta superior, donde dejo mi equipo para navegar. Sé que puedo desembarcar en su casa y que siempre me recibirá con sencillez, discreción y cariño. Al compartir los buenos y los malos momentos, soportando el viento, el frío y las averías, el deporte fomenta lazos fuertes y sinceros; más que en los palacios, seguramente. Aquella velada del 2 de agosto la pasamos hablando de vela, compartiendo unas tapas y un buen vino: era el último recuerdo que quería tener de España antes de despegar al amanecer hacia un destino que al principio mantuve en secreto. Nadie sabía ni cuándo ni adónde me iba. Ni mis hijos ni mi mujer ni mis amigos más íntimos. No tenían la menor idea. No quería imponerles la situación embarazosa de tener que guardar un secreto, ni causar barullo. Los pillé a todos desprevenidos, en plenas vacaciones de verano. Pensaba estar fuera como mucho dos meses, pero en realidad me iba a otra vida.

Al enterarse mi hijo de mi repentina marcha, me llamó cuando yo ya estaba en el avión.

—¿Adónde vas, patrón? ¿A Londres?

Me llaman «jefe» o «patrón». No creo que tenga un carácter autoritario, pero sin duda refleja la organización piramidal de la Casa Real y de la Familia Real. Como muestra de respeto, mi hijo me llama así, aunque en privado sigo siendo «papá».

—No, hacia Abu Dabi.

—Cuídate.

Fue nuestro último intercambio de viva voz antes de alejarme durante muchos meses.

La Casa Real hizo pública entonces la carta privada que yo le había dirigido. La había dejado sobre su escritorio antes de marcharme. Aún suscribo cada palabra:

Majestad, querido Felipe:

Con el mismo afán de servicio a España que inspiró mi reinado y ante la repercusión pública que están generando ciertos acontecimientos pasados de mi vida privada, deseo manifestarte mi más absoluta disponibilidad para contribuir a facilitar el ejercicio de tus funciones, desde la tranquilidad y el sosiego que requiere tu alta responsabilidad. Mi legado y mi propia dignidad como persona así me lo exigen.

Hace un año te expresé mi voluntad y deseo de dejar de desarrollar actividades institucionales. Ahora, guiado por el convencimiento de prestar el mejor servicio a los españoles, a sus instituciones y a ti como Rey, te comunico mi meditada decisión de trasladarme, en estos momentos, fuera de España.

Una decisión que tomo con profundo sentimiento, pero con gran serenidad. He sido rey de España durante casi cuarenta años y, durante todos ellos, siempre he querido lo mejor para España y para la Corona.

Con mi lealtad de siempre.

Con el cariño y afecto de siempre,

Tu padre

Dos semanas después, la Casa Real reveló mi destino. Hubiera preferido que se mantuviera en secreto, pero, ante la presión de los medios de comunicación y el aluvión de especulaciones —me habían visto supuestamente en Santo Domingo, otros pensaban que estaba en Marruecos, y algunos me buscaban en Portugal ¡e incluso en Tailandia!—, desde el palacio anunciaron mi nuevo lugar de residencia. De todo lo que me sucederá después, los españoles no sabrán nada. Comenzaba una nueva etapa en mi vida, larga, discreta y solitaria. Una auténtica travesía del desierto, en todos los sentidos de la palabra. Pero eso aún no lo sabía...

4

Marginado

Llegué con dos maletas al hotel Four Seasons, en pleno centro de Abu Dabi, en medio del sofocante calor habitual en esta época del año por esos lares, con la única compañía de mi fiel mayordomo. Me imaginaba regresando a España hacia el 15 de septiembre. ¿Cómo iba a aprovechar este lapso de tiempo? Me gusta convertir los reveses en oportunidades; prefiero ver el vaso medio lleno que medio vacío. Forma parte de mi temperamento optimista y luchador. Así que decidí someterme a una intervención quirúrgica en la rodilla derecha para sustituir una prótesis. ¡La vigésima operación! Todo con la esperanza de caminar mejor algún día. En los últimos años he frecuentado los hospitales con demasiada regularidad, entre accidentes de esquí, caídas y los problemas de salud propios de la edad. Lo vivo como una fatalidad, con paciencia y estoicismo. Y lo afronto de pie: siempre voy caminando al quirófano; me niego a llegar allí tumbado en una camilla, ya anestesiado. Cuando mis médicos se reunieron en la primavera de 2019 para explicarme que tendría que someterme a una operación a corazón abierto, me dieron tiempo para pensarlo. Apenas habían vuelto a su despacho cuando les llamé para acordar una fecha para la intervención. Mi hijo me pidió que la aplazara unas semanas, para poder estar en España en esas fechas. «Lo haré una vez, pero no dos», le dije. De ninguna manera iba a seguir posponiéndolo. Los médicos y la Casa Real mantuvieron la más estricta confidencialidad sobre el tema, pero, por desgracia, los periodistas no tardaron en agolparse a la puerta del hospital.

Nunca me ha gustado que mis problemas de salud sean objeto de comentarios en los medios de comunicación o motivo de inquietud para mi familia, ni que mis amigos se preocupen y me llamen para compadecerme. No me gusta su compasión. ¿Es fingida? ¿Es sincera? En cualquier caso, me hace sentir incómodo. Prefiero resolver mis problemas médicos a solas con los médicos especialistas. No avisé a mis familiares de la operación. Como tampoco lo hice cuando al año siguiente tuvieron que colocarme un marcapasos. Es probablemente mi forma de protegerles. Durante mi infancia, desde el momento en que ingresé en un internado suizo, debí hacer frente a la enfermedad lejos de los míos, sin su consuelo y cuidados. Aún recuerdo una terrible otitis aguda doble a los ocho años. En cambio, en ese momento era un alivio para mí poder someterme en secreto a esa operación de rodilla. El jeque Mohamed bin Zayed tuvo la amabilidad de proporcionarme unas condiciones hospitalarias excelentes, para que la intervención transcurriera de la mejor manera posible. No oculto que las tres semanas de rehabilitación posoperatoria fueron dolorosas y frustrantes. ¡Tanto sufrimiento para tan poco resultado! Hasta que no salí de aquella fase tan difícil no avisé a mi familia.

Aún no había recibido noticias de la Zarzuela. ¿Podría regresar a España? ¿Qué momento considerarían más oportuno para mi regreso? Mi incertidumbre era total. Alquilé entonces una casa en Nurai, una pequeña isla muy tranquila, a quince minutos en barco de la capital emiratí, donde un hotel linda con una veintena de propiedades privadas, para vivir lo más discretamente posible, alejado de los objetivos de los fotógrafos y de la curiosidad de ciertas personas. La prensa española murmuraba sobre mis condiciones de vida. Era una casa con vistas al mar —¡el mar era mi gran consuelo!— con ascensor, porque ya no puedo subir escaleras. Una casa cómoda pero no lujosa, y sí muy aislada. Yo ya conocía el lugar por haber pasado allí unas vacaciones de fin de año con unos amigos. Había disfrutado de la tranquilidad, del entorno natural y de la intimidad. Allí me esperaba un ramo de flores con una nota de bienvenida del jeque Mohamed bin Zayed. Es en los momentos de fragilidad cuando más apreciamos los gestos de amistad. El contrato de alquiler era por un mes. Cada mañana me levantaba convencido de que recibiría una pista, una carta, un mensaje desde Madrid. Y cada noche me iba a la cama más agobiado que la víspera anterior. Mes tras mes, enviaba mensajes a la Casa Real cual botellas arrojadas al mar.

Unos pocos seguidores leales se ofrecieron a visitarme, pero yo no quería instaurar un simulacro de corte en el exilio. Temía las habladurías o dar un paso en falso. Seguía pensando que volvería muy pronto. Hacía ejercicio asiduamente para recuperar la forma, adelgazar y dejar la silla de ruedas. Pasaban las semanas y mis peticiones eran cada vez más apremiantes. En vano. Estaba sometido a una tortura psicológica, a la que se añadirían preocupaciones legales y fiscales. A regañadientes, el alquiler mensual se cambió por uno indefinido. Podría haber viajado, aceptado invitaciones, en lugar de quedarme en Abu Dabi (tenía pasaporte y libertad de movimientos), pero no quería comprometer mi regreso ni incomodar de nuevo a mi hijo. Mi prioridad consistía en tenerme a la espera de poder regresar a España «en cuanto se dieran las condiciones». Resolví llevar esta vida recluida y monótona, como una prueba antes de una próxima liberación. Imaginaba volver para el fin de año de 2020, justo antes de mi cumpleaños. Incluso estaba convencido de ello. ¿Acaso no era normal pasar esa época en familia, como siempre hacíamos?

En Nochebuena, reunía en la Zarzuela a mis hermanas, mis sobrinos, mis hijos, mi mujer y su hermana, la princesa Irene. Después, cada uno se iba por su lado a celebrar la Nochevieja con amigos o de viaje, pero al menos estábamos juntos para la misa y la cena de Navidad. Ese año, en cambio, seguí el oficio en la capilla de casa desde la distancia, a través de una pantalla interpuesta. Los veía a todos juntos, de perfil o de espaldas. Yo estaba frente a mi tableta en la mesa del comedor, que también me servía de despacho. Al final de la misa, algunos de ellos me dirigieron unas breves palabras antes de desconectar la cámara. Me quedé atónito frente a una pantalla negra. Fue entonces cuando lo comprendí: yo formaba parte de un planeta distinto al suyo. La distancia que nos separaba era más que física. ¿Estaba desterrado? ¿Era persona *non grata* en el seno de mi propia familia? Aquella noche de Navidad fue la más solitaria de mi vida. Fue una noche de asombro. El día de mi cumpleaños, el 5 de enero, mi hijo me llamó. Me alegró oír su voz, pero está claro que no se nos da muy bien comunicarnos. Como si esquivarnos pudiera resolver los problemas. Estábamos amurallados en el silencio de la incomprensión y del dolor.

Al prolongarse mi estancia, iba a convertirme en residente emiratí. Tardé en aceptarlo. Desde mi más tierna infancia, tutores, instructores, secretarios y jefes de la Casa Real me han acompañado, me han formado y han organizado todos los aspectos prácticos de mi vida, mi correo, mi agenda, mis viajes y mis compras. Con ochenta y dos años, y casi cuarenta como jefe de Estado, me encontré sin apoyo. Solo mi leal mayordomo me ayudaba a caminar. Para el resto, tenía que arreglármelas por mi cuenta. Pero lo más duro no era vivir sin ser asistido: lo más duro era vivir sin ninguna certeza. ¿Cuándo podría volver a casa? ¿Cuándo se me permitiría salir de mi atrincheramiento? La indecisión te socava por dentro, corroe incluso al mejor de los temperamentos. No se me da bien expresar mis sentimientos más íntimos. He aprendido a soportarlo todo, a mantenerme erguido, estoico, pase lo que pase. Fue así como intenté resistir el abatimiento, solo, en la discreta isla de Nurai, frente al mar. A veces tenía arrebatos, dejaba que estallaran mi impaciencia y mi irritación, porque a menudo me sentía impotente, desprotegido ante las acusaciones que se seguían lanzando contra mí, una a una, con regularidad. Como dosis de refuerzo, llenas de veneno. Una al mes, más o menos. Como si mi ostracismo no bastara para satisfacer sus ansias de venganza. Con el objetivo de protegerme de tanto vilipendio, comencé a leer menos la prensa española, que suelo devorar cada mañana en mi tableta, y a leer más novelas. Sumergirme en la literatura me proporcionó una excelente vía de escape; me llevaba de viaje y me trasladaba a otras épocas. ¡Fue una fantástica bocanada de aire fresco! Siempre hay que encontrar algo positivo, incluso en las horas más oscuras.

La justicia suiza llevaba investigando desde 2018 un ingreso de dinero realizado en 2008 en mi cuenta en la banca del país, y la justicia española había hecho lo propio. El Gobierno convirtió estas investigaciones judiciales en una caza de brujas, en un juicio moral que afectaba a todo mi reinado y a mi acción política. En noviembre de 2020 la fiscal general del Estado, anterior ministra de Justicia, convocó una rueda de prensa en la que me acusó sin pruebas de tener una cuenta bancaria no declarada en Jersey, un paraíso fiscal. Todo era falso, pero reavivó la maquinaria de rumores y sospechas que se había apagado un poco. La desinformación no tiene límites. Incluso intentaron incriminarme por supuestas comisiones derivadas del contrato de construcción del tren de alta velocidad entre Medina y La Meca, «el tren del desierto». Las habría pagado el contratista saudí un año antes de que en 2009 se lanzara la licitación, que finalmente ganó en 2011 un consorcio de doce empresas españolas, imponiéndose a firmas francesas y alemanas.

Todo ocurrió así: yo estaba de visita privada en Riad en 2009, si no recuerdo mal. En uno de mis viajes en coche por una de esas anchas autopistas semivacías vi una gran carpa con la inscripción «Siemens» y las imágenes de un tren. Sorprendido, le pregunté al amigo que me acompañaba, miembro de la Familia Real saudí:

—¿Qué es esto? ¡Parece una feria de trenes!

—Siemens ha venido a presentar sus avances técnicos. Han traído incluso un vagón vacío. Estamos pensando en construir un tren de alta velocidad que una La Meca con Medina, pasando por Yeda, una distancia de casi quinientos kilómetros, para facilitar la llegada de los peregrinos y descongestionar el tráfico de las autopistas. Ya estamos diseñando las estaciones.

Este proyecto de desarrollo me pareció muy interesante y de inmediato pensé en posicionar a España para esta iniciativa. Le hablé de la capacidad competitiva de Talgo y de nuestros trenes de alta velocidad que unían Madrid con Sevilla y Barcelona. Inmediatamente, llamé al director de Talgo y le pedí que me hiciera llegar una presentación de su empresa lo antes posible. Me envió por correo electrónico unos documentos muy pesados que no había manera de descargar. En aquella época, enviar este tipo de documentos era todavía complicado. El jefe de seguridad que me acompañaba, Vicente García-Mochales, se pasó toda la noche descargándolos para poder imprimirlos. A la mañana siguiente, se los envié al ministro de Transportes saudí junto a una nota mía en la que le pedía que tuviera en cuenta a España para la próxima licitación del primer tren de alta velocidad saudí. Antes de regresar a Madrid, cené con mi amigo el rey Abdalá de Arabia Saudí, y le repetí que Talgo era una empresa pionera a la que tener en cuenta para aquel formidable proyecto. Un consorcio de doce empresas españolas, entre ellas nuestro operador nacional Renfe y el gestor de infraestructuras Adif, se puso manos a la obra para responder a esta licitación de más de 6.000 millones de euros. Una bendición para el país, que atravesaba una grave crisis económica. Frente a ellos, un tándem francés, Alstom-SNCF, respaldado por el primer ministro François Fillon durante uno de sus viajes oficiales a Riad y apoyado personalmente por el presidente Sarkozy. Una dura competencia. Volví en viaje oficial a Arabia Saudí en 2011 para la firma del contrato, orgulloso de España y sus empresas. Era el reconocimiento de que éramos un país de referencia, con un modelo ferroviario competitivo y exportable. Me sentí el padrino de esta aventura, que había iniciado por casualidad. A pesar de las complicaciones y los retrasos, la línea se inauguró en 2018. En lugar de diez horas de viaje, el trayecto se reducía a dos, gracias a velocidades punta de 320 km/hora. Es el tren más grande de Oriente Medio, capaz de soportar temperaturas de 50°C. Me emociona haber contribuido a ello. Ni siquiera las acusaciones infundadas en la prensa española me quitarán la satisfacción de haber formado parte de un proyecto del que todos los españoles deberían sentirse orgullosos. Las elucubraciones acerca de las supuestas comisiones han empañado un logro increíble: España se ha convertido en el campeón europeo de la alta velocidad ferroviaria por número de kilómetros instalados, superando a Francia. A escala mundial, ¡solo China nos supera!

Después de eso, fui difamado por la prensa, por el Gobierno, por declaraciones extravagantes que buscaban mi ruina. Circulaban rumores de blanqueo de capitales, una imputación grave y del todo infundada, porque el origen de los fondos era perfectamente conocido. Se trataba de una donación generosa, regalo del difunto rey de Arabia Saudí, Abdalá, un «hermano», como se dice con respeto en Oriente Medio. Un acto de prodigalidad de una monarquía hacia otra.

Muchas Coronas se benefician de la generosidad de las familias reales árabes, por no hablar de los políticos europeos. Es algo que no me excusa, pero sí coloca esta donación en su contexto. Incluso un beduino en medio del desierto recibe a un forastero con prodigalidad y comparte su pan con el visitante. Rechazar un regalo se consideraría una ofensa, una declaración pública de hostilidad. Nuestras normas occidentales, que recientemente han evolucionado hasta convertirse en códigos estrictos, no pueden compararse con las suyas. En 2011, su alteza el jeque Mohamed bin Zayed, de los Emiratos Árabes Unidos, nos regaló a mi hijo y a mí dos coches Ferrari, entre los doscientos que ofrecía a sus amigos de todo el mundo. Patrimonio Nacional se opuso y los sacó a la venta, prácticamente nuevos. El primer intento, en 2015, fue infructuoso, y terminó en 2017 en una subasta de derribo. Los beneficios se transfirieron a la administración pública. El príncipe heredero emiratí vivió esa operación como una afrenta, pues no entendía que un Estado pudiera revender un regalo personal. Era una forma de rechazar su obsequio y, por tanto, su amistad. Y no debemos olvidar que las monarquías del Golfo son inversoras de primer orden en nuestras economías europeas. La cortesía de nuestros códigos culturales no se corresponde para nada con la de ellos. Y más teniendo en cuenta que, desde hace miles de años, los reyes se hacen regalos como gesto de amistad, de alianza, de ayuda mutua y de lealtad. Es una manera de demostrar la preeminencia, de afianzar una solidaridad. Es parte de una forma de diplomacia, tanto como los matrimonios, las uniones políticamente útiles, a veces entre hijos o primos. Una aberración a nuestros ojos, que solo entienden los matrimonios por amor. Incluso ahora, en los viajes oficiales, los jefes de Estado siguen haciéndose regalos, que desde hace poco en Europa se catalogan y no superan una determinada suma. Reflejan el saber hacer nacional y son una señal de buena voluntad. Los dones y contradones están en el centro de las relaciones entre países. Puede parecer arcaico, pero tradicionalmente sigue siendo ineludible.

Yo tenía una carta oficial del Ministerio de Finanzas saudí que indicaba claramente la procedencia de esa donación. Puedo asegurar que se realizó sin contraprestación alguna, en nombre de una amistad de cuarenta años, de la solidaridad entre realezas, de la prodigalidad desinteresada que caracteriza a los dirigentes árabes. Admito que cien millones de dólares son una suma considerable. Es un regalo que no podía rechazar. Un grave error. Me habría permitido atender las necesidades de mi esposa, Sofi; de mis dos hijas, Elena y Cristina, y de sus seis hijos, recientemente excluidos de la Familia Real, y no tener que preocuparme por mi jubilación lejos de la vida oficial española.

Quería dejarle todo el protagonismo a mi hijo y llevar

una vida libre, autónoma y discreta, sin depender de la Casa Real. Yo siempre me he sentido responsable y a cargo de mis parientes, en el sentido más amplio, en tanto que cabeza de familia de nuestra organización piramidal, y por mi carácter protector. Para mí es una cuestión de honor proteger a los que me rodean. Históricamente, los reyes han actuado así, no solo los reinantes, como mi abuelo Alfonso XIII, sino también los exiliados, como mi padre, don Juan. Seguramente es herencia del carácter paternalista y feudal de la Corona. En mi caso, quizá haya, además, una pizca de culpabilidad por haber impuesto a mis hijas una vida sometida a las exigencias de la Corona sin imaginar que un día, con más de cincuenta años, quedarían excluidas. Representar a la monarquía les daba un estatus y una compensación económica en función de sus actividades. Brutalmente, debido a la reconfiguración de la Familia Real, mis hijas debieron cambiar de vida y yo tuve que apoyarlas, sobre todo porque sus respectivos maridos ya no podían hacerlo: uno estaba atrapado en problemas legales y el otro, tras un derrame cerebral, carecía de perspectivas profesionales prometedoras. Mis padres y mis dos hermanas recibían trato de altezas reales y de vez en cuando asistían a los actos oficiales, pero nunca se alojaron en un palacio oficial de Patrimonio ni recibieron una asignación asociada a su rango protocolario. Llevaban vidas completamente independientes, al margen de la Casa Real. Pero de mis hijas y sus hijos me siento aún más responsable. Por suerte, Elena y Cristina fueron las primeras infantas con estudios universitarios y carrera profesional. Desde muy jóvenes quisieron emanciparse y vivir de acuerdo con su generación.

Aunque yo seguía viéndolas como madres solteras que necesitaban protección.

El presupuesto del Estado asignado cada año a la Corona para su funcionamiento, unos ocho millones de euros, es uno de los más bajos del mundo concedidos a una Familia Real reinante. Esta suma, votada por el Congreso, financia el funcionamiento de la Casa Real y las actividades oficiales de la familia. Los viajes al extranjero corren a cargo del Ministerio de Asuntos Exteriores. Una parte del mantenimiento del palacio la asume Patrimonio Nacional. Cada Casa Real cuenta con su propio sistema de financiación. Para dar una idea de la magnitud, la Corona británica recibe unos cien millones de euros del Gobierno, el *Sovereign Grant*, además de los ingresos de su inmenso patrimonio personal. Las Casas Reales de los Países Bajos y Noruega disponen de en torno a la mitad de esa cantidad. En 2013, cuando hice pública mi remuneración, mis ingresos brutos anuales rondaban los trescientos mil euros, repartidos entre ingresos personales y compensaciones por mis gastos de representación.

Hoy en día se nos exige total transparencia y que nuestras cuentas sean auditadas. Hace treinta años, eso no importaba a nadie. Hoy tenemos que justificarlo todo. Este no es el mundo en el que yo crecí. Obviamente, debemos respetar las nuevas normas. Me cegó por aquel entonces un entorno malintencionado. Cometí la debilidad de depositar mi confianza en empresarios que me habían presentado y ceder a lo que ahora percibo como presiones. Me encontré en medio de un embrollo financiero que escapaba a mi control. Muchos hombres se han mostrado débiles. Nuestros errores nos revelan humanos. Sigo pagando un alto precio por ello hoy en día. Soy consciente de que he decepcionado a mucha gente.

Ninguna institución es irreprochable, ni tampoco ninguno de sus miembros. Esta confesión de debilidad reavivará sin duda las críticas. Pero, si no puedo admitir mis errores, ¿qué esperanza tengo de reconciliarme con los españoles? Desde que asumí el peso de la Corona en 1975, uno de mis principales objetivos ha sido hacer de España un país unido, reconciliado y apaciguado. Superar los demonios de nuestro pasado, de una Guerra Civil que fue muy cruenta en ambos bandos. Una guerra en la que se enfrentaron hermanos, en la que se mataron entre sí padres e hijos. Nada puede ser más horrible. Hoy se recuerdan más las muertes de un bando que las del otro. Los vencidos exigen reparación —olvidando a veces que también hubo un encarnizamiento dentro de su propio bando—, pero los vencedores tampoco quedaron a salvo. Desde luego no podemos ignorar la dura represión a los vencidos después de la guerra. Nadie sale indemne de un combate armado, y mucho menos cuando es entre hermanos. El pueblo español, en su conjunto, fue víctima de esta guerra. Dejo a los historiadores la tarea de detallar objetivamente las atrocidades de ambos bandos. Compruebo con pesar, y a mi costa, que este pasado sigue persiguiéndonos, como lo demuestra el actual ambiente político extremadamente polarizado, los recurrentes y perniciosos ataques a la Corona y las «leyes de memoria» que se suceden, reavivando viejas heridas y el espíritu de venganza. ¿Cuándo nos reconciliaremos por fin en torno a un proyecto común para nuestro país? Creí, en el momento de la

Transición, fomentar una visión de España democrática y moderna, que miraba hacia el futuro y hacia lo internacional. Pero, al final, nuestro pasado nos alcanza y nuestros demonios persisten. ¿Seremos capaces algún día de olvidar para continuar avanzando? ¿Me perdonarán algún día los españoles mis extravíos?

Reconozco que, durante mi reinado, me rodearon algunos empresarios poco escrupulosos que actuaron en mi nombre, pero sobre todo en su propio beneficio personal. Traicionaron mi amistad y mi confianza ciega. Se presentaron como mis intermediarios, para enriquecerse. Bajé la guardia por exceso de confianza. También por ingenuidad. Preferí olvidarlos antes que darle vueltas al engaño. Carece de sentido enumerarlos; algunos pagaron más que otros, incluso acabaron en la cárcel. Intentaron implicarme para defenderse, para manchar mi imagen, pero era pura calumnia. Estoy enfadado conmigo mismo por entregar mi simpatía con demasiada espontaneidad, por permitirles tener acceso a mis contactos. El poder atrae a aprovechados y aduladores, y no fui lo suficientemente desconfiado. Pensé que mi instinto me alertaría, pero reconozco que se aprovecharon de mí. Sin duda me dejé cegar. Me engañaron y estafaron. Como ante cualquier herida, ante cualquier decepción íntima, me encierro en el silencio. No tiene sentido ahondar en la amargura. Con las rosas también llegan las espinas.

Para algunos, el dinero es una fuerza motriz y un objetivo. Para mí, el dinero es una abstracción, un instrumento de independencia. Nunca he sabido administrarlo ni hacerlo fructificar. Otros han pretendido hacerlo por mí y yo les he creído. No soy un hombre de dinero, como afirman algunos. No tengo formación ni conocimientos en la materia. En el seno de la familia rara vez abordamos el tema. Íbamos justos y a veces nos avergonzaba. Existe una famosa anécdota que he repetido muchas veces que demuestra que realmente no he tenido sentido empresarial, y no lo he tenido desde niño. Tendría cinco o seis años cuando hice el primer mal negocio de mi vida. Fue en Lausana. Un español que fue a visitar a mi padre me regaló una estilográfica de oro. No lejos del Hôtel Royal, donde vivíamos, había una tienda de dulces y chocolates. Como nunca tenía un céntimo en el bolsillo, tuve la brillante idea de ir a ver al portero del hotel para enseñarle mi pluma. «Esto es oro», le expliqué, «¿cuánto me das?». El portero me dio cinco francos. Le di mi bolígrafo y corrí a la tienda a comprarme una gran cantidad de caramelos. Cuando mi padre se enteró, fue a ver al portero, le dio diez francos y recuperó el bolígrafo. Me dijo muy severamente: «Me has hecho perder cinco francos», y me castigó. Me di cuenta de que la gula era mala consejera.

Mi padre vivió gracias a la generosidad de las familias monárquicas. El patrimonio dejado por Alfonso XIII era limitado, y se repartió entre todos sus hijos. Mi padre nunca fue un buen inversor, nunca se interesó por incrementar su capital ni por el rumbo de sus negocios. Él no se ocupaba de esas cosas. Tal vez lo desdeñaba. Controlaba sus gastos con rigor y se permitía pocos lujos, pero debía mantener su estatus. En aquella época, parecía normal que la aristocracia cuidara de «su Rey». El fisco español no les pedía que lo justificaran. Hoy, incluso los amigos que me han hospedado en su casa deben rendir cuentas de todo: el vino y la comida consumidos, los nombres de los invitados..., como si yo fuese un peligroso fugitivo cuyos movimientos fueran objeto de especulaciones delirantes. Y quienes me ayudaron a reunir la suma exigida por Hacienda para hacer frente a mi deuda tributaria en febrero de 2021 lo hicieron ante notario, en forma de préstamo a corto plazo que tendré que devolver. No hubiera sido posible hacerlo desinteresadamente. ¡Y luego muchos de ellos fueron sometidos a una inspección fiscal!

Me eduqué en un mundo donde el dinero fluía de una forma más sencilla, donde las donaciones y los regalos para mantener a nuestra familia eran lo habitual. Donde el apoyo personal, cara a cara, era espontáneo. Los partidarios de mi padre viajaban a Estoril a sus expensas para estar con él, para rodearle, para ayudarle, para apoyarle. A veces se quedaban durante un mes, por turnos, para asegurarse de que siempre hubiera alguien a su lado. Su lealtad y devoción eran irreprochables. Mi abuela también recibía en Lausana a sus damas de compañía españolas, que se turnaban para permanecer siempre a su lado. Se entregaban por entero. Formaban una especie de corte en el exilio, informal y solidaria, muy devota de la Familia Real. Por supuesto, hoy no puedo esperar esas consideraciones, sobre todo porque no quise volver a formar una corte cuando llegué al trono. Me parecía que esas viejas costumbres ya no tenían razón de ser. Cierta aristocracia española se lo tomó a mal. Yo no actuaba en contra de ellos, sino a favor de la modernidad. No quería encarnar una monarquía reñida con la sociedad. Hoy solo puedo contar con unos pocos amigos leales que no necesariamente tienen títulos nobiliarios. La amistad nada tiene que ver con la clase social, pero a veces no resiste los escándalos y la difamación. Muchos no han dado señales de vida desde que el viento cambió de dirección. Y otros, que hubieran podido mostrarse agradecidos, me dieron la espalda cuando les pedí ayuda. La naturaleza humana siempre me sorprenderá. Pero nunca me detengo en mi decepción ni en mis heridas. Hay que seguir adelante, sin mirar atrás. Pensar en el porvenir. Estoy más interesado en el futuro por construir que en el pasado, tanto el mío como el de España.

Mi padre vivía en una casa de alquiler en Estoril, Villa Giralda, que acabó comprando por insistencia de su propietario. Por patriotismo, no quería poseer nada fuera de España. Todos los veranos, Pedro Galíndez, un empresario vasco, le prestaba el *Saltillo*, un velero de acero de 26 metros de eslora construido en los años treinta. Como mi padre no podía permitirse llevarnos a todos de viaje, nos metía en el barco y navegábamos encantados por los mares. Mi madre cocinaba maravillosamente bien y nos abastecíamos de lo básico en los puertos. Estábamos encantados con esta vida sencilla, verdadera, deportiva, sin protocolos ni mimos.

El marqués de Mondéjar, que fue mi ayudante de campo antes de convertirse en el más devoto jefe de la Casa Real, era quien me facilitaba los trajes y abrigos, hasta que ingresé en las academias militares, donde se proporcionaba ropa. Franco era un hombre austero, con él mismo y también conmigo. Yo tenía lo justo para vivir en la Zarzuela y con mi sueldo de capitán me compraba los cigarrillos. En aquella época fumaba mucho, ¡a veces, dos paquetes al día! En vacaciones, iba con Sofi y los niños a visitar a nuestras respectivas familias, en Estoril o Grecia. Llevábamos una vida discreta. ¿Me sentía humillado por depender económicamente de otros, o avergonzado por tener menos medios que mis primos y amigos? Sin duda alguna sentía cierta fragilidad, una ansiedad difusa. ¿Cómo iba a vivir si me esperaba el mismo destino que a mis antepasados? ¿Cómo iba a mantener a mi familia sin bienes y sin casa? Al final, lo absurdo de la situación era que mis temores terminarían por cumplirse. El destino nos juega malas pasadas...

Los tribunales suizos archivaron su investigación el 13 de diciembre de 2021, seguidos por los tribunales españoles tres meses después. No se presentaron ni cargos ni pruebas incriminatorias contra mí. La fiscal general del Estado español tenía el expediente preparado en un cajón. Esperó varias semanas antes de hacerlo finalmente público presionada por los medios de comunicación, porque la información ya se había filtrado. Quizá seguía buscando razones para incriminarme. Cuando se cerraba un frente, se abría otro. Hacienda revisaba todas mis cuentas, todos los regalos que pudiera haber recibido por parte de mis amigos, e investigaba a los que me habían invitado a sus casas. Era una insaciable búsqueda de cualquier motivo para incriminarme. Me vi reducido a justificar todos los aspectos de mi vida, desde la compra de una camisa hasta el más mínimo viaje. Todo en mí se volvió sospechoso. La guinda del pastel: en diciembre de 2020, me enteré de que una antigua relación había interpuesto una demanda por presunto acoso y difamación ante la *High Court* de Londres, alegando grotescas fabulaciones dignas de una película de James Bond. No me iba a librar de nada. Algunos imaginaron, tal vez, que me llevarían al límite; otros me veían ya destruido. Pero me mantuve firme. No cedí a las murmuraciones, defendí mi integridad. Me centré en mi salud como un deber, como una resistencia. Empecé por levantarme y recuperar poco a poco la movilidad de las piernas. Trabajaba todas las mañanas con un entrenador durante una hora, a veces incluso dos. Me puse a dieta y perdí quince kilos. Me esforzaba mucho, sufría físicamente, a veces me desanimaba por lo poco que progresaba. Era una lucha diaria con mi cuerpo, una cuestión de supervivencia, de dignidad. No podía ceder, no podía dejarme llevar. Puse toda mi disciplina, que proviene de mi formación como soldado y como Rey, en estos esfuerzos constantes. Al final, aquella adversidad me obligó a centrarme en mí mismo.

Las sucesivas oleadas de confinamiento y desconfinamiento desconcertaban al mundo. Me quedé en la isla de Nurai, lejos de todo. Tenía el privilegio de disponer de un jardín y de poder contemplar el mar. Es un paisaje y una tranquilidad que incitan a la reflexión, al arrepentimiento y al análisis. Y también tuve la suerte de recibir visitas regulares de mis hijas, que venían, en meses alternos, durante unos días para iluminar mi vida cotidiana con sus sonrisas y su cálida presencia. Era un soplo de aire fresco. Cada viaje de mis hijas me aportaba energía y buen humor. Mi hermana Margot y su familia también fueron tan amables de venir dos veces en dos años, sobre todo para celebrar el quincuagésimo aniversario de su boda con el doctor Carlos Zurita.

Aquellas fugaces visitas de sobrinos y de nietos me permitían mantener un vínculo, aunque tenue, con la familia, con mis raíces. Crecí lejos, en mi propio rincón, lejos de mis padres y hermanas, pero la familia siempre ha sido importante, una base sólida, un vínculo. Desde mi aislamiento en Nurai, comprendí lo preciosos que eran estos lazos para mí. Las pocas llamadas de mi hijo me reconfortaban. Me emocioné cuando puso al teléfono a su hija mayor, Leonor, justo antes del verano de 2021, para que me contara ella misma sus buenas calificaciones y su partida a Gales para estudiar el Bachillerato Internacional en un centro de la red UWC (United World College). Yo estaba encantado con esta elección porque, a petición de lord Mountbatten, fui el presidente de honor en España de esta red internacional de colegios, fundados sobre la base del compromiso, el intercambio multicultural y el talento individual. Mi nieta se incorporaba a un maravilloso centro del que estaba seguro que sacaría provecho para la vida oficial que le esperaba.

Otras manifestaciones públicas de afecto me llegaron directamente al corazón. Fueron raras, espontáneas y sinceras. Como cuando los campeones deportivos más importantes de España —el ciclista Miguel Induráin, el piloto de rally Carlos Sainz, el seleccionador nacional de fútbol Vicente del Bosque, el campeón olímpico de vela José Luis Doreste, el golfista Gonzalo Fernández-Castaño y el piloto de motociclismo Fonsi Nieto— hicieron un vídeo de varios minutos titulado «Campeones por el rey Juan Carlos», subido a las redes sociales. No pude contener las lágrimas de agradecimiento cuando lo vi. Me estaban agradeciendo el apoyo leal y amistoso que les prodigué a lo largo de sus carreras, en los buenos y en los malos momentos. No solo en los Juegos Olímpicos de Barcelona en 1992, sino también en los acontecimientos deportivos más importantes, a los que intentaba siempre acudir. Trataba de atraer patrocinadores y los animaba personalmente. Nunca los abandoné, eran el orgullo de España, y yo mismo, como deportista, era consciente de sus esfuerzos, sus sacrificios y sus dificultades. Ahora me tocaba a mí recibir su apoyo. Esa es la belleza y el coraje del espíritu deportivo. Nunca me abandonaron, a pesar del oprobio, a pesar de la distancia. En un momento en el que el olvido y la ingratitud estaban a la orden del día, ellos se atrevían a ir a contracorriente. Es un gesto que les agradezco infinitamente. Hay que tener una gran fuerza de carácter para ser un campeón.

Periodistas españoles intentaron entrevistarme, incluso de forma un tanto impertinente. Uno de ellos fue a Nurai haciéndose pasar por un estudiante que quería alquilar un chalet. Me llamó. No suelo contestar a números que no conozco, pero esta vez descolgué por descuido. «Hola, soy Alejandro.» Mi entrenador en Madrid se llama Alejandro, así que, convencido de que era él, respondí alegre: «¿Cómo estás? ¿Cómo está tu familia? ¡Me alegra que me llames!». Tras una pausa, la voz me dijo: «Soy Alejandro, un periodista, y le llamo para pedirle una entrevista». Por supuesto, me negué y, a pesar de su insistencia, colgué. Luego me enteré de que estaba en la isla de Nurai, sobornando a los empleados del hotel de al lado de mi casa para obtener información. En un entorno tan pequeño y tranquilo como esta isla de dos kilómetros de largo, llamaba la atención. La seguridad del hotel le hizo preguntas. Mintió sobre su verdadero lugar de residencia y sus intenciones, y ocultó su condición de periodista. Las autoridades emiratíes eso no lo toleran, y se lo llevaron esposado a una comisaría. Al cabo de tres días, empecé a preocuparme por su suerte. Pedí a las autoridades que lo pusieran en libertad, pero me dijeron que había infringido la ley y que debía comparecer ante un juez. Este le impuso una multa de 25.000 euros, que su empleador tardó varias semanas en pagar. El pobre periodista tuvo que esperar a que el dinero llegara a Emiratos para que las autoridades le devolvieran el pasaporte y poder volar de regreso a España. ¡No olvidará su viaje a Nurai! Aquello debió de echar atrás a otros periodistas con ganas de venir de visita. Algunos paparazzi consiguieron hacerme fotos, pero no me sentí importunado. La confidencialidad del lugar me ha protegido de intrusos y curiosos. Esta es una de las principales razones por las que elegí los Emiratos como lugar de retiro. En España, la presencia constante e incluso amenazadora de los paparazzi se había convertido en una carga. Es una persecución con la que es difícil convivir a diario. En los Emiratos está prohibido fotografiar a una persona sin su consentimiento, por lo que la vida privada recupera todo su sentido.

La víspera de que el jeque Mohamed bin Zayed, actual presidente de los Emiratos y entonces vicepresidente del país, me visitara en Nurai, me sometí a una prueba de PCR, al igual que mi entorno inmediato, es decir, mi leal mayordomo y mi equipo de seguridad. Era una simple precaución sanitaria, convertida en costumbre durante la pandemia. Esa noche estaba viendo una película de acción cuando llegaron los resultados: yo era el único caso positivo. Pensé que era un error. Todos nos hicimos rápidamente otra prueba PCR y pedimos a tres laboratorios distintos que las analizaran. A las ocho de la mañana del día siguiente, el equipo de seguridad de presidencia llegó para preparar el lugar justo cuando recibíamos los nuevos resultados, idénticos a los del día anterior. Comuniqué al equipo de seguridad del jeque Mohamed que teníamos que cancelar su visita y les pedí que le dijeran que me disculpara. No tenía ningún síntoma doloroso, pero, por supuesto, no quería contagiarle. Al cabo de un cuarto de hora llegó el helicóptero privado del jeque con la orden de llevarme a la mejor clínica de la ciudad, donde me esperaba un equipo médico y pusieron a mi disposición las habitaciones habitualmente reservadas para la Familia Real emiratí. Intenté tranquilizar al jeque Mohamed sobre mi estado de salud, pero fue en vano: me trasladaron. Pasé nueve días en el hospital bajo vigilancia, tres de ellos sin sentido del gusto ni del olfato. Regresé a Nurai cuando todavía era positivo, y lo fui durante una semana más. ¿Iba a superarlo? Ese mes de noviembre de 2020 fue un largo túnel. Aquel covid resultó agotador. Fue como un mazazo en la cabeza. Volví a subir la cuesta, aguanté. Perseveré con mi entrenamiento deportivo. Esperaba regresar a España para Navidad y para mi cumpleaños.

En febrero de 2021 seguía allí y el jeque Mohamed bin Zayed vino a visitarme. Empezaba a darme cuenta de que mi estancia en Nurai sería mucho más larga de lo que esperaba. Me preocupaba convertirme en un huésped incómodo que nunca se va y del que no sabes cómo deshacerte. Él me tranquilizó afablemente: «Esta es tu casa y tienes toda mi protección. Puedes vivir en paz en los Emiratos todo el tiempo que quieras. Eras amigo de mi padre y eres como un hermano para mí», me aseguró. Puso sus palabras en práctica. Buscó un lugar donde pudiera sentirme como en casa. Estaba absolutamente decidido a quedarme cerca del mar, que tanto me tranquiliza, y en un lugar apartado y tranquilo, por la discreción en la que quería anclar mi nueva vida. Me alegré mucho cuando me encontró una residencia, siempre en la isla de Nurai, frente al mar. Tras algunas obras de renovación, me mudé allí en febrero de 2022. Por primera vez en mi vida, tenía un hogar. Podía decidir cómo colocar los muebles y cómo organizar las cosas. Hice de la cocina abierta el corazón de la casa. Me encantó tener una habitación dedicada al gimnasio y una enorme pantalla de tres por dos metros, que llamaban *the wall*, para seguir los acontecimientos deportivos como si estuviera allí, y ver películas que llenaran mis tardes: wésterns como *Los siete magníficos*, películas antiguas como *Las cuatro plumas,* de Zoltan Korda, que transcurre principalmente en Sudán y trata con mucho acierto la cuestión del honor, o *Tres lanceros bengalíes,* con Gary Cooper, cuyos diálogos son brillantes; también series actuales que se emiten en las plataformas digitales. Puedo volver a ver las mismas películas con algunas semanas de intervalo sin darme cuenta de que ya las he visto. ¡Qué suerte cuando tienes muchas tardes tranquilas que llenar! Mi otro lujo inconmensurable es tener vistas a tres olivos milenarios. Encarnan mi vínculo indestructible con España, tan poderoso como sus raíces. Simbolizan la longevidad y la fuerza. Gracias a su presencia, todo el Mediterráneo me acompaña, aunque esté aquí, en medio de las arenas de la península arábiga. Quizá mi casa encarna el vínculo entre estos dos mundos, estas dos culturas distintas entre sí.

Por encima de todo, este nuevo hogar ha sido una especie de resurrección. En España se me cerraron las puertas y las amistades verdaderas eran escasas, pero aquí tenía un lugar donde reconstruirme, donde reencontrarme. Por fin estaba cumpliendo un sueño: vivir en mi casa, con total libertad. Y todo se lo debo a este amigo, el jeque Mohamed bin Zayed, a este hombre que me demostró su amistad con delicadeza y amabilidad. Es una relación sin defectos. «*I really love him*», dijo públicamente en una reunión de invitados distinguidos. En noviembre de 2021, me invitó al Gran Premio de Fórmula 1, al que yo asistía cada año desde su creación en 2009, y donde mostró, ante una audiencia de invitados oficiales y jefes de Estado internacionales, la especial atención que me prodigaba. Le indicó a mi mayordomo, que suele ayudarme a caminar, que sería él quien me daría personalmente el brazo. Así que se abrió paso entre la multitud para recogerme, bajó conmigo en el ascensor, me acompañó hasta mi coche, me ayudó a entrar en él y cerró la puerta. Me conmovió que me mostrara tanta consideración, sobre todo porque hacía tiempo que nadie lo hacía. Era afectuoso y protector. Cuidaba de mí, y quizá era el único que lo hacía en aquel momento de mi vida.

El 5 de marzo de 2022, un intermediario español me entregó un texto de la Casa Real. «Le permitirá resolver su situación», me dijo. Me presentó una carta ya redactada. Intenté negociar algunos cambios o ciertos términos en la misiva que debía firmar. Pronto me di cuenta de que no podría variar ni una palabra. Ante mis intentos de negociación, mi interlocutor, enfurecido, dio un manotazo sobre la mesa.

—¿Mi hijo quiere que firme esta carta tal cual? —le pregunté sin perder la calma.

—Sí, quiere.

—Entonces la firmaré.

Renunciaba con ello de manera oficial a dormir en la Zarzuela cuando volviera ocasionalmente a España, aunque el intermediario insinuó que en mi primer viaje a Madrid podría pernoctar en casa. Yo le creí. Podría haberme negado a firmar la carta, podría haberme indignado por colocarme ante un hecho consumado, pero esperaba normalizar mi situación. Felipe es el jefe de la Casa Real, además del jefe del Estado. En nuestra organización jerárquica, él manda. Acepté las drásticas condiciones que me impuso, como demuestra la carta que se hizo pública dos días más tarde:

> Majestad, querido hijo:
>
> En agosto de 2020, guiado por el convencimiento de prestar el mejor servicio a España y a todos los españoles, a sus instituciones y a ti como Rey, te comuniqué mi decisión de trasladarme fuera de España, para facilitar el ejercicio de tus funciones. Desde entonces, he residido en Abu Dabi, lugar al que he adaptado mi forma de vida y al cual agradezco enormemente su magnífica hospitalidad.
>
> Conocidos los Decretos de la Fiscalía General del Estado, por los que se archivan las investigaciones de las que he sido objeto, me parece oportuno considerar mi regreso a España, aunque no de forma inmediata. Prefie-

ro, en este momento, por razones que pertenecen a mi ámbito privado y que solo a mí me afectan, continuar residiendo de forma permanente y estable en Abu Dabi, donde he encontrado la tranquilidad, especialmente para este período de mi vida. Aunque, como es natural, volveré con frecuencia a España, a la que siempre llevo en el corazón, para visitar a la familia y a los amigos.

Me gustaría así culminar esta etapa de mi vida desde la serenidad y la perspectiva que ofrece el tiempo transcurrido. Como bien sabes, en 2019 te comuniqué mi voluntad de retirarme de la vida pública, y así lo seguiré haciendo.

En este sentido, tanto en mis visitas como si en el futuro volviera a residir en España, es mi propósito organizar mi vida personal y mi lugar de residencia en ámbitos de carácter privado para continuar disfrutando de la mayor privacidad posible.

Soy consciente de la trascendencia para la opinión pública de los acontecimientos pasados de mi vida privada y que lamento sinceramente, como también siento un legítimo orgullo por mi contribución a la convivencia democrática y a las libertades en España, fruto del esfuerzo y sacrificio colectivo de todos los españoles.

Siempre que te parezca bien, es mi deseo que hagas pública esta carta, para conocimiento de todos los españoles y en la fecha que estimes oportuna.

Con mi lealtad, mi cariño y el orgullo inmenso que siento por ti.

Tu padre

Me sometí a las exigencias de la Casa Real, pues mi hijo así lo requería. Esperaba que al día siguiente me comunicaran las posibles fechas de un viaje a España. Si antes me decían, una y otra vez, «no se dan las condiciones para su regreso», ahora no había excusas para negármelo. Las investigaciones judiciales estaban archivadas y yo había aceptado todos los requisitos establecidos por la Casa Real. Tuve que esperar otros tres meses para acordar al fin una fecha. Afortunadamente, mis dos hijas y todos sus hijos vinieron el fin de semana de Pascua para aliviar una espera que parecía eterna. Fue una alegría como hacía tiempo que no vivía. Una preciosa reunión familiar en un momento en que mi ostracismo se prolongaba sin cesar. ¿Cuánto tiempo más seguiría desterrado?

El 15 de mayo de 2022, mi hijo viajó a Abu Dabi para dar el pésame a las autoridades emiratíes por la muerte del presidente, el jeque Jalifa bin Zayed Al Nahayan. Me enteré, como todo el mundo, por la prensa. Estuve el día entero pegado al teléfono, esperando una llamada suya para concertar un encuentro, aunque fuera en el aeropuerto, aunque fuera fugaz, después de su audiencia oficial. Estaba dispuesto a reunirme con él donde le conviniera. Su llamada llegó cuando su avión despegaba de regreso a Madrid. ¡La esperaba mucho antes, claro está! Vi la luz al final del túnel cuando me enteré de que podría participar en las regatas preparatorias para el Campeonato Mundial de Vela con mi equipo en Sanxenxo. Fue como una resurrección. Pero mi vía crucis continuó con la negociación de las condiciones para realizar ese viaje.

La Casa Real me proponía que tomara un vuelo regular

de siete horas de Abu Dabi a Lisboa en plena noche, para evitar a los periodistas que pudieran estar esperándome en Madrid. Luego, al llegar, viajaría cinco horas en coche hasta llegar a Sanxenxo. Me quedaría allí un fin de semana antes de continuar hasta Madrid, otras cinco horas de viaje, para comer con él en la Zarzuela. Dudaba que ni tan siquiera se me permitiera echarme una siesta en mi cama, ya que me dejaron claro que no podría permanecer allí mucho tiempo. Debía dormir en un hotel, o en casa de un amigo, a las afueras de Madrid, para no llamar la atención. «¡Arréglatelas solo!», me dieron a entender. Por aquel entonces, pensaba reunir a algunos de mis amigos más cercanos en uno de mis restaurantes favoritos de la capital, pero esta idea no llegó a cuajar. «No hay nada que celebrar.» Tenía que evitar armar jaleo, ya que mi llegada seguramente iba a provocar protestas. Dormir en un hotel, como un turista, me parecía inconcebible. Así que imaginé volar a Ginebra esa misma tarde para pasar la noche en casa de mi hija Cristina y coger un vuelo regular de regreso a Abu Dabi al día siguiente. Me pregunté si sería físicamente capaz de semejante periplo, pero estaba dispuesto a afrontar todo tipo de fatigas y a plegarme a todas las condiciones con tal de poder regresar a mi país, aunque fuera por unos días. La Casa Real anunció oficialmente mi llegada y la publicación de una foto de familia con motivo de mi almuerzo en la Zarzuela. Finalmente, esa foto jamás se hizo.

Todo estaba muy bien atado y yo vibraba de impaciencia. Cuando expliqué mi viaje a mis anfitriones emiratíes, insistieron en poner a mi disposición un avión privado, e incluso un médico y un agente de seguridad. Querían hacer todo lo posible para facilitarme el viaje, porque sabían lo importante que era para mí. A pesar de su insistencia, rechacé al médico y al guardaespaldas, asegurándoles que tendría todas las facilidades en España. Al fin y al cabo, volvía a casa. Y así fue como una mañana del 20 de mayo de 2022 partí lleno de esperanza hacia Vigo. De allí me había ido y allí volvía. Era como si mi verdadero hogar fuera un pequeño puerto de Galicia y no un palacio de Madrid, como si mi relación con España tuviera más que ver con sus periferias y la autenticidad de sus paisajes y sus gentes que con su capital y sus tejemanejes políticos.

«Aquí los controladores aéreos de Barcelona. Tenemos un mensaje para su majestad el rey Juan Carlos: ¡bienvenido a casa! ¡Nos alegramos de tenerle de vuelta!» Tengo una coraza dura, pero ese día apenas pude contener mi emoción. Lloré mientras miraba desde el cielo aparecer la costa española. Sobre todo, porque llevaba seis horas aislado en el aire. No sabía lo que se tramaba en tierra. Lo único que sabía con certeza era que mi fiel amigo Pedro Campos iría a recogerme en el aeropuerto de Vigo para llevarme a su casa, en coche, en el puerto de Sanxenxo. Cuando bajé del avión, no tenía ni idea de lo que me sucedería. Esperaba manifestaciones de oposición de la extrema izquierda, encantada de condenarme públicamente. Pero ¿cómo me recibirían los gallegos? Eso era lo que de verdad me importaba. Lo que piensen los políticos, sus declaraciones oportunistas para galvanizar a su electorado y evitar abordar los verdaderos problemas de España, es ruido de fondo que ya no me sorprende. Mi hija Elena me dio la sorpresa de estar allí cuando bajé del avión. Tampoco pudo contener la emoción. Aún recuerdo su efusivo abrazo. Ella y yo apenas podíamos creerlo. ¡Encontrarnos por fin en suelo español! ¡Después de 654 días fuera! Los conté, uno a uno.

En los sesenta kilómetros que separan el aeropuerto de Vigo de Sanxenxo, vi familias con banderas españolas que me vitoreaban, coches que tocaban el claxon y otros que nos seguían. No lo podía creer. Era como una final de la Copa del Mundo de fútbol. El fervor popular me conmovió. Es lo que me ha dado ánimo en los momentos difíciles de mi reinado: saber que, en algún lugar, a pesar de todo, hay gente que te aprecia. Siempre he agradecido esas muestras de afecto.

Cuando llegué a casa de Pedro Campos, me emocionó encontrar la habitación que siempre me ha reservado intacta, con todo mi equipo de navegación. Era la misma habitación donde había pasado mi última noche antes de volar a Abu Dabi. Este hombre de confianza, reservado como buen gallego, me demostraba una vez más su lealtad y tenacidad. Siempre estuvo convencido de mi regreso, ¡aunque yo mismo lo dudara! Aprecio su espíritu positivo y emprendedor, que le ha permitido ganar tantos trofeos. Abrimos una buena botella de vino con mis amigos del club náutico, que vinieron corriendo, y recordamos algunas anécdotas y decepciones divertidas, que ahora nos hacen reír mucho. ¡Con la misma calidez y entusiasmo que en las reuniones de veteranos!

No fue hasta la mañana siguiente, al llegar al puerto para ver mi barco, cuando me di cuenta de la multitud de periodistas congregados, tanto españoles como extranjeros. Algunos afirmaban que yo había orquestado todo aquello.

¡Nada más absurdo! ¿Cómo iba a convocar a la prensa desde mi refugio en Abu Dabi? La Casa Real había emitido un comunicado de prensa oficial anunciando mi llegada y mi programa. Tras esa alerta, los periodistas y fotógrafos se movilizaron. Si mis idas y venidas hubieran sido regulares y normalizadas, no habrían suscitado tanto interés mediático. A fuerza de mantenerme al margen, la Casa Real estaba convirtiendo en una situación extraordinaria lo que era un viaje ordinario que tenía como objeto un simple entrenamiento de vela. Me exigieron discreción, que creo haber respetado: solo fui al club náutico, saludé a los periodistas sin hacer declaraciones y cambié un poco mi agenda para ir a ver a mi nieto Pablo, de veintiún años, el segundo hijo de mi hija Cristina, jugar un partido de balonmano en el pueblo vecino. Como cualquier abuelo, estaba encantado y orgulloso. Volví a ponerme al timón del *Bribón*, con mis cuatro compañeros, para participar en las regatas preparatorias del Campeonato Mundial. ¡Fue una inmensa alegría redescubrir las sensaciones de alta mar! Me sentí vivir de nuevo, a pesar del viento, el cansancio y el frío. El mar es libertad, mi pasión. Me emocionaba el ambiente cordial y amistoso del club náutico y de la casa de mi amigo Pedro Campos, que organizó barbacoas nocturnas en su jardín para la decena de amigos venidos de Madrid y para nuestros compañeros de regata. Viví momentos cálidos, sencillos, improvisados, como a mí tanto me gustan. Redescubrí una vitalidad que ya no sospechaba. Esos tres días pasaron muy rápido. Tan rápido como un espejismo.

Al amanecer del lunes partí hacia Madrid y la Zarzuela. La Casa Real había retirado de la agenda oficial la fotografía que iba a plasmar nuestro reencuentro. El avión privado y la atención mediática que involuntariamente había provocado en Sanxenxo los había predispuesto en mi contra. Llegué con el corazón encogido al encuentro cara a cara con mi hijo. El personal de la casa me esperaba, pero no les dejaron quedarse a saludar y les enviaron de vuelta a sus respectivas tareas. Me decepcionó no ver sus cálidas sonrisas. Felipe y yo mantuvimos una discusión muy franca a puerta cerrada en su despacho. Comprendí la presión a la que le sometía el Gobierno, su miedo a dar pasos en falso. Me reprochó que hubiera llegado en un avión privado, que aterrizara de tal manera que los fotógrafos pudieran acercarse —como si yo hubiera explicado al piloto dónde aterrizar en ese pequeño aeropuerto sin demasiadas pistas— y que convocara a la prensa, como si yo les hubiera pedido que vinieran. Intenté justificarme, dejar clara mi lealtad a la Corona. Entonces, en tono frío, declaró:

—El Gobierno me ha pedido que te diga que no vuelvas en junio para el Mundial de vela de Sanxenxo.

Era un acontecimiento que me apasionaba y al que soñaba asistir. Ya había ganado dos veces el Campeonato Mundial. ¿Por qué no una tercera? Incluso sabiendo que no me estaba entrenando lo suficiente para afrontar el reto, ese tipo de desafío era el que me hacía seguir adelante. Y me hacía muy feliz que esta competición de alto nivel se celebrara en este puerto que yo había puesto en el mapa de las regatas como escala obligada.

—¿Y qué piensas tú?

—Pienso lo mismo.

—En ese caso, no quiero ser una carga para ti. No iré.

Y así terminó nuestra discusión de más de una hora. Me pregunté dónde habían ido a parar su ternura y su compasión. Ya no era el joven amable y sonriente de antes. El peso de la Corona lo había cambiado. Las pruebas y tensiones por las que había pasado le habían marcado. Mis asuntos y las dificultades políticas a las que se había enfrentado el país no le habían dejado indemne. Sofi había regresado de Miami con covid. Apenas la vi. El mes anterior le propuse reunirnos en Ginebra para celebrar nuestro sesenta aniversario de boda. Mi invitación quedó sin respuesta. Supongo que pensó que ya no había nada que celebrar, lo que me entristeció. Su presencia a mi lado sigue siendo muy querida para mí, pero sé que no quiere complicar el reinado de su hijo. Mi hija Elena; sus dos hijos, Victoria, de veintidós años, y Felipe, de veinticuatro; la hermana de mi mujer, la princesa Irene, que vive con ella, y Letizia y su hija Sofía, que regresaba del colegio, se reunieron con nosotros para comer. Ni platos ni vinos especiales, solo una comida ordinaria para el invitado en que me había convertido.

¿Cambiarían las cosas con un Gobierno diferente? ¿Se me facilitaría el acceso a la Zarzuela? Me fui con esta incertidumbre... No pude dormir en la Zarzuela, mi residencia oficial durante más de sesenta años, ni recibir a unos amigos, pese a que los tribunales no han encontrado ningún elemento en mi contra. No tuve más remedio que volver a coger el avión en dirección a Abu Dabi. ¿Dónde estaba ahora mi hogar? Volví a mi anonimato y aislamiento en la isla de Nurai, donde me esperaba el silencio. Allí instalé los pocos recuerdos que había traído de la Zarzuela, para que un aire de España me acompañara en mi soledad. Para preservar la relación con mi hijo, para proteger la institución, decidí quedarme allí. ¿Qué me deparaba el futuro? No lo sabía. Mientras tanto, guardaba dentro de mí el sabor de España, como una joya preciosa.

SEGUNDA PARTE

UNA JUVENTUD CAÓTICA

1

Nací en el exilio

Yo no nací en un palacio de España como todos mis antepasados. Nací en el exilio, en Roma, el 5 de enero de 1938. Dos meses antes de lo previsto. ¡Debía de tener mucha prisa por llegar aquí!

Mi país se desgarraba desde el 18 de julio de 1936 en una sangrienta Guerra Civil entre el bando republicano, formado por los leales al régimen de la Segunda República, socialistas, anarquistas y comunistas, ayudados por la URSS, y el bando nacionalista, que se levantó militarmente contra la República, apoyado por la Alemania de Hitler y la Italia de Mussolini y cuyos integrantes recibieron el nombre de «sublevados». Este dramático conflicto duró hasta el 1 de abril de 1939, y dejó al país devastado y exangüe en manos del general Francisco Franco, que ejerció un poder absoluto. Esa realidad política yo en ese momento la desconocía. Era un miembro mimado de la Familia Real española, exiliada en Italia.

Soy hijo del heredero de la Corona española, don Juan, conde de Barcelona, y nieto del rey Alfonso XIII. Tras las elecciones municipales del 12 de abril de 1931, que dieron la victoria a los candidatos republicanos en las principales ciudades de España —el voto rural se mantuvo favorable a la monarquía—, mi abuelo Alfonso XIII decidió exiliarse para evitar un derramamiento de sangre, sin renunciar a sus derechos a la Corona. Dos días después de su partida, se proclamó la República bajo la presión de la calle. Él abandonó España solo, en un barco de la Armada, rumbo a Marsella, y luego viajó a París en tren. Su mujer y sus hijos fueron retenidos como rehenes durante dos días en el Palacio Real en pleno centro de Madrid. El Gobierno temía que mi abuelo conspirara para recuperar el trono. Antes de partir, había destituido a la Guardia Real para evitar cualquier derramamiento de sangre. No quería ser responsable del estallido de una guerra civil. No quedaba nadie más para proteger el Palacio Real de los amotinados que se habían agrupado en el patio interior, y que simulaban ahorcar a la Familia Real. Mi abuela, sus hijos, el ama de llaves, el cocinero francés y las dos únicas damas de compañía que permanecieron a su lado se refugiaron en una habitación. La leyenda familiar cuenta que el embajador de Estados Unidos en España, que estaba enamorado de mi abuela, renunció a su puesto para ir al palacio, armado, y vigilar su puerta. La llamaba «*my queenie*», «mi reinita». Había importado para ella, desde Estados Unidos, el primer secador eléctrico para su larga melena, que llevaba siempre recogida en un moño. Dos días más tarde, la familia pudo reunirse por tren con mi abuelo en París. Solo se les permitió llevar una maleta por persona. Mis tías habían metido en su equipaje recuerdos y álbumes en lugar de abrigos. En abril, en París, se quedaron heladas por la lluvia y el frío. Al cabo de unos meses, el Gobierno español les envió más ropa, pero confiscó todos los bienes de la familia. Luego el Gobierno francés les pidió que abandonaran París. Se instalaron en Fontainebleau antes de aceptar una invitación del rey de Italia, Víctor Manuel III.

Por desgracia, no tengo ningún recuerdo de mi abuelo. Murió cuando yo apenas tenía tres años. Mi padre hablaba poco de él. Estábamos obligados a asistir a una misa en su honor cada 28 de febrero. Íbamos a desgana, por el frío que hacía en la iglesia. Se dice que tenía una fuerte personalidad, que era muy cariñoso con sus amigos y muy seductor con las mujeres, ¡como muchos Borbones! «Era un hombre difícil, pero me hizo Reina de un gran país», me confesó mi abuela, que no había sido feliz en la corte española, probablemente muy cerrada y esclerosada, además de dominada por la Reina Madre, María Cristina de Austria, que no veía con buenos ojos que su nuera fumara o se pusiera un bañador para nadar en el mar. Mi abuela era muy moderna para su época. Mi abuelo tenía fama de ser un excelente jugador de polo y estaba ávido de los avances técnicos de la época, que intentó introducir en España. No le disgustaba dejar el palacio para salir al encuentro de la gente, como lo demuestra su trashumancia a caballo y en burro, con médicos, para apoyar a los habitantes de una de las comarcas serranas más precarias y remotas, Las Hurdes, al norte de Extremadura. Creo que intentó ayudar a su país lo mejor que pudo.

Nació Rey, porque su padre murió antes de que él naciera. Este estatus desde una edad temprana debió forjar en él un carácter difícil. Una de mis primas italianas, Olimpia

Torlonia, me contó que su madre, la infanta Beatriz, había sufrido por la actitud a veces brusca de su padre hacia ella. Podía ser hiriente, pero dudo que fuera deliberado. En cambio, su otra hija, la infanta María Cristina, que no se dejaba amilanar como su hermana, se divertía con él. Mi abuelo tenía un gran sentido del humor e ingenio, y le gustaban las conversaciones animadas. Tenía facilidad de réplica. Murió en Roma de una angina de pecho, aunque mi padre estaba convencido de que se dejó morir, a los cincuenta y cuatro años, cuando se dio cuenta de que no volvería a ver su patria. Los médicos le aconsejaron que dejara de fumar, pero él empezó a fumar aún más. La desesperanza lo consumió. Había apoyado los esfuerzos bélicos del bando sublevado, al que estaba asociada la corriente monárquica. Promovió la carrera militar de Franco, nombrándole el general más joven de España. Incluso fue su padrino de boda con Carmen Polo, cuya familia se dejó convencer de aceptar la unión gracias al apoyo real. Pero fue lo suficientemente lúcido como para darse cuenta de que la victoria de los sublevados no significaba la restauración de la monarquía. Nunca lo superó. Designó sucesor a su cuarto hijo, don Juan, mi padre, el único varón sin una disccapacidad entre sus descendientes, y murió a las pocas semanas. De tristeza.

Mi abuela, la reina Victoria Eugenia, nieta predilecta de la célebre reina Victoria del Reino Unido y emperatriz de la India, con quien se crio en el castillo de Balmoral, introdujo la hemofilia en la familia. Fue un sufrimiento terrible que ella vivió como una maldición. El rey Eduardo VII advirtió a mi abuelo al respecto, pero él ya se había rendido a sus encantos. Mi abuela tenía los ojos grandes y muy claros, y la piel blanca y fina. Se decía que era una de las princesas más bellas de Europa. Ella tenía dieciocho años y él diecinueve. Nadie quería que se casaran, pero nada pudo impedirlo. Mi abuela tuvo que convertirse al catolicismo, y la emperatriz de Francia, Eugenia, fue su madrina de bautismo. Tras el nacimiento de sus hijos, la desolación desgarró a la pareja. La hemofilia será un tema tabú en nuestra familia. En aquella época se sabía muy poco sobre esta enfermedad genética, que seguía siendo incurable. De sus siete hijos, entre ellos dos hijas, don Juan será el único capaz de asumir sus responsabilidades.

Mi padre recibió un telegrama de su padre durante una escala del buque británico *Enterprise*, del que era oficial, en Bombay: «Por renuncia de tus dos hermanos mayores, quedas tú como mi heredero. Cuento contigo para que cumplas con tu deber». Tardó ocho días en responder. Tenía veinte años y debía renunciar a su carrera en la marina por una Corona incierta. Creo que fue doloroso.

Mi padre se convertiría oficialmente en heredero de la Corona española, pero por el momento su reino estaba gobernado por el general Franco, vencedor de la Guerra Civil. Desde el exilio, dedicaría toda su vida a defender los intereses de la Corona y de España. Una misión sagrada. «El oficio de Rey no es algo que se herede. Es algo que se lleva dentro», solía decirme. Me lo recordaba en una de sus cartas: «Vas a consagrar el resto de tu vida al servicio de España. [...] Procura ser amable con todos e interesarte por todo. La gente te juzgará por los detalles y es preciso cuidarlos porque aquellos a quienes nos dirigimos, y que ponen su esperanza en nosotros, merecen toda nuestra atención y nuestro respeto». Cuando mi hijo Felipe fue proclamado oficialmente príncipe de Asturias, es decir, heredero, el 1 de noviembre de 1977, le dije con mucha solemnidad: «Esta cruz [la Cruz de la Victoria que llevaba en el pecho] significa también tu cruz. Tu cruz de Rey. La que debes llevar con honra y nobleza, como exige la Corona; ni un minuto de descanso, ni el temblor del desfallecimiento, ni una duda en el servicio a los españoles y a sus destinos. Nunca debes descansar, nunca debes dudar del servicio que prestas al pueblo español». Él apenas tenía nueve años y ya debía ser consciente de lo que le esperaba: no solo aclamaciones y honores, sino sobre todo deberes y obligaciones. Sé que crecer con un destino impuesto como heredero de la Corona puede ser agotador. Felipe debía formarse para convertirse en el primer y mejor servidor de los españoles y de la Corona. Desde entonces, nunca ha faltado a su misión y nos ha hecho sentir orgullosos a todos.

Cuando pienso en ello, recuerdo una frase que mi abuelo escribió en su diario: «Los hombres normalmente se casan en su juventud. Yo me casé al nacer. Incluso me atrevería a decir que antes de nacer. En cuanto vi la luz del mundo. Mi esposa era España». Sin duda lo escribió porque su padre, Alfonso XII, murió antes de que él naciera, y sobre él descansaban todas las esperanzas de la continuidad de la Corona. Así que estuvo casado con España antes de estar casado con Victoria Eugenia. Debió de sentir muy pronto el peso del deber. Es seguramente el caso de varias generaciones de titulares dinásticos, quienes, en su mayor parte, sintieron esta imperiosa responsabilidad. Hoy en día, los matrimonios dentro de las familias reales ya no tienen los mismos requisitos y las alianzas morganáticas ya no plantean ningún problema. Pero el deber hacia un país y a una institución permanecen.

En 1935, poco después que sus dos hermanos y una de sus hermanas, mi padre se casó en Roma con su prima, María de las Mercedes de Borbón-Dos Sicilias y Orleans, descendiente directa del rey Luis Felipe de Francia por vía materna y del último rey de las Dos Sicilias por vía paterna. Su padre, Carlos, se nacionalizó español para casarse con la hermana mayor de Alfonso XIII, María de las Mercedes de Borbón. Ya viudo, se casó por segunda vez con Luisa, última hija de Felipe de Orleans, conde de París. De sus cuatro hijos, mi madre, María de las Mercedes, fue la tercera. Creció en Sevilla, donde su padre ocupaba el cargo de capitán general de la región. Siempre estaría muy apegada a sus raíces andaluzas. Cuando se proclamó la República, la familia huyó a Italia antes de trasladarse a Francia. Mis padres se instalaron en Cannes, en la Costa Azul, con mis abuelos maternos, Carlos y Luisa. Allí, estos últimos se enteraron de la muerte en combate de su hijo, Carlos, el primer miembro de la Familia Real fallecido en la Guerra Civil. Carlos era artista y acababa de comprometerse en París cuando estalló la guerra. Cruzó la frontera española y, tras muchos avatares, se presentó voluntario en el puesto de la Comandancia Militar de Pamplona. Lo alcanzó en la frente una bala perdida. Nadie pudo asistir a su entierro. Fue un dolor inmenso para mi madre. Mi padre también intentó alistarse, pero fue evacuado tras cruzar los Pirineos. Franco alegó que era necesario «preservar la vida del heredero del trono para cosas más importantes». ¿O es que temía que don Juan alcanzara mayor legitimidad que él? Mi padre perdió muchos amigos en este conflicto. La guerra asoló a todas las familias, algunas de las cuales se dividieron en dos bandos irreconciliables. El horror de la guerra civil reside en el enfrentamiento fratricida. Es en ese contexto dramático en el que mis padres construyeron su familia.

Mi hermana mayor, la infanta Pilar, nació en Cannes en 1936. Siempre la llamé «la jefa», lo que demuestra el ascendiente que tuvo sobre mí. El nuevo Gobierno francés del Front Populaire ya no les protegía, así que mis padres decidieron reunirse con mi abuelo, Alfonso XIII, en Roma, donde vivía bajo el amparo del rey de Italia. Primero se alojaron con la infanta Beatriz, hermana de mi padre, casada con Alessandro Torlonia, príncipe de Civitella Cesi, en la última planta del Palacio Torlonia, a dos pasos de la hermosa plaza de España. Era un magnífico palacio renacentista, antaño habitado por Lucien Bonaparte, que aún conservaba las cuadras y caballos en el patio. Yo nací en la clínica Angloamericana y fui bautizado en la capilla de la Orden de Malta por el cardenal Pacelli, que más tarde se convertiría en Pío XII. Mi madrina fue mi abuela paterna, la reina Victoria Eugenia, y mi padrino, mi abuelo materno, Carlos de Borbón-Dos Sicilias. Entre otras cosas, heredé el mismo cabello rubio de mi padre.

Luego nos trasladamos a una zona residencial en vía Parioli, cerca de los jardines Borghese, a un piso de dos plantas en un edificio nuevo, para acoger en 1939 a mi hermana pequeña, la infanta Margarita, que nació ciega pero a la que educaron como a los demás, sin hacer distinciones, y a mi hermano pequeño Alfonso, en 1941. Por entonces me llamaban Juanito. Crecí con un montón de primos de mi edad, hijos de mi tío y de mis dos tías, con los que me juntaba todas las tardes para jugar. Sandra, Marco, Marino y más tarde Olimpia, por parte de la infanta Beatriz; los dos hijos de don Jaime, Alfonso y Gonzalo, y luego las cuatro hijas de la infanta María Cristina, casada con el conde italiano Marone. Formábamos un clan entrañable e inseparable, pese a las dificultades del exilio que sufrían nuestros padres, y que a nosotros ni se nos pasaban por la cabeza. De hecho, estoy convencido de que el desarraigo nos ha unido aún más. Aunque ahora vivamos en países diferentes, seguimos siendo una familia unida.

No tengo recuerdos de mis primeros años en Roma. De la noche a la mañana, en 1941, nuestro padre nos metió a todos en su hermoso Bentley negro, un coche donado por los monárquicos en 1935, y nos llevó a Suiza, país neutral, donde se había instalado la reina Victoria Eugenia. De allí son mis primeros recuerdos, de Lausana, a orillas del lago Lemán. Aún recuerdo vívidamente una escena de aquella época. Estaba con mi madre en nuestro coche, un Ford Station Wagon, con el exterior de las puertas revestido en madera. Volvíamos a casa desde la plaza Saint François, en el centro de Lausana. Mi madre se detuvo en un semáforo en rojo y un ciclista chocó con nosotros. Literalmente, golpeó con todo su cuerpo el coche por detrás. Debió de sorprenderme mucho, porque esas imágenes me vienen a la memoria como si fuera ayer. No sé qué sucedió después. Tengo otro recuerdo, algo posterior, también dentro de un coche. Mi padre iba al volante de su magnífico Bentley y yo iba en el asiento de atrás, como siempre. Íbamos por la autopista. «¡Papá, mira! ¡Hay una rueda rodando a nuestro lado!» Mi padre vio la rueda que giraba junto a nuestro coche. De pronto exclamó: «¡Pero si es nuestra!». El coche estaba tan bien equilibrado que no se había dado cuenta de nada. Nos reímos mucho. Me encantaba ese hermoso bólido, que tenía mandos en el centro del volante, lo que era de una rara modernidad. Siempre me han fascinado los coches de alta cilindrada. Al cumplir los dieciocho años, mi padre me regaló un Volkswagen Escarabajo que me encantó.

Me acuerdo de que jugábamos en los columpios con mis primos, que se habían ido de Italia como nosotros, en los jardines del Hôtel Royal de Lausana. También trepábamos a los árboles. Éramos unos niños muy alegres y ruidosos. Fue en este hotel, justo enfrente de la casa de mi abuela, donde nos alojamos al llegar, antes de instalarnos cerca, en una casa llamada «Les Rocailles», camino de Roseneck. Por la noche, oíamos las sirenas que anunciaban los bombardeos del lado francés. Estábamos al abrigo del conflicto, pero fue una época de penurias e incertidumbre. Aquellos que tienen recuerdos de la guerra nunca vuelven a ver la vida de la misma manera. Recuerdo los cupones de racionamiento y la dificultad para conseguir provisiones. Y sé que en Suiza éramos muy privilegiados. Mi hermana mayor, la infanta Pilar, me contó que, durante los bombardeos en Francia, nos subíamos a una silla y abríamos a escondidas las cortinas para ver las luces de los aviones en el cielo. Yo le preguntaba: «¿Crees que los alemanes nos verán si abrimos justo un poco más las cortinas?». Evidentemente, no éramos conscientes del peligro ni de las tragedias que provocaban aquellos bombardeos. Mucho más tarde supe que mi padre pasaba armas a la Resistencia a través de los Alpes. Con su cuñado, el conde de Marone, partían con unos cuarenta kilos a la espalda, en la nieve, en el frío, de noche, en misiones de aprovisionamiento. Me habló del ruido de las botas alemanas cuando se escondían en las montañas. Es un sonido que nunca pudo olvidar. Nunca tuvo tanto miedo como cuando los perros alemanes se acercaban a su escondite. Aún tenía sudores fríos cuando me lo contaba treinta años después. Nunca se supera la experiencia de una guerra.

Yo entonces hablaba francés con acento suizo. Incluso hoy sueño en francés, y cuento en francés. Fue mi primera lengua, aunque mis padres me hablaban en español. Mi abuela hablaba inglés con sus hijos y español con sus nietos. No quería olvidarlo, lo practicaba siempre que podía. Tenía un ligero acento inglés y cometía algunos errores, como decir «el radio» en lugar de «la radio». Nuestra institutriz suizo-alemana nos reñía en francés. Entre primos, hablábamos italiano. He conservado la capacidad de hacer malabarismos entre varios idiomas y diferentes culturas porque crecí en ese ambiente familiar abierto y cosmopolita, que creo que me ha hecho capaz de adaptarme a todas las circunstancias.

Al final de la Segunda Guerra Mundial, los monárquicos españoles confiaban en que Franco, al que habían apoyado con esa esperanza, restaurara la monarquía borbónica. Mi padre, don Juan, estaba por su parte convencido de que los Aliados se asegurarían de esa restauración. España se había mantenido neutral durante el conflicto, pero Franco había confraternizado con Mussolini y Hitler. Así que lord Louis Mountbatten, primo suyo por parte de madre y último virrey de la India británica, le pidió a mi padre que, en nombre de los Aliados, hiciera una declaración pública contra su régimen. El 19 de marzo de 1945, don Juan publicó el Manifiesto de Lausana, en el que denunciaba los orígenes fascistas del régimen de Franco y le instaba a dimitir en favor de una monarquía constitucional y moderada que incluyera a todos los partidos políticos, también al Partido Comunista. Quería encarnar al Rey de la reconciliación nacional, con una misión pacificadora. Un mes antes, en la Conferencia de Yalta, las grandes potencias vencedoras se habían mostrado favorables al principio del restablecimiento de la Corona española. Mi padre se preparaba para convertirse en el rey Juan III, al frente de una monarquía «acogedora para todos y sostenida por el esfuerzo de todos». Pero el presidente estadounidense Franklin Delano Roosevelt, su firme partidario, murió y fue sustituido por Harry S. Truman. En la Conferencia de Potsdam, en el verano de 1945, Truman y los demás Aliados abandonaron a mi padre. Ante el ascenso del comunismo, Estados Unidos no estaba dispuesto a asumir ningún riesgo estratégico con una monarquía frágil y abierta a todos los partidos políticos, incluidos los comunistas. En el nuevo contexto de la Guerra Fría, mi padre representaba una opción arriesgada. El régimen de Franco era un mejor baluarte contra Stalin. Estaba aislado por un bloqueo diplomático y económico, pero se mantuvo. Este giro brutal me enseñó lecciones políticas que nunca he olvidado. Una de ellas es que ningún apoyo internacional puede darse por sentado o considerarse permanente. La otra, aún más fundamental, fue que mi padre acertó demasiado pronto. Aquel proyecto de monarquía constitucional, inspirado en el modelo británico al que estaba tan unido por su familia y sus valores, lo haría realidad yo mismo treinta años después. Él me mostró el camino. Pero, en aquel momento, mi padre se dio cuenta de que no regresaría de inmediato a España y decidió acercarse a su país natal instalándose en Estoril, en la costa portuguesa, donde se unió a las familias reales exiliadas de Rumanía, Austria e Italia, y al conde de París y sus once hijos, de los que éramos primos por línea materna.

Portugal era un país próximo a España no solo geográficamente, sino también en cuanto a clima y estilo de vida. Contaba con buenas infraestructuras y, desde el punto de vista económico, estaba bien desarrollado, ya que su neutralidad durante la guerra lo había protegido. Los españoles iban allí a comprar café y otros productos de primera necesidad de los que carecían. Imagino que mi padre pudo contar con la buena acogida de António de Oliveira Salazar, antiguo profesor de economía que llegó a ser presidente vitalicio del Consejo, y que acogió a muchos exiliados en la posguerra. Mis padres vivieron en Estoril más de treinta y cinco años. Incluso les ofrecieron la nacionalidad portuguesa, que ellos declinaron. Y durante la Revolución de los Claveles en 1974, aunque algunas personas les instaron a marcharse y que el rey Hasán II los invitaba a instalarse en Marruecos, mis padres nunca se plantearon la posibilidad de trasladarse. Las autoridades portuguesas de todo signo siempre les mostraron una gran deferencia.

Estábamos tan acostumbrados a movernos y a cambiar de país, entre Italia, Suiza y luego Portugal, que mi hermana Pilar me decía de pequeña: «Ya verás, pasaremos cinco años en Italia, cinco años en Suiza, cinco años en Portugal y luego cinco años en Canadá». Habíamos interiorizado por completo nuestro estilo de vida nómada, no sufríamos por ello en absoluto. Nos adaptábamos bien a todas las situaciones. Mi madre tenía el don de crearnos, ante cada cambio, un hogar familiar, aunque estuviéramos de paso en casas alquiladas y amuebladas. A pesar de nuestro exilio, España siempre estuvo presente en nuestras casas y dentro de nosotros. Una bandera española presidía el escritorio de mi padre. Mis padres recibían visitas de españoles y se preocupaban siempre por España. Era nuestra patria, nuestra razón de ser, aunque no pudiéramos ir allí en aquel entonces. Yo me sentía perfectamente español. Tuve un tutor de unos cuarenta años, Eugenio Vegas Latapié, uno de los asesores políticos de mi padre, muy simpático, que me enseñó historia de España y canciones españolas, sobre todo himnos militares, e intentó que pronunciara bien la erre, porque yo, en aquella época, hablaba español con acento francés. Guardo un muy buen recuerdo de él, lo quería mucho. Detrás de su fachada seria había un hombre amable y cariñoso. Teníamos una relación feliz y amistosa, me sentía muy unido a él. Desde temprana edad, estuve rodeado de adultos encargados de mi formación o preparación, de delegados de mi padre, que me supervisaban a diario. Asumían este papel voluntariamente, por lealtad a la Corona.

Tenía ocho años y por entonces no me interesaba mucho la política. Mientras toda mi familia se trasladaba a Portugal, yo me quedé en Suiza, bajo la supervisión de mi tutor. Acabé en Friburgo, una bonita ciudad medieval de tejados rojos al pie de los Alpes, para continuar mi educación en Villa Saint-Jean, un internado dirigido por padres marianistas. Era un colegio de gran renombre que promovía tanto el estudio como las actividades al aire libre. El famoso piloto y escritor francés Antoine de Saint-Exupéry estudió allí. ¡Mucho antes que yo, por supuesto! El ambiente era estricto, reflejo de la educación de la época. No recibí ningún trato especial, ¡todo lo contrario! Aún recuerdo a los profesores dándonos golpes sobre los nudillos con una regla y poniéndonos en un rincón toda una tarde para castigarnos. A veces me encerraban solo en clase para obligarme a repasar las lecciones. Hice un amigo, Dominique Allard, con el que me escapaba para ir a la tienda de golosinas. Un día, con el dinero para enviar cartas a sus padres, en vez de comprar sellos, compró una sublime tableta de chocolate en papel rojo brillante con adornos de cerezas, chocolate «con un toque de lágrimas de Kirsch». El nombre nos pareció muy atractivo y estábamos impacientes por devorarla. Pero, al salir de la tienda, nuestras caras de felicidad debieron de alertar al policía que vigilaba el cruce, que sin duda pensó que la habíamos robado. Nos confiscaron la tableta alegando que éramos demasiado jóvenes para beber alcohol, y el vendedor también fue amonestado. Volvimos a la escuela avergonzados, sin haber podido probar el chocolate.

Aquellos años en el internado fueron mi primera experiencia alejado de mi familia. Allí descubrí el amargo sabor de la soledad, después de haber crecido rodeado de mis hermanos y primos. El contraste era realmente radical. No fue fácil. Sobre todo porque por entonces las comunicaciones telefónicas eran excepcionales y esporádicas. Mi hermana, la infanta Pilar, me contó más tarde que mi madre quería llamarme, pero que mi padre no la dejaba: «¡Hay que educarlo como príncipe heredero, hay que endurecerlo!». Hoy comprendo que la dureza de mi educación fue una preparación para mis futuras obligaciones, pero, en aquel momento, me hizo sufrir.

En Suiza, Eugenio Vegas Latapié, mi tutor, se ocupaba de mí. Me acompañaba a todas partes, me hablaba y me cuidaba. En especial, durante aquella doble otitis aguda que me tuvo en el hospital durante mucho tiempo. Mis padres estaban en un crucero, invitados por el rey belga Leopoldo III, y no se les pudo localizar. Afortunadamente, para llenar el vacío afectivo pude contar con mi abuela paterna, la reina Victoria Eugenia, a quien yo llamaba Gangan. Creo que es la persona más adorable que he conocido en mi vida. Era la encarnación de lo que llamamos una «gran dama», la personificación de la nobleza de mente y corazón. Siempre elegante y distinguida, era cálida, divertida y nunca ocultaba su fuerte carácter. No conozco a nadie que se atreviera a enfrentarse a ella. Su pragmático sentido común y su muy británico sentido del humor le permitían superar cualquier revés. Tuve la suerte de mantener una relación privilegiada con ella. Era como mi «abuela madre». La quiero mucho, la quise mucho. Todavía me emociono cuando pienso en ella y en su incomparable bondad.

Venía a verme desde Lausana todos los jueves por la mañana. Llegaba, siempre muy elegante, con su tez de porcelana y el cabello blanco recogido en un moño, en su Plymouth negro conducido por su chófer. El director del colegio, monsieur Grimeau, la recibía de manera protocolaria y la llevaba a mi dormitorio, que compartía con otros cinco internos. Yo disfrutaba de cada una de sus visitas, pero también sabía que insistiría en lavarme. Me prestaba de mala gana, porque hacía un frío que pelaba. En aquella época no nos duchábamos todos los días como ahora. Mi abuela me enjabonaba en una pequeña bañera del cuarto de baño sin calefacción; luego me revisaba la ropa, y apartaba la que necesitaba remiendos y lavados. Ella también me enseñaba a pronunciar la erre española.

Me reunía con ella para pasar el domingo en su casa, la villa Vieille Fontaine, cerca del lago Lemán. Ese día, temprano, tomaba el tren de Friburgo a Lausana, acompañado por mi tutor. Aún recuerdo cuando llegaba a su habitación y la encontraba leyendo los periódicos con guantes para no mancharse las manos. A mí tampoco me gusta el olor de los periódicos, ni las manchas grises que dejaban antes en las manos. La decoración era muy acogedora, de estilo británico, con bibelots que había heredado de su madre. El jardín era mi patio de recreo. Había que cruzar una calle por detrás de la casa para llegar a la pista de patinaje de la ciudad, donde iba en invierno. Esa casa, en la que tenía mis costumbres y mis puntos de referencia, se convirtió en mi puerto base. Allí pasé vacaciones memorables con mis primos. Unas damas de compañía se turnaban al lado de mi abuela; eran cuatro o cinco aristócratas españolas que se alternaban durante varias semanas. La encantadora mademoiselle Rose, su ama de llaves, me daba dinero para comprar golosinas. Y más tarde, para ir al cine con mis primos. Gangan estaba muy unida a todos sus nietos: nos contaba historias y le gustaba hablar con nosotros, pero no podías interrumpirla. Nos confiaba como un secreto que, cada vez que necesitaba dinero, iba a la joyería a vender uno de los diamantes de su gran collar de dos vueltas, que luego sustituía por otro falso. Nadie sospechaba nada. Nos lo contaba todo riendo, sin un ápice de amargura.

Inspiraba confianza. Era al mismo tiempo una brújula y un imán. Durante las vacaciones, recibía a un primo de cada rama de la familia. No le gustaba que hubiera demasiados nietos armando barullo a la vez; prefería tener una relación privilegiada con cada uno de nosotros. Solíamos ir a pescar al lago y dar paseos por la montaña. De mayores, íbamos a tomar una copa al Café Scotch o a bailar al Bagatelle. Comíamos con ella y se nos hacía la boca agua de antemano, aunque a veces hubiera endivias y salsifíes que no nos gustaban. Para ella era un orgullo ofrecer a sus nietos menús especiales. «Quiero que en mi casa comáis bien», solía decirnos. Discutía con detalle los menús con su cocinero, deseosa de complacer a todo el mundo.

Después de la comida, nos sentábamos a su alrededor para escucharla. Apoyaba las piernas en un reposapiés y nos contaba anécdotas de su vida. Era tan abierta de pensamiento que podíamos hablar de todo con ella, con total libertad. Era muy moderna y vanguardista, e intentaba estar siempre a la última. Para todos nosotros, era la principal figura de apoyo, y para mí era la personificación de la distinción real. Su muerte, en 1969, nos dejó inconsolables. Recuerdo que, en sus últimos momentos, cuando estábamos susurrando nuestras preocupaciones y oraciones, nos dijo: *«Can you talk lower because I can still hear everything?»* (¿Podéis hablar más bajo, que lo sigo oyendo todo?). Su humor era incomparable y su muerte dejó un gran vacío en mi corazón. Era extraordinaria. Tras su fallecimiento, a la edad de ochenta y un años, animé a mi padre a conservar Vieille Fontaine, pero él no tenía medios para mantenerla y se vendió. Después de aquello, fue más difícil mantener unida a la familia y nuestros lazos se debilitaron. Ella era nuestro punto de encuentro.

Todo era opuesto entre mi padre y Franco, políticamente e incluso físicamente: el general era pequeño de estatura, de voz aflautada y de declarada austeridad, mientras que mi padre era un hombre expansivo y radiante, imponente y majestuoso. Franco no le había perdonado la publicación del Manifiesto de Lausana de 1945 y su postura pública en contra de su régimen. Su rivalidad personal era notoria, lo que nunca impidió a Franco mostrar su respeto por la monarquía como institución. Para afianzar su autoridad, Franco había redactado en 1947 una ley de Sucesión. El primer artículo era claro: «España, como unidad política, es un Estado católico, social y representativo que, de acuerdo con su tradición, se declara constituido en Reino». En el segundo artículo, se especificaba que el jefe del Estado no era un rey, sino Franco, y que su mandato era vitalicio. Él mismo propondría a su sucesor, que debía tener al menos treinta años, ser católico y jurar las leyes fundamentales del reino. España era entonces una monarquía sin soberano. Mi padre, en su Manifiesto de Estoril, denunció la ilegalidad de esta ley, de la que señaló que alteraba la esencia de la monarquía española.

Franco y mi padre no se apreciaban, pero, sin embargo, durante un encuentro excepcional en agosto de 1948, en el buque de Estado español, el *Azor*, anclado frente a la costa de San Sebastián, a pocos kilómetros de la frontera francesa, llegaron a un acuerdo sobre una cosa: yo tenía que estudiar en España. Mi padre tuvo que transigir con su enemigo, su adversario político, el hombre que le cerraba el paso al trono, y aceptó confiarle a su hijo para asegurar el futuro de la monarquía. Yo tenía que ser educado como un príncipe español, y no como un príncipe exiliado en Suiza si quería tener alguna posibilidad de reinar algún día. Sé que fue una decisión arriesgada y difícil para mi padre, sobre todo porque los monárquicos estaban perseguidos en la época, como todos los demás opositores. Gritar «¡Viva el Rey!» se castigaba con la cárcel. Franco había prometido suavizar la persecución de los monárquicos, pero ¿cumpliría su palabra? Algunos de los consejeros de mi padre, miembros de su Consejo Privado, no comprendieron su maniobra. Pero Pedro Sainz Rodríguez, antiguo ministro de Educación del primer Gobierno de Franco, que se había exiliado a Portugal, apoyó la decisión de mi padre. Entablé con él una relación muy personal: me enseñó a jugar al ajedrez, preludio de largas partidas de uno contra el otro, y me llevó a explorar Oporto y al Palacio Real de Bussaco, rodeado de un bosque húmedo y brumoso. En 1969 regresó a Madrid, con su biblioteca de casi veinte mil libros, para ingresar en la Academia de la Lengua y de la Historia. Desempeñó un papel decisivo en mi destino.

Sigo convencido de que mi padre actuó de esa manera pensando en mi futuro y en el de la Corona española. Como veremos más adelante, aquello acabaría por perjudicarle: mi padre sería el gran sacrificado, al no llegar nunca a ser Rey como dictaba la orden de sucesión. ¿Era consciente de ello en aquel momento? No lo creo. Sé que mi abuela apoyó a mi padre en esta difícil decisión. Ella solía decir públicamente que el futuro rey de España tenía que ser Rey de todos los españoles, una frase que mi padre también repetía a menudo, pese a que en aquella época el país estaba dividido, gobernado por los vencedores de la Guerra Civil que demonizaban a «los rojos», lejos todavía de la reconciliación nacional. Sería imprescindible que yo pusiera de relieve esa misma frase en mi primer discurso oficial como Rey, ante las Cortes franquistas. Pero eso lo veremos más adelante.

Yo viviría, por lo tanto, en España bajo la protección de Franco, pero de acuerdo con las condiciones impuestas por mi padre. Obviamente, no sabía nada al respecto. Seguía estudiando en Suiza. A finales de octubre de 1948, de un día para otro, mi padre me hizo volver a Portugal, a Estoril, donde vivía el resto de mi familia. Antes de irme, le regalé mis esquís a mi compañero de clase Dominique Allard. Seguramente había entendido que me iba para siempre, pero no sabía lo que me deparaba el futuro. Me encontraba ante un hecho consumado. Cuando llegué, mi padre me llamó a su despacho y me dijo: «Juanito, vas a ir a estudiar a España. Es importante que conozcas tu país». No dijo nada más ni tuve derecho a más explicaciones. Me sorprendió, desde luego; no me lo esperaba en absoluto. Siempre he tenido que adaptarme a los cambios de circunstancias, así que no tuve más remedio que conformarme con su decisión. Estaba al mismo tiempo ansioso por esta nueva perspectiva, lleno de curiosidad por conocer España y triste por tener que volver a dejar atrás a mi familia.

2

A los diez años descubro mi país

Mis padres me acompañaron a la estación de Lisboa. Ya era de noche aquel 8 de noviembre de 1948, y yo me esforzaba por no mostrar ni mi miedo ni mi pena. Cuando llegamos al andén, mi padre le dijo a mi madre: «María, despídete de Juanito porque no sabemos cuándo volveremos a verlo». Al escuchar estas palabras, sentí un nudo en el estómago. Estaba muy inquieto por irme a un país que era el mío pero que no conocía, cuyo idioma hablaba mal, sin nadie de mi familia cerca, para empezar en un colegio nuevo que me atemorizaba. Franco había enviado su vagón personal, que estaba acoplado al Lusitania Expreso, un tren-coche cama que hacía el trayecto de Lisboa a Madrid. En ese mismo vagón azul viajó Franco hasta la frontera franco-española para reunirse con Hitler el 23 de octubre de 1940, un encuentro que condujo a la no intervención de España en la Segunda Guerra Mundial.

El interior del vagón estaba revestido de marquetería, con un salón e incluso con un pequeño cuarto de baño. Me instalé en uno de los tres dormitorios. Recuerdo haber dicho adiós a mis padres a través de la ventanilla durante largo rato, conteniendo las lágrimas. El duque de Sotomayor, consejero y tesorero de mi padre y amigo de mi abuela, y su secretario, el vizconde de Rocamora, me escoltaban. «Avísenme cuando crucemos la frontera y lleguemos a España», les pedí. Estaba tan nervioso que no podía dormir. Miraba el paisaje a través de la cortinilla, preguntándome si reconocería mi país. Al amanecer, me avisaron de que estábamos llegando a Salamanca.

A primera hora de la mañana, el tren se detuvo en la pequeña estación de Villaverde, a las afueras de Madrid. Franco no quería hacer concebir esperanzas a los monárquicos susceptibles de organizar un acto para celebrar mi llegada. Aun así, un centenar de personas esperaba en el andén. Recuerdo los rostros sombríos y austeros de los hombres que formaban el comité de recepción. Todos vestían de negro y me parecieron muy mayores. Se dirigieron a mí de manera protocolaria. Me sentí intimidado y, sobre todo, muerto de frío. Llevaba pantalones cortos y un abrigo que me quedaba un poco grande. Me llevaron a presidir una misa que me pareció interminable en el cerro de Los Ángeles, considerado como el centro geográfico de la península ibérica. Estaba impaciente por descubrir mi colegio y a mis nuevos compañeros, ocho niños de mi edad, todos seleccionados por mi padre. Por fin llegué a Las Jarillas, en la periferia verde y montañosa de Madrid. Enseguida me gustó ese edificio sencillo en un entorno muy bucólico, propiedad de un amigo de mi padre, Alfonso de Urquijo. Los trofeos de caza dominaban el salón, que pronto se llenó de juegos. Un gran comedor, al otro lado del vestíbulo, se abría hacia un hermoso patio que nos serviría de lugar de recreo. Por allí íbamos a la capilla todas las mañanas. La que sería mi casa, y mi escuela al mismo tiempo, era un edificio de dos plantas. En la superior había una sala de estar, que utilizaríamos como aula, rodeada de pequeñas habitaciones con vistas a un parque cubierto de grandes árboles hasta donde alcanzaba la vista. En ese cortijo improvisado como internado reinaba un ambiente familiar y acogedor. Bajo un sol frío, conocí a mis compañeros, entre los que se encontraba mi primo Carlos de Borbón-Dos Sicilias. Con él compartiría habitación y travesuras. Yo no era precisamente un niño modelo. Es más, como nos pasábamos las tardes entre peleas de almohadas, me asignaron a otro compinche, Jaime Carvajal, el eterno primero de la clase. Nos hicimos muy amigos, pero su carácter responsable no se me contagió.

Cuando volví a Estoril a pasar las vacaciones con mis padres, contraje la varicela y tuve que guardar cama dos semanas. No me gusta nada el puré de patatas, y me lo traían con todas las comidas, así que, para que pareciera que me lo comía, lo tiraba por el canalón de la ventana de mi habitación. Aunque, a fuerza de hacerlo, la canalización terminó atascándose y se rompió. Cuando lo descubrieron, lo pasé fatal. Así era yo de niño, inquieto y emprendedor, pero también aplicado en los estudios. Lo que no siempre fue fácil. Se dieron cuenta tarde de que era disléxico. Mi hermana Pilar cree que compensé esa dificultad desarrollando el instinto, ese famoso instinto que me ha guiado en la política y en mi vida. Quizá tenga razón. Para mí es algo natural que no puedo explicar y que siempre me ha servido a la hora de tomar decisiones. La dislexia entonces ni se reconocía ni se tenía en cuenta como ahora. Tuve que esforzarme más para superar esta dificultad de la lectura y la escritura. ¿Me hizo eso más terco? ¿Despertó en mí un sentido intuitivo excepcional?

Sin duda, me ayudó don José Garrido, el director de este internado creado de la nada en torno a mí y para mí. Lo eligió mi padre por recomendación de uno de sus consejeros, el duque de Sotomayor, el mismo que me había acompañado en el tren. Mi plan de estudios se elaboró también con la ayuda del conde de Fontanar, el padre de Jaime Carvajal, el que se convertiría en compañero de habitación. Franco había autorizado mi venida, pero de los preparativos se encargó mi padre. Don José era un hombre excepcionalmente bondadoso y progresista que había dirigido en Madrid el colegio Virgen de la Paloma, un centro de formación para huérfanos y niños en situación precaria. Este amable andaluz de Granada propugnaba una pedagogía avanzada, inspirada en la enseñanza del padre Andrés Manjón, basada en el juego y la enseñanza al aire libre. Para enseñarnos ciencias naturales, en lugar de dar lecciones repetitivas, abstractas y teóricas, nos llevaba a los campos de los alrededores. Nos hacía leer a los clásicos y, en lugar de obligarnos a aprender los textos de memoria, nos pedía nuestra opinión sobre ellos. Era una educación liberal, moderna, muy diferente de la que se impartía entonces en las escuelas franquistas, donde se profesaba «la formación del espíritu nacional». Aún le recuerdo entrando en mi habitación por la noche para charlar y hacerme la señal de la cruz en la frente antes de apagar la luz. Es un hombre que me marcó, que desempeñó un papel fundamental en mi educación hasta que cumplí los dieciséis años y aprobé el bachillerato. Cuando he debido tomar decisiones importantes, a menudo me he preguntado qué pensaría él o qué me aconsejaría hacer.

También teníamos un profesor de gimnasia, Heliodoro Ruiz Arias, que se empeñaba en convertirnos en atletas consumados, y al temible padre Zulueta, que enseñaba religión y que era muy integrista, pero que, para nuestro alivio, se marchó tras una discusión con el director. El profesor de historia, Ángel López Amo, el de literatura, Juan Rodríguez Aranda, y la profesora de francés, Aurora Delgado, eran muy buenos profesores, todos universitarios y de excelente nivel. Teníamos que trabajar mucho porque, como decía mi padre, «siendo quienes éramos, teníamos que dar ejemplo». Nuestros estudios se convalidaban cada año con un examen final, escrito y oral, realizado en público ante un tribunal de profesores en el prestigioso Instituto Nacional San Isidro de Madrid. Era una obligación reservada para mí y mis ocho compañeros, y que nos permitía obtener los títulos oficiales. Frente a un auditorio de periodistas, monárquicos y familiares de mis amigos, tenía el privilegio de ser el primero en examinarme. Era un día agotador que terminaba en el andén de la estación, con mis compañeros saludándome cariñosamente antes de subir al tren para mis vacaciones de verano en Portugal.

He mantenido la relación con ellos toda mi vida. Yo era «Juanito» para todo el mundo. Siempre insistí en no recibir ninguna muestra de deferencia. Quería ser uno más. Seguí reuniéndolos de vez en cuando durante mi reinado, para reírnos de aquellos días de disciplina, partidos de fútbol y noches frías. Como aquella casa al principio solo se utilizaba en verano, no había calefacción. Como muchas casas en la España de entonces, de hecho. Nos calentábamos los pies como podíamos con los braseros de debajo de las mesas. Mi padre estaba convencido de que era sano pasar frío —«fortalece el cuerpo», solía decir— y que debía hacer deporte para entrar en calor.

Nuestras comidas eran sobrias y repetitivas, con muchas patatas. En aquella época, en España, faltaba de todo. La carne estaba racionada y escaseaban algunos de los alimentos más básicos. Aún recuerdo ver a gente caminando por la calle con alpargatas en pleno invierno. Reconozcámoslo, nuestro país era entonces muy pobre. Sobrevivía en una autarquía total, tras la Guerra Civil y luego la Segunda Guerra Mundial. España había permanecido neutral, pero su desarrollo económico llevaba estancado una década. El régimen pagaba con el ostracismo de las instituciones internacionales su vinculación con el fascismo, y no se beneficiaba del Plan Marshall de reconstrucción, financiado por el Gobierno estadounidense. El nivel de vida de principios de los años treinta, antes de la Guerra Civil, no se recuperó hasta mediados de los sesenta, con la puesta en marcha de un plan de desarrollo económico dirigido por ministros próximos al Opus Dei. Pero me estoy adelantando: por el momento, la España que conocí era un país apagado, subdesarrollado, gobernado por la Iglesia y la Falange, impermeable al impulso positivo que abrazaba una Europa en plena reconstrucción y renacimiento tras la Segunda Guerra Mundial.

Estábamos a media hora de Madrid en dirección norte, pero me sentía aislado, lejos de todo y, sobre todo, lejos de mi familia. Mis amigos recibían las visitas periódicas de sus padres, pero yo solo volvía a Estoril en Navidades y Semana Santa, como mucho. Recuerdo, como si fuera ayer, aquella terrible sensación de soledad cuando aparecían los padres de los demás y yo no tenía a nadie a quien recurrir. Recibía algunas visitas, pero no eran las que yo esperaba. Monárquicos, personas mayores y ceremoniosas, que me hacían el besamanos y me llamaban «alteza real». Yo no sabía qué decirles. A veces se organizaba un viaje cuando todos mis compañeros regresaban a sus casas. Fui con don José Garrido a explorar las cuevas prehistóricas de Altamira, en Cantabria. Descubrí muy impresionado esas pinturas prehistóricas y la tranquila localidad de Santillana del Mar, con sus estrechas callejuelas de piedra. En contadas ocasiones, mi primo me llevaba a pasar el fin de semana con sus padres a Madrid. Pero, en conjunto, no salí mucho de Las Jarillas. La salida que me marcó de por vida fue mi encuentro con Franco en el Palacio del Pardo unas semanas después de mi llegada.

Por el camino, recordé el consejo de mi padre: «Cuando te reúnas con Franco, escúchale con atención, pero habla lo menos posible. Sé educado y responde brevemente a sus preguntas». Unos veinte años más tarde, Franco me daría el mismo consejo: «En boca cerrada no entran moscas». Y también: «Uno es dueño de sus silencios y esclavo de sus palabras». Pasé años amurallado en el silencio, para protegerme y preservarme, hasta mi proclamación como Rey en 1975. Sé que muchos españoles interpretaron este silencio como signo de estupidez. Yo me reí mucho de ello, sobre todo con Santiago Carrillo, el dirigente comunista, que me subestimó durante largo tiempo. Pero vuelvo a anticiparme... En ese invierno del año 1948, me impresionó mucho la idea de reunirme con el jefe del Estado. Tenía diez años y era la primera vez que iba al despacho de alguien tan importante. Él fue muy afectuoso conmigo. La gente tiene de Franco una imagen de hombre severo y frío, pero en privado, o al menos conmigo, siempre se mostraba amable, sonriente y conversador. Me preguntó por mi padre, refiriéndose a él como «alteza», no «majestad», como yo estaba acostumbrado a oír en Estoril. Le respondí: «El Rey está muy bien, gracias».

Nos sentamos frente a frente en su estudio, una gran habitación sombría llena de papeles. Supe más adelante que había quien decía, en tono jocoso, que Franco tenía dos pilas de expedientes: los que el tiempo resolvería y los que el tiempo ya había resuelto definitivamente. Era una forma de burlarse de su tranquilo e impenetrable carácter gallego. Vestido con su uniforme, se mantenía erguido y me miraba con fijeza. Mientras me hablaba, yo escrutaba cuidadosamente los libros, los muebles de madera oscura y las alfombras. Y vi un ratón correteando entre las patas del escritorio. ¡He contado muchas veces esta anécdota, pero todavía me hace reír más de setenta años después! Empecé a seguir al ratón con la mirada y Franco se dio cuenta. «¿Qué mira usted?», me preguntó. «¡General, hay un ratón cerca de usted!», le contesté riendo. Se quedó muy sorprendido.

Su mujer, Carmen Polo, se unió a nosotros. Visité el Palacio del Pardo, donde había muerto mi bisabuelo, Alfonso XII. Franco me regaló un arma, una escopeta de repetición. En aquella época, hasta los niños podían cazar. Yo maté mi primer jabalí con nueve años. Guardé la escopeta que me regaló Franco durante mucho tiempo como recuerdo, antes de regalársela a Alfonso Fierro, un industrial y banquero con el que me relacioné mucho. Aquella entrevista con Franco fue la primera de una larga serie, aunque yo aún no lo sabía. Volví, algo aliviado, a mi vida de internado, juegos y estudios.

Después de casi un año en Las Jarillas, donde yo ya empezaba a situarme, mi padre me trajo de vuelta a Estoril antes del final del curso escolar, sin previo aviso. A menudo he dicho que, durante mis años de formación en España, fui como una pelota de ping-pong entre Franco y mi padre, un peón al que movían en un tablero de ajedrez. Si las relaciones entre Franco y mi padre eran buenas, me quedaba en España; si eran malas, regresaba a Estoril. Nunca se me consultó. Mi papel era obedecer y aceptar estos cambios repentinos y bruscos, sin ni siquiera comprenderlos. Tenía que soportarlos, sin más, igual que uno se resigna a un destino sobre el que no tiene control alguno. Me lo tomaba todo con resignación. A veces me atrevía a expresar mi descontento con tal o cual decisión, pero de nada servía. Tenía que obedecer. Estaba dividido entre dos mundos opuestos: el de mi padre, exiliado en Portugal, y el de Franco, en el poder en España. Tuve que habituarme a esos dos ambientes antagónicos e irreconciliables. De ahí viene mi capacidad para adaptarme a las situaciones más diversas, para codearme con personas de orígenes muy distintos, para ser tratado con una gran deferencia y luego denigrado. Desde muy joven he tenido que lidiar con la inestabilidad, la adversidad y la autoridad. Al final, ha sido una ventaja. Esta adaptabilidad me es útil hoy en día, cuando he pasado de ser un rey en su palacio a un paria en la otra punta del mundo. He afrontado desde niño los reveses de la fortuna y la soledad con abnegación.

En mayo de 1949 me alegré de poder reunirme con mi familia en Estoril, aunque no sabía por cuánto tiempo. ¿Una semana? ¿Un mes? ¿Para siempre? Aprendí a vivir día a día. Más tarde comprendí que mi padre esperaba que Franco suavizara la presión sobre los monárquicos en España. Los periódicos tenían prohibido informar sobre sus actividades políticas, incluso sobre las náuticas. Si mi padre quedaba segundo en una regata de vela, ¡se informaba a los lectores solo del nombre del primero y del tercero! Si hacía declaraciones, se modificaban sus palabras. Yo residía en España, pero los falangistas perseguían a los partidarios de mi padre, cuyos derechos dinásticos no eran reconocidos. Esto hacía que mi presencia allí fuera problemática. Nadie se molestó en explicármelo, así que aproveché para disfrutar de los placeres del mar, de mi hermano y mis hermanas y de mis amigos y mis primos en lugar de preocuparme por la política y mi destino. Los tutores iban y venían para que pudiera continuar mi educación. Y disfruté de una libertad que no tenía en España, donde, en cuanto salía de Las Jarillas, me seguía un coche lleno de policías armados y sentía que hasta el menor de mis gestos estaba vigilado. En Portugal, entre Cascais, Sintra y Estoril, en esos pocos kilómetros que conformaban mi perímetro de acción, me subía a la bicicleta para ir a nadar con mis amigos, montar a caballo con mi madre en el picadero, reunirme con mi padre en el club de golf o ir a la heladería Santini, con un dueño tan monárquico que me regalaba un cucurucho de helado de vainilla. Iba a jugar a la casa del rey de Italia, Humberto II, que vivía en una preciosa mansión rosada que daba al Atlántico, Villa Italia, con su hijo y sus tres hijas, o a casa del conde de París, que vivía con sus once hijos en las colinas de Quinta do Anjinho, donde pasábamos las tardes zambulléndonos en la piscina y trepando a los árboles. Era un ambiente alegre y familiar. Íbamos a la casa de los demás, incluso para las fiestas de fin de año: la noche del 24 de diciembre se celebraba en nuestra casa, la comida del 25 en casa del conde de París, y los Reyes Magos en casa del rey de Italia. Estábamos muy unidos.

El conde de París solía dar fiestas de disfraces. A mí nunca me gustó disfrazarme. Hay una foto mía vestido de vaquero de cuando tenía unos cinco años en la que mi cara seria ya lo dice todo. Años más tarde, de adolescente, acepté participar, por insistencia de mi madre, en un baile de disfraces. En la Quinta do Anjinho encontré, en un gran baúl lleno de disfraces extravagantes originarios de Marruecos, un traje de payaso. Me lo puse a regañadientes para poder participar con mi familia en aquella fiesta en la que iba a encontrarme con todos mis amigos. Me sentía ridículo. El fotógrafo de *Paris Match* Claude Azoulay, que ha inmortalizado a muchos dirigentes y estrellas, fotografiaba la fiesta con su objetivo. Me desagradaba tanto la idea de que me inmortalizaran así vestido que fui a pedirle que borrara las fotos en las que yo aparecía. «¡Alteza, por lo menos necesito una foto suya!», me respondió. A cambio, le ofrecí hacerme una foto con una bella amiga portuguesa, los dos sentados en un banco, con confetis de colores a nuestro alrededor. A Azoulay le encantó este intercambio de cortesías. Seguimos siendo amigos desde entonces.

A principios del siglo xx el rey de Portugal había puesto de moda esta Riviera portuguesa de clima templado, en la que había instalado su cuartel de verano sin dejar de estar cerca de sus obligaciones en la capital, a solo veinte kilómetros. Durante la Segunda Guerra Mundial, el bar del Hotel Palácio, junto al Casino de Estoril, era conocido por ser un nido de espías, pero luego se convirtió en un sitio chic donde la alta sociedad portuguesa, como los Espirito Santo o los D'Orey, podía cruzarse con el rey Carlos de Rumanía, los Braganza o los Habsburgo, o con el embajador español, Nicolás Franco, hermano del general. Mi padre rechazó el coche que este último le ofreció a su llegada: no quería deberle nada al régimen. Si bien políticamente prefería mantenerse a distancia de Nicolás, humanamente se llevaban bien y yo jugaba a menudo con su hijo, que tenía más o menos mi edad. Desde muy joven aprendí a distinguir las opiniones políticas y los cargos oficiales de los vínculos amistosos, y que los unos no excluyen a los otros. Vi a mi padre hablar con gente de todos los bandos, y para mí sería un ejemplo a seguir. Sin hacerlo intencionadamente ni decirlo explícitamente, me daba lecciones para ser Rey. Aquello me fue muy útil para llevar a cabo la Transición a la democracia, que se apoyó en la negociación y el compromiso. Mi despacho siempre estuvo abierto a mis opositores. Dependía de mí convencerles, pero el diálogo siempre era posible. Volveré más adelante sobre este período fundamental para España.

Tras dos mudanzas sucesivas, mi familia acababa de instalarse en una antigua casa-club de golf situada en la colina que domina el casino, en una zona residencial tranquila y frondosa, poblada de villas blancas llenas de flores. Mi madre llamó a la nuestra Villa Giralda, en honor a la torre de la catedral de Sevilla. La casa, de dos plantas y construcción contemporánea, daba por delante a un pequeño jardín y por detrás al antiguo campo de golf, que había pasado a ser un parque, nuestro patio de recreo. La primera planta era la de los adultos, con el despacho de mi padre contiguo al salón, el comedor con vistas al Atlántico y el dormitorio de mis padres. En la segunda planta estaban nuestros dormitorios, dispuestos en fila: había que pasar por uno para llegar al otro, con los chicos a un lado y las chicas, con su severa ama de llaves, al otro, unidos por una sala común de juegos.

La niñera suizo-alemana, Frau Dorfi, hacía reinar el terror allí arriba. La vi arrastrar por el pelo a mi hermana Pilar pataleando en el suelo. Aquella escena atroz me dejó una huella imborrable. Supe entonces que no educaría a mis hijos de la misma manera. En aquella época, los métodos de enseñanza eran muy diferentes a los de ahora. Recibimos unas cuantas bofetadas a modo de reprimenda, y no todas eran merecidas. Yo era zurdo, pero me obligaron a convertirme en diestro, lo que no fue fácil y me causó muchas dificultades de aprendizaje.

Lo único a lo que todos estábamos muy atentos, sin que ninguna niñera tuviera que recordárnoslo, era a no cambiar nunca los objetos de sitio y a dejar las puertas siempre abiertas, para que mi hermana Margot pudiera orientarse. Mi padre me pedía: «Actúa con ella como si pudiera ver». Llevaba la misma vida que nosotros, trepaba a los árboles e iba al cine con nosotros a ver películas del oeste o de Fu Manchú. Le gustaba la música clásica más que a nosotros, y la escuchaba con Frau Dorfi. Contaba con una profesora de piano, madame Petchenik, una excelente pianista polaca. Mi hermana tenía oído musical y se le daban también muy bien los idiomas, hasta el punto de que creo que dominaba ocho. Los cuatro estábamos muy unidos. Teníamos nuestro propio mundo, paralelo al de los adultos. Comimos en la cocina hasta los doce años. Siempre había piña de postre, y la aborrecí tanto que hoy no puedo ni probarla.

Me interesaba más divertirme que la política española. Mi padre temía que, con el exilio, olvidáramos quiénes éramos. A veces nos lo recordaba, pero yo aún no era consciente del papel que tendría que desempeñar. No fui realmente consciente de ello hasta 1969, cuando Franco me nombró su sucesor oficial. El general era una figura clave en las discusiones de los adultos. Yo solo sabía que Franco tenía un espía apostado a la entrada de nuestra casa. ¡Era tan poco discreto que le invitábamos a tomar café con nosotros en la cocina!

Mi padre nos animaba a hacer mucho deporte porque, según él, cuanto más nos moviéramos menos travesuras haríamos en casa. Yo jugaba al golf, aunque no tan bien como mi hermano pequeño, y mi madre y yo compartíamos la pasión por la equitación. Ella era una excelente amazona y montaba su hermoso caballo color bayo llamado Vive le Roi. Cuando me caí por primera vez, hizo que volviera a montar de inmediato. A partir de los seis o siete años, pude cabalgar junto a ella. Luego entrené en España todo lo que pude, tres o cuatro horas al día. A menudo me caía ante un obstáculo, pero, a pesar del dolor, volvía a intentarlo. Era una pasión obsesiva. Quería participar en competiciones, pero Franco me lo impidió. «Si no gana, dirán que es malo.

Si gana, dirán que le dejan ganar.» Había apuestas en esas competiciones, y Franco temía las que pudieran hacerse sobre mi caballo, así que tuve que renunciar. Fue una frustración inmensa. Debido a esta restricción, dejé de disfrutar de ello y de practicar el deporte. Al final, la competición me motivaba más que montar a caballo o la doma clásica. Mi madre había traído a la región la caza de liebres y de zorros, que había revolucionado a la alta sociedad local. Tenía una puntería excelente y se divertía mucho. Sin embargo, la actividad que unía a toda la familia era la vela, pese a que mis hermanos y yo a veces nos mareábamos.

En el verano de 1950 hicimos nuestra primera salida al mar con toda la familia. Para gran alegría de mi padre, el *Saltillo* se convirtió en su segundo hogar, a la vez un lugar de libertad y plenitud. Él fue ante todo un marino durante toda su vida. Llevaba el timón y nosotros éramos sus grumetes, mientras mi madre se afanaba en la cocina y conseguía preparar deliciosas comidas con ingredientes sencillos. En aquella ocasión fuimos hasta Marruecos. Navegamos durante casi dos meses. Más adelante también descubriríamos las costas de Argelia e Italia. Nos acercamos a España, situada en nuestra ruta, anclamos el barco en mar abierto cerca de Huelva, frente a Marruecos, y los españoles venían a saludarnos o a traernos regalos, de forma cálida y espontánea. Pronto llegó un oficial a decirnos que nos largáramos. El régimen no toleraba la presencia de mi padre, ni de lejos siquiera. A pesar de esta contrariedad, aquellos momentos con mi familia fueron maravillosos.

Recuerdo una anécdota que todavía hoy me hace reír. Nos encontrábamos a bordo del *Giralda*, el último barco en el que navegó mi padre. Es posible que fuera hacia finales de los años ochenta. Habíamos atracado frente a la isla de Formentera. Un amigo, cuyo nombre no diré por discreción, se aproximó a nuestra embarcación sobre su esquí náutico. Iba desnudo. Al divisar a mi padre, sorprendido y desconcertado, soltó la cuerda que lo remolcaba, en un intento de ocultar sus partes íntimas. Luego se apresuró a inclinar la cabeza en señal de respeto, saludó con un «Señor» e, inevitablemente, se fue hundiendo poco a poco en el mar.

Nos encantaba compartir juntos esta vida sencilla y deportiva, salpicada de imprevistos, desembarcar en un puerto inesperado, adaptar nuestra ruta a los pronósticos del tiempo, jugar a las cartas y aprovisionarnos en los puertos. La vela fue una pasión y una disciplina que heredé de mi padre y que transmití a mis hijos. A él le encantaba navegar, y a mí me gusta aún más la adrenalina de la competición, pero los dos hemos sido felices en un barco.

Después de aquel verano de aventuras en los mares, volví, tan repentinamente como me había ido, a España, esta vez al Palacio Real de Miramar, en San Sebastián, y con mi hermano pequeño, Alfonso, cariñosamente conocido como «el pipiolo». Me di cuenta de que todo era provisional, sobre todo los momentos felices en Estoril, donde me sentía libre. Siempre he tenido en mente la idea de que hay que aprovechar el momento presente, porque nunca se sabe lo que deparará el mañana. Para aceptar estos reveses, aprendí a lidiar con lo inesperado, lo imprevisto. Mi madre también tenía facilidad para cambiar de casa o de país de un día para otro, para recibir con una sonrisa a comensales que llegaban a cenar de improviso en el último momento. Desde la Guerra

Civil, mis padres eran unos desarraigados, lo que significaba que tenían una gran capacidad para adaptarse a todas las contrariedades de la vida. Lo único que debía hacer era seguir su ejemplo. Con dolor, volví a dejar a mi padre, tan encantador y bondadoso, siempre tranquilo incluso en plena tormenta, un poco fatalista, pero nunca amargado, y siempre con un cigarrillo en la mano. Fumaba tabaco de picadura que le enviaban de España y guardaba los cigarrillos en un estuche de cuero. La ceniza le agujereaba los pantalones, lo que enfurecía a mi madre. Al final de su vida fumaba Ducados, incluso estando en la cama, a escondidas de los médicos, cuando lo hospitalizaron por un cáncer de garganta. El humo salía por el tubo de su traqueotomía. Yo también fumaba mucho cuando era joven, probablemente por imitación, porque era muy común en aquella época. El día del atentado contra el presidente del Gobierno Luis Carrero Blanco, en 1973, sobre el que volveré más adelante, me fumé tres paquetes en apenas doce horas. Pero me di cuenta de que ponía mi salud en peligro, así que decidí dejarlo de golpe. Luego me permitía fumar puros cubanos, Lanceros, más para compensar que por placer, porque en el fondo no me gustaban mucho. Dejé de fumar del todo cuando me operaron del pulmón en abril de 2010.

En San Sebastián me reencontré con los amigos que había dejado en Las Jarillas el año anterior. Se formó otro grupo de la misma edad que Alfonso, que tenía nueve años. Pasamos a ser dieciséis internos divididos en dos clases, jóvenes y mayores. Vivíamos en una de las alas del palacio con vistas a una de las playas más hermosas del país, con el mismo equipo de profesores de Las Jarillas, entre ellos el famoso don José Garrido, con su calidad humana y bondad excepcionales, y muy paternal conmigo. Este palacio de verano, de estilo anglonormando, fue construido en un lugar magnífico, azotado por el viento. Me maravilló la vista panorámica sobre la playa de La Concha. A mi abuela, la reina Victoria Eugenia, le gustaba veranear allí. Nos alojábamos en unas habitaciones especialmente acondicionadas que daban al jardín interior; las demás estaban cerradas porque mi padre no podía permitirse el mantenimiento. Cuando hacía buen tiempo, la ciudad cobraba vida, pero en invierno era un lugar triste y húmedo.

Entre los doce y los dieciséis años pasé por un período de estabilidad excepcional, lo que explica mi apego a esta hermosa ciudad costera de San Sebastián. Compartía habitación con mi hermano y por las noches hacíamos batallas de almohadas, como en casa. Nos regalaron una pequeña radio blanca que amenizaba nuestras veladas, pero, por desgracia, las pilas no duraban mucho y eran muy difíciles de encontrar en aquella época. Casi todos los domingos por la mañana asistíamos a un concierto de música clásica. Durante mi reinado, se me criticó en ocasiones que no me gustara la música clásica tanto como a la Reina. El caso es que de niño me obligaron a asistir a tantos conciertos que, desde entonces, guardo un mal recuerdo, y eso que, gracias a algunos artistas excelentes que mencionaré más adelante, luego aprendí a apreciarlos más. También jugábamos al fútbol y al hockey sobre patines con niños de otros colegios de San Sebastián. Y cuando íbamos al cine era una fiesta. Por lo demás, teníamos que visitar nuevas fábricas para comprender mejor los principios económicos. Algunos monárquicos mayores seguían viniendo a visitarme. Aquellas conversaciones eran eternas y me aburrían. Tenía prisa por volver con mis amigos, con los que había desarrollado una alegre complicidad. Incluso había pasado unas vacaciones de verano con mi hermano pequeño en casa de uno de ellos, Jaime Carvajal, en su casa familiar de Palma de Mallorca. Era la primera vez que descubría los esplendores de esta isla. Mis padres se habían ido de safari a África y nos habían confiado durante el verano al padre de Jaime, el conde de Fontanar. Participamos en regatas de vela y excursiones con un pequeño grupo de jóvenes de nuestra edad, e incluso visitamos un buque de guerra americano que estaba de paso.

Guardo un grato recuerdo de la vida escolar que compartí con mi hermano pequeño, y que llegó a su fin en 1954. Fuimos a saludar a Franco al acabar nuestro examen final, validado por un jurado de profesores, antes de volver a la apacible vida de Estoril y, sobre todo, a la libertad. Volví despreocupadamente a la playa, donde me reuní con mis amigos y descubrí las animadas veladas de las discotecas de moda. La llave de Villa Giralda permanecía bajo el felpudo para los noctámbulos, y el último en llegar la devolvía. El reto era no despertar a nuestros dos perros, un labrador y un cocker spaniel. Mis padres nos dejaban salir por la noche, pero por la mañana temprano nos despertaban con toques de trompeta. Estaba fuera de discusión dormir hasta tarde, ni siquiera en vacaciones. Mi padre anunciaba: «Mañana, a las ocho, tenéis que estar listos para ir a misa». El coche salía a las ocho en punto y no esperaba ni un segundo a los rezagados, que tenían que llegar en bicicleta lo antes posible.

3

Una formación atípica

Franco le insistió a mi padre para que me formara en las tres academias militares españolas de tierra, mar y aire. Es excepcional recibir una formación así: por lo general, se asiste solo a una de ellas. Esto implicaba que Franco tenía planes para mí, pero no había nada explícito ni garantizado. Al acabar mi internado, él había reflexionado y planificado detenidamente mi formación. Lo descubrí hace poco al toparme con unas cartas que le había escrito a mi padre, una correspondencia que no sabía que existía. «Al proponeros los planes para la educación y preparación del Príncipe, en ningún caso he pretendido alejaros de las responsabilidades familiares que como padre os corresponden, sino cuidar personalmente de su formación religiosa, política, militar e intelectual en el interés de la nación y como garantía para el futuro», le precisaba antes de pasar a detallar el programa que había ideado para mí.

Me sorprendió que Franco hubiera reflexionado con tanta precaución y detenimiento sobre mi instrucción. Sobre todo, porque era un hombre prudente y astuto que sopesaba cada palabra antes de comprometerse a algo. En aquel momento, yo no me daba cuenta. Vivía en una incertidumbre total. Me concentraba en mis estudios sin saber adónde me llevarían. ¿Me convertiría en militar de carrera en España? ¿Tendría que volver al lado de mi padre en Estoril? Más tarde supe que, en un segundo encuentro entre mi padre y Franco en 1954, mi padre sugirió la posibilidad de enviarme a estudiar a la prestigiosa Universidad Católica de Lovaina, en Bélgica, o incluso a Bolonia, Italia, para que me codeara con la juventud europea y abriera mi modo de pensar lejos de la mentalidad franquista. Mi padre pensaba darme primero una sólida formación académica antes de entrar en el Ejército. Franco le convenció de que, al acabar una carrera universitaria, yo ya tendría veintidós o veintitrés años y que me costaría adaptarme a la vida de cadete, rodeado de camaradas de dieciocho años. Seguí este mismo razonamiento con mi hijo Felipe, que también se sometería a una formación militar completa antes de ir a la universidad, y Felipe ha hecho lo mismo con su hija Leonor. Franco insistió en que me formara únicamente en España, para no ser tachado de príncipe extranjero y no exponerme a influencias ideológicas foráneas. En aquella época, el país vivía encerrado en sí mismo. Franco no descartó posteriores visitas a Europa, pero solo cuando alcanzara cierta madurez y mi mente estuviera formada. Mientras tanto, debía prepararme para los difíciles exámenes de ingreso en la Academia Militar.

En el invierno de 1954, me instalé en casa del duque de Montellano, cuyo palacio de estilo francés, con su majestuosa escalera y sus obras maestras en las paredes, estaba situado en el Paseo de la Castellana de Madrid. Era uno de los maravillosos palacios antiguos de la capital, tristemente destruido y sustituido hoy en día por un edificio que alberga una compañía de seguros. Por desgracia, no me permitieron disfrutar de las diversiones de la capital. Mi tutor, nombrado por mi padre y aprobado por Franco, el general Carlos Martínez de Campos y Serrano, duque de la Torre, era el responsable de mi formación, y se tomó muy en serio la tarea de prepararme para las pruebas de acceso a la Academia Militar en solo un año, cuando por lo general se requería de dos años e incluso de más. Los profesores particulares iban y venían para este aprendizaje acelerado, centrado sobre todo en las matemáticas, lo que me dejaba poco tiempo libre.

Mis clases de equitación eran mi única via de escape. Nicolás Cotoner y Cotoner, marqués de Mondéjar, fue un formidable instructor y un excelente jinete, y más tarde se convirtió en mi indispensable jefe de la Casa Real hasta 1990. ¡No le acepté la jubilación hasta los ochenta y cinco años! Era el único en quien confiaba ciegamente. Pequeño de estatura, siempre muy elegante, con un bigote fino y bien perfilado, lucía una cálida sonrisa. Al final de la Guerra Civil, le concedieron la Medalla Militar, un verdadero honor vinculado a una herida de guerra. Por entonces, yo no contaba con recursos: mi padre no me enviaba dinero y aún no recibía mi asignación militar, que percibiría una vez terminada mi formación. El marqués de Mondéjar se desvivió por mí sin que yo se lo pidiera. Me regaló ropa nueva, vistiéndome entero, de pies a cabeza, y me cuidó como un padre, con gran bondad. Su generosidad y fiel afecto fueron esenciales en mi vida, y les estaré eternamente agradecido a él y a su familia. Su hija Marta sigue muy unida a Sofi.

Mi rutina austera y estudiosa era interrumpida de vez en cuando por la visita de alguno de mis antiguos compañeros de internado, que ya estaban en la universidad. Uno de ellos, José Luis Leal, que llegaría a ser ministro de Economía en el Gobierno de Adolfo Suárez, me acompañó un día a la feria organizada por el Instituto Nacional de Industria (INI). Era el tipo de salida que me organizaba mi tutor, el duque de la Torre, un hombre riguroso y culto, antiguo capitán general de Canarias. Pasamos por todos los estands, que mostraban lo mejor de las innovaciones españolas, y nos paramos en el de ENASA (Empresa Nacional de Autocamiones S. A.), fascinados por el último modelo del coche Pegaso, que podía alcanzar los 200 kilómetros por hora. ¡Una proeza técnica! El director se acercó a nosotros y se ofreció a regalarme uno de los modelos expuestos. Yo estaba loco de alegría y de agradecimiento. La conducción y la velocidad son una de mis pasiones. Por desgracia, el duque de la Torre se opuso firmemente. Tenía sus razones: la imagen que daría de mí y el riesgo que correría al volante. No hubo nada que hacer. Salí de la feria frustrado y resignado con un prototipo de máquina de escribir que el duque me animó a elegir. Mi libertad estaba en ese momento subordinada a las exigencias de un título y de un papel potencial aún evanescente. A los diecisiete años, aquello no era fácil de aceptar. Nunca usé aquella máquina de escribir.

El duque de la Torre era un hombre estricto y serio, y yo era un adolescente en busca de diversión y desenfado, sin duda para escapar del ambiente denso y severo en el que crecía. Cuando tenía una audiencia con Franco, el duque se preparaba activamente. Se acostaba la víspera dejando sus carpetas preparadas y su uniforme bien planchado, para estar en el Pardo a primera hora de la mañana. Llevaba su pantalón de uniforme con el dobladillo vuelto, como los pantalones de vestir de la época, algo que esperaba imponer a todo el Ejército. No lo consiguió, pero pese a todo siguió llevándolos así, lo que demuestra lo testarudo que era. Una vez, en mitad de la noche, me levanté y le planché los pantalones para quitarles el dobladillo. A la mañana siguiente, cuando vio el estado de la prenda, se puso fuera de sí ¡y yo me reí de mi broma!

De enero a julio de 1955 asistí al CHA, el Colegio de Huérfanos de la Armada (que ya no estaba reservado a los huérfanos), vestido de marinero, con la boina en la cabeza. Tras aprobar el examen de ingreso en agosto, me incorporé primero a la Academia General Militar de Zaragoza, donde permanecería hasta agosto de 1957. De allí pasé a la prestigiosa Escuela Naval Militar de Marín, en Galicia, de septiembre a diciembre de 1957, antes de embarcar en el buque escuela *Juan Sebastián de Elcano*, un hermoso velero de cuatro mástiles, para cruzar el Atlántico. Zarpamos el 10 de enero de 1958 —¡aún recuerdo la fecha!— desde el puerto de Cádiz. Hicimos escala en Canarias y luego en Santo Domingo. Tras cruzar el Canal de Panamá, llegamos a Colombia y navegamos por la costa de Ecuador y Perú. Cruzamos de nuevo el Canal de Panamá para llegar a la costa este de Estados Unidos. Dejé el barco en Norfolk, Virginia, en mayo. Cuatro meses de descubrimientos y grandes aventuras en lugares lejanos antes de regresar a España para enrolarme en el minador *Marte*. Emprendimos entonces una gira por los puertos españoles. Yo era el mayor y el más experimentado de los cadetes, al que los demás debían pedir permiso para hacer cualquier cosa. ¡Hacían lo que querían conmigo! Se lo permitía todo, era incapaz de mostrar autoridad. Dormíamos en hamacas colocadas en el lugar de las minas. La gran broma consistía en desenroscar una de las patas de la estructura que las sostenía. En cuanto uno de nosotros se tumbaba encima, caía sobre los raíles de las minas, lo que era extremadamente doloroso. Éramos unos mocosos traviesos. Luego ingresé en la Academia del Aire de San Javier, en Murcia, con la que desfilé ante Franco en Madrid en 1959. Me sentía angustiado ante la idea de cometer un error. Entre los diecisiete y los veintiún años llevé la vida normal de un cadete, sin ningún privilegio. En el barco nos alojaban en un gran dormitorio, apilados en filas de literas triples.

Fueron años magníficos, de auténtica camaradería, retos físicos y gran disciplina. Allí forjé sólidas amistades que serían fundamentales para el éxito de la Transición a la democracia. Me encantaban las tardes de conversaciones y cigarrillos, las risas en la cantina, las peleas cuando uno de ellos criticaba a mi padre, el rigor durante las maniobras. Me llamaban por mi nombre de pila o simplemente «Sar», acrónimo de Su Alteza Real. Tenía que comer con regularidad con el duque de la Torre, que venía a visitarme cada semana para supervisar mi entrenamiento. Eran unas comidas penosas: él estaba sordo y manejaba su audífono mediante un mando conectado a un cable que no siempre funcionaba muy bien. Un día me propuso invitar a algunos de mis compañeros de la guarnición para conocerlos mejor. Cuando uno de ellos me tuteó, estalló en cólera: «¡Cadete, levántese y póngase firme! ¿Cómo se atreve a tutear a alguien a quien yo, general, ¿doy trato de alteza real?». ¡Nunca más pude encontrar otros candidatos voluntarios para amenizar estos almuerzos que tanto me aburrían!

Pasábamos por duras pruebas, técnicas, físicas y psicológicas, suficientes como para unificar una tropa social y políticamente muy heterogénea. Por primera vez, salía de mi burbuja y entraba en contacto con la diversidad y la complejidad de España. Cuando ingresé en la Academia Militar, en 1955, era el cuarto cadete más alto del batallón de quinientos alumnos; cuando salí, cuatro años más tarde, era el trigésimo: la estatura de los españoles cambió rápidamente, en proporción al desarrollo económico del país. Nos unía un verdadero sentimiento de solidaridad y espíritu de grupo. Para completar cada prueba debíamos ayudarnos unos a otros y no dejar a nadie atrás. Nos sentíamos responsables de los demás. También había que ofrecerse voluntario cuando nadie lo hacía, como me ocurría a menudo. Mostrar ejemplo era mi deber, más que el de nadie. Por la noche, debía hacer guardia en medio de un frío glacial. También me reprendían severamente por la más mínima falta de conducta. Los domingos por la mañana nos alineábamos en formación en el patio de armas antes de asistir a misa; la influencia de la religión católica y la piedad en nuestra vida diaria eran ineludibles. Íbamos a misa vestidos con un abrigo muy largo que nos llegaba casi hasta los tobillos. Un día, por pereza, no me puse los pantalones y salí en calzoncillos, convencido de que pasaría desapercibido. Y justo esa mañana, cuando estábamos todos en fila y pasando revista, el comandante del batallón nos pidió que nos abriéramos los abrigos. Imagínense la escena. ¡Me encontré en calzoncillos delante de todos! Evidentemente, me castigaron.

Nuestros profesores eran héroes de la Guerra Civil. Aún me acuerdo de todo un personaje, un as de la aviación, al que llamábamos «don Dios». Me encantaba volar y sentía una auténtica sensación de libertad en el aire. Empecé pilotando aviones con alas de lona. Hasta mi abdicación en 2014, yo mismo pilotaba el helicóptero en mis viajes oficiales; luego dejé de hacerlo porque ya no tenía ninguno a mi disposición. Un día de mal tiempo Adolfo Suárez, recién nombrado presidente del Gobierno, me vio a los mandos. No parecía muy tranquilo. Me dijo: «Majestad, ¡no quiero que mañana salgamos en la primera página de los periódicos por una desgracia!». Llegamos bien a nuestro destino, ¡pero reconozco que la niebla era terrible! Durante un viaje oficial a Tailandia, cuando el avión se acercaba al Everest, tomé los mandos para rodearlo. El piloto era un compañero de la escuela del Ejército del Aire, Adolfo Montoya, con quien había compartido animadas veladas durante nuestros permisos de salida de fin de semana del cuartel.

Un piloto de Iberia que volaba a Guinea Ecuatorial me regaló una cría de chimpancé que me seguía por la Academia del Aire y que me valió ser castigado. Se llamaba Chico. Las hijas del coronel le hicieron un uniforme de cadete. Un sábado por la mañana en que estábamos todos en formación para pasar revista, Chico consiguió liberarse de la cadena que lo ataba a un árbol. Se acercó a nosotros y empezó a palpar las piernas de mis compañeros mientras el capitán pasaba revista. Cuando llegó mi turno, frente al capitán, Chico se me subió al hombro. Fui arrestado: no pude salir del cuartel durante dos fines de semana seguidos. Mientras todos mis compañeros salían de fiesta o a ver a sus familias, yo me quedaba solo con mi chimpancé como única compañía en el cuartel. Al final de mi formación militar, cuando fui a reunirme con mi familia en Estoril para pasar las vacaciones, mi padre me dijo: «O el mono o tú, pero los dos no». Se lo entregué al médico de la Academia del Aire. Me dio mucha pena dejarlo atrás, le tenía mucho cariño. Me había alegrado los días en el barracón: jugaba con él, lo sacaba a pasear. Siempre me ha gustado estar rodeado de animales; los veo como compañeros de juegos y de bromas, llenos de vitalidad y de sorpresas. Tenía siete perros en el Palacio de la Zarzuela. Incluso he tenido dos guepardos. El primero me lo regaló el emperador de Etiopía, Haile Selassie. Murió de una indigestión de pájaros. Y el segundo fue un regalo de la hermana del sah de Irán. Un día que lo paseaba con correa por los jardines de la Zarzuela, pasó mi hijo Felipe al volante de su kart y el guepardo saltó hacia él sin que yo pudiera contenerlo. Se quedó todo en un susto, pero aun así decidí enviarlo al zoo de Madrid. Hoy tengo un loro conmigo en Abu Dabi. Es blanco y luce una cresta con los colores de la bandera española.

4

El drama

Un drama ensombreció este período inocente y alegre de mi vida. Un drama que me marcó para siempre. No me gusta hablar de ello, y esta es la primera vez que lo hago. Alfonso, mi hermano, que era cuatro años menor que yo, murió. Toda la familia estaba reunida en Estoril para la Semana Santa de 1956. Volvíamos de jugar un partido de golf después de una misa vespertina. Él era un excelente golfista. Mientras esperábamos la cena, subimos a la sala de juegos. Nos divertíamos jugando con una pistola de calibre 22 que un amigo, teniente, me había dado en España. Habíamos sacado el cargador. Ni por un momento imaginamos que había quedado una bala en la recámara. Un disparo saltó por los aires, la bala rebotó y alcanzó a mi hermano en la frente. Murió en brazos de nuestro padre. Hubo un antes y un después de aquello. Todavía hoy me cuesta hablar de lo ocurrido, pero pienso en ello todos los días. Esta terrible experiencia ha unido aún más a nuestra familia. Echo de menos a mi hermano, me gustaría poder tenerle a mi lado, poder hablar con él. Perdí a un amigo, a un confidente.

Dejó un vacío enorme. Sin su muerte, mi vida hubiera sido menos sombría, menos desdichada. Llevo fotos suyas que me acompañan a todas partes. El 3 de octubre, día de su cumpleaños, sigue siendo para mí una fecha inolvidable.

Se fletó un tren desde España para su funeral. Los taxistas de Estoril llevaron gratuitamente a la iglesia a quienes acudieron a darle el último adiós, un gesto admirable que ilustra la relación que teníamos con los portugueses. Mi hermano pequeño era un apasionado de la mecánica, y conocía a muchos conductores con los que hablaba de motores, que le encantaba desmontar, y de modelos de coches. Cuando volvimos del cementerio, al que ni mi madre ni mis hermanas pudieron acudir porque en aquella época las mujeres no asistían a los entierros, nos reunimos todos en casa. Reinaba el silencio. Fueron unos momentos terribles. Mi padre me envió de vuelta a la Academia Militar en España dos días después del funeral. Tenía que regresar a la vida, y tenía que hacerlo rápido. Seguramente no quería que viera a la familia entristecida. Rezamos por él todas las noches durante años. Sus restos fueron devueltos a España y enterrados en el Panteón de Infantes de El Escorial en 1992. Nunca me recuperé de esta desgracia. El sentido de lo trágico arraigó desde entonces en mí.

5

La universidad

Al término de mi formación militar, que concluí en diciembre de 1959, Franco y mi padre se pusieron de acuerdo sobre cómo debía continuar mi educación. El duque de la Torre quería que asistiera a una de las universidades más antiguas y prestigiosas de Europa, la de Salamanca, es probable que para alejarme del control directo de Franco y acercarme geográficamente a mi padre y a Estoril. Con la aprobación de mi padre, lo planificó todo. La duquesa de Alba le ofreció su palacio, contiguo a la universidad. Incluso se llegó a perforar una puerta para que pudiera pasar de uno a otro lugar con total discreción.

Había en aquella época un aire de apertura en la Universidad de Salamanca, donde enseñaban profesores contrarios al régimen, entre ellos el famoso socialista Enrique Tierno Galván, que acabó siendo expulsado de la universidad y se marchó a dar clases a Princeton, en Estados Unidos, antes de convertirse en excelente alcalde de Madrid, gracias a una alianza entre los partidos socialista y comunista, desde 1979 y hasta su muerte en 1986. Transformó nuestra capital. Yo estaba muy unido a él en aquella época y nos reíamos mucho de aquel tiempo en el que pudo haber sido mi profesor. Tenía un ingenio y un humor incomparables. El «viejo profesor», como se le conocía cariñosamente, fue un excelente administrador y un gran orador, gracias a su perfecto dominio del español y a su tono pausado y reflexivo, y supo acompañar la modernización de nuestra sociedad. Su funeral provocó una multitudinaria concentración en Madrid.

Pese a los preparativos que se habían hecho para que fuera a Salamanca, Franco decidió otra cosa: iría a estudiar a la Universidad Complutense de Madrid. Como de costumbre, yo estaba resignado a obedecer, y mi padre finalmente accedió. El desautorizado duque de la Torre dimitió. En seis años, nunca había visto enfadarse tanto a aquel general, habitualmente serio, tranquilo y autoritario. «Como ni su padre ni Franco me hacen caso, no tengo nada más que hacer aquí», me dijo al anunciar su marcha. Lamenté su ausencia, aunque su autoritarismo y su intransigencia me pesaban. Al fin y al cabo, era una persona culta e interesante con la que hablar, políglota y miembro de la Real Academia de la Lengua Española y de la Historia. Sufrí su temperamento y su implacabilidad, pero hoy sé que tenía razón al ser severo conmigo y comprendo mejor su valía y su rectitud.

Yo vivía a unos cuarenta kilómetros de Madrid, cerca del majestuoso monasterio de El Escorial, en la Casita de Arriba, también conocida como la Casita del Infante, un pabellón construido a finales del siglo XVIII y en origen dedicado a la música. Franco la convirtió en refugio durante la Segunda Guerra Mundial. No parece en absoluto un búnker, sino más bien una casita de muñecas de dos plantas rodeada de un hermoso jardín y de árboles excepcionales, unos imponentes cedros del Líbano. El sitio es espléndido, pero para un joven de veintidós años era un retiro realmente austero. El lugar está muy aislado, en plena sierra madrileña. Tuve que acostumbrarme a la soledad, como había hecho desde niño, pero me pesaba.

Conducía una hora cada mañana para llegar a clase. Debo admitir que a menudo iba a gran velocidad gracias al coche que pusieron a mi disposición, un Mercedes negro. Siempre me ha gustado la rapidez y el riesgo, y entonces no existían límites de velocidad. Me seguía un coche de policía encargado de mi seguridad. Para que los demás estudiantes no vieran el Mercedes, me cuidaba de aparcar en el límite del campus, construido en terrenos donados por mi abuelo el rey Alfonso XIII para el establecimiento de la primera universidad española que seguía el modelo de campus americano. Me avergonzaba el privilegio de tener un coche a mi edad. Llegaba a las nueve de la mañana, lo más discretamente posible, para seguir el curso intensivo que me habían preparado de Derecho, Humanidades y Administración Pública, alternando clases particulares y colectivas. A las pocas semanas de empezar el curso, mientras estaba en clase escuchando al profesor, entró el rector de la universidad, se acercó a mí y me susurró:

—Alteza, va a salir conmigo de la facultad por una puerta trasera porque, en la puerta principal, se ha organizado una manifestación de estudiantes falangistas en su contra...

—No pienso utilizar otra puerta que la que usé al entrar. Iré por la puerta principal porque, si no, no podré volver jamás.

Era obvio para mí que tenía que enfrentarme a la hostilidad de determinadas personas y no temer sus intentos de intimidarme. Esperé a que terminara la clase y bajé las escaleras, desde donde pude oír el lema de los manifestantes: «Los Borbones al toril», que jugaba con la rima entre «toril», donde se encierra a los toros antes de la lidia, y «Estoril». Salí, intentando abrirme paso entre los manifestantes y con la cabeza alta, aunque por dentro temblaba. De ninguna manera podía mostrar mi aprensión o cualquier signo de debilidad, pero la tensión que sentía era terrible.

En los días siguientes, fui a las clases y al bar durante los descansos para hablar con el mayor número posible de estudiantes. Quería que entendieran que yo era un joven como ellos, que respetaba sus opiniones, que no buscaba enfrentamientos ni privilegios. Esperaba coincidir con uno de los más refractarios, Rafael Jiménez de Parga, que más tarde se convertiría en abogado en Barcelona. Su hermano, Manuel, llegó a ser ministro y luego, presidente del Tribunal Constitucional. Rafael había participado en la manifestación y desde entonces me evitaba. Un día nos encontramos cara a cara en un pasillo y no pudo esquivarme.

—Hacía mucho tiempo que quería conocerte. Ven, te invito a un café y a un cigarrillo —le dije para romper el hielo.

Mi invitación le pilló por sorpresa. Le llevé al bar y charlamos largo y tendido. «Fafa», como se le conocía por entonces, se convirtió en un amigo, a pesar de que todo nos separaba. Él pertenecía al movimiento clandestino Frente de Liberación Popular (conocido como FELIPE), un grupo de izquierdas, dirigido en la universidad por el profesor de Derecho Federico de Castro, que no era de tradición republicana como sí lo eran los partidos socialista o comunista, y yo representaba a mi padre y a la corriente monárquica. Pese a nuestras diferencias de opinión, siempre pensé que debíamos conocernos, comprendernos y, sobre todo, evitar encerrarnos en una actitud distante y obstinada. Ese era mi método para acabar con los prejuicios y la oposición hacia mí. Y, como iremos viendo, gracias a este método conseguí llevar a cabo la Transición.

La Falange fue un movimiento de inspiración fascista que se consideraba ante todo católico y anticomunista. Creado en los años treinta, se utilizó primero como fuerza de choque represiva durante la Guerra Civil y después como brazo político de Franco para instaurar su régimen autoritario bajo el nombre de Movimiento Nacional, el único partido político autorizado. Controlaba la vida social y económica del país a través de sus organizaciones y sindicatos. Los movimientos políticos que divergían un poco del Movimiento Nacional se toleraban, pero no se permitía oficialmente ningún otro partido político formal. Su ideología autoritaria se oponía a la corriente monárquica y, por tanto, a los miembros de la monarquía derrocada. Pese a todo, Franco no dejó de ser nunca el jefe del Reino de España, estatus que nunca revocó, y me colocó bajo su protección. En las monedas, las palabras «Reino de España» aparecían junto al rostro de Franco, lo que resumía la situación política de nuestro país: un reino sin rey en manos de un general que mantenía un sutil equilibrio entre las diversas corrientes del régimen.

Como a cualquier joven de mi edad, me apetecía divertirme, romper el aislamiento en el que me encontraba por las noches en la Casita de Arriba de El Escorial, así que, a veces, en mitad de la noche, saltaba a escondidas el muro que rodeaba el jardín y me escapaba para ir de fiesta a Madrid con la ayuda de un cómplice, Miguel Primo de Rivera y Urquijo, nieto del militar Miguel Primo de Rivera, que gobernó España de 1923 a 1930 y cuyo hijo mayor, José Antonio, fusilado en los primeros meses de la Guerra Civil, fue el fundador de la Falange. Miguel, mi amigo, desempeñaría más tarde un papel clave en la Transición, sobre el que volveré más adelante, pero en aquella época me esperaba en su coche para salir pitando a la sala de baile de moda, el Pasapoga Music Hall, en la Gran Vía, una de las calles más concurridas del centro de la capital. Era una de las salas de fiestas más famosas del país, inaugurada en los años cuarenta y frecuentada por Ava Gardner y Frank Sinatra, con una exuberante decoración de columnas y con frescos en las paredes. Una noche, mi perro, un bóxer con el que dormía, se despertó y empezó a ladrar. Se llamaba Stick, por el palo del hockey sobre patines, un deporte que practicaba a menudo desde niño. Me lo había regalado Juan Antonio Samaranch, de quien hablaré más adelante porque desempeñó un papel clave en la organización de los Juegos Olímpicos de 1992 en Barcelona. El ayudante y el cura que vivían conmigo estaban preocupados porque no me encontraban. Me descubrieron a mi vuelta y tuve que confesarlo todo. Estaban furiosos, no solo por razones de seguridad, sino también por un tema de supervisión: tenían que vigilar cada paso que daba e informar a los superiores. Aparte de estas ocasionales escapadas nocturnas, interludios de libertad y diversión, yo llevaba una vida regulada y controlada.

Estos años de estudios estuvieron marcados por el encuentro con Torcuato Fernández-Miranda, que resultaría determinante en mi carrera política. Este profesor de Derecho Político, astuto y brillante, era diferente de otros profesores. «No necesitará libros para aprender. La vida le dará las lecciones que necesita. Tendrá que caminar por la cuerda floja como un funambulista. Y nadie se lo pondrá fácil», me dijo al final de nuestra segunda lección. Estas clases, en forma de animada conversación, eran un soplo de aire fresco. Lejos de todo dogmatismo, estimulaba en mí la emulación intelectual. Su talante frío y serio ocultaba un sentido del humor cáustico. Rector de universidad antes de convertirse en ministro secretario general del Movimiento, el partido único del régimen, Fernández-Miranda era ante todo un espíritu libre y vivaz. Desarrollamos una gran complicidad y amistad que más adelante tendría repercusiones políticas.

6

La reina Sofía

Tuve amores de juventud. Envié mi primer ramo de flores a la hija de una vecina del Palacio de Miramar, Blanca Romanones, que me parecía muy guapa. Vivía en Madrid con su hermana, pero pasaba los veranos en San Sebastián. Cuando el duque de la Torre se enteró, montó en cólera y llamó a sus padres, amenazándoles: «¡Echaré a su hija del país si alguna vez se atreve a tener una relación con el Príncipe!». Por supuesto, Blanca no me contestó. Pese a todo, seguimos siendo amigos. Incluso nos vimos con su hermana poco antes de irme a los Emiratos.

Mi primer amor de juventud fue una de las hijas del rey Humberto II de Italia, María Gabriela de Saboya, que vivía en Estoril y a quien yo conocía desde la infancia. Un día que todos jugábamos en casa del conde de París ella se cayó a la piscina. Era mala nadadora y se debatía en el agua. Inmediatamente, me zambullí para socorrerla. Fue así como nos hicimos cómplices. Esta hermosa princesa, a la que yo llamo «Ella», de esbelta figura y cabellos dorados, iluminaba nuestras veladas entre amigos con sus finos rasgos y su alegría de vivir. Culta, independiente, moderna, no quería ser prisionera de un título, hasta el punto de rechazar mi mano en matrimonio, luego la del sah de Irán y también la de Balduino de Bélgica. Reivindicaba su libertad y no quería estar sujeta a los deberes de la realeza. Seguramente era su forma de protegerse, pues había sufrido mucho el exilio y el destierro de su familia de su tierra natal. Durante mucho tiempo conservé una foto suya en mi mesilla de noche de la Academia Militar.

En una fiesta para los cadetes del buque escuela *Juan Sebastián de Elcano,* en el puerto del Callao (Perú), causó sensación la atractiva Gladys Zender, recientemente elegida Miss Universo. Me encantó poder cenar con ella al día siguiente, antes de zarpar de nuevo. Me regaló un álbum de un centenar de páginas con fotografías suyas que tenía intención de guardar como un tesoro. Recuerdo haberlo dejado sobre la mesa, mientras esperaba volver al barco. Por desgracia, me lo robaron. Nunca lo encontré. Cuando regresé al barco, me puse a escribirle una larguísima carta. Una página cada día. Después de una veintena de días en el mar, ¡aquello empezaba a ser muy largo! Al llegar a Panamá, le pedí a un compañero que la enviara discretamente por correo. Al regreso de aquel viaje, fui a ver a Franco sin sospechar nada. Me dijo, en el curso de la conversación: «Sigue cometiendo usted muchas faltas de ortografía, alteza. Debe tener cuidado». Entonces lo comprendí. Afortunadamente, no hizo más comentarios. Sospecho que mi amigo, a quien le confié mi carta, la remitió a uno de nuestros superiores, que sin duda la entregó al cónsul español en Panamá. Y así terminó en la mesa de Franco en vez de en manos de la bella

Gladys Zender. Volví a verla unos quince años después, en un viaje oficial a Perú. No me dio un vuelco el corazón como la primera vez que la vi, pero me emocionó recordar aquella etapa tan bonita.

Durante aquellos años de formación militar, también había flirteado con la hija de un republicano, lo que escandalizó a algunos oficiales de alto rango. Tuve que replicar que ella no era responsable de las opiniones políticas de su padre, que poco me interesaban. Seguíamos viviendo en una sociedad regida por el antagonismo de la Guerra Civil, incluso veinte años después del final del conflicto. También conocí a la italiana Olghina di Robilant, que vivía al lado del conde de París, en las colinas de Sintra. Mi hermana Pilar decía que yo tenía mucho éxito con las chicas, pero yo no presumía de ello. Por encima de todo, me gustaba divertirme y bailar, y los flirteos en aquella época eran muy castos; apenas nos cogíamos de la mano. Estaba secretamente enamorado de Hélène, la tercera de los once hijos del conde de París, cuatro años mayor que yo. Su belleza me trastornaba. Era un amor imposible. Llamé Elena a mi hija mayor en su honor.

Un día, en el transcurso de una conversación, Franco me dijo: «Ya es hora de que su alteza deje de coquetear y se case». Yo tenía veintitrés años y entendí el mensaje. Era una época en la que la gente se casaba joven. Mi padre solía decir que las bodas, los bautizos y los funerales eran la ocasión para conocerse. Y tenía razón. Conocí a mi futura esposa, Sofía, en la boda de Eduardo, duque de Kent, primo de la reina Isabel, con Catalina Worsley. Fue en junio de 1961, en Londres. Habíamos coincidido antes durante un crucero en el yate *Agamenón* en 1954, organizado por su madre, la reina Federica de Grecia, para reunir a las familias reales de Europa tras el trauma de la guerra, pero no me había fijado en ella. Aquel crucero, cuyo objetivo era promover el turismo en las Cícladas, reunió a un centenar de miembros de la nobleza, mayores de catorce años, de una veintena de nacionalidades diferentes. Para que todo el mundo pudiera conocerse, sorteamos números que nos asignaban un lugar en la mesa. El ambiente en el barco fue fantástico. Todos guardamos un excelente recuerdo. Seis años más tarde, volví a encontrarme con algunos de ellos en Londres, con motivo de aquella boda que reunía la flor y nata.

Sofía era una joven alegre y culta, de mi edad, hija y nieta de rey, educada en un internado en Salem, cerca del lago de Constanza. Llevaba una vida muy activa: estudiaba arqueología con su hermana Irene, ayudaba en un hospital pediátrico y navegaba con su hermano Constantino. Nos alojábamos en el mismo hotel, el Claridge, durante los festejos, y como nuestros padres no estaban allí podíamos salir informalmente al cine o a bailar. Era muy simpática y abierta. Enseguida me atrajo su actitud sencilla, dulce y jovial, nada esnob ni estirada. Y bailaba muy bien. Me impresionó la delicadeza de sus rasgos, la elegancia de su porte y la dulzura de su sonrisa. Percibí sus muchas cualidades: su generosidad, su energía, su abnegación y su sentido del humor. Nuestras conversaciones no eran fáciles, porque yo no hablaba bien inglés en aquella época, y no entendía ni el griego ni el alemán, que Sofía hablaba con fluidez, mientras que ella no sabía ni español ni italiano ni portugués. Afortunadamente, sí hablaba un poco de francés. Pero, a pesar de la barrera lingüística, nos entendíamos. Aprovechamos estos momentos festivos sin acompañantes para abrir nuestros corazones. Enseguida me di cuenta de que ella era la elegida, de que tenía que ser la madre de mis hijos. Estaba muy enamorado de ella, me sentía feliz y realizado a su lado. Cuando estábamos juntos, sentía que nos complementábamos. Como hija mayor de una Familia Real reinante, educada como yo en el mundo reglamentado de la Corona, sabía que se adaptaría perfectamente a las obligaciones que tal vez algún día debería asumir. Ya no iba a estar solo frente a mi destino. Desde entonces la llamo Sofi.

Su madre, Federica de Hannover, era descendiente del último Rey reinante de la Casa de Hannover, y de la princesa Victoria Luisa de Prusia, única hija del káiser alemán Guillermo II. Su padre, el rey Pablo, accedió al trono tras la muerte de su hermano, después de huir de la invasión alemana refugiado en Egipto y Sudáfrica. Felipe de Edimburgo, el marido de la reina Isabel II, nació en Corfú, y era príncipe de Grecia y de Dinamarca. La Familia Real británica, a la que vimos en la mencionada boda del duque de Kent, está emparentada tanto con mi familia como con la de Sofi. Me llevaba bien con la que sería mi futura familia política, aunque la reina Federica tenía un carácter fuerte y autoritario. Había que saber plantarle cara y ponerla en su sitio. Le gustaba mandar y a veces he tenido que ponerle límites: «En mi casa mando yo. En Grecia, tú haz lo que quieras», debía repetirle cuando empezaba a querer controlar nuestra vida familiar. Por ejemplo, era vegetariana, como Sofi, e intentó impedir que mis hijos comieran carne. Era una mujer dinámica, original, muy volcada en sus obligaciones y muy aficionada a las matemáticas y la espiritualidad india, que estudiaría a conciencia en el exilio, después de 1967. El rey Pablo, más discreto, era muy culto y espiritual. Como mi padre, tenía grandes tatuajes en los brazos, reliquias de su juventud en la marina. Junto a sus tres hijos, formaban una familia unida y armoniosa, alejada del protocolo y la ostentación.

Después de la boda de Eduardo en Londres, Sofi y yo pasamos unos días con mis padres en la residencia de verano de la Familia Real griega, el Palacio de Mon Repos, en las colinas de Corfú. Allí pudimos dar rienda suelta a nuestra pasión común por la vela. Fueron unos días preciosos, románticos y alegres, aunque a veces discutiéramos en el barco a propósito de alguna maniobra. Oficializamos nuestro compromiso el 13 de septiembre de 1961, en Lausana, en casa de mi abuela la reina Victoria Eugenia. Yo le hice una propuesta formal de matrimonio a su padre, el rey Pablo, pero no sabía cómo entregarle a Sofi el anillo de compromiso. Un día que ella estaba descansando en su habitación del Hotel Beau Rivage, frente a la Vieille Fontaine, a la hora de la siesta, llegué de improviso y lancé al aire una cajita que contenía el anillo de rubíes. «¡Cógelo!», dije. Fue mi manera poco convencional de formalizar nuestra relación. Franco aún no lo sabía. No me preocupaba demasiado, sabía que aprobaría mi elección. La fecha de la boda se fijó en Atenas para el 14 de mayo de 1962. Sofi empezó a aprender español de inmediato. Los dos estábamos muy felices y enamorados, inmersos en el torbellino de los preparativos.

Sin embargo, había un obstáculo para nuestra unión: Sofi era ortodoxa. Para ciertos tradicionalistas españoles, este matrimonio era difícilmente concebible. En una reunión en Estoril entre mi padre y miembros de su Consejo Privado, uno de ellos se ofuscó: «¿Vais a permitir que el Príncipe se case con una hereje?», le preguntó a mi padre delante de mí. Afortunadamente, mi padre me tiró de la manga para indicar que mantuviera la calma. La mentalidad católica de la época podía ser a veces obtusa. Fui al Vaticano con mi padre en enero de 1962. El papa Juan XXIII nos recibió en audiencia. Recuerdo lo bajito que era, sentado los pies apenas tocaban el suelo. «El jueguecito de las coronas está muy bien», dijo para dejar claro que no se oponía al matrimonio según el rito de la religión ortodoxa. Y así desbloqueó la situación. Nuestra unión será la primera en celebrarse por medio de una doble liturgia, católica y ortodoxa. Nos beneficiamos de los vientos de apertura generados por el Concilio Vaticano II. Sofi se convirtió al catolicismo tras la boda y tuvo que renunciar a sus derechos dinásticos a la Corona griega; era la segunda, después de su hermano Constantino, en el orden de la sucesión.

Invité a Franco a la boda, pero sabía que no se desplazaría hasta Atenas. Él solo salió de España para reunirse con Hitler en la frontera franco-española, con Mussolini y con Salazar. Mi padre hizo la travesía desde Estoril hasta Atenas en su velero, mientras que mi madre y mis hermanas se nos unieron en avión.

Hubo tres días consecutivos de festejos a un ritmo frenético para acoger a la multitud de invitados, entre ellos los representantes de las Casas Reales: la reina de los Países Bajos, el rey de Noruega, la reina de Dinamarca, el rey Miguel de Rumanía, los príncipes de Liechtenstein, el gran duque de Luxemburgo, el príncipe Felipe de Edimburgo, lord Mountbatten y Rainiero de Mónaco y su mujer, Grace, que irradiaba belleza y elegancia. Era la primera vez que se reunían tantos reyes y príncipes desde la boda de la futura Isabel II de Inglaterra en 1947. Franco envió en su nombre al ministro de Marina, el almirante Abárzuza, y al buque *Canarias*, uno de los cruceros más importantes de la flota española, que fue apostado en la bahía de Atenas. Mis compañeros de promoción también vinieron. Me casé con el uniforme de teniente de infantería. Sofi, muy guapa y elegante, vestida por el modisto francés de origen griego Jean Dessès, llegó con su padre en un carruaje tirado por seis caballos blancos y flanqueado por una escolta encabezada por su hermano. La catedral católica de San Dionisio Aeropagita estaba enteramente decorada con los colores de la bandera española, con claveles rojos y amarillos. Rodeaban a la novia su hermana, Irene de Grecia; mi hermana mayor, Pilar; Alejandra de Kent; Ana de Orleans, hija del conde de París, a la que yo frecuentaba en Estoril; las hermanas Benedicta y Ana María de Dinamarca; Irene de Holanda, segunda hija de la reina Juliana, que estudiaba entonces en España, y su fiel amiga y prima Tatiana Radziwill, que llevaron la cola de su traje de novia. De aquella boda salió la de Ana María de Dinamarca con nada menos que el hermano de la novia, Constantino, y la de Ana de Orleans con mi primo Carlos de Borbón-Dos Sicilias. ¡Mi padre tenía razón! Además de mi cuñado Constantino, actuaron como testigos representantes de las distintas ramas de nuestras dos familias: Miguel de Grecia, su primo, con el que yo mantenía una relación muy amistosa; Amadeo de Saboya-Aoste y Luis de

Baden, primos más lejanos de Sofi; Victor Manuel de Saboya, hijo del rey de Italia, al que yo solía ver en Estoril; Christian de Hannover, tío de Sofi, y mis primos Alfonso de Borbón y Dampierre, Carlos de Borbón-Dos Sicilias y Marco Alfonso Torlonia.

Intercambiamos votos en nuestros respectivos idiomas. La misa duró apenas una hora. Cuando Sofi se dio cuenta de que se le había olvidado pedir el consentimiento protocolario de su padre antes de pronunciar sus votos, no pudo contener las lágrimas. Le presté mi pañuelo para que se las secara. Mi hija mayor, Elena, cometió el mismo desliz el día de su boda con Jaime de Marichalar en la catedral de Sevilla. ¡La historia se repite!

Al salir de la iglesia, dieciocho oficiales de mi promoción formaron un arco con sus sables y recibimos una lluvia de pétalos de rosa. A continuación, el cortejo se puso en marcha y se dirigió a la catedral ortodoxa de la Anunciación de Santa María, donde nos esperaba una suntuosa ceremonia. Era la primera vez que me vitoreaban, y estaba exultante. La alegría estallaba por las calles de Atenas. Llegamos envueltos en una nube de incienso a la catedral, donde se agolpaban los invitados. Era mediodía y la temperatura había subido. La catedral estaba abarrotada y hacía mucho calor. La misa fue larga y ritual, con mi suegro el rey Pablo y mi cuñado Constantino sosteniendo las coronas sobre nuestras cabezas y dando vueltas alrededor del altar, la copa de vino que compartimos y las oraciones del sínodo. Luego sonaron cinco cañonazos, a los que respondieron las campanas de la ciudad. Fueron momentos de gran solemnidad que me impresionaron. Por desgracia, estaba incómodo debido al dolor. Dos semanas antes de la ceremonia, me había dislocado el hombro derecho y me había roto la clavícula practicando judo con el futuro rey de Grecia, Constantino. Me hacía de verdad mucho daño, lo que explica que salga un poco tenso en las fotos. Sobre todo porque los españoles que fueron a Atenas para la ocasión me saludaban dándome palmadas en el hombro. Era amistoso, pero dolía. Suerte que me quedaba el brazo izquierdo para bailar. Sofi ha sido desde ese día no solo una gran Reina, sino también una compañera incomparable y una madre muy entregada. Es una mujer admirable y leal con la que tengo una enorme deuda.

Tras la boda de cuento de hadas, empezó la luna de miel de postal. El armador Stavros Niarchos puso a nuestra disposición su isla privada de Spetsopoula, al este de las Cícladas, su magnífico velero *Eros* y luego también el *Creole*. Mi padre pasó a visitarnos en el *Saltillo*, de regreso a Portugal. Luego pasamos tres meses viajando sin parar. Primero fuimos a Roma para agradecer a Juan XXIII su decisiva mediación. Luego a Madrid, para presentar a Sofi a Franco. No me preocupaba este encuentro, pues estaba seguro de que todo iría bien. Incluso creo que Sofi se sintió gratamente sorprendida por Franco, que se mostró afable y acogedor, y al que agradó comprobar que ella ya hablaba bastante bien el español. Era la primera vez que Sofi visitaba Madrid, que entonces era una ciudad austera. Después de esta visita de cortesía, y antes de reemprender el camino, nos desviamos hacia el Palacio de la Zarzuela, un antiguo pabellón de caza, hecho de ladrillo y piedra gris, construido en el siglo XVII por Felipe IV en medio de una finca de robles y olivos. Franco vivía cerca, en el Palacio del Pardo, y ordenó su restauración. Durante mi estancia en la Casita de Arriba, en El Escorial, me enteré de que Franco pensaba cedérmelo en cuanto terminaran las obras. Se respetó la sobriedad arquitectónica y, sobre los salones de la planta baja, se habilitó un piso privado con mobiliario de estilo francés. En definitiva, una gran casa un poco vacía para un soltero, pero ideal para una familia.

¿Viviríamos allí algún día? No había nada claro, no había nada decidido, pero era lo que deseaba, establecerme en la Zarzuela y formar allí un hogar. Sabía que mi sitio estaba en Madrid. Me veía como un militar español que había pasado la mayor parte de su vida en España. No sabía lo que me depararía el futuro, pero no me lo imaginaba fuera de mi país. Pertenecía a España. Durante nuestro noviazgo, en la visita que hizo Sofi a Estoril con su familia, mi padre nos había enseñado algunas casas próximas a la suya. No me atreví a decirle que no pensaba vivir allí, pero se lo di a entender al agente inmobiliario. ¿Qué sentido tendría que me hubieran separado de mi familia a una edad tan temprana si al final me instalaba en el exilio al lado de mi padre? ¿Todo ese sacrificio para nada? Pero claro, yo tenía un jefe, mi padre, y Franco no hacía avanzar sus peones y se mantenía evasivo en cuanto a los planes que tenía para mí. Yo estaba acostumbrado a vivir en la incertidumbre y a no tener ningún control sobre mi destino; Sofi lo aceptó con resignación. Por el momento, nos embarcamos en un pequeño viaje alrededor del mundo con total despreocupación. Aplacé para nuestro regreso esta decisión, que sabía que sería crucial.

Filmé nuestras aventuras con una cámara Beaulieu de 16 mm que me regaló mi madre. Hace poco encontré estos viejos rollos, que hice digitalizar. Con gran emoción volví a ver estas imágenes, recuerdos de una época en la que nuestros hábitos y costumbres eran tan diferentes, y de la que han pasado sesenta años. Empezamos en Montecarlo, donde Rainiero y Grace nos dieron una cálida bienvenida, con una sencillez casi familiar. Sus hijos, Carolina y Alberto, jugaban con nosotros en la piscina. Grace se había hecho muy amiga de mi abuela, a la que visitaba con regularidad y a la que le gustaba leerle libros. Su belleza era célebre, al igual que su amabilidad. Seguimos en barco hasta Portofino y luego hacia Saint-Tropez, antes de volar a la India, en concreto a Nueva Delhi y Jaipur, donde se nos ve encaramados a un elefante con una cinta en la cabeza. Luego llegamos a Nepal bajo la lluvia torrencial del monzón. Éramos los turistas número diez mil que desembarcábamos en aquel remoto país, y nos recibió un jesuita estadounidense de unos cincuenta años que nos llevó a visitar una escuela. Me costó dejar a aquellos niños tan conmovedores. Los cogí de la mano y caminamos juntos un buen trecho, hasta que tuvieron que regresar a la escuela. Para volver a Calcuta y Benarés, tomamos un avión DC3 que tuvo que frenar de repente en medio de la pista de despegue porque pasaba un burro. Fue todo muy cómico. Era la primera vez que me sentía tan desubicado. En Tailandia, filmé largamente los mercados flotantes de Bangkok. Recorrimos la bulliciosa red de canales en una barca, rodeados de innumerables tenderetes. Estábamos los dos solos. La compañía internacional de coches cama había reservado los vuelos y los hoteles, pero sobre el terreno hacíamos lo que queríamos, sin ninguna ayuda. Sofi estaba menos acostumbrada que yo. Por galantería, la ayudé a hacer y deshacer sus innumerables maletas. Al final de nuestro viaje, le dije: «¡Nunca más!».

En cada parada comprábamos recuerdos y baratijas. En Bangkok, deambulando por las calles, entré en una joyería. Una vendedora me dijo: «¡Tengo justo lo que necesita!», y sacó un magnífico zafiro cabujón. Quise comprárselo a Sofi, pero me anunció un precio prohibitivo: cinco mil dólares. Después de pensarlo mucho y hacer cuentas, llegué a la conclusión de que no entraba en nuestro presupuesto y me fui, decepcionado, llevándome la tarjeta de la tienda. Cinco años después, emprendimos un viaje por Asia con un par de amigos griegos que nos habían invitado a acompañarlos. Cuando llegamos a Bangkok, me acordé de esta joyería. Había perdido la tarjeta, así que la busqué con atención en la guía del hotel. Encontré la tienda. La misma señora me saludó y dijo: «¡Todavía tengo el zafiro para usted!». ¡Es encreíble que me reconociera! Me lo vendió por la mitad del precio que me había pedido cinco años antes. Me alegré mucho de poder comprarlo esta vez. Esperé a estar en el Taj Mahal y, durante una cena de luna llena, le regalé a Sofi ese magnífico zafiro.

Volamos a Singapur, Hong Kong y Macao, que aún no tenían el aspecto ultramoderno de hoy, antes de llegar a Japón. Visitamos Tokio, Kioto y Osaka, pero sobre todo tuvimos el honor de ser recibidos por el futuro emperador Akihito y su esposa Michiko. Akihito pertenece a la dinastía más antigua aún en el poder, y sus tradiciones son centenarias. Ha trabajado duro para reconciliar a su país con su pasado y acercar, rompiendo con ciertos ritos, la figura del emperador al pueblo. Tras treinta años de reinado, abdicó en 2019 en favor de su hijo. Aún guardo un grato recuerdo de nuestro primer encuentro.

Después llegamos a Honolulu, donde aprendí a surfear. Ya se me daba muy bien el esquí acuático. Aprovechamos la playa e hicimos senderismo por paisajes exuberantes, rodeados de cascadas. El paisaje era paradisíaco. Luego aterrizamos en California y visitamos San Francisco, Los Ángeles y sus enormes parques de atracciones, que causaban sensación por su novedad y tamaño: Marineland, Disneyland y los legendarios estudios de Hollywood. Una vez llegados a la costa este, nuestro viaje adquirió un aire más protocolario, gracias a la intermediación del embajador español, Antonio Garrigues, cercano al clan Kennedy, y de Angier Biddle Duke, jefe de protocolo de Estados Unidos, que se convertiría en embajador en España tras encargarse de dirigir la triste y difícil tarea de supervisar los funerales del presidente John F. Kennedy. Fuimos recibidos en West Point con honores militares. Depositamos un ramo de flores en el cementerio de Arlington, antes de acudir al Despacho Oval de la Casa Blanca, el 30 de agosto de 1962, para saludar al presidente Kennedy. Quedé encantado e impresionado por este encuentro, que resultó muy agradable. Fue un privilegio ser recibido de aquella manera, sobre todo porque yo carecía de título y de función oficial en aquel momento. Antes de eso, habíamos asistido en Newport a la Copa América, con sus magníficos veleros de 12 metros. Estábamos llegando al final de aquella pequeña vuelta al mundo excepcional por todo lo alto. Entonces llegó el momento de pensar en nuestro futuro.

Primero pasamos por Estoril para ver a mis padres. Mi padre seguía esperando que me instalara cerca de donde vivían ellos y yo no quería enfrentamientos. No entendía su postura: ¿tanto cambiaba las cosas mi matrimonio como para tener que volver al exilio y aislarme de España? Me incomodaba la idea de contradecirle. Quería regresar a España, pero no me atrevía a decirlo explícitamente. Volvimos a Atenas, pero fue entonces cuando se produjo en Cataluña la mayor catástrofe hidrológica jamás conocida en España. El 25 de septiembre de 1962, en apenas unas horas, unas lluvias torrenciales provocaron el desbordamiento de los ríos Rubí y Ripoll, arrasando todo a su paso. Hubo fábricas que desaparecieron bajo las aguas y localidades enteras fueron engullidas. Hubo un millar de muertos y varios miles de personas resultaron heridas. Acudí allí rápidamente, incluso antes que Franco. Quería apoyar a la gente en persona: la gravedad de la situación lo exigía. Mi padre me confió la misión de entregar un millón de pesetas para ayudar a las víctimas. Después, me reuní con Sofi en Atenas. Nuestra estancia se prolongó porque a ella la hospitalizaron por una apendicitis.

Una mañana recibí la llamada de Emilio García-Conde, mi ayudante en España, un excelente piloto de avión que había sido mi preceptor en la Academia del Aire. Había viajado a Bruselas para evitar las escuchas de los servicios españoles y poder hablar conmigo con mayor confidencialidad. Quería contarme lo que Franco había dicho: «El Palacio de la Zarzuela no permanecerá vacío mucho tiempo».

Había muchas insinuaciones de por medio. Como siempre con Franco, era necesario saber descifrar las alusiones. ¿Acaso estaba pensando en instalar allí a mi primo Alfonso, el hijo mayor del hermano sordomudo de mi padre, el infante don Jaime, que había renunciado a sus derechos dinásticos por su matrimonio morganático con Emanuela de Dampierre? Alfonso cursaba estudios universitarios en Madrid desde el divorcio de sus padres. Franco podría, pues, recurrir a otra rama de la familia. Había que tenerlo todo en cuenta. Todas las opciones para su sucesión estaban abiertas. Me enfrentaba a muchas incertidumbres, pero sabía que había llegado el momento de volver a España. Así que pedí ayuda a mi suegro, el rey Pablo. Ante mi insistencia, escribió a mi padre instándole a que nos permitiera trasladarnos a España. No quería instalarme en la Zarzuela sin su aprobación. Tenía que ser leal. Finalmente, en marzo de 1963 nos trasladamos a la Zarzuela, que desde ese momento se convirtió en nuestro hogar. Justo a tiempo para celebrar el nacimiento de nuestra hija Elena, el 20 de diciembre de ese año.

Podía comenzar una nueva etapa en mi vida.

TERCERA PARTE

CUANDO YO NO ERA NADIE

1

Mi larga travesía del desierto

Sofi y yo nos instalamos en la Zarzuela. Viví durante más de sesenta años entre esos muros, y acabé por sentirme en casa. No fue un hogar que eligiera yo, sino que fue una decisión de Franco. «El retrato de Alfonso XIII debe estar en el despacho del Príncipe», ordenó. Nunca lo descolgué. Seguramente, el general consideraba que era la manera de enmarcarme en la continuidad histórica de la Corona. Sofi trajo algunos muebles suyos de Grecia. Vivíamos bajo vigilancia, incluso sorprendimos al mayordomo escuchando detrás de las puertas. Nosotros no disimulábamos nada, tratábamos de actuar con normalidad. Yo sabía que un informe detallado de todos mis actos y gestos llegaba diariamente al despacho del general. No disponíamos de dinero alguno. Todos los gastos de nuestra vida cotidiana corrían a cargo del régimen, que los controlaba minuciosamente. Era además otra manera de vigilarnos muy de cerca. Mi padre no se mostraba muy generoso, ya que tampoco disponía de una fortuna personal. Nuestros medios eran limitados, lo que restringía nuestra libertad. El propio Franco vivía de manera muy austera y disciplinada. Nunca observé que buscara ninguna ventaja pecuniaria. Ciertas personas de su entorno inmediato abusaban de su poder, o de esa proximidad con el general, para dedicarse a prácticas reprochables. Por supuesto, nadie se atrevía a denunciarlos.

Por suerte, el nacimiento de mis tres hijos —Elena en 1963, Cristina en 1965, y al final Felipe, el heredero, en 1968— alegró este período de mi vida, que califico de travesía del desierto. No éramos nadie y nuestro futuro era más que incierto. No ocupaba ningún cargo oficial ni tenía rango protocolario. La felicidad de formar una familia compensó la incomodidad y la incertidumbre que caracterizaron mis años de joven recién casado. Me encantó ser padre, sentí una gran ternura por mis hijos. Cada nacimiento lo viví como un milagro, como algo maravilloso. Luego las obligaciones oficiales me llevaron a alejarme de ellos, pero conservo los recuerdos conmovedores de esa época, de aquella tierna infancia que pasaron en el encierro de la Zarzuela y de sus jardines, protegidos de la curiosidad de los medios de comunicación y de mi vida pública. Disfrutaba de escuchar sus balbuceos, de abrazarles, de jugar con ellos; era como recuperar una parte de mi infancia. Sentirles felices me ayudó a aceptar, con resignación, la aridez de aquellos años. Inconscientemente, no quería que mis hijos vivieran el sentimiento de abandono y de soledad que ensombreció mi infancia. Siempre intentamos, con Sofi, ser padres protectores y cuidadosos. Los tres estaban muy unidos. Felipe destacaba por ser el más travieso y sus hermanas siempre se mostraban solidarias con él. Tratamos de que crecieran dentro de una normalidad con la ayuda de una nodriza inglesa. Sofi los acompañaba al colegio, y sus amigos venían a casa a jugar con ellos. No quería que la Zarzuela se convirtiera en su prisión dorada.

Veía a Franco con regularidad, casi cada semana, en el Palacio del Pardo, a unos cuantos kilómetros de mi residencia. Eran encuentros informales, aunque en un contexto siempre formal. Lo visitaba en su despacho y hablábamos al menos durante una hora. La conversación era muy libre. Yo disfrutaba de esas reuniones. Él se mostraba siempre amable, tranquilo, muy atento, pese a su sobrecargada agenda. Creo que dedicaba ese tiempo a estudiarme. Observaba mis reacciones y mis actitudes. Me comportaba de manera natural y me expresaba con franqueza, aunque me mantenía alerta. Él permanecía impenetrable.

Fue un período de incertidumbre, de confusión. Si yo residía en España, debía ser por algún motivo, pero por entonces nada estaba claro. España continuaba siendo un reino, pero ¿cuáles eran los proyectos del general? Los desconocía. Franco no hacía avanzar sus peones y era el amo absoluto del tiempo. Yo era capitán, pero carecía de regimiento. Como ya he dicho, Franco no me permitía participar en competiciones hípicas. Era el hijo del pretendiente al trono en el exilio, lo que me negaba el derecho a cualquier estatus particular. «Mi general, ¿qué me aconseja hacer? No puedo continuar dando vueltas sin hacer nada», le pregunté, cansado de esperar. Estaba dispuesto a ponerme a la cabeza de un regimiento en cualquier parte del país. «Vuestra alteza, vaya a conocer a España y a los españoles», me respondió sin pestañear. Nunca me daba más detalles. Había que aprender a interpretar sus palabras. Fue entonces cuando comencé a viajar por todas las provincias. Creo que no me quedó una sola ciudad por visitar.

Fue un período muy interesante para España, ya que comenzaba su despegue económico. Un equipo de jóvenes tecnócratas había puesto en marcha un plan de estabilización económica, seguido de planes de desarrollo. Quiero destacar el papel fundamental desempeñado por el ministro de Comercio Alberto Ullastres, quien puso en marcha este plan nacional de estabilización. A partir de 1962, el despegue de la industria, las infraestructuras y el turismo fue espectacular y permitió una tasa de crecimiento exponencial. Es lo que se llamará el «milagro español», que fui constatando sobre el terreno y acompañé de cerca. Inauguraba fábricas, visitaba los nuevos ordenamientos urbanos, y me reunía con empresarios y con jóvenes políticos. Todos ellos pertenecían a una nueva clase media en pleno auge; la misma que me acompañaría quince años más tarde en mi propósito de democratizar el país. Comenzaba a identificar sus aspiraciones y a comprender los impedimentos a los que debían hacer frente. Pese a que por entonces evolucionaba económicamente y captaba inversiones, España seguía siendo una anomalía, política y cultural, en el seno de Europa. Su imagen en el extranjero continuaba siendo mala, la de un destino barato de turismo de masas y un régimen encerrado en sí mismo.

Por regla general, la población me recibía bien en las visitas o desplazamientos. Sin entusiasmo, pero con respeto. También hubo momentos desagradables, que siempre me tomé con humor. Como por ejemplo en Valencia, un día que Sofi y yo caminábamos por una calle junto al general en jefe de la región militar. Había prevenido a mi esposa de que, a la menor señal por mi parte, ella debía dar un paso atrás. Siempre he permanecido en estado de alerta, atento a todo cuanto me rodea. Seguro que es una actitud surgida de mi formación militar y de mi experiencia frente a la animadversión. Aquella vez sentí que algo se estaba tramando, sin saber lo que era. ¿Quizá por el silencio que reinaba en la calle o por la mirada de la gente? Advertí a Sofi, que retrocedió al mismo tiempo que yo, mientras que el general siguió avanzando. Él recibió los tomatazos dirigidos a mí. Se puso furioso. Le recordé la famosa frase de mi abuelo Alfonso XIII, que tuvo que enfrentarse a varios atentados, el más sangriento de ellos el día de su boda: «¡Son gajes del oficio!». Lo sentí mucho por él, pues no estaba acostumbrado a verse ante gestos de protesta. ¡En esa materia, yo estaba mejor entrenado que él!

La propaganda falangista antimonárquica había causado estragos. Muchos, aun sin conocerme, no me querían. Los carlistas también comenzaban a hacer ruido. El carlismo es un movimiento que se remonta al siglo XIX, cuando el hermano menor de Fernando VII, Carlos María Isidro, se negó a reconocer la legitimidad de su sobrina, Isabel II, lo que engendró tres guerras civiles. El movimiento, contrario al liberalismo, el parlamentarismo y el secularismo, se implantó sobre todo en las zonas rurales y tradicionalistas, como Navarra. Con la urbanización progresiva, se volvió más marginal, pero hay que reconocer su longevidad. Sus partidarios se mostraban por aquel entonces muy activos. Por ejemplo, robaban el libro de oro de visitas en el que la gente me dejaba mensajes de simpatía a mi llegada a un lugar público. O algunos manifestantes se arremolinaban a mi paso. Eran visibles, pero no me molestaban. Mi estrategia consistía en no ofender a nadie, evitar todo enfrentamiento, descubrir la nueva España que estaba asomando, establecer lazos directos con los jóvenes de mi edad y con los miembros del Gobierno, y aprender lo máximo posible sobre el propio terreno. Albergaba la esperanza de que aquellos que me denigraban cambiarían de opinión. Pero ¿llegaría a ser Rey algún día? ¿Nombraría sucesor Franco a mi padre, legítimo heredero de la Corona, antes que a mí? Eso lo desconocía. Algunos, en el entorno del general, preconizaban un sucesor militar o un falangista. Se barajaban muchos escenarios y Franco parecía no tener prisa en decidirse. Sobre todo porque mi primo hermano, Alfonso, tendía a hacerme sombra.

Solo puedo hablar bien de Alfonso. Siempre se mostró amable y respetuoso conmigo. Compartíamos los mismos y maravillosos recuerdos de nuestra infancia en familia. Fue el padrino de mi hija Cristina. No tuvo una juventud fácil tras el divorcio de sus padres a finales de los años cuarenta (lo que fue considerado un escándalo para la época) o cuando ambos volvieron a casarse. La muerte de su hijo mayor en un accidente de coche y luego, cinco años después, en 1989, su muerte trágica en un accidente atroz de esquí me llevan a perdonar los desencuentros que pude tener con él. Su padre, don Jaime, renunció en 1933 a sus derechos dinásticos, tanto a los suyos como a los de su descendencia. Pese a ser una decisión avalada por Alfonso XIII, luego intentó echarse atrás, lo que evidentemente colocó a mi padre en una situación incómoda. Y luego otros trasladaron sus esperanzas hacia su hijo mayor, Alfonso, que estudiaba Derecho en España tras haber vivido en Italia y en Suiza. Su matrimonio en 1972 con la mayor de los nietos de Franco, Carmen Martínez-Bordiú, una joven guapa, simpática y divertida, le dio una presencia pública y mediática. Nombrado duque de Cádiz, algunos pretendían que se lo llamara también «alteza real». Un día, un poco molesto por el hecho de que varios ministros se exhibieran con mi primo en ceremonias oficiales para promocionarlo, le dejé caer a Franco: «¡Si usted desea a otro en la Zarzuela, yo puedo irme!». Y él me preguntó tranquilamente: «¿Quién manda aquí?». Le respondí: «Usted». «¿Y entonces?», replicó impasible. Nuestra conversación terminó allí, y me quedé sin saber nada más al respecto de sus intenciones.

Fueron siete años de espera, sin certeza alguna, de infinitas noches de dudas y de cavilaciones en el encierro de la Zarzuela. Mi espíritu de disciplina, inculcado en mi formación militar, me ayudó a aguantar. La paciencia, también; la misma a la que tuve que recurrir, siendo soldado, durante las interminables guardias nocturnas. Consideraba inconcebible renunciar. Debía, además, averiguar qué se esperaba de mí, anticiparme a lo que no debía hacer, no ir a donde pudiera molestar, intentar ser útil y, sobre todo, controlar mis gestos y medir lo que decía para evitar habladurías o maledicencias. Sabía que cada una de mis palabras serían repetidas por personas que no siempre buscarían mi bienestar. Enseguida comprendí que el silencio era un valor seguro. Para protegerme, me encerré en un mutismo de conveniencia, una disciplina agotadora para los nervios. ¡Sabía que me espiaban, incluso en mi propia sala de estar! Hablaba poco, pero escuchaba con avidez. No me cansaba de preguntar, de interesarme por los menores aspectos de la vida y de la forma de pensar de mis interlocutores. Mi objetivo era recorrer el país, mostrarme, encarnar una imagen dinámica y moderna, contactar con los alcaldes, los gobernadores, los empresarios.

Las distintas prácticas que hice en los ministerios me permitieron entender mejor los mecanismos de la administración pública y conocer a todos los ministros. A primera vista podían parecer rígidos y severos, pero una anécdota me mostró que algunos también podían ser simpáticos. Me contaron que dos ministros gallegos viajaron en misión oficial a su región natal. Tras un largo viaje en coche, y agobiados por el intenso calor, uno de ellos preguntó: «¿Conoces alguna playa discreta donde podamos refrescarnos?», a lo que respondió el otro: «Hay una playa desierta, no muy lejos de aquí, donde podemos parar». Aparcaron el coche y caminaron por un pequeño sendero que los condujo hasta una playa aislada y desierta. Había sido una parada improvisada, por lo que no llevaban consigo bañadores. Convencidos de estar al abrigo de miradas indiscretas, se desnudaron rápidamente y se lanzaron al mar. De repente, irrumpieron en el lugar unas monjas con sus amplias tocas blancas acompañando a un grupo de colegialas, que se pusieron a jugar en la arena. Ellos decidieron esperar a que esas inocentes niñas se marcharan, pero la espera comenzó a alargarse. Al cabo de una hora, uno de ellos resolvió salir del agua tapándose sus partes íntimas con las manos. El otro le espetó en tono exasperado: «¡La cara! ¡La cara!».

Pedí trabajar con los directores generales, en lugar de con los ministros y sus asesores, para rodearme así de personal más técnico y menos político. Deseaba conocer todos los estratos y no solo las altas esferas. Esos años de preparación resultaron a la postre muy útiles, pero en aquel momento me sentía más bien en el purgatorio. Mi única certeza: no observé en ninguna parte un sentimiento a favor de la monarquía. Era consciente de que la institución era un viejo recuerdo que representaba una realidad lejana. No podía hablar de ello abiertamente. Toda expresión política pública se condenaba por aquel entonces. Los monárquicos, igual que los militantes comunistas o cualquier otro opositor del régimen, acababan en la cárcel por activismo. Los más valientes colocaban un detalle verde en su vestimenta, pues «verde» es el acrónimo en español de «Viva el rey de España».

Franco envejecía y continuaba, a pesar de todo, sujetando firme las riendas del poder. Lo veía regularmente en nuestros encuentros formales en el Pardo. También lo visitaba en su residencia de verano de Pazo de Meirás, una enorme construcción de granito situada en Galicia. La primera vez que estuve allí, nada más sentarme en la cama de la habitación que me habían asignado, una de las patas se rompió y la cama se vino abajo. No me atreví a decir nada y coloqué el colchón en el suelo, donde pasé una noche excelente. Cuando al día siguiente se enteró la mujer de Franco, Carmen Polo, se quedó consternada. No había querido molestarla por esa minucia, pero sin querer la había avergonzado.

El general hablaba poco, incluso durante las comidas a

las que solía asistir. Parecía escuchar, pero rara vez daba su opinión. Su actitud era tranquila y distante. Al término de esos almuerzos, me llamaba a su despacho y allí teníamos largas conversaciones cara a cara. Manteníamos verdaderas discusiones; intentaba establecer una conversación franca con él, aun sabiendo que en realidad nadie se atrevía a hacerlo. Le hacía preguntas como: «¿Por qué no se da libertad a los ciudadanos para crear partidos políticos?». «Yo no puedo hacerlo, pero usted lo hará más tarde», me respondía. Normalmente tenía que descifrar sus sutiles insinuaciones, pero esta vez fue, para mi sorpresa, muy explicito. A veces, cuando no deseaba responder, simulaba no haber escuchado mi pregunta. Sonreía en mi interior. Él tenía una visión clara de la situación de España y de su futuro. Medía las relaciones de fuerza a su alrededor a largo plazo y trataba de mantener el statu quo.

Los momentos en los que le veía más feliz eran cuando salíamos al mar en el *Azor*, a navegar y a pescar. Le hice fotos muy bonitas llevando el timón. Él aceptaba posar para mí. Yo era un apasionado de la fotografía; utilizaba una excelente cámara que mi madre me había regalado. Comencé con un aparato Hasselblad que iba en un estuche cuadrado, con el objetivo en la parte superior. La fotografía fue una de mis aficiones preferidas hasta que llegaron los aparatos automáticos y digitales. No me he adaptado a las nuevas tecnologías, a la inmediatez de la fotografía sin el control de los aspectos técnicos. Me gustaba ajustar la velocidad y la luz, y revelar las fotos trabajando los contrastes. Luego todo se volvió fácil y rápido, y dejó de interesarme.

¿Mantuve una relación filial con Franco? Había entre

nosotros cuarenta y seis años de diferencia. Él no tuvo un hijo varón. Tal vez proyectaba un sentimiento paternal hacia mí. No disimulaba la simpatía que me profesaba. Tal vez incluso sentía cierta ternura, cierta benevolencia. Me dedicaba tiempo de forma regular y manteníamos un diálogo permanente. Un día, cuando nos dirigíamos los dos en coche a una ceremonia oficial, me quedé dormido sobre su hombro. Él me dejó descansar durante todo el trayecto. «Alteza, despierte; hemos llegado», murmuró. Pedí disculpas por haber sido tan mal compañero de viaje. No vi en su mirada ni un ápice de reproche. Incluso parecía divertido. Su animosidad contra mi padre nunca la proyectó sobre mí. Nunca criticó a mi padre en mi presencia, y tampoco mi padre lo criticó a él delante de mí. Por mi parte, yo lo respetaba enormemente, y apreciaba su inteligencia y su sentido político. Un día, uno de sus ayudantes me informó de la celebración de una ceremonia oficial organizada por la Falange, así que me preparé y lo esperé en la puerta del Pardo, vestido de uniforme militar. Franco me vio y preguntó: «¿Qué hace usted aquí, alteza?». Sorprendido, le respondí: «¡He venido a acompañarlo, mi general!». Yo tenía la costumbre de colocarme detrás de él, por ejemplo en los desfiles militares de la Victoria, que conmemoraban el final de la Guerra Civil. Él respondió: «Alteza, esta ceremonia no es para usted. No debe asistir». Su deseo era establecer una clara distancia entre los acontecimientos relativos al Estado y los que formaban parte del Movimiento Nacional. Quería protegerme, que no se me identificara con una determinada corriente política. Fue muy hábil y aquello me ayudaría mucho después de su muerte. ¿Cómo hubiera podido llegar a ser

Rey de todos los españoles si se me hubiese visto como un príncipe falangista?

No existía intimidad alguna entre nosotros. Mantenía cierta distancia con respecto a él, pues tenía mi destino entre sus manos. Teníamos una relación personal frecuente, pero sin caer en la familiaridad. Si logré llegar a ser Rey, fue gracias a él. Nunca dejé que nadie le criticara delante de mí. Hay varios Francos: para algunos sigue siendo el hombre de la Guerra Civil, responsable implacable de miles de muertes; para otros, encarna una estabilidad ganada tras decenios de tensiones e inquietudes. Los españoles han heredado, por ejemplo, el sistema de seguridad social, todavía vigente. Nunca su nombre logrará la unanimidad, lo que es legítimo, pero no se pueden borrar de un golpe casi cuarenta años de nuestra historia.

2

1969, mi año decisivo

Había cumplido treinta años, acababa de tener un hijo, un potencial heredero. Le dimos el nombre de Felipe, por Felipe V, el primer Borbón español. Mi abuela, la reina Victoria Eugenia, me pidió ser su madrina, lo que me alegró; y su padrino fue mi padre, don Juan. Estas decisiones no fueron casuales: pretendían reforzar la continuidad monárquica. «Mi general, sería un honor contar con su presencia en el bautismo de mi hijo, y he pensado también invitar a su madrina y a su padrino», le anuncié a Franco, quien no puso objeción alguna. De hecho, él nunca se negó a ninguna petición específica mía. El bautismo, que tuvo lugar en la intimidad de la capilla de la Zarzuela el 8 de febrero de 1968, reunió de forma excepcional a tres generaciones de Borbones en suelo español, hecho que no se producía desde la proclamación de la República. Me sentía conmovido. Muchos españoles no habían olvidado a mi abuela, que se instaló en uno de los palacios más bellos de la capital, el Palacio de Liria, propiedad de la prestigiosa y antigua familia de Alba. Allí, detrás de esos muros que albergan una colección de arte privado inigualable, había fallecido la emperatriz Eugenia, esposa de Napoleón III y madrina de mi abuela. La duquesa de Alba, que se dice que ostenta más títulos nobiliarios que la Familia Real británica, abrió sus puertas para acoger al centenar de madrileños que acudieron a rendir homenaje a la anciana reina octogenaria, desmejorada por la edad y los problemas de salud. El besamanos duró todo un día.

En presencia de mi abuela, Franco no parecía dueño de la situación. Era la primera vez que se veían desde 1931. Franco parecía turbado. En cuanto a ella, la emoción de regresar a su reino, aunque fuera por pocos días, le había llegado al corazón. La recuerdo majestuosa y feliz. Al término de la ceremonia religiosa, en la que vi a mi hija pequeña, Cristina, de tres años, jugar con los flecos del cordón de general del uniforme de Franco, que permaneció impasible a pesar de la travesura, mi abuela le pidió al general conversar en privado. ¿Qué se dijeron? ¡Misterio! Cuando le pregunté a la Reina, me respondió divertida: «¡Ese secreto morirá conmigo!». Algunos pretenden haber escuchado a Franco decir: «Los deseos de vuestra alteza se cumplirán». No tengo certeza alguna de ello. A la muerte de la Reina, el 15 de abril de 1969, Franco decretaría tres días de duelo nacional. Estoy convencido de que él consideraba a mi abuela como «su» Reina.

Yo iba cada año a Estoril para estar con mi padre el día de su cumpleaños, el 20 de junio; luego regresaba a Madrid para estar al lado de Franco el 18 de julio para la celebración de la fiesta nacional. Ya me había acostumbrado a moverme entre estos dos universos. En 1969, justo antes de irme a Portugal, me reuní como era habitual con Franco. Le informé de mi viaje inminente. «¿Cuándo piensa regresar a España?», me preguntó. Y me instó a que acudiera a verle en cuanto regresara a Madrid. Nada fuera de lo normal. Ya en Estoril, mi padre, preocupado, me confió que creía que próximamente Franco iba a nombrarme sucesor. Sus informadores le habían advertido de que se tramaba un cambio. Como no había visto evidencia alguna que lo confirmara, lo negué y le tranquilicé.

De vuelta en Madrid, Franco me pidió que acudiera a su despacho. Yo no sospechaba nada. Y me dijo a quemarropa: «Voy a nombrarlo sucesor con el título de Rey. ¿Acepta usted?». Estupefacto, pensé enseguida en mi padre. Le pregunté si tenía algunos días para pensarlo, pero él esperaba mi respuesta de inmediato. Estaba entre la espada y la pared. Me miró fijamente. Reinaba el silencio. Solo escuchaba mi respiración. Acepté. Como un deber, una imposición. Pero ¿tenía otra posibilidad? Por supuesto, hubiera deseado que mi padre fuera Juan III y heredar de él la Corona, respetando el orden de sucesión. ¿Pero la meta última acaso no era restablecer la monarquía en España? Me sentí abrumado por ese peso, invadido por la culpabilidad, pero no disimulé mi alivio al ver que por fin recibía un estatus oficial, y mi futuro tomaba forma. Salí, agobiado por la incertidumbre y consciente de que acababa de producirse un momento histórico. «Sobre todo, no le diga nada a su padre», me conminó Franco cuando ya estaba franqueando la puerta. «Yo me encargaré personalmente.» Me sorprendió su ofrecimiento. ¿No habría sido más normal que yo se lo comunicara a mi padre? Decididamente, Franco no contribuía a la armonía familiar.

Anticipé el inmenso revés que la noticia supondría para mi padre. Yo sabía que él seguía persuadido de que, pese a sus desavenencias con el general, podía y debía llegar a ser Rey. Sentía también que él vivía desconectado de su país, rodeado de hombres que a veces llevaban exiliados desde la Guerra Civil o de fervientes monárquicos que buscaban complacerlo. ¿Cómo no hacerle daño? Durante mi regreso a la Zarzuela, reflexioné. Al llegar, llamé de inmediato a mi madre para que le advirtiera. Franco me había pedido no avisar a mi padre, pero de mi madre no había dicho una palabra. Así que vi en ello la manera de eludir su orden. Fue un momento realmente doloroso para nuestra familia. Pasé a ocupar el lugar de mi padre, pero no de buena gana. Además, él tenía el convencimiento de que yo estaba al corriente de la decisión de Franco cuando fui a verle a Estoril, y que se lo había ocultado; que, en resumidas cuentas, le había mentido y le había traicionado. Durante seis largos meses, no me habló. Sufrí mucho. Él incluso llegó a redactar una carta destinada a las familias reales para que me retiraran el saludo. Por suerte, mi madre, siempre dispuesta a preservar la armonía familiar, lo disuadió. Nos reencontramos finalmente con motivo de una celebración familiar por Navidades y nos abrazamos muy conmovidos. Incluso lloramos el uno en brazos del otro. Él había aceptado los hechos, y digerido la nueva situación. Comprendió que yo no había tenido más remedio que aceptar la propuesta de Franco, y que no iba contra él, aunque estuviera ignorando el orden de sucesión, sino a favor de la Corona. Después de todo, era él quien me había colocado en esa situación, enviándome a vivir a España a los diez años. Mi nombramiento no era más que la consecuencia de la apuesta de futuro que él había hecho en 1948. Les dije a mis hermanas y a mis padres: «A partir de ahora, debemos permanecer unidos. Cuento con vuestra ayuda, porque el camino va a ser peligroso». Mi padre se convertiría en mi mejor consejero, mi más fiel e infalible sostén. Siempre pude contar con él. Pero todavía me estremezco cuando pienso en el sufrimiento que involuntariamente le ocasioné. Nunca lo hablamos, pero supongo que pensaba que Franco no osaría saltarse una generación. Su dignidad inquebrantable frente a las vicisitudes lo harán para siempre admirable.

La mañana del 23 de julio de 1969, solo cinco días después de mi entrevista con Franco —¡y dos días después del primer paso sobre la Luna!—, y justo antes de acudir a la ceremonia oficial en la que debía pronunciar mi primer discurso oficial ante las Cortes y jurar fidelidad a las leyes fundamentales del régimen, llamé a mi antiguo profesor de Derecho, que jugaría más tarde un papel fundamental en la Transición, Torcuato Fernández-Miranda. Iba vistiéndome a la vez, trataba de ponerme los calcetines sin dejar caer el auricular del teléfono. Me invadía la ansiedad. ¿Acaso tendría que abjurar en un futuro? Sabía ya entonces, en 1969, que, una vez en el poder, no iba a conservar intacto ese régimen, que iba a modificar las instituciones. Desgraciadamente, estaba obligado en aquel momento a asociar la Corona con los valores del Movimiento Nacional. No me quedaba otra opción. Mi profesor me tranquilizó y me dijo la famosa frase: «Usted puede ir de la ley a la ley pasando por la ley». Pese a todo, estaba tan nervioso que le pedí permiso al general para encender un cigarrillo de camino a las Cortes.

Tal vez a algunos españoles les sorprenda saber que ya pensaba por entonces, en 1969, liberalizar el régimen. En aquel momento no podía decir nada. Permanecía silencioso detrás de Franco. Pensaba para mis adentros: «¡Va a ser muy difícil realizar cambios!». Sobre todo teniendo en cuenta el apoyo de la población a Franco. Tampoco sabía cómo iba a lograrlo: la Guerra Civil, cuyo recuerdo era alimentado por el régimen, y la censura política contribuían a crear una atmósfera esclerosada. Fui educado en España bajo la férula de Franco, pero sabía, en mi fuero interno, que la democracia era la única vía de futuro. Mi padre y mi abuela me habían repetido, una y otra vez, que la Corona debía unir a todos los españoles, y que los principios democráticos debían ser el fundamento de la monarquía. Ellos tenían el modelo británico en la cabeza, siendo mi abuela inglesa y habiéndose formado mi padre en el seno de la Royal Navy. Pero por entonces aquello era un objetivo lejano.

No podía llevar el título de príncipe de Asturias, pues daría a entender que era hijo de rey y heredero. Sería mi hijo Felipe quien llevaría ese título cuando yo fuera rey. Mi abuelo había nacido rey y mi padre había sido designado sucesor tras la renuncia de sus hermanos mayores. Los españoles me conocerían desde entonces bajo la distinción de «príncipe de España», un título improvisado para mí. El almirante Carrero Blanco, entonces vicepresidente del Gobierno, acompañado del ministro de Justicia, Antonio María de Oriol, y el vicesecretario general del Movimiento, Alejandro Rodríguez de Valcárcel, vinieron a la Zarzuela para anunciarme con orgullo: «Alteza, de ahora en adelante, llevará el título de príncipe de Asturias». Yo me eché a reír.

«Me gustaría poder llevar ese título, es mi deseo y lo que más quiero, puesto que significaría que mi padre es Rey», les expliqué. Se quedaron totalmente perplejos. Fue entonces cuando nos inventamos la denominación neutra de «príncipe de España», nunca utilizada hasta entonces.

Yo sabía que ciertas corrientes del régimen me apoyaban más que otras, pero la decisión de Franco se respetó entonces, con más o con menos entusiasmo. Aquellos a los que se conocía como «los tecnócratas» esperaban que el desarrollo económico del país y la gestión eficaz del Estado permitieran la continuidad de un franquismo después de Franco, encarnado por un rey. No concebían la legalización de partidos políticos ni de cualquier otra forma de apertura democrática. Pensaban que el régimen podía perpetuarse, encarnado en un soberano con poderes representativos por delimitar. Los «ultras», los falangistas más conservadores, conocidos como el «búnker», estaban convencidos de que cualquier apertura podría destruir los logros del franquismo y propugnaban la intransigencia. Su vigilancia era mayor, tanto más cuanto que el espíritu de Mayo del 68 se había extendido también a las universidades españolas, donde se reprimió con mano dura. Los reformadores, minoritarios, consideraban que la oposición al régimen seguía siendo persistente y que era indispensable reformarlo desde dentro, antes de verse sobrepasados por un movimiento contestatario republicano. Yo me encontraba en medio de esas corrientes, sin ningún peso verdadero sobre ninguna de ellas. Adopté un perfil bajo para no despertar animadversiones inútiles. Algunos aseguran que la familia de Franco, su mujer y su yerno conspiraban en mi contra, pero nunca tuve pruebas de ello. Por el momento, yo salía de una posición ambigua, pero seguía a prueba. Nada era seguro. Franco podía reconsiderar su decisión. Yo continuaba mi camino como un funambulista, a su sombra. ¿Por cuánto tiempo más?

3

Esto empieza a ponerse serio

A partir de 1969, comprendí que tenía una posibilidad real de llegar a ser Rey algún día. Antes no era consciente, no me lo creía de verdad. Las cosas empezaban a ponerse serias en ese momento. Debía acudir a las ceremonias oficiales, pero permanecía ajeno a todas las tomas de decisiones. Franco me nombró general. «Debo de ser el peor general de todos. Nómbreme mejor coronel», le pedí a Franco. Me veía como un coronel al frente de un regimiento. «No, alteza, usted será general porque está por encima del coronel.» No quise proceder de la misma manera con mi hijo, que adquiriría los galones al mismo tiempo que el resto de su promoción. Así que me encontré vistiendo un uniforme de general, sin realmente merecerlo, apostado detrás de Franco y siempre en silencio. Intentaba estar disponible, reunirme con la mayor cantidad de gente posible de variados horizontes, y mantener el contacto con la sociedad en su diversidad. Insisto: según mi punto de vista, el contacto humano directo es fundamental. Yo daba audiencia a unas cien personas al mes. Contaba con el efecto de bola de nieve —cada uno de mis interlocutores hablaría con su entorno—, pero sabía que seguía siendo un desconocido para la mayoría de los españoles. No podía hacer declaraciones a la prensa. Además, siempre se da la tendencia a hablar demasiado y no actuar. Quería, en cambio, demostrar que era capaz de hacer reformas. Como dice Antonio Machado: «Se hace camino al andar». Pero mi hora no había llegado todavía.

Tomé la iniciativa de viajar, de entrevistarme en privado con responsables europeos: en el Reino Unido, me reuní con el primer ministro laborista, Harold Wilson, en la ceremonia de los setenta años de la Reina Madre; una cacería en Alemania me permitió charlar con el presidente de la RFA, Gustav Heinemann, y conversé ampliamente también con Valéry Giscard d'Estaing, entonces ministro de Economía y Finanzas francés, durante una cacería en Chambord. Anticipaba que el apoyo internacional iba a ser indispensable. Franco no viajaba. Me resultaba más fácil expresarme libremente en el extranjero que en España, aun siendo muy consciente de lo ambiguo de mi posición: era el heredero de un dictador por el cual sentía una respetuosa consideración, y al mismo tiempo encarnaba la esperanza de una monarquía democrática. Me contentaba con difundir un discurso progresista, aunque todavía impreciso. Mi objetivo era, sobre todo, convertirme, pese a mi juventud y mi estatus de sucesor, en un interlocutor válido y serio en la escena internacional.

Un nuevo acuerdo entre Madrid y Washington acababa de subscribirse. En 1953, Estados Unidos estableció bases militares en suelo español a cambio de una sustancial ayuda económica. En plena Guerra Fría, la situación geoestratégica de España —territorio de retirada en caso de conflicto con la URSS, y a la vez de control sobre el Mediterráneo— revestía importancia dentro de la lucha del bloque occidental contra el comunismo.

Para consolidar la pervivencia de esta alianza, el presidente Nixon me invitó oficialmente, con Sofi, a la Casa Blanca, en enero de 1971. Quería sondear, junto a Henry Kissinger, mis intenciones políticas. Me demostraron su apoyo y se mostraron preocupados por la estabilidad de España. Nixon se mostró muy cordial, pese a su reputación de hombre frío. Kissinger insistió sobre la ayuda que me podía proporcionar. Comprendí que era posible contar en el futuro con un socio sólido. Luego, también con Sofi, fuimos a Cabo Cañaveral para el lanzamiento del Apolo 14. Yo estaba entusiasmado. Hemos olvidado lo que suponía por entonces cada misión a la Luna; la popularidad de los astronautas, los avances prometedores de la técnica. Mientras subía la tensión en la sala de control y yo conversaba con Neil Armstrong, me informaron de que iban a entrevistarme, lo que no estaba previsto. Apenas tuve unos segundos para ordenar mis pensamientos antes de que la cámara me apuntara. ¡Me encontré hablando en directo a quinientos millones de telespectadores del mundo entero! ¡Qué experiencia! En mi recuerdo, he aquí las palabras que improvisé: «La NASA trabaja para toda la humanidad y yo estoy orgulloso de formar parte de esa humanidad. Gracias a ella tenemos una nueva concepción del universo que nos proporciona una visión más amplia de la vida. Estamos a punto de realizar avances increíbles y de cambiar el mundo».

De regreso a Washington, asistí a una reunión privada

con personas influyentes. Las conversaciones debían ser *off the record*, pero mis opiniones sobre la democracia aparecieron al día siguiente publicadas en la prensa americana. ¡Y también sobre la mesa del despacho de Franco, cosa que yo en ese momento ignoraba! Me había aventurado a manifestar que los españoles deseaban más libertad, pero que había que saber a qué ritmo acometer esos cambios, que debían efectuarse en un marco institucional. Me había expresado con total confianza. ¡Paso en falso de principiante!

Al bajar del avión en Madrid, me enteré de que Franco tenía sobre su escritorio las declaraciones que yo había hecho en Estados Unidos. Tomé la iniciativa y fui a verle de inmediato. Me encontré al general en el Palacio del Pardo, sentado ante su escritorio, inclinado sobre sus carpetas. Vi la prensa americana y me ofrecí a traducirle lo que había dicho. Él me dijo tranquilamente: «Alteza, hay cosas que pueden decirse allá y que no pueden decirse aquí; y hay cosas que pueden decirse aquí, pero que no pueden decirse allá». ¡Una gran lección de política! No hizo ningún otro comentario. Hubiera podido reprocharme mis opiniones liberales, pero no dijo palabra alguna. Lo interpreté como un acuerdo tácito.

Franco empezaba a mostrar signos de debilidad. En junio 1973 nombró al almirante Luis Carrero Blanco, uno de sus fieles más próximos, presidente del Gobierno. Hombre de confianza, convertido en su indispensable brazo derecho, se trataba de alguien que desde la Guerra Civil había ocupado puestos claves. Yo lo conocía poco, pero sabía que era partidario de una monarquía de tipo autoritario. Seis meses después de su nombramiento, en la mañana del 20 de diciembre de 1973, una explosión sacudió el corazón de Madrid. Sofi, que llevaba en coche a los niños al colegio, la oyó en directo. El primer atentado espectacular de ETA hizo volar por los aires el coche de Carrero Blanco, que regresaba de su misa diaria y se dirigía hacia su despacho. La noticia me dejó estupefacto. Me encontraba en la Zarzuela, en audiencia con el cardenal de Madrid, Vicente Enrique y Tarancón, cuando mi ayudante vino a anunciarnos el drama. Nos quedamos paralizados. Era la primera vez que el régimen era golpeado de frente con tanta violencia. La noticia fue terrible para Franco, que se encontraba en cama por una gripe. Su única declaración pública fue: «No hay mal que por bien no venga», lo que nos dejó a todos dubitativos.

Franco parecía muy debilitado, física y moralmente, y se mostraba cada vez más enigmático y hermético. Los dirigentes se vieron invadidos por el pánico y el miedo. Decidí entonces afrontarlo y presidir los funerales oficiales. ETA amenazaba con realizar nuevos atentados y el pánico en el seno de las fuerzas de seguridad era total. La víspera de morir asesinado, Carrero Blanco se había entrevistado con Henry Kissinger para hablar sobre el futuro de España. La bomba explotó muy cerca de la embajada estadounidense, una de las zonas más vigiladas de Madrid. ¿Cómo pudo ETA perforar aquel túnel bajo la calle con el fin de colocar los explosivos sin ningún impedimento? Quedan todavía muchos misterios por resolver. Lo importante en aquel momento era demostrar a los españoles que no cederíamos ante el terror y que conservábamos la cabeza bien alta. Vestido con el uniforme de la marina en honor al almirante, me encontré solo en medio de la amplia avenida de la Castellana, detrás del féretro de Carrero Blanco. Cien mil personas acudieron a ver pasar el cortejo que recorría la ciudad en silencio, bajo un cielo plomizo. Yo no quise llevar chaleco antibalas. El frío me atenazaba. Fumaba un cigarrillo tras otro, me costaba contener la angustia. Afrontaba mi primera prueba de fuego. Desgraciadamente, aquello no fue más que el comienzo. ETA ensombrecería mi reinado con sus crímenes. No hay que ceder nunca ante el terrorismo.

El ministro del Interior, Carlos Arias Navarro, un franquista radical, fue nombrado presidente del Gobierno. Yo no le tenía un particular aprecio y no manteníamos relación alguna. Constaté con pesar que el Gobierno se endurecía y que Franco se debilitaba. La crisis petrolera ocasionó una ralentización de la economía. Había huelgas y tensiones en la universidad, y los conflictos se encadenaban. Las manifestaciones de la oposición al régimen eran cada vez más visibles y frecuentes. Yo lo observaba todo resignado y contrariado. En abril de 1974, la Revolución de los Claveles, un golpe de Estado de jóvenes militares que derrocó el régimen salarazista impuesto en Portugal desde 1933, dejó al régimen aislado en la península ibérica. Nadie lo había previsto, ni en España ni en ningún otro lugar. El nerviosismo entre los dirigentes españoles era palpable. Tenía la impresión de que España iba a la deriva. ¿Qué situación estaba a punto de heredar?

En julio de 1974, el general cayó gravemente enfermo y fue hospitalizado. Hacía treinta y cinco años que dirigía el país y encarnaba la estabilidad de España. ¡Tanto, que algunos imaginaban incluso que sería eterno! De repente, debía asumir el poder vacante de manera provisional, por ley, cuando hasta ese momento se me había mantenido completamente apartado. Me encontré, de un día para el otro, presidiendo el Consejo de Ministros. A los treinta y seis años, y sin ninguna experiencia de poder. No me quedaba otra opción. No me di por vencido y les planté cara a ciertos ministros que no me respetaban. Eran mayores, arrogantes, y estaba claro que me subestimaban. Por suerte, no eran mayoría en el seno del Gobierno y Franco me había enseñado a mostrarme imperturbable. Al término del consejo, los ministros corrían al hospital a ver a Franco y contarle las últimas novedades. Dependía del que llegara primero. Era el último en llegar y le decía: «Imagino que ya se ha enterado de todo y no necesito contarle más». «Lo que me interesa es escucharlo de su propia boca», me respondía. Le confiaba entonces mis impresiones y mis dilemas. Nuestra relación de confianza permanecía intacta. Cuando le pedía consejos concretos sobre algo en particular, él replicaba: «¿Para qué? Usted no podrá actuar como lo hago yo. Usted tendrá que actuar de otra manera». Él no quería ser mi mentor. Sabía que su poder, derivado directamente de la Guerra Civil, no podía ser el mío, y que los tiempos habían cambiado. «¿Por qué no pone en marcha las reformas para abrir el régimen?», le preguntaba. «Le toca a usted hacerlo. Yo no puedo», me replicaba. A menudo me repetía: «Yo no puedo cambiar las cosas». ¿Acaso estaba atrapado en las redes de su entorno? Estoy convencido de que él sabía que me reunía discretamente con miembros de la oposición. Nada se le escapaba. Descargaba sobre mí el peso entero de las reformas necesarias. En aquel momento, yo era rehén de un Gobierno que no había escogido y que no aprobaba, pero no tenía más remedio que cumplir con mi deber. Algunos, como el presidente francés Valéry Giscard d'Estaing, me animaban a continuar en el poder. Vino a visitarme a mi residencia de verano en Palma de Mallorca para hablarme de ello. Pero aquello era imposible, tenía la obligación de actuar dentro de la legalidad. No tenía prisa por ser jefe de Estado. Medía muy bien los enormes retos que le aguardaban a España. Era una tarea que me impresionaba. ¿Estaría a la altura? Rara vez me dejo invadir por la ansiedad, tengo un carácter de militar, presto a cumplir con mi misión, pero admito que esos años fueron opresivos.

Franco abandonó el hospital en agosto y comenzó su convalecencia en su casa, en Pazo de Meirás, en Galicia, rodeado de los suyos. Yo le visité y advertí la mejoría de su estado de salud. Lo animé a retomar el poder, pero lo rechazó; deseaba reposar. «Usted lo hace muy bien, alteza; continúe», me repetía. A mi regreso a Palma de Mallorca, apenas tres horas después de nuestra entrevista, Franco me llamó para anunciarme que asumía de nuevo sus responsabilidades como jefe de Estado. «He reflexionado y finalmente he decidido retomar mis funciones», me dijo, sin otra explicación. Yo no podía creerlo. Me había asegurado lo contrario esa misma mañana. Comprendí entonces que su familia le había presionado para que cambiara su decisión. Su esposa, Carmen Polo; su yerno, el marqués de Villaverde, y mi primo Alfonso, casado con su nieta Carmen, no se despegaban de su lado. Su influencia sobre él era inmensa. ¿Tratarían de que el general cambiara sus deseos con respecto a su sucesión? Aquella noche me sentí tan contrariado...

El régimen adoptó una línea dura. Se dictaron cinco

condenas a muerte que desencadenaron una movilización internacional inesperada. Intervino el Papa, los jefes de Estado europeos convocaron a sus embajadores, manifestaciones por doquier rodearon las embajadas españolas y mi padre se sumó al llamamiento de clemencia general. Franco se encerró en un mutismo total. El 1 de octubre de 1975, en la celebración del 39 aniversario de su llegada al poder, hizo su última aparición pública en el balcón del Palacio Real. Balbuceaba frases ininteligibles ante una muchedumbre que respondía con el saludo fascista. Yo me encontraba detrás de él, impasible. Trataba de contener mi malestar. Me parecía estar ante una mascarada de los años treinta. Me dije a mí mismo: «Voy a tener que hacer cambiar de opinión a toda esta gente...». ¿Sería una misión imposible? Difícil, pero no imposible.

En octubre de 1975, Franco sufrió varios infartos y fue hospitalizado de nuevo. Retomé el poder de manera interina. Ignoraba por cuánto tiempo. El país afrontaba una situación de crisis exterior; estaba al borde de una guerra colonial. El rey de Marruecos, Hasán II, había lanzado la «Marcha Verde» sobre el Sáhara Occidental, que reclamaba como suyo, para desafiar al Ejército español presente en la zona, con un contingente de decenas de miles de hombres. Una multitud de civiles armados con el Corán y con banderas nacionales se dirigieron hacia la principal ciudad de la región, El Aaiún, empujadas por las Fuerzas Armadas marroquíes. Comprendí que era una manera de imponer la soberanía de Marruecos sobre la zona y consolidar la movilización del pueblo marroquí por esa causa. España estaba dispuesta a negociar una preautonomía y a organizar un referéndum de autodeterminación. Marruecos optó por otra manera de asegurar su dominio en la región, frente a una Argelia enemiga. El general de nuestras Fuerzas Armadas en la región me llamó: «La situación es muy preocupante. Nuestra base está rodeada de minas. Si la multitud se aproxima demasiado, habrá centenares de muertos». Decidí acudir al lugar, a ese territorio bajo la gestión española desde 1958. Los ministros intentaron disuadirme, pero sabía que, en caso de peligro, el jefe del Ejército debía estar al lado de sus tropas. Había heredado los plenos poderes de Franco y nadie podía impedírmelo.

Piloté el avión y llegué a la zona de conflicto. Desde el cielo, observé la multitud de civiles dirigiéndose a las posiciones españolas. Nada más llegar, me dirigí a las tropas: «Vamos a retirarnos del Sáhara, pero en orden y con dignidad. No porque nos hayan vencido, sino porque el Ejército español no puede disparar sobre una multitud de mujeres desarmadas». Me propuse apoyar a las Fuerzas Armadas y planificar una retirada en orden, con la cabeza alta, evitando cualquier equívoco y todo conflicto sangriento. A mi regreso de El Aaiún, anuncié al Consejo de Ministros que Hasán II iba a llamarme para anunciarme que detenía la «Marcha Verde». Yo no lo conocía personalmente, pero había aprendido, durante mis viajes por los países árabes, a comprender su mentalidad. Les encantan los «gestos». Y para ellos, el gesto más apreciado es que un capitán se ponga al frente de sus tropas. Se debe valorar al enemigo para que la victoria sea aún más dulce. Los ministros dudaban y me miraban con un desprecio ostensible. Al cabo de media hora, mi ayudante interrumpió la reunión y me anunció que el rey de Marruecos deseaba hablar conmigo. ¡Qué satisfacción me produjo ver la cara de todos esos ministros que me subestimaban! Era la primera vez que hablaba con Hasán II. «Te felicito por haber acudido junto a tus soldados», me dijo sin preámbulo. «Ahora podemos discutir sobre el Sáhara con total serenidad y hablar de las relaciones entre nuestros dos países», respondí. Fue una llamada muy breve, pero tranquilizadora. Ninguno había perdido su dignidad. Luego llegamos a ser amigos íntimos.

Ese viaje de unas horas le demostró a la opinión pública española que yo era capaz de actuar de manera eficaz, y que había alguien al timón. Era mediante gestos, y no mediante palabras, como tenía la intención de ganarme su confianza. Yo encarnaba la juventud y el dinamismo, la toma de riesgos y la energía. Otra cara de la España en contraste radical con el régimen.

4

Comienza una nueva etapa para España y para mí

A comienzos del mes de noviembre de 1975, al general se le estaba prolongando la vida artificialmente. Algunos afirmaban que su familia trataba de mantenerlo con vida para que él pudiera renovar el mandato del presidente de las Cortes, y así evitar cualquier desmantelamiento del régimen. No tengo pruebas de ello. Me sentía aturdido por el encarnizamiento médico del que era objeto, pese a que hacía días que estaba totalmente inconsciente. ¿Era el temor ante el futuro lo que los empujaba a actuar de esa manera? Tuve una última conversación con él. Sentado a su lado en la cama de hospital, me tomó la mano y, como en un último aliento, me dijo: «Alteza, le pido una sola cosa: mantenga la unidad del país». Esa fue su última voluntad. No me pidió mantener el régimen tal y como era, ni los principios del Movimiento Nacional. Tenía, por lo tanto, las manos libres para poner en marcha las reformas siempre y cuando no se cuestionara la unidad de España. Me pareció que me concedía libertad para actuar.

España contuvo la respiración durante días. Estoy convencido de que ni sus peores enemigos le hubieran deseado una agonía como aquella. Al final, su hija pidió que dejaran morir en paz a su padre. A las 5:25 de la mañana del 20 de noviembre falleció Franco. Sofi y yo mirábamos la televisión la víspera por la noche, y ella propuso que permaneciéramos en vela hasta el anuncio fatídico. Yo preferí irme a dormir. En medio de la noche, recibí la llamada del general Juan Castañón de Mena, jefe de la Casa Militar de Franco, informándome de la noticia.

—¿A qué hora me espera usted? —le pregunté, medio dormido.

—A las ocho y media de la mañana.

—Cuente conmigo, mi general.

Colgué y le pedí a mi ayudante que me despertara a las 7:30. Me dormí de nuevo sin problemas. Sabía que iba a necesitar todas mis fuerzas para afrontar los días que me esperaban. No podía permitir que me invadiera la emoción, y no servía de nada velar o angustiarme por el futuro del país o por mi propio destino. ¿Respetarían la voluntad de Franco y me entronizarían Rey, o enviarían a la Guardia Civil con la orden de detenerme? Todo era posible.

Franco me hizo un último regalo antes de morir: el testamento que dejó a su hija y que leería Carlos Arias Navarro durante el anuncio de su fallecimiento en televisión: «[Os pido] que rodeéis al futuro rey de España, don Juan Carlos de Borbón, del mismo afecto y lealtad que a mí me habéis brindado y le prestéis, en todo momento, el mismo apoyo de colaboración que de vosotros he tenido». No hizo alusión alguna a los principios ideológicos del régimen. Le sigo estando muy agradecido por ello. Gracias a esas últimas voluntades, los franquistas se sintieron obligados a apoyarme. Yo sé que en aquel entonces el país me subestimaba. Poca gente apostaba por que fuera a durar mucho. Me quedaba todo por demostrar.

Mientras tanto, pese al frío, en la plaza de Oriente se formaron enormes colas para rendirle en silencio un último homenaje a Franco, cuyo cuerpo embalsamado reposaba en el Palacio Real. Algunos aseguraban que no quedaba una sola botella de champán en todo el país, de tanto que se había celebrado su fallecimiento. Es difícil saber cuál es la verdad. Lo que sí es cierto es que la emoción era palpable en las calles de Madrid. La misa de los funerales, el 23 de noviembre, la siguieron desde el exterior miles de personas. Luego, después de un desfile militar, el ataúd de Franco fue conducido hacia la gigantesca basílica del Valle de los Caídos, que él mismo había hecho construir. Reposaría bajo una pesada lápida de granito con una sencilla inscripción: «Francisco Franco». La víspera, las Cortes, fieles al general, me entronizaron como Rey en una sobria ceremonia. Ninguna pompa, ningún festejo. Ante un patio de oficiales desconfiados, de rostro severo y hermético, anuncié: «Hoy comienza una etapa nueva de la historia de España». Pero ¿cuál? Todo estaba por escribirse. Sabía que ellos seguían obedeciendo la voluntad de Franco. Pero ¿por cuánto tiempo? Sentía que vivía en una prórroga.

Cuando vuelvo a ver las imágenes de mi entronización, lo que más me sorprende es mi rostro desencajado por la fatiga y el estrés. La noche de la víspera creo que reescribí más de diez veces mi discurso. Sabía que sería histórico. Era obligatorio que le rindiera homenaje a Franco, pero también debía mencionar a mi padre y recalcar: «La institución que personifico integra a todos los españoles». No utilicé la terminología de la Guerra Civil, que dividía a la sociedad entre vencedores y vencidos, entre patriotas y enemigos de la nación. Deseaba, por medio de una nueva terminología progresista, representar una monarquía unificadora, integradora, pacífica, que miraba hacia el futuro y la modernidad. La oposición de izquierdas, no obstante, se sintió decepcionada por mi discurso, y lo consideró demasiado prudente. Yo me dirigía a una asamblea franquista que podía dar un final violento a mis aspiraciones, y en la que algunos vestían el uniforme de la Falange con la camisa azul. Debía mostrarme moderado, no provocar inútilmente y asegurar la estabilidad en la continuidad. Estaba implícito en mi responsabilidad como máxima figura del Estado. Ante todo, se debía evitar a toda costa un enfrentamiento. Los observadores internacionales temían una segunda guerra civil. Sobre todo porque la crisis petrolera de 1973 había supuesto un freno brutal al «milagro español» y los españoles sufrían en su vida cotidiana las consecuencias económicas: inflación, desempleo y una tasa de crecimiento por los suelos. Bastaba una chispa para que sobreviniera un incendio incontrolable entre una oposición de izquierdas impaciente y un régimen a la defensiva. Mis palabras buscaban inspirar confianza a todo el mundo, pero mi margen de maniobra era limitado.

En las Cortes, Sofi y los niños me rodeaban sobre un estrado construido a la carrera. Mi hijo Felipe tenía entonces siete años. Él recuerda ese momento crucial para la Corona de España: sabía de dónde veníamos y el difícil camino recorrido. Al término de mi discurso, los aplausos de la audiencia fueron tímidos y protocolarios. Estrenduosos, en cambio, para la hija de Franco, que presenciaba la ceremonia desde el balcón, al lado de mis dos hermanas. Sofi sonreía, pero yo no era capaz de hacerlo. No sentí satisfacción personal alguna al convertirme —al fin— en Rey. Era el jefe de Estado más joven de Europa y el único con plenos poderes. Me obsesionaba el peso de la responsabilidad. ¿Estaría a la altura de la inmensa tarea que me esperaba? ¿Con qué aliados podía contar? Sabía que la oposición comunista me llamaba «Juan Carlos el breve». Ciertos falangistas también. ¿Querrían desestabilizarme llamando a la confrontación? Era todo tan incierto...

Al final de la ceremonia, me sentía como si hubiera atravesado un examen político. ¡El primero de una larga serie! Creo que adelgacé unos cuantos kilos en esa jornada. No tuve más que unos minutos para demostrar que mi reinado sería diferente y que ser el Rey de todos los españoles sería siempre mi divisa. Mi padre me llamó al final del día para felicitarme por mi discurso. Estaba lejos, pero su apoyo moral era fundamental. Se mantendría discretamente apartado. Él hubiera podido, en tanto que Rey legítimo en el plano dinástico, reclamar un reconocimiento oficial. Pero me dejaría actuar y me respaldaría en privado, tan vigilante como benevolente. Cada vez que pienso en él, me invaden la emoción y el reconocimiento.

CUARTA PARTE

CAMBIÉ ESPAÑA... A PESAR DE TODO

1

Continuidad sin ruptura

Franco gobernó España con mano de hierro durante casi cuarenta años. Para algunos españoles era una figura tutelar, garante del orden y la estabilidad. Otros lo consideraban un tirano abominable que había encerrado al país en el inmovilismo sociocultural. Nadie fue capaz de derrocarlo, ni siquiera de desestabilizarlo, lo que en un período tan largo no es poca cosa. Augusto Pinochet e Imelda Marcos vinieron oficialmente a Madrid a presentarle sus últimos respetos. Pinochet me daba consejos: «¡No cambie nada! ¡Haga lo que hizo Franco!». Yo no podía impedir que asistieran a su funeral, pero no quería que me asociaran con ellos. Conseguí que se marcharan lo antes posible. ¡No fue fácil, porque tenían la firme intención de prolongar su estancia! Mi objetivo era estar rodeado de líderes políticos democráticos de primer orden para la misa del Te Deum, el servicio religioso que se celebraría al final del período de luto nacional para marcar mi acceso al trono.

El príncipe Felipe, duque de Edimburgo y esposo de la reina Isabel II, confirmó rápidamente su asistencia, al igual que el vicepresidente estadounidense Nelson Rockefeller, en representación del presidente Gerald Ford, que no asistió debido a un viaje oficial a Pekín. Pude contar con la intervención decisiva de varios amigos para asegurar la presencia de jefes de Estado europeos, y sobre todo de mi cómplice desde hacía tiempo, Simeón de Bulgaria. Fue el último rey de los búlgaros, de 1943 a 1946, cuando tenía entre seis y nueve años. Expulsado por los soviéticos, regresó a su país como primer ministro en 2001. ¡Un destino único! Llegué a conocerle bien porque vivía exiliado en Madrid con su madre, Juana de Saboya, hija del rey italiano Víctor Manuel III. Simeón viajó a Viena a petición mía para convencer al canciller socialista Bruno Kreisky para que asistiera a esta misa. Kreisky expresó un deseo: facilitar el regreso a España de los exiliados españoles que vivían en Austria. Así se hizo: con la llegada de la democracia, las familias que se marcharon durante la Guerra Civil pudieron volver a sus raíces.

A París también envié a un emisario personal, mi íntimo amigo Manuel Prado y Colón de Carvajal. Había venido a ofrecerme sus servicios a principios de los años setenta. Demostró ser muy dinámico y emprendedor, y gracias a ello se había ganado mi confianza. Le encargué la delicada tarea de convencer a Giscard d'Estaing para que asistiera a esta misa. Mi padre lo frecuentaba y yo lo había visto una vez en un contexto privado. «Debe apoyar mi monarquía. Es la única manera de garantizar que no caigamos en otra guerra civil», le había pedido yo entonces. Giscard d'Estaing había comprendido los retos que España tendría que afrontar tras la muerte de Franco, retos que afectaban a la estabilidad no solo de España, sino de todo el continente europeo. Era el momento de mostrar públicamente su apoyo. Se hizo de rogar y pidió un trato especial. Manuel accedió, sin consultarme siquiera, a un desayuno privado antes de la misa. De vuelta a Madrid, Manuel estaba muy preocupado por cuál sería mi reacción ante este compromiso contraído sin mi aprobación. Le tranquilicé: «La presencia de Giscard d'Estaing bien vale un desayuno», parafraseando la famosa frase de Enrique IV.

Giscard d'Estaing afirmaría haber convencido al presidente alemán Walter Scheel para que le acompañara a Madrid, pese a que el Gobierno de Alemania Occidental no necesitaba del estímulo de Giscard d'Estaing para apoyarme eficazmente durante todo el proceso de la Transición. El presidente francés no se privaba de presumir... Cada vez que venía, tenía la impresión de que se creía Napoleón, cuyo hermano José intentó apoderarse de España, lo que provocó un levantamiento popular contra las tropas francesas. Me lanzó una insinuación al ver un cuadro de uno de mis antepasados llevando el Toisón de Oro, la máxima distinción de la Corona española; seguramente esperaba que yo se lo concediera. En cada una de mis invitaciones, se mostraba muy quisquilloso sobre su lugar en el protocolo. Su arrogancia, que rayaba en la condescendencia, podía hacer sombra a su inteligencia. Yo necesitaba su apoyo y él me lo hacía notar. Lo que no quiere decir que me ayudara más adelante en mis esfuerzos por incorporar a España a la Comunidad Europea o en la lucha contra ETA, que encontraba refugio impunemente en Francia tras cometer crímenes atroces en España.

Al día siguiente del funeral del general, me sentí como un jefe de Estado sometido a juicio. Había heredado de Franco plenos poderes: era jefe supremo de las Fuerzas Armadas, presidía el Consejo de Ministros, podía aprobar decretos u oponerme a la aprobación de una ley, y podía proponer referendos. Era el representante supremo de la nación. A pesar de estas prerrogativas excepcionales, tenía la impresión de estar solo y aislado, atrapado entre los inmovilistas, por un lado, y la impaciencia de las fuerzas revolucionarias, por el otro. Hasta que escuché la homilía del cardenal Enrique y Tarancón en la misa del Te Deum. Este eclesiástico progresista y sagaz, presidente de la Conferencia Episcopal Española, pronunció palabras que yo no me había atrevido a decir ante las Cortes. Abogó claramente por el inicio de una nueva era política basada en la libertad y la participación de todos. Me sentí respaldado por los más altos dignatarios democráticos que asistieron a la misa. Mientras escuchaba la intervención valiente y franca del cardenal, me dije, aliviado: «¡Después de todo, no estoy tan solo en mi deseo de cambio!». Me sentí infinitamente en deuda con él. Hay que situar esta homilía en su contexto: hacía casi cuarenta años que los españoles no se aventuraban a decir de manera pública lo que pensaban. «Hay curas que han ido a la cárcel por decir mucho menos que eso», exclamó un dirigente franquista atónito. Yo estaba encantado, aunque no pudiera demostrarlo.

Tras la misa, ofrecí un cóctel en el Palacio Real y salí al balcón con Sofi para saludar a la multitud congregada en la plaza de Oriente. Por primera vez, fui aclamado como Rey. Por primera vez, vi caras sonrientes llenas de esperanza.

Después de una semana de funerales y de rostros sombríos y preocupados, aquella ovación alegre me dio una fuerza inesperada. Los españoles que habían acudido a celebrar el comienzo de mi reinado me transmitieron su esperanza y su dinamismo. Me sentí realmente conmovido. Aún recuerdo la sensación de euforia que me embargó. Les estaba muy agradecido por darme el impulso necesario para afrontar los retos que me esperaban.

El presidente del Gobierno, Carlos Arias Navarro, nombrado por Franco, no me inspiraba simpatía, y él tampoco me tenía a mí en gran estima. Nuestra desconfianza era mutua y evidente. Este hombre seco y testarudo, de baja estatura, que lucía un bigote que le daba un aire amargado, conmovió al país cuando leyó por televisión el testamento de Franco. No pudo contener las lágrimas y el desasosiego ante los millones de telespectadores sobrecogidos por la noticia de la muerte del general. Pese a mis intentos de dialogar, no estábamos de acuerdo en casi nada, y yo nunca le hice saber lo que realmente pensaba. Su carácter imprevisible impedía cualquier diálogo constructivo.

El general había dejado todo lo relativo a la sucesión a su régimen, según sus propias palabras, «atado y bien atado». El objetivo de Arias Navarro era mantener intacto el franquismo. Incluso creo que quería ser el representante de Franco en la Tierra; su garante. Para preservar mi propósito de cambio desde la continuidad, le mantuve en su puesto, ya que no presentó su dimisión. Sin embargo, le impuse una serie de ministros que yo consideraba progresistas. En mi primera reunión del Consejo de Ministros, el 24 de noviembre de 1975, decreté una amnistía parcial para los presos políticos. Pensé que, al inaugurar mi reinado con este gesto, demostraría mis intenciones y satisfaría a la oposición. Pero la oposición se sintió decepcionada porque la amnistía fuera parcial y no total. Lo interpretaron como un signo de debilidad, cuando yo lo hice como un signo de apertura frente a los ultras irascibles del régimen. La izquierda estaba impaciente por ver un cambio radical, algo que yo no podía ofrecer sin correr el riesgo de iniciar una segunda guerra civil. Yo procedía de las Fuerzas Armadas, que me respetaban, pero sabía lo que podían tolerar y lo que no. En aquella época, el Ejército era como la columna vertebral del país.

Al mantener a Carlos Arias Navarro al frente del Gobierno, sentía que tenía las manos libres para nombrar al presidente de las Cortes y del Consejo del Reino, cuyo mandato estaba a punto de expirar. Cambiar al presidente del Gobierno y al de las Cortes al mismo tiempo habría provocado una revuelta en las instituciones del régimen. Había que actuar con cautela. Mi antiguo profesor de Derecho, Torcuato Fernández-Miranda, era el hombre ideal, dadas sus aptitudes y sus aspiraciones políticas. Su rectitud y honradez eran admirables. Rara vez sonreía, pero tenía sentido del humor. Contemplaba los acontecimientos de una forma analítica y distanciada. Era un electrón libre en la escena política y no despertaba sospechas inmediatas. Yo estaba íntimamente convencido de que podía ser la pieza clave para ayudarme a reformar el régimen desde la legalidad. Estábamos de acuerdo en que el franquismo era una etapa en la historia de España y que no podía encarnar la esencia del Estado español. El pluralismo y el liberalismo permitirían reincorporar al país al concierto de las naciones y restablecer un nivel de vida vigente en el resto de Europa. Lo hablamos en varias ocasiones de forma totalmente confidencial. Yo había depositado toda mi confianza en él desde sus primeras clases de Derecho. Había contribuido de manera decisiva en mi formación y el diálogo nunca se había interrumpido. Apreciaba su discreción y su inteligencia. Durante mi mandato, siempre tuve una foto suya en mi despacho. Le debía mucho.

Cuando acababa de ser entronizado, le pregunté: «Torcuato, ¿prefieres ser presidente del Gobierno o presidente de las Cortes?». No se lo pensó. Me contestó de inmediato: «Personalmente, preferiría ser presidente del Gobierno, pero para España y para la monarquía sería más útil como presidente de las Cortes». Y así se resolvió mi dilema. Mantuve a Arias Navarro en su puesto y a él lo nombré presidente de las Cortes y del Consejo del Reino, un puesto clave y más discreto para este maestro del diálogo sutil. Quiero destacar su total abnegación: el destino del país primó sobre su destino personal y sus ansias de poder. Hoy en día, las cosas, muchas veces y por desgracia, son muy diferentes. Últimamente, algunos políticos nos han demostrado que su ambición personal está por encima de los intereses del país. Pero no quiero desviarme del tema y detenerme en el actual panorama político español, cuando intento dar aquí testimonio de una época que hoy nos define.

Torcuato y yo avanzábamos al unísono hacia el objetivo que queríamos alcanzar. Él tenía el método, la receta mágica para destrabar el régimen e iniciar el proceso de Transición: «Ir de la ley a la ley pasando por la ley», como ya me había aconsejado en 1969. Tenía la salida del laberinto en el que me sentía atrapado. Una salida que me permitiría no retractarme de mi juramento de fidelidad a las leyes fundamentales del régimen al ser nombrado sucesor. Al tomar posesión de su cargo, declaró: «Me siento absolutamente responsable de todo mi pasado. Soy fiel a él, pero no me ata, porque el servicio a la patria y al Rey es una empresa de futuro». Era un excelente resumen de la situación. Teníamos un futuro que construir. La tarea intimidaba por su enormidad. Frente a nosotros, una oposición escéptica y unas Cortes inquietas. ¿Y si todo estaba tan bien «atado» que no podía ceder?

El país comenzó el año 1976 agitado y febril. Movimientos de huelgas, sin precedentes desde 1939, inauguraron una nueva correlación de fuerzas. Las reivindicaciones salariales, mezcladas con la impaciencia política, rompían radicalmente con el orden social impuesto por el franquismo. Se multiplicaron las manifestaciones a favor de una amnistía total, a lo que se agregaban reivindicaciones de autonomía regional en el País Vasco y Cataluña. El Gobierno se vio totalmente desbordado por las protestas y reaccionó con la intransigencia del pasado. En Vitoria, la represión se saldó con muertos. El país estaba convulsionado y se temían nuevos enfrentamientos. Fueron semanas terribles para mí. ¡Perdí el sueño, cosa que rara vez me pasa! Temía que la actitud reaccionaria del Gobierno me salpicara.

Para desvincularme de Carlos Arias Navarro, tomé la iniciativa de viajar por todo el país. Tenía que conocer a la gente. Yo era un desconocido. Los españoles no sabían qué esperar de mi monarquía. Los de más edad tenían un vago recuerdo de mi abuelo, que se había enfrentado a una realidad histórica muy distinta de la nuestra. Los pocos monárquicos que quedaban defendían la causa de mi padre. Yo no pertenecía a ninguna corriente política. La ventaja era que tenía las manos libres. Debía encarnar la esperanza, una perspectiva optimista de un futuro diferente. El 16 de febrero de 1976, la Reina y yo partimos hacia Cataluña, un territorio en plena agitación y poco proclive al fervor monárquico. Nada más llegar, pronuncié un discurso que fue retransmitido por televisión. Empecé en castellano, como era de esperar, y luego, hacia la mitad, cambié al catalán. En aquella época era un idioma que no se enseñaba en la escuela ni se utilizaba de manera oficial como hoy, aunque se hablaba de manera habitual en el seno de las familias. Nadie esperaba que pronunciara algunas frases en catalán. Fue un éxito inmediato. Causé una gran impresión. Después fui con Sofi a Andalucía, donde nos brindaron una acogida extraordinaria. No había barrera de seguridad que se resistiera a las multitudes jubilosas, que volcaban en mí sus aspiraciones incumplidas.

Tras décadas de división, los activistas de la oposición se unieron en un frente unido llamado «Platajunta». El PCE formaba parte públicamente de esta coalición, lo que el Gobierno no podía tolerar: «Los comunistas perdieron la Guerra Civil, fueron perseguidos durante el franquismo, ¿cómo se atreven a reclamar algún reconocimiento político? Ante todo, son enemigos de la nación», decían algunos de los refractarios. Yo no podía ir en contra de esa *doxa*, encarnada por Arias Navarro, que bloqueaba cualquier posibilidad de apertura real. La «apertura» a la que se refería en sus discursos era una broma, un señuelo que no engañaba a nadie, y menos a la oposición. La presión a favor de un cambio radical era cada vez mayor. La polarización de la sociedad había alcanzado niveles preocupantes. Esperaba el momento oportuno para concretar un cambio visible. Franco llevaba muerto apenas unos meses y había que tomarse el tiempo necesario para integrar esta nueva realidad. Era su sucesor, pero no su enterrador. La eficacia de una decisión política reside a menudo en la elección del momento. Finalmente, rompí mi silencio. Hice unas declaraciones a *Newsweek* en las que me expresé con claridad: en resumen, Arias Navarro era un desastre total y había llegado el momento de la reforma. Esto no significó que el jefe del Gobierno dimitiera. Pensé que, desautorizándole públicamente de esta manera, se sentiría obligado a renunciar a su cargo.

El artículo de *Newsweek* preparaba mi llegada a Estados Unidos para celebrar el bicentenario de su independencia. Mi segundo viaje oficial a Washington, pero el primero como Rey. ¡Fui el primer jefe de Estado español en cruzar el Atlántico! Para subrayar la importancia histórica de este viaje, primero hice escala en Santo Domingo, la primera capital española del «Nuevo Mundo», como la llamó Isabel la Católica tras el descubrimiento de América. Llegué allí donde Cristóbal Colón había desembarcado en nombre de la Corona española hacía casi cinco siglos. Fue un primer paso para estrechar los lazos entre España e Iberoamérica, lazos que reforzaría activamente durante mi reinado. Me conmovieron las muestras de afecto que recibí a mi llegada, un afecto que no ha disminuido con el tiempo, sino todo lo contrario. Una multitud compacta gritaba: «¡Viva el Rey!».

Este calor entusiasta me llegó directamente al corazón. Luego continué mi viaje hacia Washington, donde me esperaba otro ambiente mucho más formal.

El 2 de junio de 1976, en mi reunión con el presidente Ford y Henry Kissinger en la Casa Blanca, mostré mi determinación de llevar a cabo reformas. Ellos seguían de cerca la situación española, sobre todo desde la Revolución de los Claveles, que no habían anticipado, y que había dado paso a una gran inestabilidad en Portugal. Yo quería encarnar la garantía de un equilibrio moderador, de una evolución política suave. El secretario de Estado me sugirió que me embarcara en un proceso democrático gradual, manteniendo el calendario bajo control: *«Go slowly!»*, «¡Vaya despacio!», me repetía. Hizo hincapié en la falta de tradición democrática de España y en su temor a que el comunismo llegara al poder. No se puede obligar a un país a cambiar sus instituciones desde fuera, por medio de principios, de moral o de programas de cooperación. Pero un apoyo público de esta magnitud nos ayudaba sin duda a avanzar con mayor aplomo. Sobre todo, cuando estábamos firmando un nuevo Tratado de Amistad y Cooperación que garantizaba un importante apoyo económico a España. Muchos años más tarde, en una cena con el exsecretario de Estado, cuando ambos estábamos ya retirados de los asuntos públicos, me hizo una confidencia: «Seguíamos muy de cerca la suerte de España, porque, si la Transición fracasaba, España podía llevarse por delante a toda Europa». Decididamente, mis jóvenes hombros cargaban con un peso inconmensurable.

Tras la reunión en el Despacho Oval, me dirigí al Capitolio, un edificio histórico que acogía para la ocasión una sesión conjunta de la Cámara de Representantes y el Senado. Era consciente de que estaba a punto de pronunciar uno de los discursos más importantes de mi existencia, que sería retransmitido por la televisión española. Allí, ante aquella audiencia de dignatarios estadounidenses, hice una clara promesa de democracia al pueblo español. Era la primera vez que asumía ese compromiso públicamente. Sentí en mí el orgullo y la fuerza al hacer entonces esa promesa, porque sabía que iba a poder ponerla en práctica tan pronto como regresara a España. Tenía un plan en mente y estaba decidido a pasar a la acción. Mi discurso fue recibido con una gran ovación. Los diputados se agolparon a mi alrededor para felicitarme y darme la mano. Me embargó la emoción, y me sentí reconfortado por tanto entusiasmo. Al día siguiente, el *New York Times* y el *Washington Post* me calificaron de «fuerza impulsora del cambio». Regresé a España fortalecido en mi determinación de pasar a la siguiente etapa. El 1 de julio, Arias Navarro presentaba su dimisión. ¿A quién iba a poner en su lugar?

El presidente de Gobierno era un cargo político muy visible, pero el Consejo del Reino era un órgano de decisión tan fundamental como discreto. Una de sus funciones era proponer al jefe del Estado una lista reducida de tres candidatos al puesto de presidente de Gobierno, conocida como «la terna». Con habilidad y perseverancia, Torcuato Fernández-Miranda consiguió, después de tres votaciones, incluir en esta terna al hombre que yo secretamente quería como presidente de Gobierno. El Consejo del Reino se reunía todas las semanas. Al cabo de tres semanas, Torcuato vino a verme, aliviado, para anunciarme: «Estoy en condiciones de ofrecerle lo que me ha pedido, majestad». La persona que tenía en mente para asumir este peligroso papel no era ninguno de los ministros reformistas previsibles para el puesto, como el muy activo ministro de Asuntos Exteriores, José María de Areilza, embajador en Estados Unidos y Francia, y estrecho asesor de mi padre, o el ministro del Interior, Manuel Fraga, un franquista moderado, abierto a reformas, aunque restringidas. Al final, los diecisiete miembros del Consejo propusieron a un candidato de cada tendencia política en la terna: el democristiano Federico Silva Muñoz, exministro de Obras Públicas; el tecnócrata Gregorio López-Bravo, exministro de Industria y luego de Asuntos Exteriores, y Adolfo Suárez, un joven desconocido, sin experiencia, el menos votado de los tres. ¡Les estaba preparando una bonita sorpresa a los españoles!

2

¡Qué error! ¡Qué inmenso error!

Cuando se anunció el nombramiento de Adolfo Suárez como presidente de Gobierno, la condena fue unánime e inapelable. Todos, franquistas y oposición, españoles y observadores extranjeros, criticaron mi decisión. Según ellos, acababa de cometer un error irreparable. «¡Qué error! ¡Qué inmenso error!», clamaba Ricardo de la Cierva en *El País*. A pesar del aluvión de críticas, no vacilé ni un ápice. Estaba seguro de haber tomado la decisión correcta. Solo esperaba el momento en que la gente se diera cuenta. Como dice la famosa frase de Jean de La Fontaine, «La paciencia y el tiempo hacen más que la fuerza y la violencia». Iba a demostrarle a todo el mundo que tenía razón y a soportar las críticas sin inmutarme ni dudar.

¿Por qué estaba tan seguro de que Adolfo Suárez era la elección idónea para España? Porque él encarnaba por sí solo la reforma sin ruptura que yo quería llevar a cabo. Era un producto puro del franquismo. Debía su ascenso profesional a su capacidad de trabajo, y había progresado desde puestos modestos a otros de responsabilidad. Lo conocí cuando era gobernador civil de Segovia. Enseguida me percaté de su viveza. Era diferente de los demás miembros del régimen con los que yo trataba: no había conocido la Guerra Civil, tenía ansias de modernidad y de cambio, era muy franco conmigo y tenía el valor de sus convicciones. Desde su nombramiento como director general de Radio Televisión Española (RTVE) en 1969, contribuyó a que yo tuviera cierta visibilidad mediática; luego, cuando pasó a ser secretario general del Movimiento Nacional en 1975, tuvo la audacia de declarar: «La monarquía de Juan Carlos es el futuro de una España moderna, democrática y justa». Fue muy osado por su parte. ¡Se pronunciaba a favor de la legalización de los partidos políticos, pese a que dirigía el único partido autorizado! Estaba dispuesto a entablar un diálogo constructivo con la oposición. Conocía los entresijos del franquismo, porque era de donde provenía, y podía inducirlos a evolucionar. Compartíamos el mismo deseo de construir una nueva España sin romper con el pasado y sin causar un trauma radical. En el plano personal, nos llevábamos muy bien. Era encantador y simpático. Tenía el espíritu del *bon vivant* sin serlo, porque no bebía y a la hora de comer se conformaba con tortillas o platos de lentejas. Para relajarse, jugaba al mus, un juego muy antiguo de origen vasco. Yo aprendí en el barco de mi padre, con los marineros de esa región. Adolfo y yo habíamos desarrollado una verdadera complicidad y confianza, hasta el punto de entendernos casi sin hablar. Teníamos una relación excepcional.

Torcuato Fernández-Miranda apoyaba mi elección. Yo le había insinuado a Adolfo Suárez que debía estar dispuesto a asumir responsabilidades, aunque nada estaba asegurado. Le susurré discretamente: «El pan está en el horno». Unos meses más tarde, me preguntó: «¿Ya se ha cocido el pan?». Le respondí: «Todavía no, aún no está cocido». Hablábamos así. Nunca le dije nada explícito, hasta que un día le llamé y le anuncié: «El pan ya está cocido. Te voy a nombrar presidente de Gobierno». Creo que se sorprendió igualmente. Cuando se hizo público su nombramiento, nadie apostaba por su futuro, salvo Torcuato Fernández-Miranda y yo. Más tarde supe que el socialista Alfonso Guerra, que sería vicepresidente del Gobierno entre 1982 y1991, escribió en un periódico socialista clandestino: «Adolfo Suárez puede ser una oportunidad para la democracia». Guerra, que me había visto como un continuador del franquismo, era decididamente un visionario que iba a contracorriente. Yo me mostré imperturbable ante los comentarios casi apocalípticos sobre este nuevo giro de los acontecimientos. Tenía que hacer caso omiso y pensar solo en mi objetivo a largo plazo. La ventaja de un rey es que, a diferencia de un político, no depende de las encuestas. Un reinado exige una mirada amplia, mientras que los políticos lidian con el frenesí de la actualidad y de las campañas electorales. Aunque yo era consciente de que mi destino estaba ligado a su éxito.

Una nueva generación de ministros llegó al poder. Se les tachó de «inexpertos», de «aprendices», de «Gobierno de tercera división». Ninguno de los integrantes de Gobiernos anteriores quiso formar parte de él. Los recién llegados eran una afrenta para la gerontocracia y su burocracia. Yo tenía entonces treinta y ocho años, y una necesidad casi física de rodearme de personas de mi edad, llenas de ilusiones y entusiasmo, y con la misma visión de la sociedad española que yo. Durante mi primer Consejo de Ministros, me di cuenta de que a todos nos movía el mismo impulso, la misma frescura, sin tabúes ni recelos. Les decía: «¡Adelante, trabajad sin miedo!». Yo asociaba mi reputación a su éxito. Nuestra tarea consistía en ganarnos a la oposición sin hostigar a los defensores del inmovilismo: un juego sutil y arriesgado. El tiempo apremiaba. Adolfo Suárez apareció en televisión para anunciar a los españoles, sin ambages, nuestro programa de reformas y la celebración de elecciones en el plazo de dos años. Su juventud y estilo eran en sí mismos una ruptura con el franquismo y su lenguaje trasnochado. Algunas personas me instaron a organizar primero elecciones municipales, antes de celebrar las legislativas. Me resistí a la presión. Pensaban que yo tenía un mal recuerdo de las elecciones municipales de 1931 que llevaron a mi abuelo al exilio, pero, por encima de todo, quería tener cuanto antes una Constitución que validara un régimen democrático.

Ante la rapidez de la cadencia anunciada para llevar a buen puerto la evolución política del país, la izquierda reaccionó con dudas y la derecha se mostró convencida de nuestra ineptitud. Sin embargo, si hubo un político que cumplió todas sus promesas ese fue Adolfo Suárez. Gracias a su dinamismo, arrastró consigo a toda España. En resumen, consiguió convencer a los franquistas de que renunciaran a ciertos valores para asegurar su supervivencia, y a la oposición de que entrara en un proceso de negociación emanado de una legalidad heredada del franquismo. Por mi parte, mantuve los vínculos con las Fuerzas Armadas, que conocía bien porque había formado parte de ellas, y que no tenían una relación de confianza con el presidente del Gobierno. Había en su seno preocupación por los cambios políticos que se avecinaban, y mantuve abierto el diálogo para llamar a la calma. Intenté recibir a todo el que me pedía audiencia; era mi manera de incluir al mayor número posible de personas en el proceso. Un líder es alguien que muestra el camino, y eso es lo que yo pretendía hacer. Sin los españoles yo no habría conseguido nada: era por ellos y con ellos como esperaba conseguir mis objetivos y reconciliar la España azul con la España roja.

Torcuato Fernández-Miranda se impuso la ardua tarea de redactar una ley que se sumara a la legislación ya existente para poder transgredirla. Como astuto jurista, redactó un breve texto que, por así decirlo, volvía al régimen contra sí mismo. Los tres pasamos el verano de 1976 perfilando esta ley, que se presentó al país el 10 de septiembre. La campaña para convencer a los diputados de que votaran a favor fue intensa. Durante semanas, Torcuato Fernández-Miranda hablaría con cada uno de los procuradores. Tenía una gran autoridad moral, pero, pese a todo, algunos se resistían, inquietos ante el destino que les depararía el nuevo sistema político. Adolfo Suárez echó mano de todo su encanto y habilidad para convencerles de que el franquismo sin Franco no tenía futuro. El país estaba preparado para una nueva etapa política. Por mi parte, hice innumerables apariciones públicas para intentar conquistar un verdadero apoyo popular para la ley. Pedí a Adolfo Suárez que sometiera el texto a los altos mandos del Ejército, porque sin su aprobación la reforma podía peligrar. Por lo que yo sé, el presidente del Gobierno reivindicó nuestra determinación de proceder con toda la legalidad y apeló a su indispensable apoyo patriótico. Cuando se planteó la espinosa cuestión de la legalización del PCE, explicó que los estatutos del partido eran incompatibles con el código penal vigente y, en efecto, por aquel entonces el Partido Comunista estaba bajo obediencia extranjera, es decir, sometido a la URSS. ¿Había ido Adolfo Suárez demasiado lejos? Algunos se sintieron engañados cuando el PCE modificó sus estatutos, y, sobre todo, cuando abandonó el marxismo-leninismo. Por el momento, la mayor parte de las Fuerzas Armadas aceptó en silencio el proceso de democratización, aunque, lo sé, algunas píldoras fueran difíciles de tragar: la libertad sindical, la reinserción de los funcionarios desterrados durante el franquismo, la retirada del retrato del general de los lugares públicos, el inicio de un diálogo con la izquierda... Y más teniendo en cuenta que el terrorismo hacía estragos. Afortunadamente, en su mayoría, el Ejército se mostró obediente y patriota.

En aquel momento, España era un caballo al galope. Yo solo era el jinete que trataba de mantenerlo a raya, de impedir que se desviara demasiado a la izquierda o a la derecha, o que chocara con un obstáculo, pero no podía detenerlo. La sociedad española estaba en plena ebullición y aparecían nuevos periódicos, sin miedo a represalias. De hecho, cuando se fundó el diario *El País*, unos seis meses después de la muerte de Franco, pensé incluso en invertir una simbólica aportación en su capital; hubiera sido una forma de apoyar al primer medio de comunicación socialdemócrata. Pronto desistí de esta veleidad, pues iba más allá de mis atribuciones. Persistían, por supuesto, anacronismos como los presos políticos, el control estatal de la radio y la televisión y el dominio del Movimiento Nacional sobre la vida asociativa, pero, menos de un año después de la desaparición de Franco, el país había entrado en una nueva dinámica que yo acompañaba. No podía moverme más rápido que la música. Era un impulso irrefrenable que a algunos todavía les parecía demasiado tímido y a otros, demasiado atrevido. Las manifestaciones y huelgas alcanzaron su punto álgido en noviembre, con una huelga general masiva. Este malestar social irritaba al Ejército, que no podía tolerar que el caos se instalara en el país. Actué como amortiguador entre las Fuerzas Armadas —que me respetaban por ser el heredero de Franco y su líder— y mi Gobierno, que tenía mi apoyo. Yo era un puente entre el poder militar y el poder civil, para que los vencedores de la Guerra Civil no se sintieran los vencidos de la democracia, y al mismo tiempo no frenar el impulso reformador del Gobierno. Era una posición muy delicada, que me obligó a armarme de paciencia y de diplomacia y a aceptar compromisos. Fueron días angustiosos. Hubo momentos en los que me sentí tan abatido que me dije a mí mismo: «Si las cosas van mal, me voy». Pero luego me recomponía. Debía cumplir con esta misión por España; era mi deber y no podía renunciar en el momento en que las cosas se ponían difíciles. Todos los jinetes lo saben: nunca hay que retroceder ante un obstáculo.

El proyecto de Ley para la Reforma Política se debatió durante dos días en las Cortes. Fue mi amigo diputado Miguel Primo de Rivera —el mismo que me llevaba a las discotecas durante mi época de reclusión cerca de El Escorial veinte años antes— quien defendió este texto destinado a reconocer el sufragio universal y la soberanía popular. Quisiera detenerme en él unos instantes, porque considero que es un olvidado de la Transición. Lo conocí poco después de mi llegada a España en 1949. Nos hicimos muy amigos al final de mi formación militar. Su prestigioso apellido —como ya he dicho, era sobrino del fundador de la Falange— le daba un estatus especial dentro del régimen. Cuando me nombraron sucesor, algo que él promovió activamente con Franco, era alcalde de la formidable ciudad de Jerez de la Frontera, famosa por su vino, sus toros y su escuela ecuestre. Miguel asumió el papel histórico de defender la reforma, lo que, dado su pedigrí, le dio aún más credibilidad. Pidió a sus compañeros que votaran a favor de ella, en memoria de Franco y por el bien del país. Fue un eje importante de la Transición y le estoy muy agradecido por ello. Como miembro del Consejo del Reino, trabajó con Torcuato Fernández-Miranda para promover la candidatura de Adolfo Suárez dentro de la terna. Ya en 1965 declaraba en una entrevista: «Considero que los partidos políticos son inevitables», una afirmación peligrosa en aquella época, y además se negó a afiliarse al Movimiento Nacional. Miraba hacia el futuro; no quería quedar atrapado en la nostalgia del pasado y en la idea de un franquismo eterno. Estaba convencido de que la reforma garantizaría un equilibrio de las fuerzas políticas en paz y armonía. Debido a la importancia de su familia en el seno del régimen, le tocaba estar en contacto con Franco, quien, a raíz de sus peticiones de apertura política, le diría: «Vosotros, los jóvenes, tendréis que hacer cambios. Yo ya he hecho mucho. No me pidáis, después de tantos años, que legalice los partidos políticos, porque sería considerado un traidor ante la historia». Que era exactamente lo que me decía a mí también. Los dos sabíamos que no íbamos a traicionarle. Pasábamos a otra etapa de la historia. Desgraciadamente, como consecuencia de su compromiso fue criticado por los ultras del régimen, que lo consideraban un traidor, y despreciado por el centro y la izquierda, que desconfiaban de él. A mis ojos, siempre será una especie de mártir de la Transición.

Muchos diputados franquistas me confiaron que habían votado a favor de la ley de reforma porque la defendía Miguel Primo de Rivera, por lo que «tenía que ser buena para España». Se dieron cuenta de que el franquismo sin Franco no tenía sentido, que no podíamos seguir viviendo bajo su sombra. Solo el pueblo español tenía legitimidad para decidir el futuro político del país. La votación, nominal y pública, fue inequívoca: 425 votos a favor de un total de 531. Cuando mi ayudante me comunicó el resultado de la votación la tarde del 18 de noviembre de 1976, tuve un momento de inmenso alivio, como si me hubieran quitado un peso de encima. Me hundí en la butaca de mi despacho durante unos minutos, en silencio, diciéndome a mí mismo: «¡Ya está, a partir de ahora podemos empezar a trabajar de verdad!». Los comentaristas han llamado a este momento histórico «harakiri», porque las cortes de Franco votaron su propia disolución. Hay que aplaudir su patriotismo. Algunos afirman que lo hicieron por miedo a verse superados por un movimiento radical de protesta o con la esperanza de conservar una posición de influencia. Me gustaría subrayar que una gran mayoría apoyó la reforma política pensando más en el país que en sus propias carreras. Hay que reconocer que los franquistas se dijeron: «Tenemos la oportunidad de hacer una última cosa positiva por España». Al final, se dejaron convencer. Probablemente al principio pensaron que yo iba a ser un rey al estilo de Franco. Después, y gracias a los esfuerzos persuasivos de Adolfo Suárez y de Torcuato Fernández-Miranda, y al gran discurso, ante las Cortes, de Fernando Suárez, ministro del último Gobierno de Franco —«No hay metafísico en el mundo decidido a sostener que una obra humana pueda ser inalterable por su propia naturaleza», diría—, la inmensa mayoría aceptó que me convirtiera en un rey democrático. ¿Por qué? Por el bien de España. Todos trabajamos con ahínco por el futuro de nuestro país. Nos movía esta misión, y los políticos de entonces, fueran de derechas o de izquierdas, estuvieron a la altura de este reto histórico. Eran conscientes de que su ambición de poder estaba sometida a un proyecto nacional colectivo. Este impulso se ha perdido y yo lo lamento amargamente. Es algo que explica en parte la crisis de la democracia que viven en la actualidad muchos países.

Aquella votación activó la marcha hacia la democratización. Fue una de mis mayores satisfacciones, aun sabiendo que no era más que el principio de un largo proceso lleno de escollos. Nunca tuve dudas: estaba convencido de que tomábamos el buen rumbo para España. Tenía una brújula y una dirección, pero no un plan preestablecido. Era como navegar con la vista fija en el timón de un barco en medio de una tormenta. Estaba sobre las olas, el barco cabeceaba y yo intentaba mantener el rumbo, improvisando, apoyándome en una corriente, orientando la vela. Tenía principios, objetivos, dos eficaces aliados ejecutivos en Adolfo Suárez y

Torcuato Fernández-Miranda, y el destino de un país en mis manos. Era consciente de la situación histórica que atravesaba el país. Cada mañana me levantaba con la determinación intacta. Debía estar a la altura de las circunstancias. Era como si me arrastrara una fuerza superior a mí. Tenía un destino que cumplir, por España.

El referéndum del 15 de diciembre de 1976 ratificó el Proyecto de Ley para la Reforma Política con un 97% de votos a favor, a pesar del ambiguo llamamiento a la abstención por parte de la oposición. El llamamiento fue desoído, ya que la participación resultó ser del 78%. Fue, además, la primera vez en mi vida que voté y continuaría haciéndolo en cada referéndum. Este maremoto me dio legitimidad popular. Si con anterioridad era simplemente el sucesor de Franco, ahora era un jefe de Estado cuyo proyecto político era validado por el país. Gané confianza en mí mismo. A la luz de este plebiscito inequívoco, la oposición se resignó a aceptar la Corona como un hecho ineludible y una garantía de los progresos de la democratización. Enseguida se pusieron en marcha una serie de decretos: la ley de asociación política, la desaparición del Movimiento Nacional, el reconocimiento de la identidad y la lengua catalanas, etcétera. En cambio, los franquistas más fervientes se sintieron engañados y expresaron públicamente su descontento. Mi Gobierno fue a menudo increpado de forma agresiva en los actos públicos.

Era necesario que estuviera presente en todos los frentes. En el primer aniversario de la muerte de Franco, organicé una misa conmemorativa en la basílica del Valle de los Caídos, donde estaba enterrado, y recibí a los jefes de los tres Ejércitos. Me costó tranquilizarles. La tensión en el país era intensa. Todo el mundo estaba al límite y yo temía la menor chispa. El dirigente comunista Santiago Carrillo había abandonado su exilio en Francia y vivía clandestinamente en Madrid. Sin el menor reparo y ante todo el mundo, dio una conferencia de prensa. Unas semanas más tarde, fue detenido con un pasaporte falso y una peluca. ¿Qué podía hacer con un detenido tan problemático? Mantenerlo en prisión empañaba la credibilidad de la reforma. Algunos querían procesarle por las matanzas de Paracuellos de Jarama de 1936, en donde perdieron la vida varios miles de franquistas. Afortunadamente, el juez recordó que los crímenes contra la humanidad se remontaban a Núremberg y no podían tener carácter retroactivo, y más cuando Franco, en un decreto-ley de 1969, ya había declarado prescritos los delitos cometidos antes del 1 de abril de 1939. Es a posteriori cuando comprendí que Franco, que en esa época estaba a punto de nombrarme sucesor, había querido evitarme que cargara con el peso de los dramas de la Guerra Civil. Finalmente, Carrillo, para mi inmenso alivio, fue puesto en libertad sin cargos. Pero esto no calmó a los ultras, sino todo lo contrario. El tira y afloja continuó.

3

La Transición en suspenso

El año 1977 comenzó bajo el signo de la irascibilidad. A pesar de mis repetidos llamamientos a la lealtad y la disciplina, a pesar de mis múltiples gestos de consideración, temía cada día un levantamiento militar para restablecer el orden. Hubo numerosos atentados, asesinatos y abusos policiales. Un grupúsculo de extrema izquierda, los GRAPO (Grupos de Resistencia Antifascista Primero de Octubre), hizo reinar el terror, y los funerales de policías y guardias civiles asesinados provocaron una escalada de violencia. Todo ello cristalizaba en forma de descontento contra un Gobierno impotente. El 11 de diciembre de 1976, los GRAPO secuestraron al presidente del Consejo de Estado, Antonio María de Oriol y Urquijo, suegro de mi amigo Miguel Primo de Rivera, y días después al presidente del Consejo Supremo de Justicia Militar, Emilio Villaescusa Quilis. Se trataba de dos ataques directos al proceso democrático. Los terroristas exigieron la amnistía total a cambio de su liberación. Muchos presos eran jóvenes vascos relacionados con ETA; el Gobierno no podía ceder bajo la presión del chantaje. La misma noche del secuestro de Villaescusa Quilis, el 24 de enero de 1977, terroristas de extrema derecha asesinaron a cinco abogados comunistas, especializados en la defensa de los trabajadores, en su despacho de la calle de Atocha, en pleno corazón de Madrid. Y entonces España contuvo la respiración. Todo podía derrumbarse. Ese momento de gran tensión me atrapó. La situación escapaba completamente a mi control. El destino de España estaba en manos del PCE y de las fuerzas militares. Hice un llamamiento a la calma, por supuesto, pero ¿se escucharían mis palabras, serían siquiera audibles para quienes no querían escucharlas? La violencia ciega de una sola jornada fatídica pudo haber hecho añicos la reforma y sabotear todos nuestros esfuerzos. El clima de preguerra civil era muy real. Había terminado por suceder lo que tanto temíamos. La situación era seria, incluso grave. Me costaba mantener la calma.

Las Fuerzas Armadas permanecieron bajo mi mando y finalmente no declararon el estado de excepción. Santiago Carrillo hizo un llamamiento a la serenidad en sus filas. Nadie intentó calentar los ánimos. No hubo llamamientos a la venganza ni a perpetrar actos de violencia mortales. Era como si un ímpetu de civismo impidiera que los enemigos históricos se enfrentaran. Afortunadamente, la situación no se descontroló. Dos días después de los asesinatos se instaló una capilla ardiente en el Palacio de Justicia. Los féretros de los abogados, a hombros de sus compañeros, cruzaron Madrid en silencio. Tomé los mandos de un helicóptero y me llevé conmigo a Adolfo Suárez. Quería ver con mis propios ojos aquella marea de rosas rojas, banderas rojas y puños cerrados, impresionante en su inmensidad y organización.

Nos conmovió la dignidad y el orden que reinaban en aquella riada de cientos de miles de afectados y disciplinados militantes comunistas. Era la primera manifestación de izquierdas de esta envergadura desde el final de la Guerra Civil, secundada por huelgas en todo el país. Creo que todos los españoles quedaron muy impresionados por esta demostración de dolor, fraternidad y rigor. Estoy convencido de que a partir de ese momento la imagen del PCE cambió a los ojos de la sociedad española. Los comunistas no eran la encarnación del diablo, «peligrosos enemigos de la nación», como pretendían los franquistas. Más aún desde que habían adoptado la vía del eurocomunismo, al igual que habían hecho Georges Marchais en Francia y Enrico Berlinguer en Italia.

Al final de aquella jornada del 26 de enero de 1977, todos nos sentimos aliviados. Habíamos estado muy cerca de lo peor. Finalmente, dos semanas más tarde, los dos rehenes fueron liberados gracias a la intervención de la policía. Las negociaciones secretas con la oposición podían continuar, aunque el terrorismo persistiera implacable en su criminal objetivo.

4

Una etapa crucial

Con mi aprobación, Adolfo Suárez estableció contacto directo con el Partido Socialista y con el dirigente comunista Santiago Carrillo. Éramos reticentes a legalizar el PCE demasiado pronto, puesto que yo pensaba que las Fuerzas Armadas no estaban preparadas para encajar el golpe, y la sociedad española probablemente no estaba lo bastante madura como para aceptarlo con tanta facilidad. Pero para celebrar elecciones legislativas había que legalizar todos los partidos políticos, como en cualquier democracia europea. Algunos plantearon la posibilidad de celebrar elecciones sin el PCE, y permitir que los comunistas se presentaran como candidatos independientes, pero yo sabía que esta opción sería criticable por poco sólida. Era un paso difícil de franquear. Yo lo había anticipado desde tiempo atrás. Ahora me toca hacer un *flashback* sobre una historia que seguramente sorprenderá a más de uno, y es que unos meses antes de la muerte de Franco envié un mensaje confidencial al Partido Comunista de España, de la forma que explicaré a continuación.

Me preocupaba más el peligro que representaba el PCE, el opositor más radical del régimen, que el PSOE, porque temía que cualquier provocación de su parte produciría una reacción visceral en las Fuerzas Armadas. ¿Cómo podría ponerme en contacto con ellos de forma discreta? En aquella época yo estaba atrapado bajo vigilancia en la Zarzuela y el PCE era un partido clandestino cuyo líder vivía en París. Pasé tardes enteras dándole vueltas al problema. ¿Quién podría ser el intermediario de confianza entre Santiago Carrillo y yo? Como cabe imaginar, en aquella época, bajo el franquismo, no teníamos las mismas redes de contactos. Con la democracia, todo cambiaría y mantendría excelentes relaciones de amistad con él. Pero en aquel momento no veía ningún puente.

Estuve dándole vueltas a este tema durante mucho tiempo, hasta que recordé que yo una vez había hablado largo y tendido con el líder comunista rumano Nicolae Ceaușescu, durante las suntuosas celebraciones de los 2.500 años de la fundación del Imperio Persa organizadas por el sah de Irán en Persépolis en 1971. En aquella ocasión, el mariscal Tito abrazó calurosamente a mi esposa Sofi, a la que conoció siendo aún una jovenzuela, durante una visita oficial a Yugoslavia de su padre, el rey Pablo de Grecia. Ceaușescu era considerado en aquel entonces por las democracias occidentales como un líder moderado y respetable del bloque soviético, avalado por Nixon tras una visita oficial dos años antes. En aquella ocasión mantuvimos una conversación de casi tres horas, en la que me interesé por su estado de ánimo y por el mundo comunista. Era una oportunidad única, porque España no tenía relaciones diplomáticas con el bloque del Este. Una de las cosas que me contó fue que Santiago Carrillo acostumbraba a veranear en Rumanía. De repente pensé en este detalle. Ceauşescu podía ser el intermediario que buscaba.

Pedí a un amigo de confianza, el mismo que fue a París para convencer a Giscard d'Estaing de que acudiera a la misa del Te Deum al comienzo de mi reinado, Manuel Prado y Colón de Carvajal, que fuera a Bucarest, de incógnito y sin credencial. Me cuesta situar con precisión la fecha, pero me parece que fue justo antes del verano de 1974. Era, por supuesto, una misión peligrosa para este lejano descendiente de Cristóbal Colón que, como su antepasado, no temía la aventura ni el peligro. Mi amigo, que era hijo de embajador y había estudiado en Londres, París y Madrid, tenía contactos y una audacia sin igual que compensaban por completo su minusvalía física, la falta del brazo izquierdo, amputado tras un accidente de coche. Confiaba en que lograría sus objetivos. El más mínimo paso en falso por su parte podía acarrearme serios problemas, e incluso podía resultar fatal. Así que puse mi destino en sus manos. Pero, como dice el refrán, «quien no arriesga no gana».

Primero viajó a París, donde convenció al embajador rumano en Francia para que le ayudara a entrevistarse con Ceauşescu. Una vez aterrizado en Bucarest, las autoridades rumanas lo retuvieron durante dos días en el entresuelo de una residencia vigilada, donde tuvo que ver una y otra vez películas que glorificaban al Conducator. Yo estaba muy preocupado de no tener noticias suyas. No fue hasta una semana después, a su regreso, cuando me contó todas sus peripecias. «Hubo momentos en los que pensé que no volvería a ver ni mi patria ni a mi familia», me dijo. Su encuentro con Ceauşescu había sido breve y productivo. Pudo transmitirle mi mensaje: «El futuro rey de España pretende legalizar el PCE, junto al resto de los partidos políticos, cuando acceda al trono. Él decidirá el momento más oportuno para hacerlo. Mientras tanto, pide al PCE que tenga paciencia y que confíe en él». Finalmente, fue enviado de vuelta a España, vía Ginebra. Yo esperaba que mi mensaje le fuera transmitido de inmediato al interesado.

Un mes después, Manuel me avisó de que el jefe de la Seguridad rumana había llegado con un mensaje para mí. Los tres nos reunimos discretamente en el piso de Manuel, en una zona residencial de Madrid llamada La Florida, porque, por supuesto, no podía recibirle en la Zarzuela. «¿Cómo ha conseguido entrar a España sin alertar a ninguna autoridad?», le pregunté, asombrado, porque España no tenía relaciones diplomáticas con Rumanía. Sonrió y me dijo en tono misterioso: «Tengo los contactos necesarios». Me quedé intrigado. Deduje que las redes comunistas clandestinas eran de una eficacia abrumadora. Nunca supe cómo había conseguido entrar y salir de España sin problemas. Continuó: «Santiago Carrillo no moverá un dedo hasta que usted sea Rey. En ese momento habrá que fijar un plazo no demasiado prolongado para que su promesa de legalización se haga efectiva». Por primera vez en mucho tiempo, respiré con tranquilidad. Mi misión rocambolesca y audaz había dado sus frutos. Me gusta el riesgo, ¡sobre todo cuando resulta fructífero! Teníamos un pacto de caballeros, aunque no nos conociéramos y *a priori* todo nos enfrentara.

Sé que cuando algunos se enteren de que yo, siendo príncipe de España, ya tenía previsto legalizar todos los partidos políticos, imaginarán que me disponía a traicionar el franquismo. Sabía que mi monarquía no podía ser una monarquía azul, falangista, y estoy convencido de que el propio Franco también lo sospechaba. Como él me dijo: «Yo no puedo hacerlo. Ya hará usted la apertura». Repito: mi monarquía tenía que ser integradora y democrática si quería arraigar en España. Sin el PCE, esta democracia no hubiera sido completa. Nadie estaba al corriente de este acuerdo. Tras la muerte de Franco, algunos militares me comentaron: «Es raro que los comunistas no lleven a cabo operaciones de desestabilización. Nos sorprende verlos tan discretos». ¡No decía nada, claro!

Recuerdo la conversación que tuve unos meses después con Adolfo Suárez. Éramos tan amigos y confiábamos tanto el uno en el otro que podíamos contarnos cualquier cosa. Me gustaba su simpatía y lo hábil que era.

—Vamos a tener que legalizar el PCE —le dije en una de nuestras reuniones, que se prolongaban hasta muy tarde en mi despacho.

—¡Oh, Dios mío! —exclamó con un suspiro, consciente de la necesidad de aquella delicada pero indispensable maniobra política.

Entonces le conté mi gestión rumana.

—Pero ¿qué ha hecho? ¡Qué locura! —repetía consternado.

—Una democracia sin el Partido Comunista sería cuestionable. Tú decides cómo y cuándo hacerlo.

Con estas palabras concluimos nuestra conversación. Sabía que él lo lograría.

Tras el referéndum que aprobó la reforma, la oposición se mostró cada vez más ávida de cambios rápidos. Querían imponernos su propio programa de ruptura, con sus propios plazos —un Gobierno provisional encargado de organizar elecciones, un referéndum sobre el modelo de Estado—, ejerciendo presión desde la calle. Les hicimos comprender que, para evitar una segunda guerra civil, tenían que sentarse a la mesa de negociaciones con nosotros. Temíamos un estallido de violencia incontrolada. Adolfo Suárez les convenció de que se debía llegar a un compromiso político, con suavidad, sin despertar susceptibilidades en el Ejército. Ellos querían una «ruptura democrática» y nosotros propusimos una «ruptura negociada».

En un arranque de sensatez, y bajo la influencia del eurocomunismo que imperaba entonces, el PCE resolvió finalmente descartar ciertas exigencias, como por ejemplo mi renuncia previa, y aceptó la idea de un proceso de democratización dirigido por mi Gobierno y supervisado por mí. El PCE, igual que el PCF (Partido Comunista Francés) y el PCI (Partido Comunista Italiano), había adoptado una línea más moderada y abandonado la «dictadura del proletariado» para optar por una vía que aceptaba las reglas de la democracia, en el marco de la *détente* entre el Este y el Oeste. Yo garantizaba los avances democráticos y ellos reconocían la legitimidad de la monarquía. Este fue nuestro acuerdo implícito, que fue la clave del éxito de la Transición.

Cada paso adelante era una victoria sobre los fantasmas de nuestro pasado, como hitos colocados, uno a uno, en el camino hacia un futuro compartido. Fue una victoria colectiva, porque no lideré este proceso solo, y nunca quise atribuirme una gloria personal. Una amplia clase media, forjada gracias a años de crecimiento económico, me apoyó en mis esfuerzos de normalización democrática y europea. La Transición fue un éxito colectivo. Yo fui el director de orquesta.

Santiago Carrillo, que se beneficiaba del aura de su lucha antifranquista, aceptó sacrificar los símbolos fundacionales de su partido para participar en la futura democracia en preparación: hizo suyas la bandera rojigualda, el himno español, la monarquía, la unidad del país y el rechazo de la violencia política. Fue un compromiso histórico para salir de la espiral de muerte en la que España había caído a menudo en el pasado. El 9 de abril de 1977, un Sábado Santo, se modificaron los estatutos del PCE hasta hacerlos casi más moderados que los del PSOE, que seguía reivindicando su orientación marxista; tuvieron que pasar dos años para que Felipe González la abandonara. El Tribunal Supremo dictaminó que ya no había ningún obstáculo para que el PCE se inscribiera en el registro de asociaciones políticas.

La elección de la fecha no fue casual: todo el mundo estaba de vacaciones en Semana Santa y no habría prensa ese fin de semana. Adolfo Suárez había elegido ese día, con mi aprobación, para tomar al país por sorpresa. Ni siquiera el comité central del PCE sospechaba nada. Los militares acataron la orden de aceptar esta nueva situación, pero me consta que mi retrato fue descolgado de algunos cuarteles. Algunos se sintieron engañados por las antiguas declaraciones de Adolfo Suárez. Me pasé dos días al teléfono tranquilizándoles: tenía la garantía de que el PCE mantendría la calma, que ni siquiera habría ambiente de festejo en las calles. Solo dimitió el ministro de Marina, Gabriel Pita da Veiga, al que, en una muestra de solidaridad, ningún otro almirante aceptó sustituir. Aun así, no intentó fomentar un levantamiento militar. En una tensa reunión, logré convencer al ministro del Ejército, el general Félix Álvarez-Arenas, de que no siguiera los pasos de su compañero. Una asamblea de una veintena de altos oficiales declaró: «La legalización del PCE ha provocado un rechazo general en el seno del Ejército. Pero, en atención a los superiores intereses nacionales, acepta disciplinadamente la decisión adoptada». El poder militar aceptaba convertirse en las Fuerzas Armadas de una democracia. En su primera rueda de prensa en Madrid, Santiago Carrillo puso, junto a la bandera roja comunista con la hoz y el martillo, la bandera de España. Algunos militantes se ofuscaron y les costó aceptar esta nueva línea política, pero prevaleció la disciplina de partido. Debemos reconocer los sacrificios que los dos bandos, históricamente enfrentados, aceptaron hacer por España. Todos debemos mucho a la sensatez y madurez de ambas partes. Acabábamos de superar uno de los momentos más complicados de la Transición. La campaña para las elecciones legislativas podía ponerse en marcha. Los enemigos irreconciliables de ayer iban a convertirse en adversarios políticos, como en todos los países democráticos.

Recuerdo que, en mi primer encuentro con Santiago Carrillo, le dije: «Don Santiago, está usted mucho más guapo sin peluca que con peluca», porque unos meses antes había sido detenido por la policía en Madrid con peluca. Para mostrarle mi respeto, le llamaba «don Santiago», privilegio que seguí concediéndole pese a que, tras años de amistad, él me decía: «Majestad, puede tutearme». Pero yo siempre le contestaba: «Para mí siempre será usted don Santiago». Le agradecí calurosamente la prueba de patriotismo que mostró a su regreso del exilio. No me pronuncio sobre su juventud y su actuación durante la Guerra Civil: no estuve allí y sigo convencido de que es difícil conocer la verdad. Solo puedo dar testimonio de su actitud tras la muerte de Franco. En relación con mi etapa de mutismo bajo Franco, admitió: «Señor, nos ha engañado a todos. ¡Para hacerse el tonto durante tantos años, hay que ser muy listo!». Los comunistas —y no eran los únicos— tenían una opinión muy negativa de mí e incluso cuestionaban mi coeficiente intelectual. Nos reímos mucho de aquello. «Buscábamos el elemento bisagra que facilitara la Transición de la dictadura a la democracia. No nos dimos cuenta de que lo teníamos delante de nuestras narices, y que lo había puesto allí el propio Franco», me dijo, todavía atónito.

Entablamos una bonita relación. Le preocupaba mucho el respeto a la Corona. Un día se ofendió con el jefe de la Casa Real porque el presidente francés Giscard d'Estaing había ofrecido, durante su visita oficial a Madrid, una magnífica cena que superaba en todo a la recepción que habíamos organizado en el Palacio Real a su llegada.

Él, hijo de un sindicalista, tipógrafo, capitán en las filas republicanas, con toda una vida dedicada al comunismo, lo interpeló muy enfadado: «Es una vergüenza, se cena mejor en la mesa de un presidente francés que en la del rey de España. Esto no puede repetirse. ¡Está en juego el prestigio de nuestra monarquía!». ¡Casi se podría haber llamado al PCE el «Real Partido Comunista Español»! Era una época en la que la extrema izquierda respetaba las instituciones del Estado. No quiero sonar nostálgico ni manido, pero lamento que cierto espíritu político, conocido como «espíritu de la Transición», se haya perdido en detrimento de España y de sus intereses.

Algunos ultras se negaban a estrecharle la mano. En las recepciones oficiales, yo deliberadamente lo tomaba por el brazo para presentarle a algunos de los más reacios, que se veían obligados a adoptar una actitud cortés. Teníamos que romper barreras, dejar atrás los odios del pasado, para construir un futuro prometedor. Al enterarme de su fallecimiento en 2012, la Reina y yo fuimos inmediatamente a su casa para dar el pésame a su viuda y a sus tres hijos. En aquel momento declaré a la prensa: «Fue una persona fundamental en la Transición a la democracia, y muy querido». Demasiado a menudo tenemos la memoria corta y era necesario recordarlo, como lo haría durante el funeral de Adolfo Suárez, muerto en el olvido en 2014. Padecía Alzheimer y se había retirado del mundo tras el fallecimiento de su hija y de su mujer debido al cáncer. Él mismo ya no sabía que había desempeñado un papel protagonista en la historia de España. Y los españoles también le habían olvidado. Cuando fui a presentarle mis respetos ante su capilla ardiente, no pude contener mi abatimiento. Siempre tuve en mi despacho una foto suya junto a la de Torcuato Fernández-Miranda. Mi gratitud a quienes me ayudaron a construir un país moderno y democrático sigue siendo inmensa.

5

Mi padre, admirable hasta en su renuncia

Si hay otra persona admirable a la que debo mucho es a mi padre. Se quedó en Estoril y adoptó una actitud discreta para no ser un obstáculo. Una postura elegante y fiel a lo que siempre había sido. Cuando advirtió que España, bajo mi impulso, tomaba el irreversible camino hacia la democracia, pocas semanas antes de las elecciones, decidió renunciar oficialmente a sus derechos dinásticos, para que la Corona no fuera un legado de Franco, sino un legado de los Borbones de España. Yo había hecho realidad lo que él esperaba para el país. A partir de ese momento, estuvo dispuesto a trasmitirme su legitimidad dinástica. Ya no habría más ambigüedad, no más dos reyes, uno *de iure* y otro de facto, uno en España y otro en el exilio. Me convertiría en el único Rey y jefe de la Familia Real.

El 14 de mayo de 1977, en el salón de recepciones de la Zarzuela, nos reunimos un pequeño grupo: mi padre, mi madre, mis dos hermanas, sus respectivos maridos e hijos, Sofi y nuestros hijos, vestidos de calle, ante un reducido auditorio de unas veinte personas, la mitad de ellas militares.

Con la voz ronca de fumador empedernido, mi padre pronunció su discurso, que, en pocas palabras, significaba: «Toma, te lo dejo todo a ti». Se volvió hacia mí y declaró con aplomo: «Majestad, por España, todo por España. ¡Viva España, viva el Rey!». Palabras que le había dicho su propio padre, Alfonso XIII. Inmediatamente quise abrazarle, embargado por la trascendencia del momento, pero antes él inclinó la cabeza en señal de reverencia. A partir de ese momento, nuestros papeles se invertirían. Esas imágenes han quedado grabadas en mi memoria. Me sentí muy conmovido. Lamento no haber organizado una ceremonia digna de su abnegación. Debería haberle dado más pompa con un gran acto en el Palacio Real. Al final, fue una reunión familiar en la que mi padre se sacrificó, con la dignidad que le caracterizaba. Tenía sesenta y cuatro años, su único título seguía siendo el de conde de Barcelona y aún vivía en Estoril. Hasta 1982 no se trasladó de nuevo a Madrid. Nunca se benefició de ningún privilegio ni de un palacio de Patrimonio Nacional. Al final no pediría nada a España.

Después de aquella ceremonia, sentí aún más admiración por él. Tal como explicaré más adelante, le reservaría un funeral de rey, porque, aunque nunca llevó la corona, cumplía con todos los requisitos de un rey. Olvidó sus ambiciones personales y sacrificó su destino por España. Todo cuanto he hecho por este país fue gracias a él. Ya he hablado de nuestra relación, que superó todas las pruebas, y de nuestra complicidad, que siempre prevaleció sobre nuestras diferencias pasajeras. No me cansaré de repetirlo: fue mi mejor guía, mi mejor consejero, mi mejor amigo. Desde niño me enseñó lo que significaba el deber, sentirse español y servir a mi país. Tuve mucha suerte de tenerlo como padre. Los españoles lo conocieron poco y quizá no lo apreciaron en su justo valor. Espero que la historia le haga justicia.

Justo antes de las elecciones, Torcuato Fernández-Miranda presentó su dimisión. Sentía que su trabajo estaba hecho. Me hubiera gustado que permaneciera más tiempo, pero ya estaban surgiendo conflictos con Adolfo Suárez, que, gracias a su éxito en llevar a buen puerto el proceso democrático, se estaba emancipando de su autoridad. Torcuato no deseaba un enfrentamiento abierto con el presidente del Gobierno. Era un hombre discreto. No parecía querer participar en esta nueva España en plena efervescencia: «Dejo paso a los jóvenes dirigentes», me dijo, con la tranquilidad de haber cumplido la misión para la que le había designado. Concedí a mi antiguo maestro, que había encontrado la fórmula legal para una salida suave del franquismo, el título de duque y la más alta condecoración de la Corona, el Toisón de Oro. Un legítimo reconocimiento a una contribución decisiva. No lo digo a la ligera. He estado rodeado de personas que han aceptado, sin remordimientos ni rencores, ceder su poder a las nuevas generaciones, como hice yo mismo al abdicar. Hay que saber renunciar.

6

Hacia la «normalización» democrática

La campaña electoral parecía una fiesta popular organizada en torno a una gran cantidad de nuevos partidos políticos. Me alegraba este ambiente dinámico y positivo, desconocido para la mayoría de los españoles, que nunca habían participado en unas elecciones democráticas. Todo estaba por inventar: los que acudían a los mítines lo hacían por primera vez, tanto los oradores como los militantes. Observé divertido cómo el país pasaba de la austeridad de las ceremonias militares auspiciadas por la Iglesia al rock, al color, a las minifaldas y a una contracultura transgresora que desafiaba la vieja moral y las tradiciones. Naturalmente, permanecí como observador de esta euforia electoral: como rey democrático y, por tanto, por encima de los partidos, no podía participar. He leído en varios libros que se me acusa de haber enviado una carta al sah de Irán pidiéndole dinero para ayudar a Adolfo Suárez a constituir su partido. Lo desmiento totalmente. Me parecía lógico que la corriente política que encarnaba mi presidente de Gobierno estuviera representada por un partido, pero no me involucré personalmente.

Una verdadera euforia caracterizó esas primeras elecciones legislativas del 15 de junio de 1977. Arrojaron resultados típicos de las democracias occidentales, con el predominio de dos partidos de centroderecha y centroizquierda, signo de cierta madurez política en nuestra sociedad. Adolfo Suárez, con su nuevo partido, UCD (Unión de Centro Democrático), ganó las elecciones, aunque sin mayoría absoluta, seguido de cerca por el Partido Socialista Obrero Español y sus jóvenes dirigentes, en detrimento de los partidos encabezados por hombres del pasado: el tan temido y diabolizado PCE quedó por debajo del 10%, al igual que Alianza Popular, del exministro reformista Manuel Fraga Iribarne, partidario de «la democracia, pero con autoridad». Los partidos abiertamente franquistas no obtuvieron ni un solo escaño. El resultado de las elecciones confirmó mi premonición de que la sociedad española anhelaba moderación y liberarse de nuestro molesto pasado. Adolfo Suárez me contó que, la noche del recuento de votos, un miembro del Gobierno se enfadó por una ligera ventaja del PSOE, y preguntó: «¿Se ha previsto algún mecanismo técnico para corregir esta ventaja?». Mi presidente de Gobierno tuvo que llamarle al orden. Ciertos reflejos heredados del régimen autoritario costó que desaparecieran... Es difícil reinventarse por completo en tan poco tiempo. La democracia sigue siendo un proceso que debe aprenderse y defenderse.

Invité a todos los diputados recién elegidos a una recepción en el Palacio Real. Me produjo una inmensa satisfacción poder reunir, sin discriminación, a representantes de los distintos bandos políticos, que con anterioridad se habían enfrentado tan violentamente. Fue mi manera de formalizar nuestra reconciliación nacional. El país ya no estaba dividido entre vencedores y vencidos de la Guerra Civil. Guardo en la memoria esta frase de Adolfo Suárez: «Mi misión no es permanecer en el poder, sino transformar la naturaleza de ese poder para que sea la libre expresión de la voluntad popular». Para conseguirlo, no seguí un libro de texto —mi maestro Torcuato Fernández-Miranda ya me había advertido que, en mi caso particular, no había manual del que aprender—, sino que trabajé incansablemente siguiendo mi intuición. Caminé como un funambulista en la cuerda floja, sin red de seguridad, para conseguir una monarquía democrática, de todos y para todos.

En la sesión inaugural del Congreso una de las vicepresidencias de la Mesa de Edad la ocupó Dolores Ibárruri, la Pasionaria, una leyenda en el bando republicano, conocida por el «¡No pasarán!». Tenía más de ochenta años y acababa de regresar de su largo exilio en la URSS. Fue la única diputada de 1936 reelegida en 1977. ¡Todo un símbolo! Hay que imaginarse la escena: un rey nombrado por Franco al lado de la más hosca de las estalinistas. Dieciocho meses antes habría sido impensable. Para las generaciones actuales, que no vivieron aquella época, es seguramente difícil apreciar las rápidas transformaciones políticas y culturales que llevamos a cabo para llegar a esta fotografía. Entrábamos en una nueva era de tolerancia y respeto mutuo, con el juego habitual de los partidos políticos, como en cualquier democracia.

Otro hermoso momento cristalizó la reconciliación de las dos Españas. En noviembre de 1978 viajé a México, país de asilo para los republicanos de la Guerra Civil, con el que acabábamos de restablecer relaciones diplomáticas. Cuando llegué, pregunté al embajador español en México:

—¿Vive todavía la viuda del presidente Azaña?

—Sí, vive aquí, pero no la conozco —me contestó.

—Le haremos una visita. Tengo que encontrar un hueco en mi agenda.

Dolores Rivas Cherif era la viuda de Manuel Azaña, el último presidente de la Segunda República y figura destacada del republicanismo español, además de un gran escritor. La edad y el destino de su mujer me inspiraban un gran respeto. Cuando se le comunicó mi propósito, respondió: «Es a mí a quien corresponde ir a saludar a mi Rey». Ella decidió acudir a la embajada española para encontrarse conmigo, por deferencia, lo que, dada su edad, me conmovió. Durante el caluroso abrazo con esta histórica figura republicana, viuda de un jefe de Estado que había cruzado los Pirineos a pie para exiliarse al final de la Guerra Civil, en ese momento tan preciso, consideré que había conseguido reconciliar a los españoles con su pasado para construir una nueva España por fin unida y solidaria. «A mi marido le hubiera gustado tanto ver nuestro encuentro», me dijo. Era a la vez majestuosa y adorable. Recuerdo haberle dicho riendo: «¡Yo también estuve exiliado!». Ambos habíamos pasado por los tormentos de la historia española, que nos habían obligado al exilio, pero siempre habíamos llevado a España en el corazón. Este día era una España en paz la que nos unía. Cada vez que iba en visita oficial a México pedía que le enviaran un ramo de flores.

La democracia estaba en marcha, pero no podíamos detenernos en tan buen momento, y no debíamos fracasar en nuestra siguiente tarea, que era, como recordé a los representantes electos en la primera sesión del Congreso, la de mayor significado: la redacción de la Constitución. Estaba orgulloso de nuestros logros, pero teníamos que seguir adelante. Ansiaba que esta siguiente etapa transcurriera tan bien como las anteriores. España nunca había tenido una Constitución consensuada, así que el reto era enorme. Estábamos en medio de una carrera de obstáculos difíciles de franquear. Era consciente de ello. Esa tarea no me incumbía directamente, pero yo era su garante. Mi monarquía debía sostenerse en una Constitución fruto del milagroso consenso que habíamos alcanzado. Ya con el nombramiento de Adolfo Suárez como presidente del Gobierno, yo había adoptado una posición de repliegue: le había cedido mis plenos poderes y le había confiado la dirección del Ejecutivo, incluso antes de formular públicamente la necesaria redacción de la Constitución. Había adoptado la postura de un rey constitucional antes de serlo por ley. Era necesario formalizar un texto reunificador, y no un texto partisano, que sentara los fundamentos de nuestra joven democracia.

Cuando hice mi entrada en el hemiciclo en esa sesión parlamentaria histórica, observé que, a diferencia de los comunistas, los diputados socialistas se mostraban algo cautelosos conmigo. Todavía esperaban pruebas de mi compromiso con las libertades democráticas. Pronto comprenderían que la Corona sería la garante de la Constitución. Yo había heredado de Franco plenos poderes y estaba dispuesto a renunciar a ellos para ser un rey democrático al frente de un país reconciliado. Pocos hombres han decidido renunciar a su poder. No lo dudé ni un segundo porque sabía que era lo que debía hacer por el país. Me pareció que era la forma obvia de completar el proceso que yo había iniciado. Esta renuncia era mi deber. Al final, mi vida consistirá en una acumulación de deberes para mi país. Sigo estando orgulloso de ello.

El desmantelamiento de las instituciones franquistas se logró sin purgas, sin juicios. Los que habían sido expulsados por el régimen volvieron a sus puestos. Preferimos reconciliarnos, dejando voluntariamente de lado nuestro doloroso pasado para construir un futuro común. Fue una elección que asumo todavía hoy. No podíamos estancarnos en la venganza y reabrir las heridas de la Guerra Civil a través de innumerables juicios. Eso habría retrasado unos años la construcción de nuestra democracia, un proceso ya de por sí frágil y delicado. El Ejército no habría tolerado que lo pusieran en la picota, y los franquistas se habrían tensado hasta el punto de rechazar probablemente la reforma política. El trabajo de los historiadores para esclarecer la verdad habría llevado tiempo. Soy consciente de que por el hecho de mirar hacia delante las heridas del pasado no se curan, pero me movía la urgencia política, un impulso hacia la renovación, hacia un futuro fructífero. La presión de la calle demandaba amnistía y elecciones, no un gran juicio. Hoy en día, hay quienes sienten la necesidad de redescubrir una «memoria histórica», como se dice. Mientras no se utilice por politiqueo o por venganza, y mientras contribuya a nuestra convivencia, puedo entenderlo, pero no es eso lo que he observado recientemente en las últimas decisiones gubernamentales, que de nuevo tienden a enfrentar a unos contra otros, a víctimas contra verdugos, cuando hemos movilizado tantos esfuerzos para poner fin a estos sufrimientos.

Mi entorno temía las tendencias nacionalistas del País Vasco, estruendosas, radicales e incluso asesinas con su brazo armado. Tanto a los políticos como a los militares les preocupaba la situación vasca, pero yo siempre les advertía sobre el independentismo catalán. Repetía una y otra vez: «Cataluña es mucho más difícil de gestionar que el País Vasco». Mis advertencias no surtieron efecto, nadie temía de verdad un enfrentamiento entre unionistas y separatistas en Cataluña. Por desgracia, el futuro me daría la razón. ¡Hubiera preferido equivocarme en este asunto! Vimos lo peor en octubre de 2017, cuando se celebró un referéndum sobre la independencia fuera de cualquier marco legal, seguido de una proclamación de independencia. Por lo tanto, los catalanes cometieron una especie de golpe de Estado al actuar en contra de la Constitución. Los independentistas catalanes han olvidado que votaron masivamente a favor de la Constitución que ahora repudian.

Vuelvo al año 1977. En un poderoso acto simbólico, quise responder a las reivindicaciones identitarias catalanas y pedí a Josep Tarradellas, la figura indiscutible del republicanismo catalán, exiliado en Francia desde la Guerra Civil, que regresara a España para encabezar una Generalitat recién restaurada. Para sorpresa de todos, le invité a la Zarzuela para que reconociera públicamente la legitimidad de la Corona y la unidad del país. Luego se reunió con Adolfo Suárez para sellar un acuerdo sobre el estatus particular de Cataluña. Su entendimiento no fue inmediato, pero yo insistí en que encontraran una manera de contemporizar. Ese hombre alto y digno, de casi ochenta años, viajó después a Barcelona, donde fue recibido por una multitud entusiasta. Al llegar, pronunció la famosa frase: «*Ciutadans de Catalunya, ja sóc aquí!*». Los términos continúan siendo importantes: se dirigía a los «ciudadanos» y no a los «catalanes», porque lo consideraba excluyente, y el anuncio de su presencia en Cataluña bastó para concretar su lucha política por el reconocimiento de la Generalitat de Cataluña, abolida en 1938. Restituí así a un héroe del pasado para darle el lugar que le correspondía en nuestra nueva España. Fue un gesto de firme reconciliación entre tantos otros.

Todos nos movilizamos en torno a un mismo objetivo: la integración en la CEE. Era una prioridad personal y conté con el apoyo de todos los españoles. De hecho, el reconocimiento de todos los partidos políticos, incluido el PCE, era una condición *sine qua non* para la integración europea. España tenía mala imagen en el mundo desde la Guerra Civil. Le tocaba ocupar el lugar legítimo que le correspondía en Europa y volver a brillar. Las repetidas huelgas desde 1976, las consecuencias de la crisis del petróleo y la crisis monetaria, con la abolición de la paridad oro-dólar, habían debilitado nuestra economía. Nos enfrentábamos a una grave crisis financiera y económica que podía paralizar el avance democrático. Aunque el país se beneficiaba de las aportaciones importantes del franquismo —destaco en particular la construcción de innumerables presas para garantizar nuestras necesidades energéticas—, seguíamos careciendo de una organización y de unas estructuras financieras modernas.

Creía que con un PIB por cápita inferior a 4.000 dólares, la democracia sería imposible. La pobreza no permite evoluciones sociopolíticas: obviamente, la supervivencia prima sobre todo lo demás. Yo tuve la suerte de que Franco, gracias a las reformas económicas emprendidas en los años sesenta, me dejara una nutrida clase media, joven y dinámica, ávida de apertura y cambio. Quizá incluso podamos considerar que nuestro proceso de Transición comenzó, subrepticiamente, con la llegada de los tecnócratas al poder, a partir de 1962, bajo el impulso del ministro del Plan de Desarrollo Laureano López Rodó. Los tecnócratas consiguieron cambiar paulatinamente la estructura social y económica de España; eran reformistas desde dentro. Gracias a esta nueva sociedad, que surgió en los años sesenta, pude luchar por la democracia.

Mi compañero de internado José Luis Leal, entonces ministro de Economía, me dijo: «España se mueve entre el Tercer Mundo y Europa. Hay que tomar las decisiones adecuadas para llevar al país por el buen camino». Quiero rendir homenaje a sus esfuerzos por modernizar la economía española y anclarla en los estándares europeos. Los Pactos de la Moncloa, firmados el 25 de octubre de 1977, fueron un paso decisivo: todos los sindicatos y todos los partidos llegaron a un acuerdo en torno a un compromiso social basado en una política de austeridad, que era imprescindible para que el país saliera del caos económico, sin esperanza de mejora a corto plazo, en el que estaba sumido. Quiero rendir aquí homenaje a la madurez demostrada por todos para alcanzar este excepcional consenso. Nunca, en nuestra historia, habíamos alcanzado un acuerdo semejante: medidas urgentes para combatir la inflación y el desequilibrio de la balanza comercial, la reestructuración de algunos sectores y las reformas imprescindibles para establecer una auténtica economía de mercado. Desgraciadamente, esto incluía algunas decisiones impopulares, pero necesarias. La sociedad instaba a sus representantes a llevar a cabo avances concretos con rapidez. Los efectos de este pacto fueron veloces: en pocos meses, la inflación disminuyó y mejoró el equilibrio presupuestario. Sigo convencido de que este pacto económico creó un entorno político propicio para la redacción de la Constitución.

7

De rey omnipotente a rey democrático

Cuando me convertí en Rey, no modifiqué mi estilo de vida. Tampoco cambié de domicilio. La Zarzuela siguió siendo nuestra casa familiar y además pasó a ser la sede de la Jefatura del Estado. Reservé las ceremonias fastuosas para el Palacio Real, residencia tradicional de los reyes de España en el corazón de la capital. Los espacios privados no se habían tocado desde que mi abuelo partió al exilio, así que era necesario restaurarlo todo, un gasto demasiado elevado para un país en crisis económica y en plena redefinición sociopolítica. No tenía ningún deseo de acabar en un enorme palacio, en una casa museo. No soy un hombre de pompa y boato: prefiero los cuarteles militares y los barcos. Soy de los que apagan la luz cuando salen de una habitación; la infancia que viví dejó arraigadas en mí esas precauciones. Ni Sofi ni yo deseábamos estar rodeados de una corte o de damas de compañía. Habíamos optado por un estilo de vida ajustado a los tiempos, libre de pesadas tradiciones. Para que la monarquía fuera aceptada por el pueblo español, tenía que ser moderna y no polvorienta.

No podía ser solo una reminiscencia del pasado, aunque indudablemente formara parte de un legado histórico. A cada salida de Franco por Madrid, el tráfico de la capital se congestionaba, lo que dificultaba la vida cotidiana de los madrileños. Me quedé tantas veces bloqueado al volante de mi coche y escuché tantas veces refunfuñar a otros conductores solo porque el general tenía una cita en la capital que me dije: «Cuando sea rey, no quiero importunar a nadie. Me desplazaré con un dispositivo de seguridad discreto y no hará falta detener el tráfico». Pese a las amenazas persistentes y reales de ETA, siempre me mantuve en esa línea. Solía conducir yo mismo hasta el restaurante donde me reunía con mis amigos. Y esperaba en la cola del remonte, como todo el mundo, cuando me escapaba unos días a esquiar. Las obligaciones oficiales y las preocupaciones me dejaban a menudo una sensación de inmensa soledad, que combatía haciendo deporte con amigos, aunque significara levantarme aún más temprano. Los partidos de squash, las jornadas de esquí y las regatas de verano me daban la energía necesaria para sobrellevar esta vida árida y de desgaste.

Al principio de mi mandato, estábamos cruelmente faltos de personal. Hubo noches en las que apenas dormía tres horas porque tenía que hacerlo todo y estar en todos los frentes. Por ejemplo, para preparar mi primer viaje oficial a Estados Unidos, pedí al Ministerio de Asuntos Exteriores una nota sobre la situación del país, que no llegó nunca. Todos nos pusimos manos a la obra en el último momento. Trabajábamos veinticuatro horas al día, siete días a la semana, ansiosos y sobrecargados. Me rodeaban unos cuantos asesores, los mismos desde 1969. Aún recuerdo a Antonio Banda, que llevaba la agenda en el bolsillo de la chaqueta. Cuando queríamos concertar una cita, yo decía: «¡Hay que llamar a Banda para que lo apunte en la agenda!», y él aparecía con un pequeño cuaderno en el que anotaba meticulosamente nuestros compromisos. Teníamos tan pocos que todos cabían en su libreta. Me río cuando pienso en aquellos días, que deben de parecerle muy anticuados a todo el mundo, cuando hoy la Casa Real está formada por decenas de empleados inclinados sobre sus pantallas. Mi designación oficial supuso verdaderos cambios porque, al convertirme en sucesor, cambié una vida privada y discreta por otra, oficial, de ceremonias, viajes y audiencias. Al convertirme en Rey, me inserté en la continuidad, pero no estábamos preparados para semejante intensidad.

Por iniciativa de Carrero Blanco, en 1973 se amplió la Zarzuela. Yo llevaba tiempo planteándome, junto con un arquitecto, la construcción de un anexo que encajara lo mejor posible con la estructura histórica del palacio. Se construyeron dos alas conectadas por un túnel que daba acceso a los despachos del personal de la Casa Real. Todo estaba entrelazado: la vida familiar y la vida de Estado. Mis hijos podían estar jugando a las canicas en el vestíbulo cuando llegaban las visitas oficiales. Disfruté viviendo así los primeros años de mi reinado. Al final, los asuntos de Estado son asuntos personales, y viceversa. Progresivamente, la Casa Real se estructuró mejor y trabajó más eficazmente en coordinación con los ministerios. Cuanta más democracia se construía, más profesionales nos volvíamos.

Avanzábamos en ese camino de la democracia, pero tropezábamos con la determinación del terrorismo de ETA, que quería impedirlo a toda costa. Los años 1978, 1979 y 1980 fueron los tres más sangrientos de la banda, con más de doscientas víctimas registradas. Fueron precisamente los años de consolidación de nuestra democracia. Aunque la lucha de ETA era, en un principio, contra el régimen franquista, con la llegada de la democracia multiplicó sus crímenes, convirtiéndose en una organización en contra de la libertad y a favor de la independencia del País Vasco.

En octubre de 1977 el Consejo de Ministros aprobó una ley de amnistía general que dejaba sin efecto todas las condenas por delitos políticos y de opinión dictadas desde 1939, y que sellaba la reconciliación total del país. Incluía a los opositores violentos al régimen de Franco. De los cuatrocientos condenados vascos aún presos tras la primera amnistía decretada al principio de mi reinado, más de la mitad lo estaban por actos de terrorismo. Teníamos la esperanza de que esta nueva amnistía, tan ferozmente exigida, traería la paz al país. Pero fue todo lo contrario. Los terroristas nos pusieron a prueba, perpetrando más atentados que nunca. Nada podía frenar esa dinámica infernal: atentados, presos, y luego secuestros o asesinatos para exigir su liberación. En 1981, el número de miembros de ETA encarcelados era el mismo que en 1977. Quizá fuimos demasiado ingenuos.

Las aspiraciones revolucionarias de ETA representaban una terrible amenaza para el proceso de reforma democrática. En un momento en que todos los partidos estaban preocupados por la inmensa tarea de alcanzar un consenso constitucional, los nacionalistas radicales sumían al país en el terror. Cada muerte causada por los viles actos de los terroristas era una herida personal, una mancha indeleble en mi reinado. Cada atentado conseguía sobrecogerme, paralizaba la acción del gobierno y sembraba el caos. Siempre he mostrado mi solidaridad con las víctimas del terrorismo. Tras el primer atentado, mantuve una reunión prolongada con mis colaboradores para decidir si debía ir o no al funeral. Discutimos el tema largo y tendido y, tras pensarlo detenidamente, decidí no asistir porque no podía comprometerme a ir a todos los funerales de todas las víctimas durante mi mandato. No quería mostrar favoritismos. Hice una excepción por el horrible atentado perpetrado por Al Qaeda en la estación de Atocha de Madrid el 11 de marzo de 2004. Volveré sobre aquel día, el peor de mi reinado, en el que, como muchos españoles, no pude contener las lágrimas. El terrorismo me hace sentir impotente e indefenso, abrumado y exasperado. La Familia Real, los altos mandos, los funcionarios, los empresarios: todos éramos un objetivo. Ya en 1974, cuando Franco aún vivía, planearon secuestrarme o matarme con mi padre cuando nos dirigíamos a Mónaco. Afortunadamente, uno de los implicados denunció el complot a la policía y cancelamos nuestra visita a la Riviera. El delator sería asesinado más tarde por ETA. En el verano de 1977 desactivaron una bomba en Palma de Mallorca, donde yo pasaba mis vacaciones. Otros atentados terroristas contra mí acabaron frustrándose. En una ocasión, durante varios días, ETA me tuvo en su punto de mira. Tenían un escondite en el puerto de Palma de

Mallorca, a tiro de piedra de mi barco, adonde iba todos los días. No se atrevieron a disparar porque no tenían un plan de fuga y no sabían cómo escapar de la isla después de asesinarme. ¡Los yihadistas son nihilistas y mueren en los atentados que provocan, pero los terroristas vascos protegen su pellejo!

A pesar del dolor y la rabia, la democracia tenía que prevalecer. El terrorismo no podía ganar. Reconozco que fue nuestra pesadilla. Y más teniendo en cuenta que por entonces no contábamos con la ayuda de Francia, tierra de refugio y base de retaguardia de ETA. El presidente Giscard d'Estaing no comprendía mis insistentes peticiones de cooperación policial, o me hacía promesas vanas. Me llamaba «mi querido amigo» con aire muy imperial, pero yo me hacía pocas ilusiones. También se había comprometido, durante mi primer viaje oficial a Francia en octubre de 1976, a apoyar la candidatura de España a ingresar en la CEE, pero Giscard d'Estaing temía la vehemente oposición de los agricultores franceses, que preveían la llegada masiva de productos españoles más baratos. No fue hasta la elección de François Mitterrand en 1981 cuando Francia cambió su postura sobre estas dos cuestiones fundamentales para nosotros. Giscard d'Estaing quería que yo fuera su único interlocutor, mientras que yo le explicaba que Adolfo Suárez era el representante del Ejecutivo. Giscard d'Estaign le imponía humillaciones en las reuniones oficiales. Intentó ponerse en contacto conmigo mientras yo esquiaba en los Pirineos. Mi ayudante vino a avisarme: «Majestad, el presidente francés desea hablar con usted urgentemente», me dijo en medio de una pendiente. Esquié lo más rápido que pude por la pista hasta un pequeño refugio con teléfono. Esperaba cada vez un compromiso concreto por parte de Francia, pero era en vano.

En ese contexto de violencia terrorista se redactó la Constitución. La octava Constitución de la historia de España, pero la primera fruto de un consenso político. Ni Adolfo Suárez ni yo sabíamos cómo proceder adecuadamente. ¿Había que partir de una hoja en blanco o de un borrador redactado por el ministro de Justicia, Landelino Lavilla? Tras muchos titubeos, las partes acordaron finalmente crear una comisión de siete miembros: la UCD, el partido de centro-derecha de Adolfo Suárez, tenía tres ponentes (Miguel Herrero, José Pedro Pérez-Llorca y Gabriel Cisneros); el PSOE tenía dos, pero cedió uno al representante de los nacionalistas vascos y catalanes (entonces formaban un único grupo parlamentario), Miquel Roca, que ocupó su plaza junto al abogado socialista Gregorio Peces-Barba; Manuel Fraga, antiguo ministro franquista, era otro de los ponentes, y por último estaba el representante del Partido Comunista, Jordi Solé Tura. ¿El texto debía ser lo más conciso, o lo más explícito posible? Algunos franquistas nostálgicos abogaban por reformar las leyes fundamentales del régimen, insistiendo así en la continuidad. Yo seguía las discusiones desde la distancia, sin jamás intervenir para no romper mi neutralidad autoimpuesta. En ocasiones fue muy frustrante, pero tuve que adoptar la posición de rey constitucional, incluso antes de que se votara la Constitución. Este texto fundamental tenía que ser irreprochable y no ser «la Constitución del Rey».

Me di cuenta de que, después de tres meses de intenso

trabajo a puerta cerrada, un verdadero sentimiento de solidaridad, y quizá incluso de amistad, o al menos de respeto, unía a los «siete sabios», como se les llamó más tarde, a pesar de sus muchas divergencias. Trabajaron día y noche con espíritu de cohesión, sometidos a múltiples presiones, conscientes de la importancia crucial de su tarea. Se pusieron de acuerdo en el carácter no confesional del Estado, la abolición de la pena de muerte, la unidad de la nación española y el reconocimiento de las «nacionalidades», un término difícil de aceptar por todos, para identificar la existencia de regiones solidarias entre sí. A continuación, los diputados presentaron más de tres mil enmiendas. Recuerdo tensiones terribles, como las relativas a la abolición de la pena de muerte, rechazada por algunos en nombre de la lucha contra el terrorismo, o las relativas a la libertad de enseñanza y el papel de la Iglesia, la mayoría de edad a los dieciocho años y el derecho al aborto. Muchas veces estuvimos al borde de la ruptura. Fernando Abril, ministro y hombre de confianza de Adolfo Suárez, y Alfonso Guerra, número dos del PSOE, trabajaban en la sombra, en plena noche y con la mayor discreción, para alcanzar compromisos. Sé que el ministro de Justicia, Landelino Lavilla, se quejaba de que lo despertaban regularmente a horas intempestivas para pedirle asesoramiento jurídico. Las consultas secretas, el papel decisivo de los mediadores y las reuniones nocturnas se prolongaron durante varios meses largos y agotadores. Todos los protagonistas fueron muy valientes. Reinaba entonces la madurez política. Éramos conscientes del reto histórico que estaba en juego. Nadie quería ser responsable de un fracaso. Nos movía la necesidad de llegar a un acuerdo para construir juntos el futuro del país. La conciencia de un bien colectivo prevaleció sobre las ambiciones partidistas o individuales, lo que no es frecuente en la historia de España.

El comunista Santiago Carrillo no puso objeciones al modelo de Estado monárquico. En cambio, los socialistas reivindicaron el carácter republicano de su partido y presentaron ante la Comisión Constitucional una enmienda a favor de la república. En 1936, el modelo de Estado contra el que se había sublevado Franco era la república; tras el largo régimen franquista, les parecía lógico tener la opción de volver al régimen anterior a la Guerra Civil. En su opinión, votar a favor de la monarquía consolidaría la Corona nombrada por Franco, aunque fuera garante de los avances democráticos. Para mí, su enmienda fue simbólica y necesaria, y dio legitimidad parlamentaria a la monarquía. ¡Afortunadamente, no tenían mayoría! La noche del 11 de mayo de 1978 me reuní con unos amigos para cenar en un restaurante y les dije: «¡Felicitadme, me acaban de legalizar!». La Comisión Constitucional del Congreso acababa de aprobar el artículo 1.3 sobre el modelo de Estado español con 23 votos a favor, 13 abstenciones (los socialistas) y ningún voto en contra. A pesar de todo, me sentí aliviado. La monarquía española es la única del mundo que ha sido ratificada dos veces: primero por las Cortes y luego por referéndum. Es doblemente legítima.

El 21 de julio de 1978, día de la votación final, dos militares fueron acribillados a balazos en pleno centro de Madrid. ETA había vuelto a atentar. Adolfo Suárez, exhausto y pálido, acudió al Congreso con el general Manuel

Gutiérrez Mellado, ministro del Ejército, vestido para la ocasión con uniforme militar. Llevaban mucho tiempo enfrentándose a insultos. Los franquistas les llamaban «traidores» y las Fuerzas Armadas los odiaban abiertamente porque consideraban que el Gobierno no se movilizaba lo suficiente contra los terroristas. Aquel día, el presidente del Gobierno recordó a los diputados que no debían ceder al miedo y al chantaje terrorista, y que había llegado el momento de votar ese texto histórico. El resultado: 258 votos a favor, 2 en contra y 14 abstenciones. Los diputados del PNV (Partido Nacionalista Vasco) se ausentaron para no tener que votar, lo que presagiaba futuras tensiones. El texto constitucional pasó al Senado y, tras nuevas evasivas y enmiendas, fue aprobado por mayoría absoluta. El referéndum celebrado el 6 de diciembre de 1978 ratificó nuestro Proyecto de Constitución con un 88,5% de votos a favor. Me preocupó la alta abstención (33%), pero sobre todo me emocionó haber sido capaz de dar a España, por primera vez en su historia, una Constitución fruto del consenso, sin vencedores ni vencidos. El 27 de diciembre acudí a las Cortes para sancionarla. Elegí vestir el uniforme militar para dar aún mayor solemnidad a este acto y encarnar simbólicamente a las Fuerzas Armadas, que desde aquel momento se convertían en un ejército democrático. Quiero rendirles aquí un homenaje. En los días siguientes a la muerte de Franco, podrían haberme destituido. Obedecían a mi autoridad porque me había nombrado el general y así lo exigían sus últimas voluntades: las órdenes de Franco no eran discutibles, ni siquiera después de su muerte. Me respetaban porque procedía de sus filas y sabía hablarles con firmeza.

El Ejército aprecia un liderazgo sólido. Estaban cambiando de identidad, y el país también. Aquel día, todos nos volvimos diferentes.

Al rubricar la Constitución, me tembló la mano, algo que no me había ocurrido nunca. Me embargaban la emoción y la trascendencia del momento. Siempre he guardado con orgullo la Constitución cerca de mí, sobre mi escritorio. Es el fruto de un esfuerzo colectivo y el producto de una época. Sin duda, hoy habría que retocarla, porque nuestra sociedad ha cambiado. Se habla mucho del artículo 57, sobre la sucesión a la Corona, que da prioridad al hombre sobre la mujer, una tradición que tiene su origen en los Borbones y que promueve el derecho de progenitura salvo en caso de descendencia masculina. En la época, este artículo, que hoy resulta chocante, no suscitó ningún comentario. Como señala Alfonso Guerra, también debería modificarse un artículo que discrimina a los hombres, el que dice que la mujer del rey es reina, pero el marido de la reina es solo príncipe consorte de la reina. Sé que Felipe de Edimburgo, marido de la reina Isabel II, mi prima, sufrió mucho por esto. E insisto: en 1978, la Constitución fue el mejor texto democrático posible. Sigo agradecido a todos los que contribuyeron a ella. Fue un gran éxito colectivo.

Me convertí en el Rey de una república coronada, con menos poder ejecutivo que el presidente de la República francesa. Reinaba, pero ya no gobernaba. El presidente del Gobierno tenía todos los resortes del poder. Seguí siendo el símbolo de la unidad y permanencia del Estado, el árbitro y moderador del buen funcionamiento de las instituciones, el jefe de las Fuerzas Armadas y el máximo representante en las relaciones internacionales. Conservaba el poder moral y simbólico, pero ya no tenía ningún poder efectivo. Habíamos llegado al final de un camino que había imaginado y soñado en la soledad de la Zarzuela una década antes. Se abría un nuevo capítulo para España. En tres años, el país se había transformado por completo. Para algunos, los cambios eran demasiado lentos o tímidos, pero no hay otro ejemplo en el mundo de una Transición tan rápida. Todas las transformaciones son difíciles: hay que entenderlas, aceptarlas e integrarlas. La vida cotidiana de todos los españoles se metamorfoseó, tanto en lo político como en lo social: la democracia acompañó a fenómenos sociales de gran envergadura, como el éxodo rural, la masificación universitaria y de la clase media, el turismo y la revolución cultural de la Movida. Lo hicimos lo mejor que pudimos, siempre en interés de España. No todo fue perfecto, por supuesto, pero fue un hermoso momento de construcción, esperanza y vitalidad que me satisface haber dejado como legado a mi hijo. He construido unos cimientos sobre los que podrán prosperar las generaciones futuras. Esa era mi esperanza.

No he hecho aquí más que resumir los recuerdos de un contexto y de unos retos que fueron decisivos para España y para Europa. Habré incurrido en algunas omisiones. Lamento no haber podido consultar los archivos de mi padre, que me habrían ayudado en este libro. Cuando murió, en 1993, no me tomé el tiempo de profundizar en ellos y no sé lo que contienen. Tal vez habría encontrado nuevas claves para comprender mi destino. Sé que en la actualidad se están catalogando. Espero tener algún día la oportunidad de descubrirlos. Cuando pienso en aquellos años de la década de 1970, aún queda el recuerdo del sabor a trabajo firme y agotador, impulsado por la única esperanza de construir un futuro prometedor para los españoles.

8

Crisis y desencanto

Cuando puse mi firma en la Constitución, recuerdo que me dije: «Yo he cumplido mi misión, ahora les toca a los políticos ocuparse del resto». Las instituciones democráticas estaban en marcha y el juego político podía comenzar. El 1 de marzo de 1979 se celebraron elecciones generales, seguidas de las municipales, que confirmaron la ventaja de la UCD de Adolfo Suárez, seguido de cerca por los jóvenes líderes socialistas. El índice de abstención se mantuvo elevado, lo que revelaba un desencanto o hartazgo preocupantes. La democracia no era la solución milagrosa a todos los males de la sociedad, en particular a la crisis económica y el terrorismo. Habíamos logrado nuestro objetivo, pero no habíamos resuelto todos nuestros problemas. Me sentía impotente ante el estado de las cosas. El camino recorrido era impresionante, pero el país todavía se enfrentaba a muchos obstáculos. Las tensiones sociales y políticas me impedían dormirme en los laureles.

Cuatro años de poder y de crisis habían agotado a Adolfo Suárez, que se enfrentaba a disensiones dentro de su propio partido, una coalición de diferentes tendencias políticas (democristianos, liberales, socialdemócratas). Era su fundador, pero estaba desbordado por las divisiones internas. Su liderazgo se había erosionado, tanto dentro de la UCD como a escala nacional. A fuerza de encadenar reformas, había acumulado mucho descontento: las Fuerzas Armadas no le tenían ningún aprecio, sobre todo desde la legalización del PCE; la derecha le reprochaba sus contactos con Fidel Castro y Yasir Arafat; el sector bancario estaba resentido por una serie de medidas en favor de las cajas de ahorros; la Iglesia desaprobaba la legalización del divorcio y de los anticonceptivos; Estados Unidos no entendía por qué frenaba la adhesión a la OTAN, y los medios de comunicación, totalmente liberalizados, ponían de relieve los ataques de la oposición de izquierdas a la acción del Gobierno. Se afirmó por entonces que me había distanciado de él. Nada más lejos de la realidad. Conservaba mi confianza, mi gratitud y mi sincera amistad. Pero mi papel había quedado limitado por la Constitución, y un distanciamiento institucional por mi parte era lo adecuado. El tiempo de las urgencias y de las negociaciones interminables había dado paso al juego político democrático en un contexto de desencanto general. Tras el período alegre y movilizador de los primeros días, habían llegado la crisis económica, las disputas políticas y los cambios en el Consejo de Ministros.

Suárez había superado una moción de censura presentada por los socialistas y luego se había sometido a una cuestión de confianza: legalmente, era todo lo legítimo que podía ser. Pero estaba agotado y no tenía apoyos. Sorprendió al país cuando anunció su dimisión por televisión el 29 de enero de 1981. Yo me había enterado unos días antes, en una de nuestras reuniones semanales. «No es necesario ni obligatorio que dimitas», le insistí. Él me respondió en tono firme: «He tomado mi decisión y no voy a dar marcha atrás». Creo que al final era inevitable. Él declaró en televisión, siempre con su prestancia: «Como frecuentemente ocurre en la historia, la continuidad de una obra exige un cambio de personas, y yo no quiero que el sistema democrático de convivencia sea, una vez más, un paréntesis en la historia de España». Esta frase seguirá siendo enigmática. ¿Se había enterado de que se conspiraba contra él? Los rumores en los pasillos llegaban hasta mí: «Todo vale con tal de que caiga Suárez». Lamenté su salida de la escena política en estas circunstancias después de haber entregado tanto a España. Era un hombre que nunca hablaba mal de nadie y que asumió la responsabilidad de sus propios errores y los de su Gobierno. El país necesitaba un relevo y nuevos protagonistas. La política es cruel. ¡Ni siquiera Churchill fue reelegido por los británicos tras la Segunda Guerra Mundial!

Cinco días más tarde, yo tenía previsto ir al País Vasco, una región que me preocupaba. El Ejército y el jefe de la Casa Real intentaron disuadirme. Mantuvimos el viaje en secreto para no dar tiempo a ETA a organizar una operación contra mí. Solo en 1980, ETA había asesinado a casi un centenar de inocentes, entre los que había una mayoría de guardias civiles, militares y policías. «Es territorio español y evidentemente voy a ir», respondí sin dudarlo. ¿Iba a tolerar no poder ir a visitar ciertos lugares del reino? Ni hablar. No temía la hostilidad. Muy al contrario, debía afrontarla. Sobre todo, porque se trataba de un viaje histórico, el primero de un rey a la región desde 1929. Algunos vascos estaban convencidos de vivir en «territorio ocupado», así que no me sorprendió que hubiera manifestaciones «antiespañolas» a mi llegada. La seguridad estaba al límite cuando llegué con la Reina a la Casa de Juntas de Guernica. En cuanto empecé mi discurso, los diputados de Herri Batasuna, el partido independentista, con el puño en alto, entonaron un cántico vasco a pleno pulmón, tapando mi voz. Otros diputados reaccionaron aplaudiéndome y gritando: «¡Viva el Rey!». La escena era caótica. El recinto era pequeño y cerrado, lleno de gente, y la tensión era máxima. Me volví hacia Sofi, sentada detrás de mí, que permanecía imperturbable, sin dejar traslucir ninguna emoción en el rostro. ¡Qué autocontrol el suyo! Luego miré a los jóvenes soldados encargados de mi seguridad. Estaban muy nerviosos. Incluso algunos llegaron a acercar la mano a la cartuchera de cuero del arma. Quisieron rodearme, pero les ordené que me dejaran solo frente al público. En unos segundos me di cuenta de que era absolutamente necesario reducir la tensión de inmediato para evitar lo peor. Así que les dije bromeando a los diputados independentistas: «¡Vamos, vamos, cantad más alto! ¡No os oigo con todo este ruido!».

No iba a marcharme, eso habría equivalido a ceder, por eso intenté crear una distracción, hasta que el lehendakari Carlos Garaikoetxea ordenó finalmente a la recién creada policía autonómica del País Vasco que expulsara a los alborotadores. Menos mal que no intervino la Policía Nacional, porque habría sido mucho peor. Al cabo de unos diez minutos de total confusión que se me hicieron muy largos, pude reanudar mi discurso. En el bolsillo tenía preparado un papel con algunas frases por si las cosas se torcían. Lo saqué con discreción, dejando a un lado mi discurso inicial, y declaré solemnemente: «Frente a quienes practican la intolerancia, desprecian la convivencia, no respetan las instituciones ni las más elementales normas para una ordenada libertad de expresión, yo quiero proclamar una vez más mi fe en la democracia y mi confianza en el pueblo vasco». Tras esta afrenta pública, tuve que mantenerme firme y, sobre todo, no quedar mal. No temblé, pero me sentí aliviado cuando salí del hemiciclo.

De regreso, la Reina y yo nos fuimos el fin de semana a descansar a la estación pirenaica de Baqueira, un refugio que apreciaba mucho. Necesitaba reponer fuerzas. La noche de nuestra llegada, el viernes 6 de febrero, al bajar del helicóptero, nos sorprendió la noticia de que la madre de Sofi, la reina Federica, acababa de morir. Tras su exilio, pasaba largas temporadas con nosotros en la Zarzuela. Se había quedado en Madrid para cuidar de los niños mientras estábamos fuera, y aprovechó nuestra ausencia para someterse a una pequeña intervención de cirugía estética, a la que no sobrevivió. Sofi, por supuesto, regresó inmediatamente a Madrid. Yo me quedé en Baqueira esa noche porque tenía una cita que no quería cancelar. Me reuniría con ella al día siguiente en Madrid.

El país atravesaba un peligroso período de inestabilidad política, con un Gobierno saliente y el descontento de algunos militares, agravado por la legalización por sorpresa del Partido Comunista, el terrorismo y el proceso de descentralización. La cúpula militar al completo había luchado en la Guerra Civil contra el comunismo, había instaurado la estabilidad en el país durante cuarenta años y se preocupaba por la unidad de España, un dogma fundamental para los franquistas. Solo quiero recordar que lo único que me pidió Franco en su lecho de muerte fue preservar la unidad de España. Yo sabía que el Ejército estaba harto. Me preocupaban los movimientos de protesta y el descontento en algunos cuarteles. Ya se había desarticulado una conspiración militar llamada «Operación Galaxia» a finales de 1978. Uno de los instigadores, el teniente coronel de la Guardia Civil Antonio Tejero, fue condenado a siete meses de prisión. Y desde entonces circulaban rumores. Quizá no lo tomamos suficientemente en serio, pero ¿cómo condenar o contrarrestar meros rumores? Algunas personas abogaban por instaurar un Gobierno fuerte de salvación nacional presidido por un militar. Se decía, entre otras muchas cosas, que los socialistas habían aprobado la idea. Cada cual tenía su propia solución a los problemas del país. Las intrigas estaban cobrando fuerza.

Yo le había pedido a un hombre de mi confianza, el general Alfonso Armada, que se reuniera conmigo en Baqueira para cenar. Quería calibrar el estado de ánimo de las tropas y obtener información de primera mano. Tras más de veinte años a mi servicio, pasó a ser gobernador militar de Lérida, y acababa de ser ascendido, ante mi insistencia y a pesar de la oposición de Adolfo Suárez —un detalle que también resultará importante—, a segundo jefe del Estado Mayor. Se alistó en el Ejército a los dieciséis años para participar en la Guerra Civil y luego combatió en las filas de la División Azul durante la Segunda Guerra Mundial. Tras su brillante carrera militar, se incorporó a la Casa Real en 1955.

Aquella tarde éramos dos amigos íntimos que discutíamos sobre la delicada situación que atravesaba el país. En aquel momento, no me dijo nada que pudiera alertarme.

—Se oyen cosas en los cuarteles... —me dijo.

—Hay que permanecer alerta. ¿Y cuál es el estado de ánimo de los coroneles? —le pregunté.

—Mantienen la calma —contestó tranquilizador.

No dijo ni una palabra sobre la comida a la que había acudido unas semanas antes con un dirigente socialista, Enrique Múgica, en casa del alcalde de Lérida. Nunca sabré lo que hablaron en aquella reunión, de la que me enteré más tarde. Todos los partidos tramaban en secreto conspiraciones políticas para llenar a su manera el vacío de un poder tambaleante. Decididamente, todos estaban jugando con fuego... y yo me di cuenta demasiado tarde. Si no recuerdo mal, animé a Armada a hablar directamente con el que había sido ministro de Defensa, el general Gutiérrez Mellado, vicepresidente del Gobierno desde el inicio de la Transición. El general, yo lo sabía, no era muy popular entre los más ultras de las Fuerzas Armadas. Era un hombre notable, recto, que no dudaba en decir lo que pensaba, gustara o no, y un defensor a ultranza de la democratización. Había puesto en marcha una valiente reforma de modernización de las Fuerzas Armadas y nunca vaciló a la hora de obligarlas a permanecer sometidas al poder civil.

Pocos días después, tras ásperas negociaciones con el Gobierno griego sobre las condiciones del funeral de la reina Federica, viajé con Sofi y mi familia política a Atenas. Solo se nos permitió estar allí unas horas, con la mayor discreción, para enterrarla junto a su marido, el rey Pablo, en la antigua residencia familiar de Tatoi. Entre nuestra tristeza y el nerviosismo de las autoridades locales, fue un día terrible. A mi regreso, y en cumplimiento de la Constitución, recibí a los líderes de los distintos grupos parlamentarios. La UCD, que tenía mayoría, propuso a Leopoldo Calvo-Sotelo, número dos de Suárez, como candidato a la presidencia. La votación parlamentaria de investidura se fijó para el 20 de febrero, aproximadamente una semana después. Calvo-Sotelo solo obtuvo mayoría simple. Una segunda votación estaba prevista para las 18:00 horas, tres días más tarde.

9

¿Y si un golpe acabara con la democracia?

Circulan muchos rumores conspirativos sobre este suceso, que puso en serio peligro nuestra democracia. Quiero dar aquí mi versión, con toda sinceridad, con mi memoria como única limitación. No tengo nada que ocultar. Esto es lo que recuerdo de aquella larga noche en la que no hubo un solo intento de golpe de Estado, sino tres: el del teniente coronel Tejero y el general Jaime Milans del Bosch, el más conocido y visible; el de Armada, que fue muy doloroso en el plano personal, y el de los falangistas que quisieron acoplarse a los dos anteriores en una vuelta al orden franquista. Aquella tarde, mi proyecto político estuvo en peligro, y el destino de todos los españoles en mis manos. ¿Sería capaz de salvar la democracia que habíamos construido entre todos con una esperanza de renovación?

Dos meses antes del famoso 23 de febrero de 1981, mi padre había cenado con el general Milans del Bosch en casa de su fiel amigo Luis de Ussía, conde de los Gaitanes, que se había convertido en su secretario particular. Fue un encuentro amistoso sin segundas intenciones. «¡Antes de jubilarme, voy a sacar los tanques a la calle!», le dijo el general con aplomo. Para ser sincero, cuando mi padre me lo contó, no me lo tomé en serio, aunque seguramente debí haberlo hecho. Milans del Bosch era un hombre famoso por su valentía. Había sido condecorado con dos medallas militares, lo que demostraba su mérito excepcional. Después de la Guerra Civil, combatió en el frente oriental de la Segunda Guerra Mundial en las filas de la División Azul, lo que le valió una Cruz de Hierro. Ascendió gracias a su valentía y dedicación. Durante el franquismo, dirigió la famosa división acorazada Brunete, a las puertas de Madrid. Aspiraba a convertirse en jefe del Estado Mayor de las Fuerzas Armadas, pero, al final, fue nombrado jefe de la región militar de Valencia, lo que fue una herida para su orgullo. Era uno de los militares más prestigiosos de nuestro Ejército y yo lo respetaba enormemente. Su abuelo había sido jefe de la Casa Militar de mi abuelo, el rey Alfonso XIII, y le consideraba leal a la Corona.

Sabía que el descontento crecía en los cuarteles. Los militares llamaban públicamente «traidores» a los miembros del Gobierno, sobre todo a Adolfo Suárez y a su ministro de Defensa y vicepresidente, el general Gutiérrez Mellado, pero yo estaba lejos de imaginar que se estuviera tramando un golpe de Estado. Los partidos políticos también intrigaban en busca de poder. Atravesábamos un período de crisis que me preocupaba. Ya no tenía poder ejecutivo para actuar, y lo único que podía hacer era escuchar y advertir. Entonces ocurrió lo impensable.

Aquel lunes 23 de febrero por la tarde terminé mis audiencias y luego jugué un partido de squash con mi fiel amigo Miguel Arias, que venía a entrenar conmigo a la Zarzuela dos o tres veces por semana y con el que también iba a esquiar regularmente. Era mi compañero de deporte, siempre simpático y enérgico. Nunca ha intentado sacar provecho de la amistad que mantengo con él desde los años sesenta. La víspera, el domingo, había pasado el día en una partida de caza a unos cincuenta kilómetros de la capital. Disfrutaba de esos momentos de convivencia en plena naturaleza, que me permitían liberar tensiones antes de empezar una semana intensa. ¡Menciono estos detalles triviales de mi agenda porque, evidentemente, si hubiera sospechado que se tramaba algo, nunca habría hecho un viaje así el día anterior!

Eran sobre las seis de la tarde y me disponía a cambiarme de ropa, como hago siempre después de hacer deporte. De camino a mi habitación, pasé por delante de la mesa de mi ayudante, que tenía la radio encendida para seguir la sesión del Congreso. De pasada, oí los nombres de los diputados llamados a votar y, unos instantes después, ruido de ametralladoras. Me quedé estupefacto.

—¿Qué clase de locura es esta?

No hubo respuesta a mi pregunta. Nadie pudo contarme nada, salvo que un teniente coronel de la Guardia Civil había irrumpido en el Congreso y había tomado como rehenes a todos los civiles. Los militares se sublevaban y burlaban el orden constitucional. Es más, ¡el golpe se llevaba a cabo en mi nombre! Era un ultraje. Estaba totalmente consternado. Corrí a mi despacho, donde se reunió conmigo el secretario general de la Casa Real, Sabino Fernández Campo, un teniente general que me acompañaba desde 1977 y que permanecería a mi servicio hasta 1993. Había tomado el relevo de Alfonso Armada, a quien él conocía desde hacía mucho tiempo, al dejar este su puesto. Me gustaban la seriedad y lealtad de Sabino, que, como veremos, desempeñó un papel decisivo.

Mi primer instinto fue llamar al jefe del Estado Mayor del Ejército, José Gabeiras, para pedirle información. Estaba en ese momento con su segundo, Alfonso Armada, que fue quien cogió el teléfono. Tenía plena confianza en él, había sido mi secretario y compañero durante mucho tiempo, pero su tono de voz, inusualmente tranquilo, me sorprendió. Parecía saber exactamente lo que se tramaba. «Majestad, le propongo ir a verle para explicárselo todo», dijo con calma. Sin duda, algo fallaba. Tuve como un presentimiento y no contesté de inmediato. En ese mismo momento, Sabino Fernández Campo me pasó otro auricular. Era el general José Juste, jefe de la poderosa división acorazada Brunete, en las afueras de Madrid. «¿Está el general Armada en la Zarzuela?», preguntó preocupado. Acababa de regresar de Zaragoza, donde había supervisado unas maniobras militares en el campo de San Gregorio.

—Ni está ni se le espera —respondió Sabino sin dudar.

—¡Ah, eso lo cambia todo! —replicó aliviado.

Inmediatamente se situó del lado de la Constitución. Podía contar con su lealtad. Hoy lamento que, tras estos acontecimientos, el general Juste nunca fuera ascendido; aunque su papel fue crucial, no recibió ningún reconocimiento oficial por ello. ¿Estaba el general Armada jugando un doble juego? La duda me asaltó. Si insistía tanto en estar a mi lado, era para comprometerme y, sin duda, para hacer creer que yo apoyaba el golpe. No dejé que la ira o la decepción se apoderaran de mí; mantuve la sangre fría. Reanudé mi conversación con él: «Quédate donde estás. Si te necesito, te llamaré, pero, de momento, no vengas». Y de inmediato avisé al jefe de seguridad de la Zarzuela para que no le permitieran entrar.

Mi prioridad era obtener información lo antes posible. La televisión y la radio no emitían más que marchas militares. Afortunadamente, las líneas telefónicas de palacio no estaban cortadas. Por mediación de un miembro de la Guardia Real que asistía a la sesión de investidura vestido de civil, Sabino consiguió contactar con el teniente coronel Tejero, que controlaba el Congreso con varios centenares de hombres.

—¿Qué haces ahí?

—Yo recibo órdenes del capitán general de Valencia.

—¿Cómo te atreves a hacer lo que estás haciendo en nombre del Rey? No lo vuelvas a hacer, no estás autorizado a ello.

Creo que a Tejero le sorprendió esta conversación. Fue entonces cuando me di cuenta de que él pensaba que estaba actuando con mi acuerdo implícito. Sabino le ordenó que liberara el Congreso, pero antes incluso de que terminara de hablar, Tejero colgó. Me advirtieron que el general Milans del Bosch había sacado los tanques a las calles de Valencia. No sabía si los demás capitanes generales se disponían a hacer lo mismo. Tampoco sabía qué sucedía realmente en el Congreso, donde los diputados y el Gobierno habían sido tomados como rehenes. No sabía si vendrían a detenerme. Ante tanta incertidumbre, era necesario actuar.

El jefe de la Casa Real, Nicolás Cotoner y Cotoner, marqués de Mondéjar, se unió rápidamente a nosotros, junto con la Reina, tranquila y reconfortante incluso en medio de la tormenta, a quien pedí que trajera a nuestro hijo Felipe. Ese día comenzaba su aprendizaje de Rey. Me parecía fundamental que viviera esos momentos de tensión a mi lado, y no solo que me oyera contárselos años más tarde. Tenía que verlo con sus propios ojos, escucharme, entender que a veces todo puede tambalearse en cuestión de segundos, incluso la Corona. Y, sobre todo, que la monarquía constitucional nunca puede darse por sentada, siempre hay que defenderla. Con la desenvoltura de sus trece años, me preguntó:

—Papá, ¿qué pasa?

—He lanzado una pelota al aire. La Corona está en el aire. ¡No sé de qué lado va a caer!

Estuvo toda la tarde y casi toda la noche siguiendo los acontecimientos, hasta que finalmente se quedó dormido en un sillón. Miguel Arias se quedó ante mi insistencia. Al cabo de unas horas, tuvo la iniciativa de ir a la cocina a preparar unos bocadillos. Pasamos la noche picoteando de vez en cuando y tomando café, a pesar de que a mí la cafeína no me hace mucho efecto. La gente iba y venía. Más tarde llegaron mis dos hermanas con sus respectivas familias. Estábamos a puerta cerrada, aislados del mundo, con el teléfono sonando sin parar. Mi cuñado, el rey Constantino, había perdido la Corona tras el golpe de Estado de los coroneles en 1967. Había «coexistido» con los militares mientras intentaba fomentar un contragolpe con algunos de ellos, pero, por desgracia, cayó en su propia trampa y solo tuvo unas horas para abandonar el país únicamente con lo puesto.

¿Sufriría yo el mismo destino? Lo único que sé con certeza es que no debía flaquear, ni siquiera transigir.

Aquel día recibí muchas llamadas: de mi padre, de jefes de Estado, de amigos preocupados y de militares. Hubo una decisiva, la de una diputada socialista catalana que no conocía, Anna Balletbò. Fue la única rehén liberada, porque estaba embarazada de gemelos. Más tarde, supe que había tenido dificultades para contactar conmigo: cuando preguntó por el Palacio de la Zarzuela, ¡la operadora la puso en contacto con el Teatro de la Zarzuela! Por suerte, el presidente de la Generalitat, Jordi Pujol, le dio mi número. Mi primera pregunta fue: «¿Hay heridos?». Estaba muy preocupado, temía que la cosa se fuera de las manos. Ella me tranquilizó, aunque luego me enteré de que varias personas resultaron heridas como consecuencia indirecta de las ráfagas de ametralladora. Entonces le pregunté cuántos atacantes había, cómo estaban organizados en los pasillos, en el hemiciclo, alrededor del Congreso y en las calles adyacentes, y qué tipo de armas tenían. Hay que recordar que no teníamos información alguna sobre lo que estaba pasando. Todo era posible. Gracias a ella, pude obtener los únicos indicios que me daban una idea de la situación.

Nuestra conversación fue larga y detallada, interrumpida más de una docena de veces por llamadas de militares desconcertados que querían órdenes de su jefe. Yo era un rey constitucional, pero sobre todo era el jefe de las Fuerzas Armadas, además de su antiguo compañero de armas, y había sido nombrado por Franco. Tenía toda la legitimidad, y se lo dejé claro a los interesados. Si era necesario, les pediría que se pusieran firmes al otro lado de la línea. Mi autoridad no podía ser cuestionada; era lo único que me quedaba. Mantuve un tono tranquilo y firme. Me encontraba en un estado de tensión extrema, pero no tenía tiempo que perder con miramientos. Solo al día siguiente, una vez pasado el peligro, me dejé llevar inevitablemente por las emociones, debido sin duda al cansancio y a las secuelas de tanta adrenalina. En aquel momento, estaba tan ocupado con el teléfono como única arma que toda mi energía se concentraba en las órdenes que daba. Nunca he sido tan autoritario en mi vida. Ni siquiera creía ser capaz de ello. Los momentos de crisis revelan aspectos muy insospechados de nosotros mismos. Era consciente de que la historia de España estaba en juego en ese mismo instante. Intenté demostrar, a todos con quienes hablé, que era yo quien controlaba la situación. No quería que nadie se aprovechara de ninguna duda o vacilación por mi parte. Hablaba con aplomo y persuasión, porque sabía que estaba en juego el destino de la Corona y del país.

—Majestad, ¿qué va a hacer usted? —preguntó Anna Balletbò—. Hay cuatrocientos rehenes en el Congreso.

—Estoy al servicio de los más altos intereses de España y de la democracia —respondí sin dudarlo un segundo.

Parecía aliviada. Quiso venir a la Zarzuela a apoyarme, pero le pedí que descansara, dado su estado. «La invitaré a la Zarzuela cuando todo esto termine.» La conocí unas semanas más tarde. Luego fui el padrino de sus gemelos. Desde entonces, nos une una amistad llena de agradecimiento. Hay llamadas que no se olvidan.

Tres horas después del tiroteo de Tejero en el Congreso, la situación era muy inestable. Recuerdo que miré el reloj. A fuerza de enviar télex y hablar con mandos militares, el tiempo había volado y, sin embargo, había hecho pocos avances. La situación no era alentadora: el Gobierno y los representantes electos seguían secuestrados, la región de Valencia estaba bajo toque de queda y vehículos blindados patrullaban las calles. Llamé uno por uno a los capitanes generales. Algunos me dijeron: «Estamos a la orden para lo que sea». De los once capitanes generales, calculo que la mitad apoyaba la rebelión, pero no se atrevían a desobedecer. Les advertí: «Quien se levante contra el Rey está dispuesto a provocar una guerra civil y será considerado responsable». Luego, el jefe o el secretario de la Casa Real llamaba a los ayudantes de los capitanes para comprobar que estos seguían siendo leales. Algunos desempeñaron un papel decisivo, como el capitán general de Madrid, Guillermo Quintana Lacaci, a quien la democracia española debe mucho. Justo cuando el general Juste estaba a punto de cumplir la orden de Milans del Bosch de ocupar Madrid con la división acorazada Brunete, Guillermo Quintana Lacaci revocó la orden de Milans del Bosch y ordenó el regreso a los cuarteles de las fuerzas acorazadas que ya habían partido. El general Juste, sobre todo después de hablar con mi secretario, dio marcha atrás, pero Quintana Lacaci tuvo que entablar un difícil tira y afloja con los jefes de la división Brunete, que se preparaban para tomar Madrid y se resistían a obedecer la contraorden. Tres años después, este notable militar fue asesinado por la espalda por un comando de ETA cuando regresaba de misa como cada domingo acompañado de su esposa. Su hijo Willy llegó a ser jefe de seguridad de la Casa Real.

A veces era difícil contactar directamente con el comandante. Por ejemplo, el coronel de la base aérea de Valencia, Eduardo González-Gallarza, hijo de uno de los ministros de Franco y compañero mío de la Academia General del Aire, había salido a correr, como cada día, alrededor de la base. Fue su segundo al mando quien atendió la llamada de Milans del Bosch: «Tienes que recibir órdenes mías», le exigió. «No, yo solo recibo órdenes del Rey», respondió.

Cuando hablé con él, me aseguró:

—Vamos a emplazar nuestros aviones en la entrada de la base para impedir que entren los tanques.

Sabía, por lo tanto, que la base aérea de Valencia permanecería leal. Pero ¿qué pasaba con la policía y la Guardia Civil? Nos planteamos organizar un asalto del Congreso para liberar a los rehenes, pero ¿quién aceptaría asumir esta arriesgada misión?

Había un vacío de poder porque los ministros y los representantes electos estaban secuestrados. Si un solo ministro se hubiera quedado fuera, se habría convertido automáticamente en presidente de Gobierno y yo habría estado bajo sus órdenes, y no habría podido hacer lo que hice. Para mantener las formas y preservar la legalidad, se constituyó un Gobierno formado por secretarios de Estado y presidido por Francisco Laína, entonces director de la Seguridad del Estado, que duró catorce horas, hasta la liberación de los rehenes.

Yo quería salir de mi aislamiento y hablar con el país, pero ¿cómo hacerlo? Radio Televisión Española estaba rodeada por un regimiento inflexible. Tras infructuosas conversaciones, el marqués de Mondéjar consiguió por fin convencer a un amigo, el capitán al mando de esa unidad militar, para que dejara salir a un equipo de grabación. ¿Qué le dijo para persuadirle? No estuve presente en la conversación, pero el marqués de Mondéjar tenía una autoridad natural a la que era difícil resistirse. ¡Algo sabía yo de eso! Dado el riesgo de que los coches, incluso sin el logotipo de RTVE, fueran interceptados por las Fuerzas Armadas, se decidió finalmente que se enviarían a la Zarzuela dos equipos, que tomarían rutas separadas. Todas esas gestiones llevaron mucho tiempo. Mientras tanto, Armada volvió a llamarme para pedirme autorización para ir al Congreso a negociar con Tejero por «puro sacrificio patriótico». Me había dado cuenta de su duplicidad, y le contesté: «No te doy ningún permiso, y no vayas allí en mi nombre». Esa fue la última conversación que tuvimos. Sé que llegó al Congreso sobre las doce y media de la noche, y que estuvo hablando con Tejero más de una hora. Defendió la idea de un Gobierno de unidad nacional; imagino que se veía presidiéndolo. Había estado en la Escuela de Guerra de París y había vuelto admirador del general De Gaulle. Quizá tenía en mente su toma del poder en 1958. Nunca hablamos de ello.

Mientras Armada estaba en el Congreso, yo grabé al fin mi mensaje a la nación. Habían llegado las cámaras y se había montado a toda prisa un estudio de grabación en mi despacho. Me enfundé la chaqueta de capitán general; para acelerar las cosas, ni siquiera me puse los pantalones a juego. Fue un discurso sobrio y eficaz, de noventa segundos. Aún lo recuerdo: «La Corona, símbolo de la permanencia y la unidad de la patria, no puede tolerar en forma alguna acciones o actitudes de personas que pretendan interrumpir por la fuerza el proceso democrático». El tiempo que pasó entre que los dos coches se alejaron, uno de ellos con un carrete vacío a modo de señuelo por si los detenían, y el momento en que mi anuncio apareció en televisión se me hizo eterno. Las marchas militares resonaban una y otra vez en la televisión y la radio. Esperaba y esperaba, impaciente. Lo sé, se me ha criticado mucho por no haber hablado antes por televisión, pero pasaron varias horas incomprensibles entre el momento en que tenía intención de dirigirme al país, hacia las 22:30, y el momento en que mi mensaje se emitió realmente, a la 1:15. Creo que una vez que los españoles me oyeron, apagaron la radio y se fueron a la cama más tranquilos. Algunas personas me dijeron después que ya se estaban preparando para exiliarse. Hubo militantes que se reunieron en las sedes de los partidos para quemar archivos.

A la 1:45 envié un segundo télex a Milans del Bosch. A las 2:30 le pregunté por tercera vez por qué no se habían cumplido mis órdenes. Se mostró muy testarudo. Hasta las 4:30 de la mañana los tanques no volvieron a sus cuarteles. ¡Parece que algunos incluso se paraban en los semáforos en rojo! Tejero seguía obstinadamente encerrado en el Congreso. No se rindió hasta el mediodía del 24 de febrero, después de dieciocho horas de asedio.

Por la mañana, oímos un ruido sordo de motores de coches que rompía el silencio de la Zarzuela, siempre tan tranquila gracias al gran parque que rodea el palacio, aunque a veces, si el viento viene del sur, llega más ruido. «¡Son los tanques que vienen a por nosotros!», se preocupó Sofi. Sabíamos que a las siete de la mañana los cuarteles se despertarían y no sabíamos cómo reaccionarían ante los acontecimientos de la noche. Mi amigo Miguel Arias, que había pasado la noche con nosotros, corrió a mirar afuera. «¡No son los tanques, es el tráfico normal de cada mañana! ¡La gente solo va a trabajar!», nos dijo con una carcajada de alivio. Instó a Sofi a que llevara a los niños al colegio como cualquier otra mañana, a pesar de la intensa noche. También pedí a mis amigos que hicieran lo mismo y volvieran a la normalidad lo antes posible.

La noche del 23 de febrero de 1981 es una de esas noches que siempre recordaré, y creo que todos los españoles también. Sigo teniendo preguntas y dudas sobre la forma en que se desarrollaron los acontecimientos y el papel que asumieron algunos. Lo único que sé con certeza es que algunos militares intentaron utilizar las armas para mofarse de la joven democracia española, mi obra, y yo no podía tolerarlo. A posteriori, es fácil ver lo mal organizados que estaban los golpistas, pero en aquel momento podía haber sucedido cualquier cosa: el Gobierno y sus diputados estaban secuestrados, los tanques habían entrado en Valencia, y yo no sabía exactamente lo que estaba pasando en el país ni en los cuarteles. Habrían podido ordenar al Ejército que tomara la Zarzuela o dejarme sin comunicación con el exerior. Fue una suerte que al final pudiera grabar aquel mensaje a la nación. Más adelante se instaló una línea directa entre el palacio y RTVE para permitir la transmisión instantánea de mensajes audiovisuales. Sigo convencido de que mi silencio habría sido tomado como consentimiento. Habíamos evitado lo peor y, sobre todo, habíamos evitado descontroles mortíferos. Hubo un antes y un después, para mí y para el país. Luego cambié la decoración de mi despacho y tiré la ropa que llevaba puesta, una camiseta azul de la marca italiana Fila que recuerdo bien. No quería conservar nada que me recordara aquella pesadilla.

Al día siguiente, apenas unas horas después de su liberación, recibí en la Zarzuela a algunos de los secuestrados e incomunicados por Tejero: el socialista Felipe González, el comunista Santiago Carrillo, el dimisionario Adolfo Suárez y su ministro de Defensa, Agustín Rodríguez Sahagún, y Manuel Fraga, de Alianza Popular. Según ellos mismos admitieron, creyeron que les había llegado su hora. Todos habían tenido delante a un guardia civil apuntándoles con una ametralladora a la cara. Luego me contaron que el general Gutiérrez Mellado, el único militar de la Cámara que defendía la Constitución, no había dudado en enfrentarse a los insurrectos armados. Santiago Carrillo y Adolfo Suárez, aturdidos por la interrupción de Tejero y el sonido de las ráfagas de ametralladora, ni siquiera se protegieron ni se refugiaron, como los demás diputados, bajo las gradas. Permanecieron impasibles ante el espectáculo de violencia. ¿Por exceso de valor o por fatalismo? Luego pasaron la noche en una habitación aislada y fuertemente custodiados, mientras los demás miembros del Gobierno y los representantes electos eran retenidos en el hemiciclo por jóvenes soldados nerviosos.

El abrazo que nos dimos con Adolfo Suárez, a su llegada, ¡nunca fue más efusivo! Él estaba convencido de que Alfonso Armada había desempeñado un papel en su liberación al ir al Congreso a hablar con Tejero. «¡Nos ha salvado la vida! ¡Hay que condecorarlo!», me dijo antes de entonar el mea culpa por haber intentado impedir su ascenso militar. Se lo aclaré enseguida: «No, Adolfo, tenías razón. Armada es un traidor». No fue fácil aceptar la traición de un amigo íntimo de quien me fiaba ciegamente. ¿Había sido demasiado confiado? Nada me había hecho dudar de él hasta aquel fatal día. En cualquier caso, me alegré de poder reunir, sanos y salvos, a esos hombres de la Transición que me habían ayudado a construir nuestra democracia, pero la gravedad de las circunstancias pesaba más que las celebraciones: «Les pido que cooperen leal y desinteresadamente, les pido que vean más allá de sus diferencias para abordar los problemas más graves a los que nos enfrentamos. Debemos consolidar nuestra democracia en orden, unidad y paz. ¡Ahora les toca a ustedes trabajar!». Sentía deseos de decirles: «¡No soy un bombero dispuesto a apagar todos los fuegos de España!».

El 26 de febrero, los diputados volvieron al Congreso para aprobar finalmente la investidura de Calvo-Sotelo. El día 27, millones de personas se manifestaron en todo el país en apoyo a una democracia que se había tambaleado. El 28 estaba previsto, desde hacía mucho tiempo, que presidiera una ceremonia militar: la celebración del vigésimo quinto aniversario de mi promoción en la Academia Militar de Zaragoza. Acudieron quinientos militares, entre ellos el Estado Mayor y el hijo de Tejero. Era la primera vez que me enfrentaba a ellos desde la intentona golpista y me temblaban las piernas. Me quedé petrificado ante aquella multitud de gorras dubitativas. Algunos de aquellos militares le habían dicho al nuevo ministro de Defensa, Alberto Oliart: «Ministro, quiero decirle que soy franquista y que venero la memoria del general Franco. El Caudillo me ordenó obedecer a su sucesor y el Rey me ordenó detener el golpe del 23 de febrero, llamado «23F», y lo detuve; si me hubiera ordenado tomar las Cortes, las habría tomado». «Gracias por vuestra lealtad», repetí varias veces durante mi discurso. Insistí una y otra vez. Tocaba reconstruir unas relaciones sanas y pacíficas entre el poder militar y el poder civil y, a pesar del terrorismo de ETA, poner a las Fuerzas Armadas firmemente del lado de la Constitución. Estaba convencido de que el ingreso en la OTAN permitiría al Ejército español hacer suyos los principios democráticos de otros Ejércitos occidentales y garantizaría su modernización. Apoyé la solicitud oficial de ingreso en 1981, ratificada posteriormente por referéndum. Pero todavía nos quedaba mucho camino por recorrer.

El 23 de febrero no marcó el fin de nuestras tensiones internas. Todos habíamos temido por nuestra democracia, pero nuestros problemas perduraban, y el miedo a otro golpe de Estado persistía.

El Manifiesto de los Cien fue una advertencia pública al Gobierno y a los medios de comunicación firmada por un centenar de altos cargos militares y emitida nueve meses después del golpe, poco antes del inicio, en febrero de 1982, del Consejo de Guerra encargado de juzgar a los golpistas. Declaraba que las críticas a Milans del Bosch y Tejero eran vistas como críticas a todo el Ejército, y advertía de las consecuencias que aquello podría acarrear. Terrorismo y golpismo iban de la mano. La crisis económica no remitía, la integración en la CEE se aplazaba y la lucha contra ETA no daba frutos. El jefe de mi Casa Militar, el general Joaquín de Valenzuela, uno de mis profesores en las pruebas de acceso a la Academia Militar, sufrió un atentado en pleno centro de Madrid en mayo de 1981. Una bomba hizo estallar su coche, hiriéndole de gravedad y matando a su chófer, a su ayudante y a un sargento. ETA atentaba directamente contra la Corona, la golpeaba justo en el corazón. Otra conspiración, la Operación Cervantes, fue frustrada en octubre de 1982, justo antes de las elecciones generales. Hubo otra más en 1985, en La Coruña. Guardo oscuros y dolorosos recuerdos de este período. Nos encontrábamos sumidos en la desesperación.

Los españoles decidieron cambiar de rumbo. El 28 de octubre de 1982, España eligió por mayoría absoluta al PSOE, que llegó al poder sin necesidad de coalición por primera vez en la historia del país. El relevo se produjo de manera pacífica, y fue afortunadamente aceptado por las Fuerzas Armadas, que se rindieron ante una victoria tan masiva. ¿Iba yo a poder reinar con un Gobierno socialista? No me preocupaba. Había tenido tiempo de conocer a Felipe González, que se convertiría en presidente de Gobierno, y a Alfonso Guerra, vicepresidente. Había podido calibrar su ambición de país y su lealtad institucional. Ambos habían defendido la República cuatro años antes, pero demostrarían ser escrupulosos en el respeto a las prerrogativas de la Corona. Se encontraron a la cabeza de un Gobierno cuya media de edad no llegaba a los cuarenta años, dispuesto a poner en marcha una sociedad moderna y próspera, y demostraron que eran verdaderos estadistas, dispuestos a construir conmigo una nueva España.

QUINTA PARTE

LA CONFIGURACIÓN DEL PRESTIGIO DE ESPAÑA

1

Un rey constitucional para una nueva España

Ya muchos han olvidado lo rápido que cambió España, tanto en sus paisajes como en sus costumbres. Una generación de españoles, bajo la influencia de los turistas extranjeros que llegaban con su estilo de vida liberal, ansiaba transgredir las pesadas convenciones de la época. Habíamos crecido en una sociedad puritana y encorsetada, desfasada con respecto al resto de Europa. Un ejemplo: hasta 1981 no se legalizó el divorcio. Con la democracia, la Movida, una ola cultural, libertaria y hedonista, barrió el país. Recuerdo el ambiente alegre, desinhibido y creativo de aquella época. Se palpaba en las calles de algunos barrios, en las galerías de arte, los cines, los teatros, las discotecas y los festivales de música. Esta efervescencia tuvo también sus extravíos exuberantes, desmesurados e irreverentes. Para mí, eran la expresión de una juventud que buscaba afirmarse y recuperar el tiempo perdido. Madrid se había convertido en la capital cultural de moda para la joven generación europea, como el Londres de los Beatles que tanto nos hizo vibrar en los años sesenta. Aquel movimiento subversivo se extendió por todo el país.

El nuevo Gobierno socialista, presidido por dos sevillanos de poco más de cuarenta años, Felipe González y Alfonso Guerra, durará hasta 1996 y será firmemente reformista. Ambos tenían una personalidad simpática y enérgica. Felipe González desprendía bonhomía e ingenio, y Alfonso Guerra, un rigor y una cultura increíbles. Se complementaban muy bien y compartían la espontaneidad y la viveza de los líderes con ambición de país. La lucha antifranquista los había llevado a viajar y a tejer redes internacionales, a tomar decisiones audaces. El Ejecutivo recién elegido iba a la par de aquel animado desorden artístico, símbolo de una nueva España que tenía confianza en el futuro. Y, sin embargo, en 1982, cuando los socialistas llegaron al poder, no había una economía floreciente —la inflación y el paro rondaban el 15%, la ausencia de infraestructuras limitaba el desarrollo económico— y la organización terrorista ETA persistía en sus mortíferas acciones. Pero, a pesar de todo, éramos optimistas e íbamos a por todas, llevados por una sed de renovación. El país estaba unido y reconciliado, y dispuesto a afrontar retos considerables.

Para mí, el regreso a España del *Guernica* de Picasso fue un símbolo de esta nueva etapa. El pintor malagueño había querido denunciar los horrores de la Guerra Civil representando un bombardeo en un municipio del País Vasco. El inmenso lienzo de inspiración cubista, encargado por el Gobierno republicano para la Exposición Universal de París de 1937, estaba en depósito en el MoMA de Nueva York. Picasso lo había legado al pueblo español, pero a condición de que se restablecieran las libertades civiles en España. Su albacea, el abogado francés Roland Dumas, ministro de Asuntos Exteriores con François Mitterrand, inició los contactos con Adolfo Suárez, pero el intento de golpe de Estado del 23F retrasó el proyecto de trasladar el *Guernica* a Madrid. Tras complicadas negociaciones, en particular con los herederos, la obra maestra llegó a España en otoño de 1981. Durante meses, se formaron largas colas ante el Casón del Buen Retiro —contiguo al Museo del Prado, donde pueden verse los maestros que Picasso tanto admiraba— para descubrir por fin uno de los cuadros más emblemáticos del pintor. A partir de 1992, pasó a exhibirse en el Museo Nacional Centro de Arte Reina Sofía. El regreso del *Guernica* sellaba así la normalización democrática de nuestro país.

La Constitución limita el poder del Rey, pero la Corona hace mucho más de lo que parece a simple vista. Como resumió el pensador inglés del siglo XIX Walter Bagehot, el Rey tiene el derecho a ser consultado, a aconsejar y a advertir. Oficialmente, el Gobierno debía dirigirse a mí para pedir mi opinión o mi ayuda. Yo era como un mensajero especial para los asuntos espinosos, el último bombero en caso de incendio. Trabajé mano a mano con todos los presidentes de Gobierno: Adolfo Suárez (1976-1981), Leopoldo Calvo-Sotelo (1981-1982), Felipe González (1982-1996), José María Aznar (1996-2004), José Luis Rodríguez Zapatero (2004-2011) y finalmente Mariano Rajoy. Cada uno tenía su propia personalidad y estilo. La prensa decía detectar preferencias personales mías por uno u otro, pero con todos mantuve una relación fluida y personal basada en la total confianza. Los trece años de mandato de Felipe González me dieron la oportunidad de forjar un vínculo sólido con él, por su longevidad en el cargo y por los retos que afrontamos, ya que atravesamos juntos la etapa de la Transición. En 1976, a su llegada a Madrid en visita oficial, el presidente venezolano Carlos Andrés Pérez, de exuberante personalidad, me anunció nada más bajar del avión: «He traído de contrabando a Felipe González. ¡Espero que no le moleste!». En aquella época, el Partido Socialista era todavía ilegal. Ambos se habían encontrado en el Congreso de la Internacional Socialista, celebrado en Suiza unos días antes, y CAP, como se le conocía habitualmente, decidió prestarle su ayuda para regresar a España. Me eché a reír y le dije: «Hagamos nuestra ceremonia oficial y que luego él se escabulla discretamente por detrás». Así supe de la actividad clandestina de Felipe González en España. No recuerdo cuándo hablamos por primera vez, pero sí recuerdo la primera pregunta que le hice: «¿Por qué es usted republicano?». Luego le pregunté si podía tutearle y le dije que si quería podía hacer lo mismo conmigo. Íbamos a trabajar codo a codo y no quería que el protocolo fuera una barrera entre nosotros. Siempre me trató de usted y siempre quiso atenerse a la formalidad. Se esforzaba en demostrar la consideración que le merecía mi cargo.

Yo tenía un pacto implícito de confidencialidad con los presidentes de Gobierno: nuestras reuniones semanales eran privadas, a puerta cerrada, sin testigos. Nada se filtraba de nuestros debates, salvo los anuncios oficiales. Seguíamos un orden del día preciso, tras lo que manifestaba mis preocupaciones o pedía que se me aclarara algún punto. Nunca di rodeos con ningún presidente de Gobierno, e incluso a veces he sido muy directo y he mantenido con ellos intercambios acalorados. Reconozco que he tenido berrinches ante lo que consideraba errores peligrosos para nuestro país. La relación del Rey con el presidente de Gobierno es estrecha e intensa; él es la persona con la que más habla después de jefe de la Casa Real. Incluso en verano, los presidentes de Gobierno procuraban no perderse jamás una audiencia. Insistían en venir a Palma, adonde yo me trasladaba durante el período estival. La actividad continuaba y nos parecía importante demostrar que el poder no se tomaba vacaciones.

Siempre mantuve el contacto con ellos, incluso cuando ya no estaban al mando. Al igual que con muchos ministros, tanto de la izquierda como de la derecha, siempre conservamos el vínculo una vez que dejaron de ocupar una cartera. Uno de ellos, José Luis Corcuera, organizaba una vez al año una cena para unos cincuenta invitados, entre los que se encontraban antiguos ministros de todos los bandos —desde el comunista Santiago Carrillo al conservador Rodolfo Martín Villa—, algunos empresarios y varios padres de la Constitución, en un restaurante histórico de Madrid llamado Currito. La trayectoria de Corcuera es asombrosa: a los catorce años empezó como aprendiz en los altos hornos de Vizcaya, desde donde llegó a dirigir la federación del metal del sindicato UGT, tras lo que fue nombrado ministro del Interior por Felipe González. Un ascenso social digno de aplauso. En esas cenas, yo ocupaba el centro de una gran mesa cuadrada. Cada uno tomaba la palabra y abordaba los temas con entera libertad, porque nada se filtraba a la prensa. Yo opinaba con absoluta confianza y les hacía preguntas. Me interesaba conocer sus opiniones sobre mis actividades. También nos reíamos evocando viejas anécdotas. Había un ambiente muy amistoso, incluso familiar, en estas reuniones de una generación de hombres que habían acompañado la democratización y la modernización del país. La última tuvo lugar el año de mi abdicación.

Mantuve vínculos regulares en particular con los ministros de Defensa, dado mi papel de jefe de las Fuerzas Armadas. También con los de Asuntos Exteriores; hacía valer mi influencia y reputación en este ámbito, que consideraba mi coto privado. Yo era el primer embajador de España, país que prácticamente había abandonado la escena internacional en la época de Franco. Para su proyección económica y política, este aislamiento diplomático tenía que llegar a su fin, y me propuse devolver al país al lugar que le correspondía por medio de una serie de viajes agotadores sobre los que volveré más adelante. A cada jefe de Estado que llegaba en visita oficial a España, el presidente del Gobierno le recomendaba que se reuniera primero conmigo en la Zarzuela antes de celebrar reuniones ministeriales. Se respetaba un orden de precedencia. Felipe González, republicano unos años antes de llegar al poder, ponía sumo cuidado en colocar siempre a la Corona en primer lugar. Era consciente de los beneficios que aportaba. Yo mantenía relaciones privilegiadas con las Casas Reales de todo el mundo y con algunos jefes de Estado, y me mostraba siempre jovial incluso con aquellos con los que no tenía química. Mi posición me exigía ser elegante y acogedor con todo el mundo. Las relaciones entre países están por encima de nuestras inclinaciones y pequeñas mezquindades personales. Puse especial empeño en evitar que mis atribuciones cambiaran mi carácter espontáneo.

Cuando llamaba por teléfono a alguien, muchas veces me colgaba. Algunos no se creían que el Rey se estuviera poniendo en contacto con ellos sin pasar por una secretaria; pensaban que era una broma. Tenía que pedirle a mi secretaria que les llamara para hacerles saber que quería hablarles. Siempre he intentado que las relaciones fueran directas. Hay un protocolo que es útil para las ceremonias oficiales, pero que al final está diseñado para saltárselo. He tenido siempre una manera propia de ser y de hacer las cosas. El poder no me ha cambiado, sin duda porque conozco la vida sin palacios y sin privilegios. Mi posición no ha alterado mi personalidad. Mis amigos militares, a los que conocí de cadete en el cuartel, me siguen tuteando y no me ofende en absoluto. A veces, en público, intentan tener cuidado y me llaman «su majestad», pero a menudo se lían y dicen: «Ya sabes, su majestad, vas a...». La amistad entre nosotros es más importante que el trato especial que me den. Lo principal es la preciosa confianza que nos une. Es esencial tener a tu alrededor personas que se atrevan a hablarte y a decirte la verdad, porque personas así no abundan.

He hecho todo lo posible por agradar a los españoles, pero es ilusorio pretender complacer a todo el mundo, y menos a largo plazo. Acepto con humildad las críticas siempre que sean constructivas e instructivas. He procurado mantener abiertas las puertas de mi despacho y recibir a personas de la más diversa procedencia. Los palacios no deben convertirse en santuarios, aunque es una tarea más difícil de lo que parece. Al principio de mi reinado quise recibir en el Palacio Real de Madrid el día de mi santo a unos tres mil españoles seleccionados por su mérito en el trabajo, por su compromiso y por la ayuda que me hubieran prestado. Mi idea era elegir a personas diferentes cada año para conocer a la mayor cantidad de gente posible. La primera recepción fue un éxito; en la segunda, algunos de los presentes en la anterior se quejaron porque no se los había invitado y posteriormente ya había demasiada gente disgustada por no haber sido invitada, así que decidí dejarlo. Una situación similar se dio cuando empecé a llevar conmigo en el avión a algunos periodistas en viajes oficiales. Mi idea inicial era renovar a menudo el grupo de cronistas, pero me acusaron de favoritismo y de suscitar rivalidades entre colegas. No podía llevarme a todos los que estaban interesados, así que finalmente decidí no llevarme a ninguno. Hacer feliz a todo el mundo es imposible.

Hoy, mirando hacia atrás, lamento no haber concedido más distinciones Toisón de Oro, la insignia real más antigua y prestigiosa de Europa. La primera que concedí fue a mi hijo, en 1981. Durante mi reinado, condecoré a una veintena de personalidades a quienes España debe mucho. También al socialista Javier Solana, quien, tras ocupar diversas carteras como Cultura, Educación, Asuntos Exteriores y la portavocía del Gobierno, fue secretario general de la OTAN. La influencia de la lengua española es inmensa gracias a la incansable labor de Víctor García de la Concha, del que hablaré más adelante. Lo han merecido también, entre los que han ayudado a España, el economista y presidente del BID (Banco Interamericano de Desarrollo), Enrique Iglesias. Sin duda debería haber premiado a más españoles por sus logros personales y sus triunfos a favor del país, pero habría corrido el riesgo de trivializar el premio.

Para resumir en pocas palabras, mi día a día como Rey consistía en servir a España, amar a los españoles, resolver problemas y crisis, y apoyar y defender las ambiciones de mi país. Lo hice lo mejor que pude, y lo hice sin descanso, a pesar del cansancio, los problemas de salud y los accidentes. Lo único que lamento es haber estado demasiado metido en reuniones en la Zarzuela o en viajes oficiales al extranjero, lo que me ha impedido conocer al pueblo español como me hubiera gustado. Recuerdo con nostalgia los años sesenta, cuando viajaba con Sofi por todas las regiones y localidades del país, charlando abiertamente con todo el que quería conocerme, parando de improviso en los restaurantes del camino. Lamento haberme dejado arrastrar por un sinfín de obligaciones que me dejaron sin tiempo para recorrer España más a menudo, y sobre todo más libremente. A veces, por la noche, después de un día de reuniones, me escapaba a dar una vuelta en moto por Madrid. Era mi manera de relajarme. Me iba solo, oculto por el casco. Era un raro momento de libertad. También podía ver el estado de la ciudad, e incluso tomaba nota de los boquetes en las calles e informaba al alcalde. Un día vi a un hombre que hacía autostop con un bidón de gasolina; se había quedado sin combustible y necesitaba encontrar una gasolinera. Lo llevé detrás de mí, esperé a que repostara y luego lo llevé de regreso a su coche. Estaba muy agradecido e insistió en saber a quién debía este servicio. Al final me quité el casco. Se quedó asombrado. Todos tenemos nuestros problemas y todos necesitamos que nos echen una mano.

¿Cómo resumir treinta y nueve años de reinado? ¿Cómo resumir en unas pocas páginas años de viajes, actos oficiales, aflicciones e inmensas satisfacciones sin caer en la trampa de elaborar una lista interminable? Es como una carrera de obstáculos sin fin: una vez alcanzado un objetivo, hay que concentrarse en el siguiente, sin poder saborear los resultados obtenidos. Hablaré de varios momentos significativos que me vienen a la mente y dejaré a los historiadores la tarea de elaborar un balance de mi reinado. Sobre una sola certeza no transigiré: hice todo lo que pude, incansablemente, dentro de los límites constitucionales.

2

Una España por fin europea

Uno de mis objetivos personales era ver a España entrar en la Comunidad Europea. Conseguirlo no fue precisamente un camino de rosas, ni mucho menos. Puede que escandalice a más de uno si digo que, en aquella época, se nos consideraba como un país de tercera clase. Europa nos conocía sobre todo por nuestras playas baratas y nuestros emigrantes. A finales de los años sesenta, la comunidad española representaba la principal minoría extranjera en Francia. Tuvimos que abrirnos paso cuando nadie nos quería. Fueron años de arduas negociaciones, de malabarismos diplomáticos y presión sin tregua. Tanto la izquierda como la derecha, todos estábamos unidos en el deseo de que España entrara en el club europeo. Los españoles parecíamos haber asumido inconscientemente la famosa frase del filósofo José Ortega y Gasset: «España es el problema y Europa, la solución». Europa cristalizaba nuestra normalización, era una promesa de prosperidad y estabilidad, y de dejar atrás nuestros demonios y divisiones pasadas. Aún hoy, Europa es uno de los pocos temas que nos mantiene unidos. Sabemos lo que le debemos. Por mi parte, me considero tanto español como europeo: mi abuela paterna es inglesa, mi madre es de origen francés, mi mujer es griega con ascendencia alemana, y yo he vivido en tres países europeos. ¡Soy la encarnación del Viejo Continente! Mi europeísmo es genético, natural.

Sabía que la integración europea pasaba por la democracia, condición *sine qua non* para cualquier apertura de negociaciones. En 1977, tras las primeras elecciones, se presentó a Bruselas la solicitud de adhesión a la CEE. Grecia y Portugal habían hecho lo mismo. España esperaba poder sumarse a una apertura de los nueve hacia el sur. Adolfo Suárez nombró a Leopoldo Calvo-Sotelo, la persona que le sucedería en la presidencia del Gobierno, como ministro responsable de las relaciones con Europa, al frente de un equipo dedicado y serio. No queríamos una adhesión condicional o por fases: nuestro objetivo era la plena adhesión. Yo seguía a distancia las tortuosas negociaciones técnicas, pero cada vez que conversaba con los jefes de Estado franceses o alemanes, insistía en este tema, en el que tenía muchísimo interés. Nos hacíamos ilusiones pensando que, una vez arraigada la democracia, nuestro lugar en la CEE estaría asegurado. Sin embargo, Europa dudaba de nuestro sistema político y teníamos que convencerla de la solidez de nuestras nuevas instituciones y de lo irreversible de nuestro proceso democrático. Evidentemente, el 23F no ayudó, pero los europeos pudieron comprobar que yo no había faltado a mis responsabilidades como garante de la Constitución. Giscard d'Estaing había decretado una pausa tras la primera ampliación, de la que formaron parte el Reino Unido, Irlanda y Dinamarca. Europa acusaba el golpe de la crisis del petróleo. Esta congelación frenó nuestras ambiciones, pero yo no me rendí, sobre todo porque Grecia consiguió entrar en la Comunidad Europea en 1981. El eje central francoalemán era la clave de nuestra integración.

Algunos afirman que nuestra incorporación a la OTAN fue un preámbulo esencial a nuestra inclusión en Europa. España ya formaba parte del sistema de defensa occidental desde los Pactos de Madrid, firmados por Franco y Eisenhower en 1953. Estados Unidos estableció entonces bases militares en suelo español. Se construyeron cuatro bases aéreas, entre ellas la de Torrejón —¡tan grande que podía albergar a toda la aviación española de la época!—, y la base naval de Rota, que, en los años ochenta, era una auténtica ciudad americana, con decenas de miles de militares estadounidenses estacionados allí con sus familias. A ello se añadieron las faraónicas obras de construcción de un oleoducto que atravesaba todo el país, desde Rota hasta Zaragoza. Las Fuerzas Armadas españolas se beneficiaron enormemente de los intercambios militares, sobre todo en la marina, y también de los programas de modernización que, sin duda, contribuyeron a cambiar su mentalidad. Los presidentes estadounidenses —Eisenhower, Nixon, Ford— eran recibidos con honores en Madrid cada vez que se renovaban estos acuerdos. Es una política a la que yo daría continuidad firmando un nuevo Tratado de Amistad y Cooperación en 1976, con una línea de crédito de 1.200 millones de dólares concedido a un tipo muy preferencial y la retirada de las armas nucleares americanas de suelo español, y otro más en 1981 con Ronald Reagan.

La Alemania de Helmut Kohl era más partidaria de una ampliación europea que la Francia de Mitterrand, que se sentía amenazada por los productos agrícolas y pesqueros españoles. A finales de 1983, con las negociaciones en punto muerto, fui a París para asistir a una conferencia de la UNESCO, una excusa para tener una cena privada con el presidente francés. Al llegar, le dije bromeando: «¡Espero que, a diferencia de su predecesor, no tenga usted muchos consejos que darme!». La actitud paternalista de Giscard d'Estaing me irritaba, sobre todo porque, en los dos temas cruciales para España —Europa y ETA—, resultó ser decepcionante. François Mitterrand me escuchó. Recuerdo a un hombre serio y distante, culto y carismático, parco en palabras innecesarias y con una clara visión de futuro para Francia y Europa. Se mostró atento y simpático, más pragmático de lo que yo esperaba. Hablamos durante dos horas, en francés y con toda sinceridad, de la entrada de España en la CEE y de ETA. Unas semanas más tarde, Felipe González visitó el Elíseo. Estas dos discretas conversaciones iban a resultar decisivas.

Francia se comprometió de forma oficial a cooperar estrechamente con la policía española en su lucha contra ETA, que ya no podría retirarse con total tranquilidad al lado francés de los Pirineos como había estado haciendo hasta entonces. Fue el primer avance real. Mitterrand me confesó que no era consciente de la magnitud del terror que la banda terrorista hacía reinar en España. Le había abierto los ojos. Quizá también temía que aquello se extendiera a Francia. Sé que Felipe González y Alfonso Guerra también instaron a sus colegas socialistas franceses a solicitar su ayuda. Un comunicado conjunto de los ministros de Interior de ambos países ratificó una nueva política: «Un terrorista no puede ser nunca un refugiado político». Francia reconocía así el carácter criminal de ETA y comenzaba a perseguir y extraditar a los terroristas vascos. Trabajamos para cambiar radicalmente la política de Francia hacia ETA, que ya no volvería a beneficiarse de su aura antifranquista ni tendría una tierra de asilo. Este es solo uno de los ejemplos que demuestra que cuando la Corona trabaja codo con codo con el Gobierno podemos hacer frente a los desafíos. Espero que el Gobierno actual y los venideros no lo olviden.

François Mitterrand, que entonces ocupaba la presidencia de turno europea, también nos garantizó su apoyo a nuestra entrada en Europa, a pesar de las presiones de sus agricultores y pescadores. En la cumbre de Fontainebleau de junio de 1984, Mitterrand puso fin al problema de la contribución británica —con la famosa frase lanzada a Margaret Thatcher: «¡Señora primera ministra, tendrá su cheque!»— y relanzó las negociaciones para el ingreso de Portugal y España. Comenzó entonces un maratón ininterrumpido de reuniones y de noches en vela, de tensas conversaciones sobre cuotas de pesca y productos agrícolas. Un día, Felipe González me confió que estaba considerando seriamente la posibilidad de que las negociaciones fracasaran. No quise escucharle. Había que conseguirlo costara lo que costara. Lo único que podía hacer en aquel momento —porque las cuestiones concretas y técnicas eran responsabilidad exclusiva del Gobierno— era decirles a unos y a otros que había que seguir discutiendo, que no había que interrumpir las negociaciones. Sabían que podían contar con todo mi apoyo.

Este es el resumen de los años de esperanza y negociaciones que nos llevaron al hermoso día del 12 de junio de 1985, cuando, rodeado de dignatarios europeos y españoles, tuve el privilegio de firmar el Acta de Adhesión de España a las Comunidades Europeas. Fue un día lleno de emociones, en el que por fin vi convertida en realidad una de mis mayores ambiciones para España. Quise hacerlo en el Palacio Real, en el Salón de Columnas —la misma sala donde firmaría el decreto de mi abdicación en 2014—, para dar a ese acontecimiento tan emocionante toda la pompa que merecía. Tuve la impresión de que, en ese día, España entraba de forma deliberada en una nueva era de su historia y que recuperaba el lugar que le correspondía, integrada por fin en Europa tras cinco décadas de marginación. Hoy lo considero uno de nuestros mayores éxitos, después de la Constitución. Un triunfo personal y colectivo del que me siento orgulloso, y que cambiaría nuestro país. Se asignaron de inmediato fondos —los Programas Integrados Mediterráneos o PIM— para ayudarnos a poner al día nuestras infraestructuras. En pocos meses, gracias a un efecto de bola de nieve, el sector inmobiliario también empezó a desarrollarse. ¡Cada año se construían en España más viviendas que en Alemania, Italia y Francia juntas! La economía general despegó gracias a ese impulso saludable. En 1999, España formó parte del primer grupo de países en incorporarse a la zona euro. ¡Cuánto camino recorrido en veinticinco años, cuando nadie apostaba por nosotros!

3

El calvario del terrorismo

Ya he mencionado en varias ocasiones la grave amenaza que suponía ETA para el proceso de democratización y para todos los españoles, porque el terrorismo es, por definición, ciego y abyecto. Insisto en ello de nuevo, porque ETA fue, durante mucho tiempo, un enorme lastre para nuestro país, un freno a nuestro impulso modernizador. Nos hemos olvidado muy rápido del miedo y la confusión que nos imponían los miembros de esta organización. Cuando repaso mis años de reinado, los únicos momentos verdaderamente dolorosos que recuerdo son los atentados y sus víctimas inocentes. Nunca pude mostrar suficiente solidaridad con sus familias. Tenía tantos frentes abiertos a la vez que eran pocas las ocasiones en las que tenía tiempo para emocionarme —es cierto que el poder insensibiliza, porque a la postre consiste en lidiar con un flujo constante de problemas—, pero los atentados me sumían siempre en un estado de tristeza y de rabia. Sabía que al final seríamos más fuertes que ellos, que ganaríamos esta batalla, pero fue la más dura y dolorosa de mi reinado. El calvario duró más de sesenta años, no solo para mí —aunque se frustraron en el último momento múltiples atentados contra mi persona—, y no solo para mi familia —aunque como padre me preocupaba mucho la seguridad de mis tres hijos—, sino para todos los españoles. Los más de ochocientos cincuenta muertos y tres mil heridos siguen siendo una herida personal difícil de cerrar, a pesar de la disolución de la organización en 2018.

Como ya he explicado, España necesitaba la colaboración de Francia, refugio y guarida de los terroristas, para poder luchar eficazmente contra esta lacra. El presidente francés Valéry Giscard d'Estaing (en el cargo entre 1974 y 1981) me hizo promesas vanas, y siempre alegaba que Francia era tradicionalmente una tierra de exilio. Pero no me rendí. Conseguí sensibilizar a su sucesor, François Mitterrand, que empezó a cooperar y a poner en marcha las primeras extradiciones, aunque fue sobre todo gracias a la llegada de Nicolas Sarkozy —primero como ministro del Interior desde 2005 y luego como presidente, dos años más tarde— cuando los equipos policiales franceses y españoles pudieron trabajar de forma conjunta. Su apoyo decisivo y constante le hizo merecedor del Toisón de Oro. Por no hablar de que, cuando en 2008 España pidió su adhesión al G20, creado para hacer frente a la crisis financiera, la decisiva intervención de Nicolas Sarkozy le permitió ocupar un puesto de invitado no permanente. «¿Habla usted a menudo con Angela Merkel?», le pregunté en la ceremonia de entrega del Toisón de Oro en la Zarzuela. «Todos los días, pero no se lo diga a mi mujer», respondió con humor y picardía. Me gustaba este hombre valiente y enérgico que tenía el inmenso mérito de creer en sus promesas y llevarlas a la práctica. Le movían convicciones sinceras que beneficiaron a España.

Nunca me rendí ante ETA, una de las organizaciones más mortíferas de Europa desde la Segunda Guerra Mundial. Con ella reinaba el terror en el País Vasco, gobernado entonces por nacionalistas moderados, elegidos democráticamente. La región gozaba, desde 1979, de una autonomía administrativa y política, sin duda una de las más amplias de cualquier región europea. Dispone de su propio Parlamento que elige a su presidente regional, cuenta con su propio cuerpo de policía, su lengua se reconoce como oficial, gestiona la educación, la sanidad, la radio y las televisiones públicas locales, y recauda sus propios impuestos. Según dicta la Constitución, España está formada por comunidades autónomas. Es un país plural y multicultural, lo cual forma parte de su riqueza, pero permanece unido y solidario. No es un Estado centralizado ni un Estado federal. La noción de autonomía como entidad regional con competencias propias es un invento español que evolucionaría con el tiempo, en función de las negociaciones con Madrid.

Aprendí a vivir con la amenaza de un atentado contra mí y mi familia. Suele decirse que los reyes nunca tienen miedo. Aún recuerdo un atentado frustrado en La Coruña en el que la banda terrorista tenía previsto construir un túnel bajo la tribuna en la que iba a presidir un desfile militar, para colocar una bomba. Muy pronto decidí que el peligro no debía interferir en mi forma de ser y de vivir. Al contrario: seguí paseando a pie con un servició de seguridad mínimo, por calles desiertas y plazas abarrotadas, sin rehuir el contacto directo con los españoles. Me preocupaba mucho más mi familia. Llegaban con frecuencia a mi mesa los planes elaborados por ETA para asesinar al príncipe Felipe. En el invierno de 1986, mientras estaba con mi familia esquiando en Baqueira Beret, una bomba con dos kilos de explosivos estalló cerca del Hotel Montarto, donde tenía previsto reunirme con dirigentes políticos. Ya he mencionado que en 1995 un comando me tuvo en su punto de mira durante varios días en Palma de Mallorca. En 1997, pocos días antes de la inauguración del Museo Guggenheim de Bilbao que yo iba a presidir, la policía frustró otro atentado. ¡En fin, que la lista de complots desactivados a última hora contra mí y la Familia Real es larga! Cada uno de mis viajes a Bilbao era un riesgo. A menudo, el Gobierno y el jefe de la Casa Real intentaban disuadirme de que fuera. Pero no tenía la intención de ceder al miedo ni al chantaje de los terroristas. Toda la Familia Real ha vivido con este peligro. Cuando mi hija Cristina empezó la universidad, estaba previsto que la Guardia Civil protegiera a la infanta dentro del aula. Sofi estaba convencida de que, si se producía un intento de secuestro, los compañeros de clase de Cristina la defenderían. La acompañó al final una mujer policía que cursaría la misma carrera universitaria que ella.

No voy a enumerar todas las acciones terroristas de aquellas décadas. Hubo demasiadas. Todos vivíamos en un clima de persecución y de terror. Nadie estaba a salvo, porque ETA no limitó sus acciones al País Vasco. Recuerdo que lloré de alegría cuando, el 1 de julio de 1997, me informaron de la liberación de José Antonio Ortega Lara, un funcionario de prisiones que llevaba año y medio desaparecido; el secuestro más largo realizado por ETA. La Guardia Civil consiguió liberarlo tras una prolongada investigación. ¡Era la primera liberación en mucho tiempo! Sobrevivió en un sótano en condiciones inhumanas. Salió de allí esquelético. El mismo día, ETA liberaba a un abogado, Cosme Delclaux, porque su familia había aceptado pagar un rescate de mil millones de pesetas. Este tipo de extorsión era la principal fuente de financiación de la organización separatista vasca. El caso de Lara era especial porque ETA no tenía intención de liberarlo si antes el Gobierno no reagrupaba en las cárceles del País Vasco a sus presos. Desde finales de los años ochenta, los encarcelados por formar parte de ETA estaban repartidos por todo el territorio, para dificultar la comunicación interna en el seno de la organización y evitar cualquier actividad proselitista que pudieran ejercer sobre otros presos vascos.

La alegría duró poco. Apenas dos semanas más tarde, la banda terrorista volvía a cometer un crimen abyecto, el asesinato de un joven de veintinueve años, Miguel Ángel Blanco, afiliado al PP y concejal de Ermua, un pequeño municipio de Vizcaya. Fue la gota que colmó el vaso de la opinión pública española. Miguel Ángel Blanco fue primero secuestrado, y para su liberación ETA exigió, como de costumbre, el traslado de sus miembros encarcelados al País Vasco, esta vez en cuarenta y ocho horas. El Gobierno de Aznar se negó a ceder ante ese chantaje inviable. Una manifestación en Bilbao reunió a políticos de todos los partidos y a cientos de miles de personas que exigieron la liberación de Miguel Ángel Blanco. Manifestarse abiertamente en el País Vasco requería de mucho valor, porque las consecuencias se pagaban muy caro: actos de intimidación, amenazas y, a menudo, violencia.

A mi entender, Miguel Ángel Blanco personificaba la inocencia. De origen modesto —sus padres, gallegos, se habían establecido en el País Vasco en busca de una vida mejor—, era licenciado en Económicas y trabajaba con su padre en la construcción. Finalmente, encontró trabajo en una empresa de consultoría en Éibar, ciudad a la que acudía cada día desde Ermua, donde había sido elegido concejal. Planeaba casarse en breve. El mismo día de la manifestación, y tal vez incluso a la misma hora, recibió dos disparos en la cabeza. Era la décima víctima mortal de ETA desde principios de año. El presidente del Gobierno, José María Aznar, y mi hijo Felipe, que tenía la misma edad que la víctima, presidieron el funeral. Fue el inicio de una oleada de manifestaciones en todo el país, incluido el País Vasco. Ya se habían producido movimientos de protesta espontáneos antes, como en 1987, tras el atentado en el aparcamiento del supermercado Hipercor de Barcelona, donde murieron veintiuna personas y cuarenta y cinco resultaron heridas, y al que siguió el atentado contra la casa cuartel de la Guardia Civil de Zaragoza, en la que murieron once personas, entre ellas seis menores de entre tres y diecisiete años —¡esos bárbaros tenían sangre de niños en sus manos, no tenían límite!—, y después, en 1996, el asesinato del expresidente del Tribunal Constitucional, Francisco Tomás y Valiente. Pero esta vez, en 1997, se trataba de una movilización masiva que reunía tanto a la izquierda como a la derecha, a viejos y a jóvenes, para expresar su hartazgo. Había habido centenares de víctimas del terrorismo vasco desde la Constitución, y un sistema de cerco y chantaje había arraigado en toda una región. Estábamos unidos frente al terrorismo, pero no era suficiente.

Un año después, afortunadamente, se llegó a un acuerdo donde se reconocía la voluntad de alcanzar una solución política al conflicto. Se acababa de firmar un acuerdo de paz en Irlanda del Norte que bien pudo tener un efecto sobre ETA. Llegó así la primera tregua indefinida. Fue la primera vez que pude respirar con cierto alivio, aunque sabía que aquello solo era temporal. Sin embargo, un atentado puso fin a la paz, casi dieciséis meses después. ETA se mantenía inflexible e inquebrantable, pero nuestra determinación de ponerle fin también seguía intacta.

Me uní simbólicamente, junto a la Reina, a los movimientos de repulsa contra ETA, con minutos de silencio públicos, como en mayo de 2000, tras el asesinato del periodista vasco José Luis López de Lacalle y de nuevo, seis meses después, tras el asesinato del funcionario de prisiones Máximo Casado. El movimiento cívico de rechazo a la violencia terrorista ¡Basta Ya! fue galardonado en Estrasburgo con el Premio Sájarov; la causa contaba desde ese momento con el apoyo de Europa. En noviembre, durante el discurso de conmemoración del 25 aniversario de mi reinado, condené enérgicamente a ETA. Al mes siguiente, los dos principales partidos políticos firmaron el Pacto Antiterrorista, con el objetivo de unir fuerzas para defender el derecho de los vascos, y de todos los españoles, a vivir en paz. Durante 2001 y 2002, una serie de medidas judiciales y policiales tomadas en colaboración con Francia se saldaron con detenciones y con el desmantelamiento de redes de apoyo, lo que debilitó considerablemente a la organización, ya minada por las disensiones internas. Se celebraron conversaciones secretas en Ginebra, que culminaron en 2006 con el anuncio por parte de tres personas con máscaras blancas y boinas negras —seña de identidad de la banda armada— de un alto el fuego permanente. ETA pasaba a centrarse en la acción política para lograr sus objetivos, dejando atrás toda acción terrorista. Pero el 30 de diciembre de 2006 una bomba estalló en el aeropuerto Madrid-Barajas y mató a dos personas. Una vez más, el proceso de paz se hizo añicos. La pesadilla terminó el 2 de mayo de 2018 con la disolución oficial de ETA. El balance humano fue trágico: ochocientas cincuenta y cuatro muertes —más de la mitad miembros de las Fuerzas Armadas y de los cuerpos policiales—, y miles de heridos. No los olvidemos nunca.

España tampoco se libró del terrorismo de Al Qaeda. El 11 de marzo de 2004 será siempre una fecha clave tanto para el país como para mí. Aún me atormenta. Fue un trauma nacional y personal, una pesadilla de la que no salí indemne. No lo digo a la ligera: el 11 de marzo de 2004 será para siempre el día más duro de mi reinado. A las 7:37 de la mañana estalló la primera bomba en un tren de cercanías, a su llegada a la estación de Atocha, en pleno centro de Madrid y en plena hora punta del transporte público. Un minuto después, se produjeron otras dos explosiones a bordo del mismo tren. A continuación, dos bombas más estallaron en un tren en la cercana estación de El Pozo y otra más en un tren en la estación de Santa Eugenia. A las 7:39, en un tren detenido a quinientos metros de Atocha, sonaron otras cuatro explosiones. Es decir, diez bombas en dos minutos. El balance fue terrible: 193 muertos y 1.857 heridos. Fue una carnicería, una tragedia. Se me llenan los ojos de lágrimas solo con recordarlo. Ha sido el acto terrorista más mortífero perpetrado en España. Cuanto más aumentaba el número de víctimas, más me paralizaba la desolación. Me encerré en mi despacho. Cada vez que se me anunciaba una nueva cifra, llamaba a mi ayudante para informarle. Creo que le llamé veintisiete veces aquel día. Pocas veces he llorado tanto. Decidí enseguida dirigirme a la nación, en estado de shock. Era la primera vez que lo hacía desde el intento golpista del 23F, al margen de mis discursos de Navidad. Lo haría solo dos veces más: una con motivo del fallecimiento de Adolfo Suárez, el 23 de marzo de 2014, y la otra para anunciar mi abdicación. No he abusado nunca de los discursos. Sin embargo, en aquella ocasión quería compartir con todo el mundo mi indignación y tristeza y, sobre todo, apelar a la unidad, firmeza y serenidad del país durante aquella prueba.

La barbarie se había desatado en un momento singular. Estábamos en plena campaña electoral y Mariano Rajoy se presentaba como sucesor de José María Aznar, que contaba con un excelente historial económico. Frente a ellos, un socialista, José Luis Rodríguez Zapatero, inmerso en una situación compleja. Aznar había destinado tropas españolas a Irak, lo que había movilizado a un importante movimiento pacifista. Zapatero había prometido retirarse del conflicto en caso de salir elegido. En un momento en que el terror nos embargaba a todos, Aznar consideró a ETA responsable de esas atrocidades, antes de que las reivindicara Al Qaeda. La izquierda acusó a la derecha de utilizar la tragedia con fines electorales. Las emociones estaban a flor de piel y los ánimos muy caldeados, y pululaban las sospechas de manipulación. El 14 de marzo, las elecciones dieron por resultado algo impensable la semana anterior: la derrota del PP y la victoria del PSOE, con el voto a favor durante la investidura de los ecologistas, la extrema izquierda y los nacionalistas catalanes. Sin aquel atentado, el resultado habría sido muy distinto.

Como ya he contado, nada más llegar al trono tomé la decisión de no comprometerme a presidir los funerales de las víctimas del terrorismo, pero en este caso hice una excepción. Junto con toda la Familia Real, asistí al funeral de Estado por las víctimas del 11M en la madrileña catedral de la Almudena, al que acudieron dignatarios de todo el mundo. No pude contener la emoción en medio de las desoladas familias a las que intenté consolar con un abrazo. Al final de la misa, la Familia Real pasó espontáneamente entre los bancos para saludarlas y mostrar su solidaridad. No había consuelo para nadie. Olvidamos el protocolo. Estábamos unidos en el dolor.

Las reivindicaciones nacionalistas vascas eran provocadoras y violentas, y monopolizaban la atención mediática y gubernamental; sin embargo, como advertía a todos los presidentes de Gobierno, los independentistas catalanes son menos ruidosos pero más correosos. Jordi Pujol, de Convergència i Unió, fue presidente de la Generalitat de Cataluña de 1980 a 2003, ¡nada menos que veintitrés años! Una hegemonía y una longevidad política únicas en democracia. Nada más tomar posesión, declaró que «la reconstrucción nacional de Cataluña» sería el eje principal de su política para forjar una identidad catalana. Alimentó una cultura catalana basada en la exaltación de su historia y, sobre todo, llevó a cabo una «catalanización» de la vida administrativa y de la cotidiana. En diez años, decenas de miles de funcionarios pasaron de la administración pública española a la catalana. Se llegó a la absurda situación de que, en las estadísticas oficiales catalanas, las «relaciones comerciales con el exterior» incluían el comercio con el resto de España. Jordi Pujol acudía regularmente a Madrid para negociar más derechos y prerrogativas. Primero iba a la Moncloa para entrevistarse con el presidente del Gobierno, antes de reunirse conmigo en la Zarzuela. Tenía el tiempo justo para que me avisaran sobre sus reivindicaciones. Sabía que había que marcar límites firmes a Pujol siempre que intentaba sobrepasarlos.

Para resumir en pocas palabras un tema delicado y que culminó en una crisis institucional en octubre de 2017 —que mi hijo afrontó con firmeza pronunciando un discurso importante digno de un gran rey—, resultado de una ley orgánica aprobada en 1983 que armonizaba las competencias de todas las comunidades autónomas, cuando inicialmente se había distinguido, en la Constitución, entre las «comunidades históricas» (País Vasco, Cataluña y Galicia) y las demás. Fue el llamado «café para todos». Los catalanes no vieron con buenos ojos que sus particularidades quedaran diluidas entre las de los demás. En 2006, se elaboró un nuevo Estatuto de autonomía para Cataluña, aprobado en referéndum, pero declarado inconstitucional en 2010, lo que provocó grandes manifestaciones en Cataluña. En 2012, se intensificaron otras reivindicaciones sobre competencias fiscales —que afectaban a la solidaridad financiera entre regiones— y las judiciales, que culminaron en un referéndum ilegal de autodeterminación el 1 de octubre de 2017. Yo ya había abdicado, pero obviamente apoyé la postura decidida del rey Felipe sobre el respeto a la Constitución y la unidad del país, de la que él es el garante. En el plano personal, me sentí traicionado. El territorio catalán, tan dinámico en el plano económico y cultural, de acogida de gentes en busca de trabajo y prosperidad, se convertía en una zona de intolerancia donde no ser un nacionalista radical equivalía a ser «facha». Si alguien me hubiera dicho diez años antes lo que iba a suceder en Cataluña, no le habría creído. Para mí era impensable, inimaginable. ¿Cómo habíamos llegado a esa situación de antagonismo, cuando habíamos hecho todo lo posible para vivir en armonía y en democracia? El camino que escogieron los padres de la Constitución se ajustaba a nuestras características históricas específicas. Somos más fuertes cuando estamos unidos y reconciliados, y esa ha sido la lucha de mi vida. Espero de todo corazón que sigamos estándolo. No podemos ceder a la discriminación basada en la identidad y en el odio de los unos contra los otros. No podemos someternos al chantaje político cuando va en contra de nuestra Constitución. Tampoco podemos dejar de dialogar entre nosotros: la concordia nacional nos obliga a ello. Mi preocupación es que cada decisión consiga sentar un precedente que sea muy difícil de revertir en un futuro. Si España es plural, Cataluña también lo es. Y es desde el respeto a esta riqueza que debemos avanzar.

4

1992, el año de España

La situación política catalana me preocupa mucho últimamente. La sigo desde la distancia, leyendo la prensa, frustrado y alarmado a la vez. Y eso que esta tierra, que conozco bien y en la que tengo muy buenos amigos, me hizo en su día muy feliz y me llenó de orgullo. Barcelona fue para mí un lugar de grandes emociones durante los Juegos Olímpicos de 1992, una aventura de la que fui instigador nada menos que quince años antes. Desde los primeros años de mi reinado, cuando la situación política era aún incierta, aposté por el hecho de que un día organizaríamos los Juegos Olímpicos. Solo dos personas lo creíamos: Juan Antonio Samaranch y yo. Nos apasionaba el deporte y estábamos decididos a promoverlo en España, que por entonces contaba con escasas infraestructuras y pocos profesionales. El deporte no se valoraba en absoluto como hoy en día, y solo interesaba a un pequeño grupo de entusiastas aficionados. Juan Antonio Samaranch impulsó el deporte del hockey sobre patines, hasta el punto de que, como seleccionador, llevó a su equipo a recibir la medalla de oro en el campeonato mundial. Ya he mencionado que me regaló un perro llamado Stick, como el palo de hockey, cuando yo vivía cerca de El Escorial, en la Casita de Arriba. Debido a este inesperado éxito deportivo, fue nombrado presidente del Comité Olímpico Español y delegado nacional de Educación Física y Deportes. En 1977, cuando yo estaba inmerso en las complicaciones del proceso democrático, vino a verme a la Zarzuela:

—Majestad, nómbreme embajador de España en Moscú, y le prometo que algún día España tendrá sus propios Juegos Olímpicos. —Ante mi gesto dubitativo, se explicó—: Moscú va a ser la sede de los próximos Juegos Olímpicos. Cuando esté allí, podré convencer al bloque del Este para que apoye nuestra candidatura. Y también podré aspirar a la presidencia del Comité Olímpico Internacional. ¡Lo tendremos todo a nuestro favor para organizar algún día los Juegos!

Su entusiasmo era contagioso. Presenté la propuesta de inmediato al Ministerio de Asuntos Exteriores, que se resistió al nombramiento por no ser Samaranch diplomático de carrera. Nadie se creía nuestros argumentos. Tuve que insistir mucho para salirme con la mía. Finalmente, Samaranch fue enviado como embajador a la URSS, pero en Madrid yo era el único que apostaba por su plan. Trabajador incansable que solo se tomaba unas horas libres los domingos para ir a misa, Samaranch incluso había aprendido ruso.

Tres años más tarde, en Lausana, fue elegido presidente del Comité Olímpico Internacional, cargo que ocupó durante veintiún años, el mandato más largo después del de Pierre de Coubertin. Ya en 1979 Samaranch le había explicado su proyecto al entonces alcalde de Barcelona, Narcís

Serra, que se mostró cauteloso, al igual que el Gobierno español e incluso el Comité Olímpico Español. Tuve que implicarme personalmente para demostrarles que se trataba de una ambición que debíamos impulsar entre todos. Mi energía contagiosa consiguió unir a la izquierda y a la derecha. En 1985, Barcelona presentó oficialmente su candidatura para la organización de los Juegos Olímpicos de Verano. Las ciudades rivales eran París y Ámsterdam. Un año después, fuimos elegidos. Aquel día no pude reprimir una inmensa alegría. Era la realización de un sueño que llevaba guardado en mi corazón desde hacía una década. Ahora solo nos quedaba unir nuestras fuerzas para que España estuviera a la altura del reto que nos esperaba.

En el ámbito internacional teníamos fama de ser algo informales. Pocos creían en nuestra capacidad de cumplir con nuestros compromisos. Debíamos demostrar al mundo que éramos capaces de organizar a la perfección el mayor acontecimiento deportivo planetario. Todos nos unimos, conscientes de la importancia de lo que estaba en juego. En aquel momento, socialistas, comunistas, independentistas y conservadores éramos todos españoles movilizados por un proyecto que beneficiaría a toda España en términos de imagen, reputación, infraestructuras, turismo y ventajas económicas. Aquella colaboración leal y constructiva fue excepcional. Me pregunto si hoy podríamos alcanzar ese mismo tipo de compromiso y solidaridad. El alcalde de Barcelona, Pasqual Maragall, del Partido de los Socialistas de Cataluña, realizó un trabajo extraordinario para su ciudad, que experimentó una completa remodelación entre 1987 y 1992. Hasta entonces, la capital catalana daba la espalda al mar, una línea de ferrocarril bordeaba el litoral y las zonas costeras estaban descuidadas. Con motivo de los Juegos Olímpicos, se desvió la línea férrea, se limpiaron las playas, se crearon parques, se mejoró el transporte público, surgieron hoteles y restaurantes. La ciudad olímpica se puso de moda, con jóvenes barceloneses codeándose con extranjeros de todo el mundo. Fue todo un resurgimiento para Barcelona, que se convertiría en un núcleo turístico de primer orden.

Al final de la jornada del 25 de julio de 1992 todo estaba milagrosamente listo para la ceremonia de inauguración en el Estadio Olímpico de Montjuic, donde unos cuarenta jefes de Estado, miembros de familias reales de todo el mundo y del Gobierno se congregaban en el palco oficial. Cuando mi hijo apareció en el desfile como abanderado de España —participaba en los Juegos con otros dos tripulantes en la clase soling de vela y quedó sexto—, mi hija mayor, Elena, rompió a llorar de emoción. Esas imágenes siguen siendo famosas. Cuando las recuerdo, todavía me estremezco. Me sentía tan orgulloso de él y de España. Toda la familia vibraba al unísono con las competiciones. Aquel fue un período bendito.

¡Jamás en toda su historia España había ganado tantas medallas en unos Juegos Olímpicos, veintidós, trece de ellas de oro! Los deportistas me decían que yo les traía suerte. Sabían que todo el país contaba con ellos y estaban enardecidos por el ambiente de euforia. Era como si el público formara parte del equipo. Fueron unos Juegos inolvidables porque Samaranch había entendido la importancia de las retransmisiones televisivas. Por primera vez, el mundo entero pudo verlos en directo. Había un ambiente festivo y alegre, con batallones de jóvenes voluntarios movilizados y llenos de entusiasmo. Aun así, el día de la clausura, debo admitirlo, respiré aliviado. Fueron unas semanas agotadoras. Me había comprometido a asistir a todas las competiciones y a saludar a todos nuestros atletas: ¡todo un reto! Iba corriendo en coche, o en helicóptero, de una competición a otra, y también tenía que recibir a los dignatarios internacionales. Desde entonces, nunca más he querido asistir a otros Juegos Olímpicos de Verano: los de Barcelona estarán siempre grabados en mi memoria. No sé si el ambiente político actual sería propicio para este tipo de acontecimiento mundial, pero espero que el equivalente a 1992 se repita algún día en Cataluña o en cualquier otro lugar de España.

Aquel año fue para toda España una apoteosis. Celebramos magníficamente el V Centenario del Descubrimiento de América. No solo acogimos los Juegos Olímpicos, sino que Madrid fue designada Capital Europea de la Cultura y Sevilla se convirtió en la sede de una Exposición Universal, otro gran acontecimiento internacional que transformó Andalucía por completo. Se construyó un nuevo aeropuerto, una nueva estación de ferrocarril, un teatro de la ópera, autopistas; se inauguró el primer tren de alta velocidad entre Madrid y Sevilla, hubo barrios enteros rehabilitados, se reurbanizaron las riberas del Guadalquivir y se construyeron varios puentes.

Desde mi lugar de retiro en Abu Dabi, nunca he aceptado dar entrevistas a los periodistas españoles que me lo han pedido; solo salí de mi reserva una vez, cuando un estudiante sevillano, por mediación de mi amiga y biógrafa Laurence Debray, me hizo unas preguntas sobre los acontecimientos de 1992 en Sevilla para su tesis universitaria. Me hacía tan feliz poder recordar aquellos meses de intenso entusiasmo que no dudé ni un segundo en colaborar.

Fue durante mi primer viaje oficial al otro lado del Atlántico como Rey, en 1976, cuando anuncié en Santo Domingo mi intención de que España se postulara para la organización de una Exposición Universal para celebrar el descubrimiento de América. Mi abuelo Alfonso XIII organizó una increíble Exposición Iberoamericana en Sevilla en 1929, que fue un éxito. ¡Yo también tendría mi propia exposición! En 1982 se aceptó la candidatura de Sevilla, pero Génova, cuna de Colón, y Chicago también querían celebrar el descubrimiento del Nuevo Mundo. Tras la retirada de la candidatura de Génova, Sevilla y Chicago fueron las dos ciudades seleccionadas para la Exposición Universal. Chicago no recibió el apoyo esperado del estado de Illinois ni de Estados Unidos, y finalmente se retiró. En 1986, justo después de nuestra adhesión a la Comunidad Europea, se puso en marcha la operación. El requisito que nos propusimos fue que las nuevas instalaciones se reutilizaran, después de la Expo, para fines culturales, educativos o administrativos; no queríamos gastar millones en edificaciones que se quedaran vacías tras el acontecimiento. La Expo tenía que beneficiar ante todo a sevillanos y andaluces, más que ser una atracción turística temporal, y eso fue lo que logramos hacer. Un año después comenzaron las grandes obras, fuertes inversiones financiadas en parte gracias a programas europeos. La Expo transformó totalmente el paisaje de la región, una zona agraria y apartada, una de las más pobres del país, que había sufrido mucho. Menciono estas etapas preliminares a los Juegos Olímpicos o a la Expo para que se entienda que eran sueños que tenía en mente desde mi llegada al trono. Ya imaginaba una España nueva y radiante. Estaba haciendo realidad una visión que había tenido quince años antes. La Corona tiene la inmensa ventaja de poder actuar a largo plazo, de anclar sus acciones a lo largo de un reinado.

En los meses que precedieron a la Expo, viajé con frecuencia a Sevilla para seguir la evolución de las obras en la isla de la Cartuja, donde se construían los pabellones de cada país, y en el centro de la ciudad, que también se estaba acondicionando. Era consciente de que cada una de mis visitas implicaba que las obras se acelerarían. No perdía de vista ni el más mínimo detalle. No podíamos improvisar; no podíamos permitirnos fallar cuando el mundo entero se disponía a desembarcar allí. Todos los países que participaron en la Expo fueron de gran ayuda; se implicaron construyendo pabellones muy innovadores y apoyando nuestras iniciativas. El 20 de abril, la noche de la inauguración, repicaron todas las campanas de Sevilla. La ceremonia de clausura se fijó para el 12 de octubre, el día de la fiesta nacional. Temíamos el sofocante calor del verano, ¡pero gracias a los árboles, las fuentes y los nebulizadores, todos sobrevivimos!

La increíble afluencia de más de cuarenta millones de visitantes superó con creces las previsiones más optimistas, hasta el extremo de que las autoridades locales presionaron para prolongar el acontecimiento. El presidente del Gobierno, Felipe González, se mostró firme: «La Expo finalizará a la hora prevista. ¡Sin improvisaciones!». Gracias a la eficacia de los operativos y a la estrecha vigilancia policial, el terrorismo nos otorgó un respiro excepcional. La mayor preocupación de Felipe González durante esos seis febriles meses fue controlar el riesgo de atentados. ¡Una enorme presión! Afortunadamente, los posibles alborotadores de estas celebraciones en Sevilla y Barcelona mantuvieron un perfil bajo. Los independentistas catalanes más acérrimos no se atrevieron a dañar la imagen de Cataluña ante los ojos del mundo. En las ceremonias oficiales de los Juegos Olímpicos, el himno catalán sonó antes que el himno nacional, y los anuncios se hicieron primero en catalán y luego en castellano, lo que sorprendió a muchos extranjeros. Todo transcurrió en armonía. Quienes vivieron estos acontecimientos los recuerdan como momentos únicos de alegría y comunión. Todos nos sentíamos muy orgullosos, sobre todo por aquellas generaciones de españoles que vivieron el aislamiento, e incluso la pobreza, como una dolorosa humillación. Los principales dignatarios internacionales vinieron a España en 1992. Habíamos vuelto a poner al país en el mapa. Tuve la sensación de que la historia de España se aceleraba de un modo apasionante y maravilloso. Nos habíamos convertido en una nación dinámica, optimista y emprendedora.

5

Construir una hispanidad

La idea de crear un conjunto de intereses económicos y culturales con Hispanoamérica, fundamentada en la historia y la lengua que compartimos, me viene de lejos. Empecé a pensar en ello siendo un simple cadete en el buque escuela *Juan Sebastián de Elcano* en 1958, durante mi primer viaje a través del Atlántico. Los embajadores españoles recibieron la orden del régimen de Franco de no organizarme una recepción oficial, pero, a pesar de ello, los jefes de Estado de los países que visitaba hicieron gala de una gran habilidad diplomática al recibirme con todos los honores. Fue entonces cuando pude calibrar la simpatía que la Corona española podía despertar en los países que iba descubriendo: República Dominicana, Colombia, Ecuador, Perú, Panamá... Todos me acogieron con entusiasmo, afecto y deferencia. En los desfiles militares, Guillermo Romero Caramelo, que, como primero de la clase, era el abanderado, me cedió su puesto; le parecía que me correspondía a mí sostener la bandera española cuando llegara a los puertos iberoamericanos. De forma espontánea, sin ninguna presión, les dijo a sus superiores: «En América es el príncipe quien tiene que ocupar mi lugar». A los veinte años, durante aquel viaje, me di cuenta de que España, y con mayor razón la Corona, encarnaban un símbolo fuerte que era necesario reavivar.

Desde los primeros años de mi reinado, quise revitalizar estos lazos de parentesco. Insistí en que la Corona española no debía llegar con una actitud condescendiente, ni con un sentimiento de superioridad. Lo he dicho muchas veces: «España sin Hispanoamérica no es España, Hispanoamérica sin España no es América». Tres siglos de historia compartida nos unen, además del idioma, ese bien tan preciado. A diferencia de los anglosajones, los españoles han mezclado su sangre con la de los habitantes de Hispanoamérica. Histórica, social y culturalmente, España es ininteligible sin su vertiente americana, y viceversa. Mi objetivo era demostrar que juntos podíamos ser una fuerza a tener en cuenta en el plano cultural, político y económico. España podía ser la punta de lanza europea en Hispanoamérica, e Hispanoamérica podría salir de su dependencia de Norteamérica y abrirse hacia Europa. Empezamos de cero y nos convertimos en el segundo mayor inversor de la región y en el mayor de Europa. Las empresas españolas se han beneficiado de ello. Por ejemplo, fue una constructora española la que se adjudicó el enorme proyecto de ampliación del Canal de Panamá, que fui a inaugurar. Impulsé personalmente este proyecto de comunidad iberoamericana (ya que Portugal y Brasil también forman parte de ella), desde mi primer viaje al extranjero como Rey, que, como he dicho, me llevó a detenerme en Santo Domingo de camino hacia Estados Unidos. Fui el primer rey español de la historia que visitó Hispanoamérica. «Llevamos cuatrocientos cincuenta años esperándole», me dijeron cuando llegué a Costa Rica. Quise celebrar allí también mi primera fiesta de la Hispanidad como Rey, el 12 de octubre de 1976. Visité República Dominicana, Colombia y Venezuela. Durante los dos años siguientes, 1977 y 1978, y luego en 1980 y 1983, continué mi recorrido por la región para conocer todos los países. Fue solo el comienzo de una larga historia de visitas y encuentros que culminó con la celebración de las cumbres iberoamericanas anuales, que reúnen a veintidós países miembros. Yo lo concebía como un deber y como un honor.

Con gran emoción presidí, más de treinta años después de mi viaje en el *Juan Sebastián de Elcan*o, en 1991, la I Cumbre Iberoamericana, organizada por el México del presidente Salinas, en Guadalajara. Quise que esta primera cumbre se celebrara en Hispanoamérica para evitar cualquier sospecha de tutelaje por parte de España. El hecho de que México, un país tan poderoso, contiguo a Estados Unidos, fuera el primer anfitrión de esta cumbre fue una señal significativa. Durante dos días, convivimos, estrechamos lazos y abordamos proyectos que permitieran hacer realidad esta nueva comunidad de intereses. Una anécdota ilustra el excelente ambiente que reinó entre nosotros. El presidente del Gobierno español, Felipe González, presidía una sesión plenaria. Los discursos de los jefes de Estado estaban cronometrados, pero temíamos que Fidel Castro no respetara esta regla, ya que era conocido por sus largos discursos, que podían durar incluso varias horas. Felipe González, en su papel de moderador, le dio la palabra y le dijo: «Presidente

Castro, tiene cuatro minutos». Y más o menos se ciñó al tiempo asignado. Felipe le dio las gracias. Y Fidel replicó: «¡Felipe, se ha vuelto muy dictatorial!». A lo que Felipe replicó: «¡Fidel, déjeme ser un dictador unos instantes más!». Toda la sala se echó a reír. Era un ambiente muy cálido. La segunda cumbre, en 1992, se celebró en Madrid. Luego pude llevar a todos los jefes de Estado a Barcelona por los Juegos Olímpicos y a Sevilla por la Expo. ¡Fue una oportunidad excepcional! He intentado no perderme nunca una cumbre hasta mi abdicación. Con el tiempo, me convertí en una figura tutelar y siempre sentí que se me trataba con verdadero afecto, tanto en la calle como en las reuniones oficiales.

Los jefes de Estado hispanoamericanos me llaman «el Rey». ¡En 2008 incluso me nombraron el líder más popular de Hispanoamérica! Aún me conmueve este homenaje, una bonita recompensa después de tanto esfuerzo y agotadores viajes para construir esta comunidad de cooperación iberoamericana. Soy un rey español que ama a Hispanoamérica. Me conocen bien, como también a mi hijo, que me ha representado en las tomas de posesión de todos los presidentes hispanoamericanos, y que habrá viajado hasta allí al menos setenta veces siendo príncipe de Asturias. Entre ellos y yo, aunque no compartiéramos las mismas ideas políticas, reinaba una calidez amistosa, casi familiar. ¡Incluso con Fidel Castro! Como jefes de Estado, teníamos ideas muy diferentes sobre las cosas, pero eso no nos impedía hablar abiertamente. Castro, uno de los principales líderes comunistas, siempre fue muy abierto y cálido con la Reina y conmigo. Solía decir a la prensa española: «¡Tenéis suerte de tener un Rey excepcional!». ¡Un revolucionario elogiando a un rey democrático! Estaba orgulloso de sus orígenes gallegos. Todos los años, hasta que dejé de fumar tras mi operación de pulmón, me enviaba una bonita caja de puros. Sé que hacía ese tipo de regalos a mucha gente, pero a mí me complacía cada vez recibirlos. En 1992, cuando todos los jefes de Estado subimos en Barcelona en el avión que debía llevarnos a la Exposición Universal de Sevilla, Violeta Chamorro, la presidenta de Nicaragua, vio dónde debía sentarse y me dijo: «¡Me sentaré al lado de quien usted quiera, menos de Fidel!». Yo estaba avergonzado, el tiempo se agotaba y estábamos a punto de despegar, así que Sofi se ofreció a sentarse al lado del Comandante y yo viajé al lado de Violeta Chamorro, con quien me llevaba muy bien. Ella me llamaba «mi amor», lo que me divertía mucho, y al llegar me soltó: «No necesitamos chófer», así que hice yo de chófer. La Reina y Castro se pusieron a charlar, él muy galante con ella. Sofi le dijo: «¿Por qué sigue vistiendo uniforme militar? Mire, todo el mundo lleva traje». Él debió de tomar nota, pues en la siguiente cumbre iberoamericana apareció por primera vez con un elegante traje y corbata.

En 1999, Castro fue el anfitrión de la IX Cumbre Iberoamericana en La Habana. Fue nuestro primer viaje a Cuba. La Reina y yo nos alojamos en la embajada española, como solemos hacer en los viajes oficiales. Contrariamente a lo que establecía el protocolo, Fidel vino a recibirnos al aeropuerto y nos llevó en su coche hasta allí. Recuerdo que el personal cubano de la embajada se sintió muy decepcionado al vernos llegar en ropa de calle; pensaban que nos íbamos a presentar con nuestras tiaras y cetros, «como auténticos reyes». Supuse, aunque no estaba seguro, que nos estaban escuchando, así que decidimos tener cuidado con lo que decíamos. Fidel y yo nos sentamos frente a frente en un pequeño salón. Mi ayudante, que me acompañaba a todas partes, nos trajo unos cafés y se marchó. ¡Un miembro del equipo de seguridad cubano le regañó por atreverse a darle la espalda al Comandante!

Fidel agradecía que la España de Franco, a pesar de las presiones norteamericanas, nunca se sumara al bloqueo. A la muerte del general, incluso se decretaron tres días de luto nacional en Cuba. Este entendimiento amistoso no impidió que esa misma noche, en la cena de gala, durante mi discurso oficial ante Fidel y sus ministros, yo dijera: «Solo con una auténtica democracia, con la plena garantía de las libertades y en el escrupuloso respeto de los derechos humanos, podrán nuestros pueblos afrontar con éxito los desafíos del siglo XXI».

Pasamos mucho calor durante nuestra visita al casco antiguo de La Habana. El presidente del Gobierno, José María Aznar, al final me dijo: «No aguanto más, voy a quitarme la chaqueta». Le contesté: «Yo no puedo hacerlo porque llevo tirantes». ¡La prensa española se le tiró encima como si hubiera cometido un delito! Al final de la cumbre, justo antes de marcharme, organicé, como de costumbre, un cóctel para la comunidad española. Me entretuve demasiado, iba con retraso sobre la agenda prevista y sabía que Aznar ya me esperaba en el aeropuerto. Fidel consiguió que desviaran mi coche para poder tomar una última copa conmigo en una de sus casas. Intenté que la conversación fuera breve, lo que no era fácil con Fidel, conocido por su verborrea. Al despedirnos, me fijé en un cuadro precioso y lo elogié. Fidel lo descolgó inmediatamente e insistió en que me lo llevara a España. Aquello me hizo perder aún más tiempo, pero no pude negarme. En el último momento, Fidel quiso acompañarme al aeropuerto y se sentó a mi lado en el coche, lo que relegó a la reina a otro vehículo al final de la comitiva. Cuando llegué a la sala vip, con casi dos horas de retraso, me di cuenta, perplejo, de que ninguno de los jefes de Estado había querido despegar antes que yo. Todos habían estado esperando a que me fuera para poder irse, por fin, a casa. Me sentí realmente avergonzado por ser objeto de tal deferencia.

Mis relaciones con todos han sido siempre respetuosas. Con una excepción. En la Cumbre Iberoamericana celebrada en Santiago de Chile en 2007, el presidente venezolano Hugo Chávez consiguió sacarme de mis casillas. Estábamos en una sesión plenaria, presidida por la presidenta chilena Michelle Bachelet, y Chávez monopolizó la palabra. Se lanzó a una larga diatriba, como de costumbre, pero esta vez salpicada de comentarios insultantes hacia España. El presidente del Gobierno español, José Luis Rodríguez Zapatero, sentado a mi lado, trató de defender a su predecesor, José María Aznar —y eso que era su adversario político—, a quien Chávez había llamado «fascista». Zapatero invocó el respeto democrático, pero fue en vano: el presidente venezolano continuó con su incesante retahíla de comentarios provocadores. Yo hervía de rabia. Zapatero me tiraba de la chaqueta para que no interviniera. Chávez había sobrepasado con creces su tiempo de intervención y la anfitriona, Michelle Bachelet, no decía nada. Estaba poniendo muy a prueba mi paciencia. Me quedé mirándole con insistencia, asombrado y molesto a la vez, hasta que no pude más y le dije: «¿Por qué no te callas?». Entonces me levanté y abandoné la reunión. Michelle Bachelet me persiguió por el pasillo: «¡Por favor, majestad, vuelva!». Lo que, por supuesto, no hice. La mayoría de los jefes de Estado vinieron luego a verme: «Sentimos mucho lo que ha pasado», me decían molestos.

Me di cuenta de que mi frase había dado en el clavo cuando, más tarde, ese mismo día, un abogado sudafricano amigo mío me llamó para preguntarme si quería registrarla, igual que en su día había registrado mi firma para evitar imitaciones fraudulentas. Obviamente, me negué. Supe luego que en toda Hispanoamérica se distribuían camisetas, se vendían tonos de móvil y se creaban páginas web con la frase, y que el vídeo en YouTube batía récords de visualización. A mi pesar, «¿Por qué no te callas?» se convirtió en un lema de resistencia política. Recibí muchos mensajes alabando mi intervención intempestiva, y no solo de la oposición democrática venezolana. No era lo que pretendía; solo quería asegurarme de que imperaba el respeto entre jefes de Estado. Chávez había insultado a un presidente de Gobierno español, lo que equivalía a atacar a mi país, y eso era intolerable. Al ceder en el respeto, caemos en una peligrosa demagogia populista. Como Rey, era mi deber recordar las buenas maneras en el debate político. *Primus inter pares*, al fin y al cabo.

Tras este incidente diplomático, Chávez vino unos meses más tarde a enmendar su error. Le recibí en mi residencia de verano de Palma de Mallorca en julio de 2008. Cuando llegó le dije: «Tengo un regalo para ti», y le entregué un polo donde en grandes letras ponía: «¿Por qué no te callas?». Se rio. Y continué: «¿Sabes quién me lo ha enviado...? Uno de tus mejores amigos: ¡Bush padre!». Llamo a Bush padre «Bush 41», para distinguirlo de su hijo. Volveré sobre mi amistad con él más adelante. Me estaba burlando de Chávez, porque sabía que demonizaba a Estados Unidos. Este rápido encuentro ayudó a restablecer la armonía en las relaciones hispano-venezolanas. Al final de nuestra reunión, llamada «amistosa» en la jerga diplomática, Chávez anunció que vendería petróleo venezolano a España a «precios de amigo». Estaba redimiendo su inapropiado comportamiento con una sustancial ventaja comercial. El asunto había terminado, pero la frase quedaría para la historia.

6

Apagar fuegos

Yo no solo estaba allí, como decía el general De Gaulle, para «inaugurar crisantemos», sino también para limar asperezas cuando había crisis, y preservar a toda costa las relaciones entre Estados. Un rey no debe tener una ideología política. Puede tener inclinaciones personales hacia determinados jefes de Estado, pero su deber es, ante todo, velar por los intereses de la nación. Ser políglota significa poder hablar de tú a tú sin necesidad de intérprete, lo que es esencial para establecer un clima de confianza y abordar cuestiones delicadas. En mis sucesivos Gobiernos, pocos ministros hablaban otros idiomas, ¡incluso en una ocasión tuve que hacer de intérprete para un ministro que apenas podía balbucear en inglés porque quien debía traducir llegaba tarde! Reconozco que en alguna ocasión pedí la presencia de un intérprete: sus intervenciones me daban tiempo para pensar mi respuesta.

El idioma no es la única herramienta de complicidad, también está la ventaja del largo plazo. He conocido a la mayoría de los presidentes, que, según el país, cambiaban cada cinco o siete años, y a veces incluso me he reunido con ellos en varias ocasiones y he observado evoluciones o diferencias. Para romper el hielo, sobre todo en las reuniones difíciles, comenzaba con un chiste. Trataba de aligerar la atmósfera para abordar los asuntos complejos en un ambiente sereno. Sobre todo, no quería ir de vencedor, aunque en realidad lo fuese. Siempre intenté que ambas partes estuvieran satisfechas. El interlocutor no debe quedar mal. Con estas reglas simples he abordado temas espinosos. El rey Hasán II de Marruecos me hizo ver una cosa: «Es más fácil negarle un favor a alguien mientras caminas que cara a cara, arrinconado tras un escritorio». ¡Es por lo que él jugaba tan a menudo al golf! Pocas veces tuve que hacer uso de mi autoridad; una de esas ocasiones fue, por ejemplo, cuando exigí la liberación de rehenes españoles, sin contrapartida, a un jefe de Estado que se mostraba reacio a ayudar. Por lo demás, siempre he confiado en mi propia espontaneidad. Hay que saber aprovechar las oportunidades al vuelo o, al menos, saber crearlas. Napoleón prefería ascender a un soldado que había tenido suerte en el campo de batalla, lo que llamamos «tener baraka», que por antigüedad o por razones políticas.

En 2004, José Luis Rodríguez Zapatero, el recién elegido presidente del Gobierno socialista, anunció la retirada de las tropas españolas que estaban en Irak bajo mandato de la OTAN. El presidente animaba a los demás miembros de la coalición a seguir su ejemplo y retirarse del conflicto. Las relaciones entre Washington y Madrid estaban en su peor momento, algo a lo que no ayudó que Zapatero, el año anterior, cuando era jefe de la oposición, no se levantara al paso de la bandera estadounidense durante el desfile militar del 12 de octubre anterior. ¡Con lo sagrada que es su bandera para los estadounidenses! Me pareció una forma desproporcionada de mostrar públicamente su antiamericanismo. Luego, Condoleezza Rice, por entonces asesora de Seguridad Nacional de la Casa Blanca, aunque luego se convertiría en secretaria de Estado, evitó cuidadosamente pasar por España durante su gira europea. Yo sabía que George W. Bush también evitaba hablar con el presidente del Gobierno español. Estaba, cómo no, al corriente de estas tensiones, que me consternaban. Siempre he mantenido buenas relaciones con los presidentes estadounidenses, ya fueran republicanos o demócratas: tanto Bill Clinton como Bush habían acudido, invitados por mí, a Marivent en verano. Estados Unidos era un aliado indispensable, desde el punto de vista económico, estratégico y científico. Disfrutábamos, desde 1953, de una estrecha relación que no podía depender de una coyuntura gubernamental. Era mi deber preservar una política de Estado. La confianza entre dos aliados tarda tiempo en ganarse, y lo hace paso a paso, con constancia y perseverancia. En cambio, puede perderse en un instante.

Aproveché un viaje a Seattle, en el que iba a conocer la fundación de Bill y Melinda Gates, para llamar a George W. Bush y decirle que quería hablar con él en privado. No lo conocía tan bien como a su padre. No dudó en proponerme un encuentro informal, dos días después, en su rancho familiar de Texas. Advertí antes a Zapatero, poniéndole ante un hecho consumado. El presidente Bush me dio la bienvenida con un: «Espero que le guste el pavo, porque es

Acción de Gracias». Y su padre añadió: «Con él se puede hablar a las claras». De hecho, después de la comida familiar, los tres mantuvimos una conversación sincera y constructiva. Para eliminar cualquier ambigüedad, me apresuré a puntualizar: «Pido disculpas por la actitud de Zapatero. Cometió un error político siendo secretario general del Partido Socialista, pero eso no debería afectar a la relación entre nuestros dos países, que es una relación fundamental. He venido aquí para garantizar que nuestra cooperación de Estado a Estado no se verá perjudicada». Así fue como descongelé las relaciones bilaterales entre nuestros dos países y conseguí desbloquear una situación de crisis. Sin mi intervención, las tensiones seguramente se habrían agravado. A continuación, me llevaron a dar un paseo por el rancho para mostrarme sus caballos y vacas. La familia Bush recibía pocos invitados en ese lugar rústico y aislado, para preservar su intimidad.

Aquella vez actué como bombero para apagar el fuego. En otras ocasiones, el presidente del Gobierno me pedía que me anticipara a una tensión diplomática, y confiaba en mis relaciones personales para limar asperezas. Es lo que hizo Felipe González cuando me anunció que España tenía que reconocer a Israel. Éramos uno de los pocos países de Europa que no había normalizado sus relaciones diplomáticas con Tel Aviv desde 1948. Incluso Egipto había reconocido el país en 1979, tras los Acuerdos de Camp David. Franco, en nombre de la «tradicional amistad hispanoárabe», nunca quiso ningún acercamiento con Israel. También porque Israel había votado en contra de levantar las sanciones internacionales que habían impuesto a España. Casi todas nuestras importaciones de petróleo procedían de países árabes y no podíamos permitirnos una crisis diplomática con ellos, pero la presión de la Casa Blanca y de Bruselas era fuerte, sobre todo porque estábamos en las negociaciones finales para entrar en la CEE.

—Majestad, ha llegado el momento de normalizar nuestras relaciones diplomáticas con Israel —me anunció Felipe González en 1985, en una de nuestras reuniones semanales—. ¿Podría informar a sus amigos árabes?

Sabía que era un paso indispensable, pero delicado. Temía una oleada de reacciones negativas por parte de los dirigentes árabes, con algunos de los cuales mantenía una estrecha relación personal.

—Dame un poco de tiempo para tantear el terreno con mis amigos —le pedí al presidente de Gobierno—. Haré algunas llamadas.

Empecé por mi íntimo amigo el rey Huséin de Jordania, a quien expuse la situación de España ante esta anomalía diplomática. Muy a regañadientes, se mostró comprensivo, asegurándome que no iniciaría una crisis diplomática. A continuación, me puse en contacto con el rey Fahd de Arabia Saudí, a quien conocía bien desde que era príncipe heredero. Cuando vino en visita oficial a Madrid, en mayo de 1977, le invité a alojarse en mi casa de la Zarzuela, algo que rara vez hacía. Fui uno de los pocos no árabes que asistieron al funeral de su hermanastro, el rey Faisal, tras su asesinato en 1975. El año anterior, cuando España, como el resto de Occidente, atravesaba su primera crisis del petróleo, yo visité Arabia Saudí a petición de Franco. El ministro de Hacienda de la época, Antonio Barrera de Irimo, se acercó para decirme: «Alteza, las reservas de petróleo de España están bajo mínimos. Me pregunto si, dados sus vínculos personales con el rey Faisal, no podría explicarle que un envío rápido de petróleo nos sacaría de apuros. Si hacemos esta petición de Gobierno a Gobierno, las negociaciones durarán meses, mientras que usted...». Barrera, que además de ministro era un excelente violinista, no terminó la frase, pero entendí lo que quería decir. Y tenía razón. Hice la misma gestión en Irán con mi amigo el sah Mohammad Reza Pahleví. A diferencia del resto de Europa, España nunca ha tenido problemas de abastecimiento de petróleo y se libró del embargo durante la guerra del Yom Kipur. Fui uno de los pocos dignatarios no árabes recibidos por la Liga Árabe durante una visita a El Cairo en marzo de 1977.

Le expliqué entonces al rey Fahd, con la mayor sinceridad: «No quiero traicionar nuestra amistad, y menos aún nuestros lazos fraternales. Usted puede pedirme muchas cosas, pero no puede exigir que un Estado democrático, como España, no mantenga relaciones diplomáticas ni comerciales con otros Estados democráticos, incluido Israel. Ha llegado el momento de que España normalice sus relaciones con Tel Aviv». Me dirigí a él como Rey y como amigo. Tuvo que aceptar nuestra decisión, aunque lo hizo a su pesar. No armó ningún escándalo, solo me pidió unos meses. Necesitaba preparar los ánimos de la región para semejante viraje por parte de España. Con seguridad no habría reaccionado de la misma manera ante las explicaciones del presidente del Gobierno. Considero que agradeció que actuara con tanta franqueza. Me volvió a llamar al cabo de cuatro o cinco meses: «España ya puede reconocer a Israel», me dijo en tono firme. Fue entonces cuando informé a Felipe González de que podía iniciar conversaciones con el Estado hebreo. No tuve dudas de que, gracias a mi discreta mediación, no habría crisis diplomática. Estaba acostumbrado a que las presiones extraoficiales no llegaran al Ministerio de Asuntos Exteriores, sino directamente a mí. Mis vínculos personales con los dirigentes me situaban en la posición de mediador y facilitador. El 17 de enero de 1986, Felipe González firmó un acuerdo con Simon Peres en La Haya, y España se convirtió en «amiga» de Israel.

En 1992, con motivo del aniversario de la expulsión de España en 1492 de los sefardíes, obligados por los Reyes Católicos a exiliarse o a convertirse al cristianismo, anuncié la firme intención de nuestro país de sellar una reconciliación definitiva con las comunidades judías históricas de la península ibérica. «Los sefardíes ya no son españoles sin tierra», anuncié entonces. Veinte años después, se aprobó una ley que permitía a la diáspora sefardí solicitar la nacionalidad española. Esta reparación histórica dio lugar a una hermosa ceremonia en Toledo —donde en el siglo XII vivían unos diez mil judíos y había varias sinagogas— que reunió a las autoridades españolas y a los sefardíes recién nacionalizados, algunos de los cuales habían conservado, a lo largo de los siglos, la llave de su casa en España. Tenían presentes los ocho siglos de fructífera cohabitación entre los tres monoteísmos, un ejemplo histórico que demuestra que, aunque a menudo lo olvidamos, esa cohabitación es posible.

Fui el primer monarca europeo que visitó oficialmente Israel en noviembre de 1993. Mi anterior visita a la región había sido durante mi luna de miel, en 1962. Sofi y yo nos alojábamos en Ammán con mi amigo el rey Huséin de Jordania. Nos prestó un coche y fuimos a la Ciudad Santa sin problemas: ni bloqueos ni controles. Hoy ese viaje sería imposible. Treinta años más tarde, desembarqué con un enorme dispositivo de seguridad. Esperaba hacer honor a mi título de rey de Jerusalén, heredado de las Cruzadas. Pronuncié un discurso ante la Knéset con el que no dejé de señalar la importancia del derecho del pueblo palestino a la autodeterminación. Cuatro años antes, había recibido a Yasir Arafat en Madrid y, además, también había organizado, en octubre de 1991, la Conferencia de Madrid para impulsar la paz en Oriente Próximo.

Las primeras conversaciones directas entre Israel, Siria, Líbano, Jordania y Palestina tuvieron lugar en el Palacio Real, bajo mi patrocinio. Fueron ellos quienes quisieron que esta conferencia se celebrara en Madrid. Era la primera vez en treinta años que aceptaban reunirse y confiaron en mí, y en España, para iniciar la vía del diálogo. No olvidemos que, entre 1989 y 1991, el mundo experimentó una aceleración histórica sin precedentes, desencadenada por la caída del Muro de Berlín. A la reunificación de Alemania la siguieron la invasión de Kuwait y la primera guerra del Golfo. El secretario de Estado estadounidense, James Baker, y su homólogo ruso, Eduard Shevardnadze, iniciaron contactos para poner en marcha un proceso de paz en Oriente Próximo. Informaron a España de que era el país anfitrión elegido por todos apenas dos semanas antes. En aquel entonces teníamos influencia en la región. Fue un reto enorme en términos de logística y seguridad. Incluso tuvimos que retirar tapices antiguos que habrían podido herir la sensibilidad de ciertas personas, y cambiar manteles con una combinación de colores que recordaba a los de alguna bandera.

La sesión plenaria inaugural fue difícil. Algunos se encontraban cara a cara por primera vez. El ambiente era frío; las palabras, duras. Durante los tres días siguientes, las reuniones bilaterales entre los israelíes, encabezados por Isaac Shamir, y las delegaciones árabes permitieron avanzar. Todo el mundo se movilizó para promover la idea de los dos Estados. Este impulso esperanzador condujo a los Acuerdos de Oslo en 1993, esta vez negociados directamente con la OLP, que se había ganado el reconocimiento internacional. En aquel momento, sentí que había trabajado activamente, en la medida de mis limitados medios, para lograr el entendimiento entre dos pueblos que tienen derecho a coexistir. Unos esfuerzos que parecen vanos ante la situación actual, tan desastrosa y lamentable.

Aquellos días fueron extremadamente intensos, en especial si tenemos en cuenta que fue el último encuentro entre Bush y Gorbachov. Resultó muy emotivo. El presidente estadounidense había comunicado al presidente de Gobierno, Felipe González, que, según informes de sus servicios secretos, se estaban urdiendo complots contra Gorbachov, que ya se había enfrentado a un intento de golpe de Estado. Sin embargo, consideraba que no le correspondía a él advertírselo, y todavía menos durante un encuentro oficial, compuesto por legaciones de alto nivel. Felipe González me puso al tanto de la confidencia y me hizo partícipe de la situación. Tomé la iniciativa de modificar el protocolo previsto de la cena para que los cuatro —Bush, Gorbachov,

Felipe González y yo— pudiéramos mantener una conversación confidencial. Fue la única vez que pedí a la Reina que no asistiera a una cena en palacio. No le gustó nada, pero comprendió que necesitábamos una reunión privada. Tras el cóctel de bienvenida, las mujeres y los representantes oficiales salieron. Nada más sentarme, me giré hacia Gorbachov y le dije a quemarropa: «Te están segando la hierba bajo los pies». Quería rebajar la tensión y ponerme manos a la obra lo antes posible.

Quizá el intérprete no supo traducirlo, porque al principio Gorbachov no entendió lo que yo quería decirle. El intérprete le repitió lo que yo había dicho, él lo entendió y se volvió hacia Bush. Animé entonces al presidente estadounidense a que revelara todos los datos que tenía en su poder. «Según mis informes, es cuestión de semanas, y no de meses», confirmó. Manejé la discusión con toda la habilidad y delicadeza de la que fui capaz, dada la tensa situación en que nos encontrábamos: no es fácil decirle a un líder que van a deponerle de forma repentina en breve. Gorbachov esperaba que, en caso de desestabilización política, la comunidad internacional le apoyaría. «La influencia del contexto internacional supondrá el 5% del resultado, pero el 95% restante dependerá del equilibrio de fuerzas internas», insistía Felipe González. De hecho, la comunidad internacional no desempeñaría ningún papel en aquella crisis. Aquella tarde del 1 de noviembre de 1991 supe que estaba viviendo un momento histórico. Bush me dejó con estas palabras: «Es la última vez que le veremos como jefe del Estado». Su dimisión la noche del 25 de diciembre de 1991, apenas dos meses después de nuestro encuentro, selló la desaparición de la URSS. Su rival, Borís Yeltsin, se convirtió en el primer presidente de la Federación Rusa.

Gorbachov, una vez depuesto, se vio sin recursos económicos. Sobrevivió con la escasa pensión de su esposa Raísa como profesora, abandonado por todos. Nadie se atrevía a ponerse en contacto con él por miedo a molestar al nuevo hombre fuerte del Kremlin, Borís Yeltsin. Pero yo no cedí a las presiones políticas y no dudé en invitarle a él y a su esposa a visitar la Exposición Universal de Sevilla. Hay que saber ser humano y considerado, sobre todo cuando se es jefe de Estado. Era su primer viaje desde que había dejado el poder. Me contó que había pasado una noche memorable recorriendo las callejuelas del casco antiguo de la capital andaluza, completamente de incógnito, antes de viajar hasta la villa La Mareta, en la isla de Lanzarote, donde fue mi invitado personal. Felipe González le regaló unos pantalones cortos para que pudiera meter los pies en el océano Atlántico por primera vez en su vida. Y le ofreció, discretamente, algo de dinero para que pudiera invitar a su mujer Raísa a cenar en un restaurante. Había pasado de la cima a la indigencia.

Ningún monarca europeo había visitado la URSS desde el asesinato de la Familia Real rusa en 1918. Moscú había ayudado al bando republicano durante la Guerra Civil, y más tarde acogió a una oleada de exiliados comunistas españoles. A ojos de Franco, eran el enemigo absoluto. En 1977, España estableció relaciones diplomáticas con el bloque comunista, que entonces representaba casi la mitad del mundo occidental. Juan Antonio Samaranch fue nuestro primer embajador allí. La Reina y yo llegamos en 1984, pocas semanas después de la muerte del secretario general Yuri Andrópov, que se había posicionado contra la corrupción e inició tímidas reformas durante su breve mandato. Nos atendió su sucesor, Konstantín Chernenko, un hombre de la más firme ortodoxia y con una salud en declive. Apenas había podido leer el elogio fúnebre de Andrópov, y le costaba caminar. El ambiente era tóxico. La diplomacia soviética, empantanada en la guerra de Afganistán, presionaba para impedir nuestra entrada en la OTAN. La URSS boicoteó los Juegos Olímpicos de Los Ángeles porque los estadounidenses habían boicoteado, a su vez, los de Moscú cuatro años antes. Recuerdo la ceremonia militar, fría y solemne, sin público, en la Plaza Roja, con Chernenko sostenido por un guardia rojo de cada brazo. Todo era escalofriante: el aire, el protocolo, los largos pasillos vacíos del Palacio del Kremlin. Viajamos miles de kilómetros: Taskent, Samarcanda, Leningrado. Todo era sobrecogedor. El «alma rusa», como la llaman, merece la fascinación que suscita. En el Hermitage, Sofi quedó tan impresionada que recorrió cada estancia del museo. No quería perderse un solo rincón. Le dolían tanto los pies que acabó quitándose los zapatos para poder verlo todo. ¡Hasta los conservadores que la acompañaban no aguantaban más! El único momento cálido del viaje fue la recepción ofrecida en la embajada española a nuestros compatriotas, los «niños de la guerra», que no habían vuelto a España desde entonces. Pudimos facilitar el regreso de los que querían volver a ver su patria. Entre tapas y abrazos cariñosos nos alegramos de estar juntos, reconciliados por fin.

En 1990, pocos meses después de la caída del Muro de

Berlín, Mijaíl Gorbachov fue el primer secretario general del Comité Central del Partido Comunista de la Unión Soviética que realizó una visita oficial a nuestro país. Me impresionaron su determinación y su carisma, y me encantó su mirada franca y directa. España le concedió un préstamo y facilidades económicas, porque la transición del viejo al nuevo sistema había ocasionado tal trastorno que la vida cotidiana soviética se resentía, y algunos productos estaban racionados. Me pareció sincero en su deseo de una reforma política. Tenía una retórica excelente. Después de sus dos predecesores, ancianos y enfermos, encarnaba una verdadera energía y una promesa para el futuro. Era más popular internacionalmente que en su propio país. Había abandonado la doctrina Brézhnev, que limitaba la soberanía de los Estados «satélites» de la URSS, lo que posibilitó la caída del Muro de Berlín, y había negociado con Reagan un proceso de desarme, empezando por la destrucción de los misiles nucleares de corto y medio alcance. Tanto Reagan como Gorbachov me hablaron bien el uno del otro. Se tenían respeto, una estima sincera, ¡pese a estar predestinados a ser enemigos!

En mi siguiente viaje a Moscú, la URSS ya no existía. El mastodonte Yeltsin estaba rodeado de guardias rojos para evitar que se cayera. Nunca le vi sobrio. Las relaciones económicas entre nuestros dos países empezaban a tomar forma con, por ejemplo, el tren Talgo de alta velocidad entre Moscú y San Petersburgo, y con la construcción de plantas de tratamiento de residuos, refinerías, autopistas, etcétera. España y Rusia habían dejado por fin de darse la espalda y habían iniciado unas fructíferas relaciones bilaterales. La diplomacia económica fue una de mis principales misiones durante mi reinado. Sentía que, una vez cumplido mi papel político en el ámbito nacional, tenía el deber de ayudar a España a brillar en la escena mundial. Tras la consolidación del régimen democrático, era el momento de normalizar las relaciones diplomáticas de España, que pasó de tener sesenta y seis representantes diplomáticos en todo el mundo, en 1975, a tener ciento veintiséis.

7

Promover una nueva España

Al parecer, durante mi reinado realicé doscientas cuarenta y dos visitas oficiales a más de cien países, lo que me convierte en el monarca europeo que más ha viajado después de Isabel II, la reina de Inglaterra, que realizó más visitas de Estado que yo a lo largo de su largo reinado. Nosotros teníamos mucho terreno que recuperar para salir de nuestro aislamiento. Mi abuelo Alfonso XIII realizó numerosas visitas oficiales —a Portugal, Francia, Reino Unido, Prusia, Austria-Hungría, Bélgica e Italia—, lo que para su época era moderno y atrevido, sobre todo porque la amenaza terrorista anarquista era muy real. Pero, tras la Guerra Civil, España se encerró en sí misma. Cuando Franco me nombró príncipe de España, yo ya había viajado a una treintena de países, conocido a dos presidentes americanos, a tres papas, a representantes de todas las monarquías europeas y al emperador de Japón, y simpaticé, sobre todo, con el rey de Jordania y el sah de Irán. Franco comprendió que eso era una ventaja, que era también una inclinación personal y una característica familiar, y me animó a continuar, sobre todo porque él no viajaba. Aunque yo carecía de poder, sí podía encarnar una esperanza de cambio. Me iba creando una red de contactos y de apoyos internacionales que resultarían muy útiles para respaldar los cambios políticos que pondría en marcha después de 1975. Tenía la convicción de que nuestra normalización interna pasaba también por una intensa labor diplomática. Me convertí en un rey cosmopolita, en el principal responsable de la proyección internacional de España. Necesitaba consolidar alianzas políticas. El país al que más viajé fue Estados Unidos (quince veces durante mi mandato), pero el segundo, entre 1975 y 1985, fue Alemania, para apoyar nuestra candidatura a entrar en la CEE. Los primeros años de mi reinado los dediqué a promocionar la imagen de una España democrática y abierta, y luego los viajes tuvieron propósitos más económicos. No podíamos quedarnos al margen de la globalización. En 2009 —el año en el que más viajé, a pesar de mis problemas de salud—, contribuí a conseguir contratos internacionales que nos permitieron una recuperación de la crisis y también incrementar la inversión extranjera en España, así como nuestro comercio exterior.

A fuerza de viajar por el mundo para construir redes de influencia, y abrir nuevos horizontes a las empresas españolas, me he convertido en un veterano de las relaciones internacionales. Dada mi experiencia, la duración de mi reinado, los vínculos que he forjado con muchas personas y cierta facilidad para hablar con gente de toda condición, creo que he sido un representante apreciado y respetado en todo el mundo, algo a lo que también ha contribuido mi excelente memoria para recordar a las personas que he conocido por el camino y mi capacidad para inspirar confianza y desactivar crisis. Tenía la motivación y la energía para emprender esos viajes agotadores en los que se visita el mayor número posible de países en el menor número posible de días, en los que en el vuelo de ida hay que leer y trabajar en los expedientes y en el de vuelta hacer el resumen de las reuniones y concretar los compromisos. Afortunadamente, soy como una batería de carga rápida: diez minutos de sueño de vez en cuando me bastan para continuar mi maratón. Estoy tan acostumbrado a este ritmo intenso que se ha convertido en mi cotidianidad. Incluso después de mi abdicación, emprendí un gran viaje a China en el que descubrí una ciudad nueva casi cada día. Rara vez permanezco mucho tiempo en un mismo lugar, a menos que me vea obligado a ello, como ahora en Abu Dabi. Vivo en perpetuo movimiento.

Visito países, no Gobiernos. Algunos de mis viajes han sido malinterpretados, como cuando en 1977 visité Honduras, entonces bajo la dictadura de Juan Alberto Melgar Castro, apodado «King Kong». Cuando le hizo entrega a la Reina de la condecoración más importante de Honduras, la tomó en sus brazos de forma tan ostentosa y prolongada que ella se sintió muy incómoda. Y yo también, por cierto. Pero estábamos de gira por la región y no podía permitirme dejar de visitar un país donde residía una gran comunidad española. Mi viaje a Argentina en 1978 también fue muy criticado. El país vivía bajo el yugo de una dictadura militar represora, había estado al borde de la guerra con Chile por una cuestión fronteriza, atravesaba dificultades económicas y permanecía al margen de la comunidad internacional. Y, sin embargo, a mis ojos, era ineludible. Hay que recordar que, a finales de los años cuarenta, la Argentina de Perón había ayudado a España, que entonces se encontraba en una situación precaria, enviando trigo, carne y leche. No quería ignorar a la numerosa comunidad española, estimada en dos millones de personas, la mayoría de las cuales se habían establecido allí tras la Guerra Civil. Quería llevarles un mensaje directo de libertad y esperanza. Yo era el Rey de todos los españoles, incluso de aquellos que llevaban mucho tiempo exiliados.

Sabía que el viaje iba a ser examinado con lupa por los medios de comunicación españoles. Debía proteger mi imagen y mi reputación. En el avión pensé mucho en cómo debía saludar al general Videla, que con seguridad intentaría darme un fuerte abrazo, como todos los jefes de Estado hispanoamericanos. ¿Cómo podría evitar cualquier proximidad física sin cometer una afrenta al protocolo? Pensé en vestirme de uniforme militar, porque los saludos entre militares son formales. Pero el jefe de Estado de una democracia no puede vestirse de uniforme sin un motivo concreto. Así que decidí extender el brazo con tal firmeza que impidiera el acercamiento del general Videla. Había que evitar a toda costa la fotografía de un cálido abrazo. Practiqué en el avión y, cuando llegué, extendí hacia él un brazo tan rígido que impidió cualquier aproximación. Se dio cuenta entonces de que no podía contar conmigo para apoyar su régimen. En la otra mano yo llevaba el discurso que iba a pronunciar en la cena oficial. «Esto es lo que voy a decir públicamente en la recepción de esta noche. Si lo aceptas, me quedo. Si te niegas, volveré al avión de inmediato y me iré», le dije a mi llegada. Aceptó a regañadientes, temiendo el escándalo de mi partida. ¡El resto del viaje fue un ejercicio de equilibrismo diplomático! Tenía que ser cortés sin ceder en mi compromiso con la democracia, además de mostrar solidaridad con los presos políticos y reunirme tanto con miembros del régimen como de la oposición.

Durante la cena oficial en la Casa Rosada, el cóctel se prolongó más de lo habitual. Pregunté qué le pasaba al ministro de Asuntos Exteriores, Marcelino Oreja, con quien me unía una larga y sólida amistad. Le había conocido de adolescente, en mi época de estudiante en San Sebastián, y luego en la Zarzuela, cuando venía todos los meses como joven diplomático a informarme sobre la situación internacional. Conocía su compromiso con la democracia y le había pedido personalmente que se incorporara al Gobierno de Suárez. Enseguida se dio cuenta de que las autoridades argentinas habían cancelado la cena de gala, con el pretexto de que se había excedido el número de invitados. Era una estrategia para impedir que pronunciara mi discurso, que había sido revisado muchas veces en colaboración con el Gobierno español, pues el único discurso público que puedo pronunciar sin la supervisión directa del presidente del Gobierno es el de Navidad, aunque también se envíe previamente a la Moncloa. Aquel discurso había sido cuidadosamente revisado para que fuera más allá de las meras palabras protocolarias, pero que tampoco se viera como un ataque frontal a mis anfitriones. Decidimos entonces distribuirlo entre los periodistas que cubrían mi visita. Cuando se informó a las autoridades de esta filtración intencionada, no tuvieron más remedio que ceder. Acto seguido pronuncié mi discurso en defensa de la libertad, la dignidad humana y la paz social; cosas trilladas para un país democrático, pero que, cuando se dicen delante de un dictador, no se escuchan como elogios. Al día siguiente, la prensa argentina, que evidentemente no era libre, denunció que yo tenía una visión errónea de la realidad política argentina. Me lo tomé como un éxito, así como lo fue la liberación, gracias a mi intervención, del preso político y famoso escritor Mario Paoletti.

Aún guardo un grato recuerdo de la reunión organizada en la casa regional gallega, que superó con creces todas mis expectativas. Estas recepciones —agotadoras, porque hay que intentar saludar y hablar con todo el mundo mientras te rodea una multitud compacta— siguen siendo momentos inolvidables de alegría y pruebas de afecto. El calor que recibí en esta ocasión fue increíble. Allí conocí a don Claudio Sánchez-Albornoz, a quien quise entregar la Gran Cruz de la Orden de Alfonso X el Sabio. Este antiguo ministro de la Segunda República era embajador de España en Portugal cuando estalló la Guerra Civil. Huyó a Argentina, donde fue profesor universitario de Historia y presidente de la República Española en el exilio entre 1962 y 1971. Como rey de la reconciliación, me pareció esencial honrarle. «En España nos hemos matado entre nosotros demasiadas veces», me dijo con tono de decepción. De él emanaban sabiduría y bondad. «No importa el régimen que tengamos, república o monarquía, lo principal es la democracia», declaró. Fue gracias a este tipo de posicionamiento —¡procedente de un ferviente republicano!— como pudimos fortalecer nuestro nuevo país. Cuando algunos le reprocharon que aceptara ser honrado por un rey, respondió: «Es España la que ha venido a Argentina. El Rey encarna a España. ¡Es una pena que, en Argentina, que es mi segunda patria, no haya un rey como Juan Carlos que actúe como unificador!». Él quería morir en España y yo facilitaría más tarde su regreso.

Una anécdota divertida marcó este viaje. La Reina acudió a la cena oficial con un chal rosa pálido muy fino. Al final de la velada, cuando estábamos a punto de retirarnos, se dio cuenta de que ya no lo tenía. Todo el mundo se puso a buscarlo, pero fue en vano. La espera empezaba a hacerse pesada, sobre todo porque estábamos agotados. Así que pedí que llevaran el chal, cuando lo encontraran, a la embajada española, donde nos alojábamos, y nos fuimos a dormir. Al día siguiente, Sofi recuperó su chal. ¡Una invitada se lo había llevado a casa como recuerdo de la Reina! ¡Creo que tuvieron que ir preguntando, uno por uno, a todos los huéspedes por el famoso chal! En una de sus visitas a la ciudad, Sofi había comprado un pequeño collar. Justo antes de que nos marcháramos, envió el collar junto a una nota a la persona que se había llevado su chal: «Ya que desea un recuerdo mío, aquí tiene un collar que estoy encantada de regalarle».

Dejé Buenos Aires ligeramente aliviado de que este viaje me hubiera dado la oportunidad de apoyar los principios democráticos. Me habría encantado recorrer esta ciudad que tanto aprecio, poder pasear solo y de incógnito. Un sueño sencillo pero inalcanzable. La agenda de este tipo de viajes es un maratón milimetrado que deja poco tiempo libre para deambular. Aunque a veces me he permitido algunas escapadas. Durante una visita a Quito, un ecuatoriano que había trabajado en España durante treinta años y que había regresado a su tierra natal para formar una familia me pidió que fuera el padrino de su hijo. Entre dos actos oficiales, me escabullí para ir a la iglesia. No podía rechazar aquel honor. Siempre me han gustado este tipo de actos espontáneos y afectuosos.

Argentina no fue el único país con un régimen autoritario que visité. Uruguay, por ejemplo, en 1983, también fue una oportunidad para transmitir mis valores políticos. El pueblo de Montevideo se echó a la calle para darme la bienvenida, hasta el punto de bloquear completamente el tráfico, coreando: «¡Viva el Rey! ¡Viva la democracia!». Me reuní con los opositores a la dictadura y les ofrecí consejos, entre ellos el de encontrar una salida digna para los militares en el poder.

Repito: visitaba países, no Gobiernos. Del viaje que hice a la China de Deng Xiaoping, en 1978, sigo teniendo un recuerdo memorable. Llevaba mucho tiempo instando al Ministerio de Asuntos Exteriores a organizar una visita oficial a Pekín. Preveía el despegue del gigante asiático y nosotros necesitábamos oportunidades para nuestra entonces frágil economía. Teníamos que darnos a conocer, aunque me habían advertido que era muy difícil entrar en el mercado chino. Por regla general, aprendí que los contratos no se materializan en una sola visita oficial, y solo en la segunda, o incluso tercera visita, puede una intención hacerse realidad. En 1978, China era todavía un país pobre, pero, dado el tamaño de su mercado interior, su potencial era enorme. España tenía que posicionarse. Yo iba a ser el primer rey occidental recibido oficialmente por las autoridades comunistas del país. Franco había establecido relaciones diplomáticas con la China de Mao en 1973, tras el deshielo de las relaciones del país asiático con Estados Unidos. Su ministro de Asuntos Exteriores, Gregorio López-Bravo, le había dicho en repetidas ocasiones que España no podía ignorar a este gigantesco país, aunque no compartiéramos su ideología. Franco se había mostrado reticente: «¿Qué pensará el pueblo español cuando vea, en Madrid, el coche del embajador chino, ondeando la bandera roja con la hoz y el martillo?». El ministro respondió: «Excelencia, la bandera china es roja, pero con estrellas...». Tras un largo silencio, Franco decidió: «Puede proceder...». Unos meses más tarde, una vez establecidas las relaciones diplomáticas, se supo que nuestro embajador español en Pekín no había conseguido que se le concediera permiso para viajar por China ni podía salir de una zona restringida. Así que el ministro le comentó a Franco: «Excelencia, mientras nuestro embajador no pueda ir a Shanghái, no permitiremos que el embajador chino vaya a Barcelona. No podrá ir más allá del monasterio de El Escorial». Franco añadió entonces, en tono magnánimo: «¡Déjelo incluso que llegue hasta Guadalajara!».

Cuando llegamos a Pekín, centenares de niños, alineados en perfecto orden, nos esperaban con flores y banderitas. Su disciplina y seriedad me impresionaron. Atravesamos Pekín, donde las carreteras estaban atestadas de bicicletas. Por entonces, la ciudad todavía estaba formada por antiguas casas de dos plantas, dominada por unos pocos edificios monumentales; nada que ver con lo que encontré cuando regresé en 1995, seis años después de los sucesos de Tiananmén. Depositamos una corona de flores en el mausoleo de Mao y luego cenamos con Deng Xiaoping, que me pareció la persona más inteligente que conocí en China. Después de mi discurso, cosido al milímetro por Marcelino Oreja, me explicó que China no tenía miedo a embarcarse en reformas: «Debemos permitir el enriquecimiento personal para lograr el crecimiento nacional». Y utilizó su famosa frase: «¡Gato negro o gato blanco, lo importante es que cace ratones!». Le hice una petición muy especial: «La Reina estaría muy agradecida si el zoo de Madrid pudiera acoger un panda». Sabía que solo había una docena de pandas fuera de China, y que costaba mucho que te concedieran uno, porque estaban en vías de extinción. Mi petición era atrevida, pues acabábamos de conocernos, pero aceptó sin vacilar. Nos enviaron un macho y una hembra a Madrid y sus crías se hicieron muy populares. Me tomé este gesto como una prueba positiva de la futura amistad entre nuestros dos países.

Tuvimos una intensa semana de reuniones en donde se nos ofrecieron promesas de posibles acuerdos. Yo intentaba entretenerme como podía durante esas largas y formales sesiones. En el suelo, junto a cada uno de nosotros, había una escupidera. Los chinos tienen la costumbre de escupir todo el tiempo; Deng Xiaoping, me di cuenta, no fallaba nunca en la puntería. Empecé una competición con Marcelino Oreja, para ver quién le daba mejor a la escupidera. ¡No diré quién ganó!

Estos encuentros se intercalaban con emocionantes visitas a la Ciudad Prohibida y a la Gran Muralla, bajo un sol abrasador. Un día, al darme cuenta de que no había planes para comer, propuse al jefe de la Casa Real, el marqués de Mondéjar, y al ministro de Asuntos Exteriores, junto con sus esposas, María y Silvia, que saliéramos a un restaurante típico. Llamé al embajador español para que me recomendara un sitio. ¡Cuál fue mi sorpresa cuando, nada más llegar, vi que todos los clientes abandonaban el restaurante con cara de resignación! Me di cuenta de que las autoridades habían ordenado evacuar el restaurante. Nos encontramos almorzando solos en un enorme comedor vacío. ¡Busqué una experiencia de incógnito entre los chinos, y resultó un completo fracaso! Cuando llegamos a Shanghái, el comité revolucionario nos ofreció una cena. El menú consistía en un ragú de aletas de tiburón. Declaré con entusiasmo que se trataba de uno de mis platos chinos favoritos, y me lo tragué todo por obligación. ¡No habré comido pocos platos menos apetitosos durante mis numerosos viajes oficiales! Aún recuerdo una cena «gastronómica» ofrecida por el rey de Marruecos Hasán II, que me obsequió con «ojos de merluza» como manjar extraordinario. Me los tragué como una aspirina: no tenía otra opción.

A la mañana siguiente, tras visitar un museo, fui con toda la delegación oficial española a un innovador hospital especializado en amputaciones y trasplantes. El director nos explicaba, por medio de diapositivas, las operaciones de manos y piernas con todo lujo de detalles. Estábamos de pie, y las explicaciones se alargaban. La Reina me dijo: «Juanito, deberíamos sentarnos». Le contesté: «No hace falta, acabará enseguida». Ella me señaló el pálido rostro de Marcelino Oreja, visiblemente cansado e impresionado por las crudas imágenes que nos estaban mostrando. Entonces lo entendí. Fui y me senté para que todos pudieran hacerlo. Así que le dije bromeando al ministro: «¿Así que todavía no has digerido la cena de anoche?».

En diez días tomamos siete vuelos, recorrimos veinticinco mil kilómetros y pasamos treinta y una horas en un avión. Tengo la suerte de que la Reina soportaba las interminables visitas a escuelas, mercados y museos con una sonrisa imperturbable. Siempre se mostró muy interesada y abierta a todas nuestras aventuras. Tiene un gran corazón y su solidaridad con los más necesitados es sincera. Su carácter tranquilo y positivo, en todas las circunstancias, ha sido un gran apoyo durante estos viajes. Incluso en momentos de tensión o cansancio, su mirada serena y cariñosa resultaba reconfortante. Actúa con naturalidad, sencillez y amabilidad, sabiendo instintivamente cuál es su lugar. Su única peculiariad ha sido su legendaria impuntualidad, que me exasperaba, sobre todo porque mi formación militar me enseñó a ser muy quisquilloso con los horarios. Cuando regresamos, nos alegramos de encontrar a nuestros tres hijos esperándonos en la pista. ¡Un merecido y caluroso reencuentro! El presidente del Gobierno también tuvo la deferencia de ir a recibirme en el aeropuerto, una costumbre que ya se ha perdido.

Para llegar a China tuvimos que hacer una escala técnica y habíamos elegido Irán. El sah, a quien conocía desde las famosas celebraciones de Persépolis en 1971, insistió en recibirnos por todo lo alto. Un centenar de periodistas me acompañaba en este viaje histórico, que había despertado un gran interés mediático. Mientras atravesábamos Teherán en un suntuoso carruaje en compañía del sah y la sahbanou, noté la falta de fervor popular. Había gente apostada a lo largo del cortejo real, pero la acogida era fría. Unos meses más tarde, el sah Pahleví sería expulsado de su país por la revolución y los principales dignatarios fueron fusilados. No es que anticipara lo que iba a pasar, claro, pero, en este escenario digno de *Las mil y una noches*, noté cierto malestar.

Sería imposible relatar todos mis viajes, algunos a lugares increíbles, como la selva brasileña, donde el hotel en el que me alojaba estaba siendo gradualmente devorado por la jungla amazónica. O cuando fui a visitar las bases científicas españolas en la Antártida, en enero de 2004. Abordamos un avión desde Chile y luego embarcamos en un rompehielos para llegar hasta allí. Pasamos dos días con temperaturas de menos 30 grados. La noche no duraba más que unos segundos: el sol caía sobre el horizonte y rebotaba de inmediato. ¡Fue una experiencia conmovedora!

Luego están las anécdotas, que no faltan en ningún viaje. En Manila, la habitación del hotel no tenía agua y el ayudante que me acompañaba tuvo que trasladar palanganas por largos pasillos para que pudiera refrescarme antes de la cena de gala. En Caracas, sudé tanto por el calor húmedo que las gotas que me caían de la frente hicieron que se pegaran las páginas del discurso, y tuve que improvisar. En mi primera visita a Varsovia, en 1989, el ministro de Asuntos Exteriores, el socialista Francisco Fernández Ordóñez, me advirtió de que las autoridades locales fomentaban el consumo de vodka. Yo me disponía a cenar con su homólogo polaco, Tadeusz Olechowski, y tomé la precaución de beber antes aceite de sardina, poco apetecible pero útil para evitar la resaca. Después del segundo vaso de vodka, mientras unos músicos tocaban música folk, conseguí pedir discretamente al camarero que me sirviera agua en lugar de vodka. La cena continuó, con mucho alcohol y mucha alegría, tanta que el ministro no estaba precisamente sobrio en el momento de las despedidas. A primera hora de la mañana siguiente, cuando me reuní con las autoridades polacas para pasar revista a las tropas, Olechowski me hizo un llamativo gesto de aprobación desde lejos, con cara de cansancio y complicidad. Yo estaba fresco como una lechuga y tenía la feliz sensación de haber ganado la partida. Otros países me tenían reservadas sorpresas fuera del programa oficial, como cuando el presidente finlandés Urho Kekkonen me llevó con él a la sauna. Nos encontramos cara a cara, envueltos en una toalla, en una preciosa salita de mármol hirviendo, antes de sumergirnos en un baño helado al aire libre. ¡Imposible decir que no a una experiencia semejante! Para darme ánimos, me dije: «¡Por el honor de España, hay que ir!». No tenía otra opción.

Detrás de estos viajes oficiales, hay encuentros maravillosos e historias de amistad. Me gustaría destacar dos de ellas. Mi especial relación con el rey Hasán II de Marruecos ha contribuido a limar muchas asperezas entre nuestros dos países vecinos. Como ya he contado, nuestros primeros contactos telefónicos, que tuvieron lugar en el tenso contexto de la Marcha Verde en el Sáhara Occidental, se remontan a 1975. Envió a su hijo de doce años a mi entronización. Recuerdo a aquel chiquillo, frágil y prudente, en medio de militares y jefes de Estado españoles. En 1979, en mi primer viaje oficial a Marruecos, conocí a toda la Familia Real. Me impresionó la inteligencia del rey Hasán. Hablamos muy libremente en francés. Poco a poco, establecimos un contacto sencillo y directo, alejado de la pompa y circunstancia de la corte marroquí. Nuestra amistad aportó estabilidad a las relaciones bilaterales. Las tensiones entre nuestros dos gobiernos no afectaban a la cordialidad con la que nos tratábamos. A veces lo llamaba directamente para intentar limar o desactivar algún problema. Marruecos era nuestro principal socio económico. Respecto a los dos enclaves españoles en la costa marroquí, Ceuta y Melilla, solía decirme: «Tendrá que resolverlo la próxima generación». Acudí con la Reina a la celebración de su septuagésimo cumpleaños, con él ya muy enfermo de cáncer. Parecía en paz, feliz de estar rodeado de su familia. Falleció dos semanas después, el 23 de julio de 1999. Perdí a un amigo. Murió el mismo año que el rey Huséin de Jordania, con quien yo mantenía una relación muy familiar. Mis hijos son amigos de sus hijos, y mi mujer tiene una gran complicidad con la reina Noor. En su funeral, toda mi familia viajó a Ammán para asistir a su entierro, lo que aún hoy sigue siendo un acontecimiento excepcional. Y lo dije públicamente: «Acaba de morir un hermano». En la cultura árabe, el término «hermano» se utiliza a menudo en exceso, pero en mi boca plasmaba una realidad.

8

Espinas y rosas

A lo largo de mi vida he recibido numerosos homenajes oficiales, entre ellos prestigiosos galardones internacionales como el Premio Carlomagno, por mi contribución a la unidad europea. Es un premio que aprecio mucho, sobre todo porque pocos españoles lo han recibido. O el Premio Simón Bolívar, concedido por la UNESCO en 1983, conjuntamente con Nelson Mandela. Escribí al presidente de Sudáfrica para pedirle que hiciera una excepción y lo liberara para que pudiera recibir el premio conmigo. El presidente se negó y en su lugar acudió la hija de Mandela a la ceremonia. Él agradeció este intento de mediación a su salida de la cárcel en 1990. Hizo una visita oficial a Madrid un año después, tras la que volvió en numerosas ocasiones, y yo descubrí Sudáfrica en 1999. Se estableció una complicidad inmediata entre los dos. Es el jefe de Estado que más me ha impresionado, por su sabiduría, el perdón a sus verdugos, por su fuerza interior y su perspicacia política. Conservo en el pequeño salón colindante con mi despacho un retrato suyo, un dibujo en blanco y negro que me regaló autografiado:

«*To a wonderful king*». Me hizo el honor de venir a la boda de mi hijo cuando apenas podía caminar, debido a las secuelas de veintisiete años de cárcel pasados en una celda de dos metros por tres. Fue un gran hombre del siglo XX y pienso a menudo en él.

También me concedieron doctorados *honoris causa* famosas universidades como Oxford, Nueva York y Harvard. En este último caso, en 1984, me conmovió que me homenajearan, en este lugar de excelencia, ante un auditorio de treinta mil personas por mi contribución a la Transición democrática. En Estados Unidos me otorgaron las medallas de la Libertad y la de Thomas Jefferson. Nunca he perseguido las distinciones y los honores, pero los veía como una forma de recordarme a mí mismo la importancia de los valores democráticos que siempre he defendido.

En 2008, una crisis financiera internacional sin precedentes desde la de 1929 golpeó duramente a nuestra economía, mal preparada para afrontar un impacto semejante. Contábamos con empresas competitivas y eficientes, plenamente integradas en la globalización, y un crecimiento medio del PIB del 3%. Se hablaba de «milagro económico» e incluso el presupuesto público arrojaba superávit. Pero todo eso se detuvo de golpe. Nuestra prosperidad real era frágil: nuestro crecimiento sostenido por la demanda interna se financiaba mediante el endeudamiento excesivo de los hogares para la compra de vivienda. España se vio entonces integrada en el grupo de países fuertemente endeudados, como Portugal y Grecia. Ante esta violenta crisis, el Gobierno no tuvo más remedio que recortar los salarios, reformar las pensiones y subir los impuestos. Fueron reformas brutales para la población. ¿Qué podía hacer para apoyar la economía española? Pedí abiertamente un pacto entre el Gobierno y la oposición para formar un frente unido ante la crisis. A pesar del cansancio y la edad, seguí insistiendo en ser el principal representante de mi país en el mundo y en apadrinar internacionalmente a los empresarios españoles. Entre 2003 y 2014 realicé veintitrés viajes a Oriente Medio, acompañado por una treintena de líderes empresariales. La inversión española en los países del Golfo aumentó un 200%. El tren del desierto, el metro de Riad y Dubái... La lista de contratos es larga y empezó en 1977 con la construcción de la Universidad de Riad, el mayor proyecto jamás adjudicado a una empresa española, TYPSA, y considerado por entonces el más grande de Oriente Medio. Recuerdo estas aventuras con emoción y orgullo, y con la sensación de haber cumplido con mi misión de hacer brillar a España en todo el mundo.

Durante mi reinado, he ayudado de manera espontánea a empresarios españoles e incluso extranjeros sin ninguna compensación ni contrapartida a cambio. Tengo un carácter servicial, y me parece que uno de los deberes de un rey es estar a disposición de los demás para ayudar. Ser líder es ante todo tener una visión, pero también mostrar empatía. Así es como yo veía mi misión. Nunca me beneficié de ella. Contemplar a España despegar económicamente era suficiente recompensa. Para recuperar nuestro lugar en la escena internacional necesitábamos un país que avanzara en todos los frentes y, entre ellos, los aspectos económicos y tecnológicos eran, por supuesto, fundamentales.

En relación con la tecnología, me viene a la memoria una aventura que ocupó mi atención durante mucho tiempo. El 16 de octubre de 1989, a primera hora de la mañana, llamé desde San Francisco a mi amigo Álvaro de Orleans-Borbón, mi primo «doble», porque su abuelo era primo del rey Alfonso XIII y su abuela, prima de la reina Victoria Eugenia. Él se crio en Italia. Compartimos el gusto por todo tipo de aplicaciones de la ciencia, desde el último artilugio electrónico hasta la mecánica y la biotecnología. Mi curiosidad en este campo es insaciable, probablemente por mi pasado en las Fuerzas Armadas, donde la tecnología es tan importante como el ejercicio físico. Algunas personas mayores se rebelan contra los avances tecnológicos; a mí, en cambio, me interesan e intento adaptarme a ellos lo antes posible. En 1990, mi primo me trajo de Nueva York un portátil Toshiba que conectó a la línea telefónica de la Zarzuela y me creó una dirección de correo electrónico en el servidor de CompuServe, un proveedor estadounidense que fue el primero en ofrecer un servicio de correo electrónico para ordenadores personales. Me entusiasmó este nuevo método de comunicación. Para probarlo, le envié mi primer mensaje: «Hola, Álvaro. Este es mi primer mensaje. Espero que te guste. Juanito». Debe de ser el primer correo electrónico enviado personalmente por un rey, o una reina, en la historia. Como todas las primeras veces, ¡aún me acuerdo, más de treinta años después!

Estando de viaje oficial en California, invitado por el vicepresidente del Bank of America, James Miscoll, conocí en una reunión a un inversor, el doctor Abe M. Zarem, que había convencido a Xerox, inventor estadounidense de la fotocopiadora y líder mundial de impresoras, de que adquiriera *start-ups* de alta tecnología para acelerar su crecimiento. Al integrar la innovación tecnológica de estas *start-ups*, Xerox aseguraba su crecimiento. Su discurso fue fascinante. Inmediatamente, pensé en España. Le pregunté: «¿Podría funcionar este método de inversión a escala de un país como España?», y me respondió: «*Why not, mister King!*» (¡Por qué no, señor Rey!). Estaba claro que debíamos aprovechar nuestra oportunidad y unirnos a este movimiento de innovación tecnológica que iba a cambiar el mundo. Tras unas horas de sueño, me puse en contacto con mi primo, que estaba en Europa. Sé que no siempre pienso en la diferencia horaria y que debí de despertarle. Mientras hablaba con él, vi que se formaban olas en la piscina del hotel. «¡Creo que estoy en medio de un terremoto!», dije, medio divertido, medio preocupado. Pero no colgué, y le conté mi conversación del día anterior.

—¿Crees que este enfoque podría ayudar a España? —le pregunté.

—Sin duda merece la pena intentarlo —me contestó, siempre entusiasmado ante los nuevos retos.

—Álvaro, ¿te gustaría ocuparte de ello? —le pregunté, sabiendo que era más una petición que una pregunta. De hecho, creo que no esperé a que me contestara.

A las pocas semanas, organizamos una reunión en Madrid con los principales directores ejecutivos españoles. Pronuncié un discurso con un mensaje contundente: «España podría acelerar su crecimiento apostando por la innovación tecnológica. ¿Cómo podemos afrontar este reto? Significa cambiar nuestra mentalidad, reacia al riesgo y al fracaso, y eliminar las barreras en el mundo académico y el empresarial. No es una tarea fácil, pero tampoco imposible si todos aunamos esfuerzos». No me estaba extralimitando en mis funciones constitucionales, sino que actuaba, como de costumbre, como «motor del cambio», e inyectaba mi motivación. En aquel momento, el desarrollo tecnológico era un tema poco comprendido y valorado, en el que el sector privado y los poderes públicos no invertían lo suficiente. Intuí que España no podía permitirse el lujo de perderse lo que iba a convertirse en la revolución digital.

En 1990 se creó la Fundación Cotec, de la que fui presidente de honor, con el objetivo de promover la innovación como acelerador del desarrollo económico y social. Un centenar de miembros activos, procedentes de empresas, universidades y autoridades públicas locales, trabajaron —y siguen haciéndolo— para fomentar la investigación científica en el seno de las universidades y para que tanto las empresas como las administraciones públicas adopten los resultados de esta investigación, al tiempo que controlan los riesgos que conlleva. Los grupos de trabajo se reunían todos los meses y yo seguía de cerca la aplicación de sus recomendaciones para garantizar que el dinero invertido se transformara en oportunidades y crecimiento, de modo que los conocimientos no quedaran confinados al ámbito académico, sino que se aplicaran rápidamente en nuestra industria. Para dar un primer impulso, reuní en un majestuoso salón del imponente Real Sitio de San Lorenzo de El Escorial a los más importantes líderes empresariales del país, a los rectores de las universidades y a los cien jóvenes científicos españoles más reputados, que ocupaban las primeras filas del auditorio. Eran dos mundos, el académico y el empresarial, que nunca se cruzaban. La prosperidad de nuestro país dependía de ellos.

Llevé conmigo a ese encuentro a mi hijo Felipe, para que comprendiera la importancia del tema, y al ministro socialista de Educación y Ciencia, Javier Solana. Conocía a su hermano Luis desde hacía mucho tiempo. En la época de Franco, solía pedir a amigos íntimos de confianza que me presentaran a miembros de los partidos de la oposición. Debía tener cuidado, porque las personas que venían a la Zarzuela quedaban fichadas, y la lista aterrizaba todos los días en la mesa del general. Debía tomar precauciones. Mi amigo de la infancia Jaime Carvajal, con el que había estudiado en Las Jarillas y luego en San Sebastián, tenía buenos contactos en el Partido Socialista. En aquella época él iba en moto. Llevaba detrás, camuflado con un casco, a Luis Solana, joven dirigente de la Agrupación Socialista Universitaria de Madrid —entonces en la clandestinidad—, que había sido condenado a prisión por el régimen. Como los guardias de la Zarzuela conocían bien a mi amigo Jaime, que venía a visitarme regularmente, le dejaron entrar sin preguntarle por la identidad del pasajero. Había que correr ese tipo de riesgos para ponerse en contacto directo con los partidos ilegales y hacer llegar mensajes. Fue una época en la que constantemente tenía que saltarme las normas, pese al peligro que entrañaba. Veinte años después, me encontré siendo Rey junto a su hermano ministro. ¡Qué lejos habíamos llegado! Aunque nada estaba ganado de antemano.

En aquel acto, al que quise dar la importancia que merecía, mi entusiasmo y mi energía eran contagiosos: todo el mundo comprendió que la investigación universitaria y la empresarial debían ayudarse mutuamente. Al día siguiente, un investigador envió un mensaje a todos sus compañeros: «¡Dios nos ha descubierto y nos va a ayudar!». Yo acudía trimestralmente a las reuniones del comité ejecutivo de la Fundación Cotec para seguir sus progresos. Con ese sentido de la iniciativa y esa visión de futuro, estábamos construyendo un país dinámico, aunque ello implicara dar un vuelco a la burocracia y a las mentalidades. No dudé en movilizar mi red de contactos y en presionar a ciertas administraciones o empresas que daban largas. Hicimos posible la rápida aplicación de nuevas normativas que hicieron más fluidas las interacciones entre todos los agentes económicos. De hecho, se ha calculado que una parte del crecimiento de nuestro PIB en diez años, entre 1995 y 2005, procedía de los cambios radicales introducidos por la Fundación Cotec. Incluso animé a Italia y Portugal a que siguieran nuestro ejemplo y crearan sus propias fundaciones Cotec, presididas por sus respectivos jefes de Estado, para tener más peso dentro de la comunidad europea. Cotec Europa, que representaba a los países europeos del sur, podía ahora hablar con una sola voz. Los comisarios europeos, los jefes de Estado y los ministros implicados, los rectores de universidades y los empresarios se reunían anualmente en ese foro único para debatir reformas destinadas a mejorar la sinergia entre universidades y empresas y la aplicación de la innovación tecnológica. Teníamos que avanzar todos juntos en esta cuestión, en la que íbamos a la zaga con respecto al norte de Europa; debíamos salir de nuestro atolladero, atrevernos a asumir riesgos, a superar fracasos y quiebras.

Yo solía decir: «España necesita cambiar de velocidad». Y debo reconocer que en pocos años hemos progresado de manera considerable. España es un país lleno de vitalidad y recursos, que sabe avanzar. Una anécdota lo ilustra bien. España había comprado a Boeing cazas F/A-18. Pero necesitábamos también simuladores de vuelo. Un joven empresario español, José Antonio Pérez-Nievas, pidió al fabricante de aviones estadounidense las especificaciones del simulador. Los americanos le miraron por encima del hombro y, finalmente, le dieron los documentos necesarios. ¡No se imaginaban que iba a crear, en un tiempo récord, un simulador de vuelo mucho más barato que el de Boeing! Ganó la licitación por un amplio margen. Que España comprara los simuladores para nuestros aviones de combate a Ceselsa, la empresa fundada y dirigida por José Antonio Pérez-Nievas, fue para mí la mayor recompensa de todas. Estoy muy orgulloso de haber contribuido a ello a través de la Fundación Cotec y de todos los que han trabajado para hacer avanzar la innovación tecnológica en España. Son este tipo de recompensas las que siempre me animan a hacer más por nuestras empresas y nuestro país. Ha sido uno de los muchos logros de los que me siento orgulloso.

SEXTA PARTE

MIS RENUNCIAS

1

Mi vida privada... que ya no es tan privada

No me gusta exhibir mi vida privada. Ya he dicho que me molesta ver mis problemas de salud comentados por la prensa. Asumir un cargo público como el de la Corona exige hoy en día sacrificar tu intimidad. En el pasado, los muros de palacio protegían la vida cotidiana de la Familia Real y solo la corte estaba al tanto de sus vicisitudes. Al principio de mi reinado, la prensa española respetaba cierta confidencialidad. Era el momento de los desafíos políticos. Estábamos inmersos en la construcción de un proyecto de sociedad y las aventuras amorosas de unos u otros no interesaban a nadie. En verano, la Familia Real posaba un día para los fotógrafos a las puertas del Palacio de Marivent, en Palma. Yo los conocía, ellos me conocían, y había cierto entendimiento. Consiguieron hacerme una foto desnudo, tomando el sol en mi yate, que se vendió a la prensa italiana. Ningún periódico español quiso publicarla. En aquella época todavía se respetaba la institución de la Corona.

A principios de los años noventa, con la aparición de la prensa rosa y la estabilización de nuestro país como potencia europea, empezaron a surgir rumores y especulaciones sobre mi vida privada. Le di poca importancia, porque en modo alguno perturbaba mis funciones oficiales. Ahora que una antigua relación ha difundido relatos difamatorios, y a menudo incluso contradictorios, a través de entrevistas, pódcast, una serie de televisión y un proceso judicial inútil, me siento obligado a dar mi versión de los hechos. La justicia británica ha hecho su trabajo y ahora puedo, en un contexto más tranquilo, contar mi versión. Lo hago obligado por las circunstancias, porque no quiero que ella tenga la última palabra, que su versión de los hechos sea considerada como la única verdad. No puedo eludir este asunto, puesto que ha tenido un impacto desafortunado en mi reinado y en mi destino. Pero es con gran reticencia que lo abordo. Y probablemente será la única vez. Lo hago con total sinceridad y pudor. Detrás de la coraza del rey, hay un hombre herido, un hombre que desvela las debilidades que hasta ahora esperaba guardar.

Los medios de comunicación me han atribuido decenas de aventuras extramatrimoniales, la mayoría de ellas completamente ficticias. Como si todas mis relaciones de amistad con el sexo opuesto tuvieran que ser a la fuerza sentimentales, como si la amistad entre un hombre y una mujer no fuera posible. Me reí mucho cuando leí que incluso se me atribuía una relación con Lady Di en Palma. Nada más lejos de la realidad. Me pareció fría, taciturna y distante, salvo en presencia de los paparazzi. También hay quienes afirman que tuve una aventura con la famosa diva Sara Montiel, a la que apenas he saludado unas cuantas veces en mi vida. ¡Incluso me atribuyen tener hijos ilegítimos! Tuve que contratar a un abogado para defenderme de esas acusaciones. A la prensa le gusta murmurar de manera fantasiosa.

Nada podrá borrar mis profundos sentimientos hacia mi esposa, Sofi, mi reina, ni siquiera algunas desavenencias. Sigo muy apegado a mi mujer, que conserva toda mi admiración y todo mi afecto. No tiene igual en mi vida y así seguirá siendo, aunque nuestros caminos se hayan separado desde que me fui de España y ya no compartimos el mismo techo. Sigue siendo la madre de mis hijos, una Reina extraordinaria y un vínculo afectivo fundamental e insustituible. Quiero repetirlo: Sofi es una mujer excepcional, recta, bondadosa, rigurosa, dedicada y benevolente. Es la encarnación de la nobleza de espíritu. No le gusta que la llame «gran profesional», pero España no ha podido tener una Reina más abnegada e intachable. Tenemos caracteres complementarios: ella es más metódica y yo más espontáneo. Tenemos intereses distintos: es conocida su pasión por la música clásica y la mía por las actividades deportivas. En muchos aspectos somos diferentes, pero compartimos el mismo sentido del deber, de la Corona, del honor, de la amistad, de la devoción a nuestros hijos y nietos, y a la familia en general, así como la afición por los viajes, la navegación y el mar. Esta lista no es exhaustiva, ya que deseo preservar nuestra intimidad. Hice cuanto pude, pese a mi torpeza, para garantizar su bienestar y comodidad, la suya propia y la de su familia griega en el exilio, a la que siempre he acogido y ayudado. El paso de los años no le ha restado ni un ápice a la inmensa gratitud y al respeto que siento por ella. Estoy convencido de que tendrá su lugar en la historia contemporánea de España, un lugar bien merecido, como el que ella ocupa en mi vida: el lugar más elevado.

Una relación de sesenta años conlleva, obviamente, altibajos, alegrías y penas, risas y reproches, fases de distanciamiento y de acercamiento. Y su ausencia hoy en Abu Dabi me pesa. Un matrimonio de tantos años no es una línea recta y constante. Nos casamos con veinticuatro años, muy enamorados, y afrontamos un futuro incierto. Hemos capeado juntos muchos acontecimientos políticos, tormentas y noches de angustia y dudas. Son pruebas que unen a una pareja. Ella siempre ha demostrado ser una compañera comprensiva y solidaria. También hemos tenido nuestros momentos de alegría y grandes satisfacciones como familia. Sofi es una madre muy dedicada a sus hijos, por quienes hemos hecho lo posible para ofrecer una vida familiar estable. Mis obligaciones oficiales no me han permitido estar en casa tanto como me habría gustado. Son sacrificios que conocen muy bien muchos hombres y mujeres con una vida laboral ajetreada. Desde 1975, dediqué toda mi energía y todo mi tiempo a España. Lo hice por mis hijos y por los hijos de mis compatriotas, para que se sintieran orgullosos de ser españoles, para que tuvieran un futuro prometedor. Mis hijos tenían pocos años cuando me vi envuelto en este torbellino. A pesar de mis ausencias y gracias a mi mujer, espero haber creado para ellos un hogar tranquilo y agradable, algo de lo que yo me vi privado durante mi juventud. Es habitual tratar de reparar las carencias sufridas en la infancia. Y es extraño decir estas palabras cuando ya no soy bienvenido en mi propia casa y cuando quise aportar a mi familia una estabilidad de lugar, de pertenencia, de función. Puede que lo haya conseguido para ellos, el tiempo lo dirá, pero he fracasado para mí mismo. Al final, mi naturaleza nómada me ha vuelto a atrapar.

Tenía mi vida familiar, con sus rituales ineludibles que no me perdía bajo ningún concepto: las vacaciones de esquí en los Pirineos, las cenas de Navidad y cumpleaños, los veranos en el barco en Palma, las comidas de los domingos con los abuelos. Veíamos todos juntos películas de acción —a mis hijos les gustaban especialmente las de James Bond— los fines de semana por la noche cuando no tenía una cena oficial. Cuando podía, llevaba a los niños al colegio, pero la mayor parte del tiempo era Sofi quien se encargaba de ello. Mi hijo Felipe y yo no podíamos viajar en el mismo avión, por razones de seguridad, lo que complicaba nuestros desplazamientos privados. Y mi agenda no me permitía hacer viajes largos con ellos, ni descubrir juntos una ciudad o un país, discretamente, como turistas, lo cual lamento. La atención mediática y el dispositivo de seguridad que habría requerido me disuadieron de hacerlo. No quería ser una molestia para el país anfitrión. Además, el jefe de Estado y el jefe de Gobierno no pueden estar ausentes al mismo tiempo, y tenía que estar disponible para cualquier emergencia que pudiera surgir. Que nos quedáramos en España era también una forma de promover el turismo. Nuestros destinos de vacaciones privadas eran simbólicos: ¿qué habría dicho la gente si hubiera preferido irme al extranjero en lugar de disfrutar de España, que es uno de los países más bellos y variados del mundo? Cada estancia de esquí en los Pirineos reforzaba el atractivo de la región y de este deporte que los españoles apenas practicaban antes de mi reinado.

También puse de moda Palma de Mallorca y los deportes náuticos. Incluso fui prescriptor de restaurantes: una cena, aunque fuera privada, en un establecimiento garantizaba un gran número de reservas. Como familia, compartíamos nuestra afición a la vela y al esquí, actividades que nos permitían disfrutar juntos lejos de las abrumadoras exigencias de la vida oficial. ¿He sido un buen padre? Es difícil juzgarse a uno mismo. Me enternecieron mis hijos desde que nacieron, y casi tanto mis nietos. Probablemente fui más laxo con mis hijas que con mi hijo, dadas sus futuras responsabilidades y el hecho de que ya estaba muy mimado por su madre. Pero Sofi y yo intentamos darles nuestro cariño y atención constantes. Espero que hoy hayan sabido perdonar mis ausencias.

Llevaba una vida encorsetada, con una agenda milimetrada. Me levantaba a las siete, aunque la noche anterior hubiera asistido a una cena oficial o me hubiese acostado tarde, para poder hacer una hora de ejercicio. A las nueve y media en punto estaba en mi despacho, para leer mi correspondencia y un resumen de prensa antes de empezar mis audiencias, que duraban treinta minutos o una hora, según la importancia del tema. Los españoles conocen esa sala de paredes revestidas de madera porque en ella grabé muchos discursos, entre ellos el del 23F. A las dos de la tarde, me reunía con mi mujer y su hermana Irene para comer en el comedor de la Zarzuela. A veces nos acompañaban mis hijos, ya casados, o mis hermanas Pilar y Margarita, junto a sus maridos. Si me retrasaba unos minutos, les avisaba para que empezaran sin mí. Siempre he sido muy puntilloso con los horarios. No me entretenía en la mesa para tener tiempo de sumergirme en los expedientes preparados por mis asesores. A las 16:00 horas se reanudaban las audiencias, que duraban hasta las 21:00 horas, cuando me esperaba una cena en familia. Entre audiencia y audiencia, atendía el teléfono.

Por la noche, me sentaba en el salón azul contiguo a mi despacho, donde terminaba de repasar las notas oficiales o devolvía las llamadas a quienes habían intentado ponerse en contacto conmigo durante el día. A veces encendía la televisión para ver las noticias o parte de alguna película. Es en esta habitación luminosa, sencilla y cómoda, dispuesta alrededor de un pequeño sofá azul —no me gustan los dorados ni los muebles ostentosos—, donde guardo los recuerdos importantes: la bandera española que fue a la Luna, coches en miniatura, retratos familiares, obras de arte, fotos de vacaciones y de amigos. En la biblioteca guardo la colección de libros de *¿Qué es un rey para ti?*, un concurso anual lanzado al principio de mi reinado para que los niños dibujaran o contaran cómo me veían. Se organizaba una exposición y, tras la entrega de los premios, se publicaba un libro. Me encantaba hojearlos de vez en cuando y descubrir dibujos y textos llenos de humor y picardía. Impresiona lo que son capaces de transmitir los niños: una conmovedora ingenuidad esconde a menudo una verdad provocadora. Esta pequeña sala de estar, informal y personal, era el refugio donde podía estar en paz. En el piso de arriba, bajo el tejado, tenía mis estancias privadas de paredes color crema —mi dormitorio, mi vestidor, mi cuarto de baño— acondicionadas de forma sobria y práctica. Las cómodas, las mesas y las estanterías estaban llenas de fotos de familiares y amigos. Me encantaba estar rodeado de sus rostros.

Un túnel conduce a las oficinas del personal de la Casa Real, situadas en un anexo construido al principio de mi reinado. En la pared de este largo pasillo hice colocar caricaturas mías publicadas en la prensa, camisetas de fútbol y raquetas dedicadas. Incluso tengo la suerte de poseer la bicicleta con la que Miguel Induráin ganó cinco veces el Tour de Francia. No es una decoración dictada por la tradición o por un decorador, es una disposición muy personal y libre. Remodelé la Zarzuela según mi estilo de vida y mis aficiones.

Mis días eran maratones. Si no tenía audiencia en palacio, tenía una inauguración, una conferencia, una ceremonia, un desfile militar, un viaje por España o al extranjero. Antes de partir, mi ayudante apenas podía disponer de mí unos diez minutos para consultarme qué debía meter en la maleta. A la vuelta de un intenso viaje internacional, volvía inmediatamente a la rutina anterior sin tomarme ni un minuto para respirar. Era una presión constante. Aunque tuviera fiebre o dolor de muelas, cumplía con lo que estaba previsto, sonriendo y mostrándome disponible. Sabía que estaba en función de representación y que no podía defraudar. No me quedaba otra opción que tragarme el dolor o interiorizar mi indisposición y que no se notara nada. Salvo por emergencias, nunca he cancelado una audiencia y nunca he llegado tarde a una cita. Tendía a querer complacer a todo el mundo, pero a veces el jefe de la Casa Real tenía que impedírmelo porque no podía estar en dos lugares distintos a la misma hora.

Para aguantar ese ritmo, de vez en cuando me tomaba los fines de semana libres, fuera de palacio, con amigos, para ir de caza. Sobre todo, después de que mis hijos se casaran y empezaran a llevar sus propias vidas. Estas escapadas privadas me permitían explorar el país, salir de los caminos trillados y escuchar opiniones diferentes. Un sábado por la mañana, circulando en coche cerca de Toledo, me entraron ganas de comer churros, como a tantos españoles el fin de semana. Pedí a unos motoristas que había en la carretera que me indicaran la churrería más cercana. Atravesamos un pueblecito donde había cola ante el establecimiento. Pregunté a mi conductor cómo se pedían churros, si sueltos o en raciones, ya que era la primera vez que los compraba. Me coloqué en la cola para esperar mi turno. Un hombre detrás del mostrador tomaba los pedidos. Al verme, me dijo: «¡Es increíble cómo se parece usted al Rey!». «Soy su primo», le contesté, para no armar jaleo. Pero al pedir los cafés con leche y los churros para mí, el conductor, los agentes de seguridad y el asistente que me acompañaban, me reconoció por la voz. Nos sentamos a una mesa tranquilamente y empezamos a mojar nuestros churros en el café con leche, pero muy pronto empezó a congregarse una multitud. Nos costó salir de la cafetería y pensé que nunca volvería al coche.

En otra ocasión, me dirigía a Badajoz y, para no hacer las cuatro horas de viaje de un tirón, decidí parar a comer en un restaurante de la autopista. El dueño era republicano, pero aun así nos atendió muy bien. Mi ayudante, Agustín, le gastó una broma a mi conductor y le pidió un plato que no le gustaba. Todos nos reímos mucho. En el equipo que me acompañaba siempre había un ambiente cómplice y muy agradable, a pesar del cansancio y el estrés. Eran personas en las que podía confiar, que estaban conmigo todos los días, con las que pasaba más tiempo que con mi familia. Su lealtad y amistad eran inestimables. Cuando ya me iba, el propietario me estrechó la mano calurosamente y me dijo: «¡Soy republicano, pero también soy juancarlista!». Fue un encuentro encantador. Son solo dos anécdotas de entre muchas. Estas escapadas de fin de semana eran rápidas. Volvía a Madrid para no perderme la comida del domingo con mis padres y luego, tras la muerte de mi padre el 1 abril de 1993, con mi madre. Yo era hijo, padre, marido y Rey.

Al margen de esta vida agitada y estimulante, admito que tuve mis deslices sentimentales. Una relación en particular se hizo pública. Sería hábilmente instrumentalizada y tendría graves consecuencias sobre mi reinado.

Al partir hacia Botsuana en 2012, mi idea era pasar unos días de apacible retiro con mi camarada Mohamed Eyad Kayali, que amaba África tanto como yo. Me estaba costando recuperarme de una operación en el tendón de Aquiles y sufría dolores de espalda causados por hernias discales que me provocaban una pérdida de sensibilidad en la pierna derecha. Kayali me ofreció ese paréntesis lleno de encanto para descansar. El objetivo del viaje era no solo ir a cazar elefantes, sino rememorar buenos recuerdos junto al fuego en medio de la sabana con mi amigo de toda la vida, consejero del rey Fahd de Arabia Saudí, que me invitaba. Llegué con los invitados que había elegido: un amigo, su exmujer —con la que yo había mantenido una relación— y el hijo pequeño de esta. Nos instalamos en un campamento apartado.

Es erróneo insinuar que, por hacer un viaje de cinco

días, un desplazamiento excepcional a Botsuana, no me preocupaba por la suerte de España, que atravesaba una crisis económica sin precedentes, con una cifra récord de parados y una muy elevada tasa de paro juvenil. Admito que ese periplo lejano y costoso puede parecer desajustado con respecto a la situación del país. Pero no acepto que se vea como una prueba de mi desinterés por mi función de jefe de Estado. Insisto una vez más: durante mi reinado, he realizado centenares de viajes oficiales, que se han traducido en acuerdos comerciales y contratos en abundancia. Nunca me he rendido, nunca me he resistido a emprender viajes agotadores para hacer brillar a España y a los baluartes de su economía.

Puede que a algunos les escandalice el propósito de aquel viaje privado. Reconozco que los cazadores furtivos son un peligro para el equilibrio natural de la fauna, y que su actividad debe ser perseguida y condenada con dureza. Pero otra cosa es cazar un solo animal salvaje legalmente, gracias a un permiso de unos días cuyo importe el Gobierno dedica a salvaguardar los parques nacionales. Este permiso se vende a un precio elevado, con moderación, y permite supervisar y controlar esta lucrativa afición por la fauna local. Puede parecer una actividad primitiva, pero yo la considero ancestral. Mis padres solían ir a África a cazar en su época. Es una afición que mi familia ha practicado durante generaciones.

En mitad de la noche, me levanté para ir al baño adosado a mi tienda, separado por una puerta de lona que había que cruzar salvando un pequeño desnivel. Allí fue donde me caí. El golpe me aplastó la cadera. El dolor me atravesó.

Un médico evaluó la gravedad de mi estado y determinó que había que hospitalizarme lo antes posible. El hospital más cercano tiene una de las tasas de seropositivos más altas del mundo, así que no quiso arriesgarse y decidió que había que trasladarme de urgencia a España para operarme. Tenía tres fracturas y una hemorragia interna.

El sufrimiento fue inmenso durante las diez pesadas horas de vuelo. Estaba en el hospital, en la niebla de la sala de recuperación, cuando se hizo público el asunto. En particular, la identidad de los invitados que me acompañaban. El jefe de la Casa Real, Rafael Spottorno, dio una rueda de prensa anunciando mi operación y la causa de la misma. Fue entonces cuando los españoles descubrieron la debilidad del hombre y algunos decidieron olvidar los éxitos y logros del jefe del Estado.

El jefe de la Casa Real y el responsable de comunicación me animaron a pedir perdón cuando salí del hospital. Sabía que debía ofrecer excusas. Quizá no escogí ni las palabras ni las circunstancias adecuadas. En tiempos de crisis, es difícil complacer a todo el mundo. Algunos pensaban que un rey no debía disculparse. Otros, que yo no había hecho lo suficiente. Tenía que demostrar a los españoles que era consciente de la gravedad de la situación. ¿Sería capaz de reparar el vínculo que me unía a ellos desde hacía más de treinta y cinco años? Debilitado por el dolor físico, me sentía abatido. Tenía un año de rehabilitación por delante. Me vi frágil y disminuido durante aquellos largos meses de reclusión en la Zarzuela. Una parte de España ya no me apoyaba y tenía la amarga sensación de que me había abandonado. Como ya he dicho, no soy de los que se quejan ni de los que se hunden. Lo soporté en silencio, apretando los dientes.

Aquella relación fue un error del que me arrepiento amargamente. Puede parecer trivial, pero muchos hombres y mujeres se ciegan hasta el punto de no ver lo evidente. En mi caso, tuvo un impacto nocivo en mi reinado y en mi vida familiar. Erosionó la armonía y la estabilidad de estos dos aspectos esenciales de mi existencia, y me llevó al fin a tomar la difícil decisión de abandonar España. Ha manchado mi reputación ante los ojos de los españoles. En esta caza al hombre he demostrado ser una presa fácil. Pero esta debilidad es la debilidad de un hombre. Nunca interfirió en mis preocupaciones como Rey por su país.

2

Mi abdicación

¿Cómo saber cuándo ha llegado el momento de retirarse y poner fin a un reinado? Los políticos suelen aferrarse al poder; pocos lo abandonan voluntariamente. Solo algunos visionarios, como George Washington, el primer presidente de los Estados Unidos, quien, tras ser elegido por unanimidad dos veces consecutivas, prefirió retirarse a su casa de Mount Vernon antes que optar por un tercer mandato. Para los reyes, la problemática es distinta. El vínculo con la Corona es sagrado e innato. La cuestión es a la vez íntima e institucional. Ha habido abdicaciones famosas por *amoris causa*, como la de Eduardo VIII en 1936 para casarse con Wallis Simpson, una estadounidense divorciada, y que lo convirtió en el único rey británico que ha renunciado deliberadamente al trono. Algunos optaron por el exilio, como mi abuelo Alfonso XIII. Es una suspensión temporal del ejercicio de sus funciones, pero, aun así, se trata de una renuncia dolorosa. Estoy convencido de que mi abuelo perdió las ganas de vivir cuando dejó de reinar. La anterior abdicación de la Corona española se remonta a 1555.

Carlos V, el monarca más poderoso del siglo XVI, se retiró al monasterio de Yuste, en Extremadura. Al final de una vida de batallas, cansado de las guerras intestinas que minaban su inmenso reino, y agotado por sus problemas de salud, el emperador se despojó de todas sus prerrogativas y abdicó en favor de su hijo Felipe II y de su hermano Fernando para poder terminar sus días en paz monástica. He ahí el único antecedente que tenía. Como ya he dicho, la institución de la monarquía debe adaptarse a los tiempos. Antes, los reyes morían jóvenes, bien en el campo de batalla, bien a causa de enfermedades que nadie sabía cómo curar. La esperanza de vida no dejaba mucho tiempo para este tipo de reflexiones. La situación demográfica ha cambiado. Cuantos más años pasaban, más me preguntaba por el desenlace de mi reinado. Me interesé por el ejemplo de la Familia Real holandesa. La reina Guillermina de Holanda abdicó en 1948 en favor de su hija Juliana. Esta, a su vez, abdicó en 1980, dejando el trono a su hija Beatriz, de cuarenta y dos años. En enero de 2013, la reina Beatriz anunció públicamente su abdicación en favor de su hijo, el ahora rey Guillermo Alejandro, tras más de treinta años de reinado. Este traspaso de poderes es una práctica habitual en los Países Bajos, pero no cuenta con la aprobación general de las familias reales. La reina de Inglaterra me repetía: «*A king never abdicates*» (Un rey no abdica nunca). Y según mi padre: «El rey se muere con las botas puestas». Si hubiese estado todavía entre nosotros, se habría opuesto a la decisión que iba a tomar.

Empecé a pensar seriamente en ello a principios de 2014. El 6 de enero de ese año, en la celebración de la Pascua

Militar en el Palacio Real, aparecí vacilante. La prensa afirmó que había pasado mi cumpleaños, el día anterior, en Londres y que mi regreso apresurado, tras una noche alegre, explicaba mi dificultad para leer el discurso. Eran rumores falsos e infundados. Estaba agotado por la apnea del sueño que me despertaba por las noches y por los constantes dolores derivados de mis numerosas operaciones. La infección en la zona de la cadera seguía siendo muy dolorosa. Había tomado una dosis elevada de analgésicos para hacer frente a la larga Pascua Militar, y los efectos secundarios, sobre todo la somnolencia, fueron devastadores. Me encontraba mal. A ello se sumó un problema cardíaco que me nubló la vista; de hecho, cinco años después tendría que someterme a una operación a corazón abierto. Mi debilidad física me hizo reflexionar.

Las encuestas mostraban un descenso drástico desde mi accidente en Botsuana en 2012. Los reyes disponen del privilegio de la perspectiva a largo plazo de los acontecimientos, a diferencia de los políticos, que dependen de las elecciones y de la volátil opinión pública. Yo sabía que, desde hacía dos años, ya no contaba con el apoyo unánime del pueblo, aunque, treinta y nueve años después del inicio de mi reinado, la proporción de población a mi favor seguía siendo aceptable. El país estaba pagando desde 2008 el precio de una crisis económica sin precedentes; también el de una crisis moral. Mientras tanto, yo luchaba contra mí mismo y contra mi cuerpo, que me traicionaba. Estaba descartado que apareciera públicamente vestido de militar en silla de ruedas, ni siquiera con muletas, para pasar revista a las tropas.

Tras la operación de urgencia de mi cadera en abril de 2012, tuve que volver a pasar por el quirófano varias veces: dos más en 2012 y tres en 2013. Me colocaron prótesis en ambas caderas, que hubo que cambiar unos meses después a raíz de una infección, así como en la rodilla derecha, y también me intervinieron por una luxación y una hernia discal. Pasé dos años yendo demasiado al médico y sometiéndome a una dolorosa reeducación para recuperar la movilidad. No fue fácil, tuve que hacer un gran esfuerzo. Pero no me di por vencido. El recuerdo de mi madre confinada en una silla de ruedas durante tantos años me asustaba. Tenía que volver a levantarme a toda costa. Después de una segunda operación de cadera, emprendí un viaje maratoniano a Brasil y a Chile para garantizar resultados a las exportaciones españolas. A continuación, un viaje de ida y vuelta a Arabia Saudí para asistir al funeral del príncipe heredero, tras lo que volé a Moscú acompañado de un numeroso grupo de directores generales de empresas españolas que contaban conmigo para abrir nuevos mercados vitales para la recuperación económica. Luego a la India, donde promocioné la «marca España». Dos meses antes de mi abdicación, realicé mi última visita oficial a Arabia Saudí, Kuwait, Baréin, Emiratos y Omán. El Ministerio de Asuntos Exteriores denominó a este periplo «la ruta del dátil». Después de aquello, el número de empresas españolas vinculadas a negocios en la región aumentó. También quería anunciar personalmente a los jefes de Estado de la región que pronto dejaría mi cargo. Los considero mis amigos y confidentes. Podía —¡y aún puedo!— confiar ciegamente en ellos, y sabía que no lo divulgarían. A pesar de mi innegable cansancio, no me rendí. Pero debía aceptar lo evidente: ya no podía permanecer mucho tiempo de pie, y mucho menos pasar revista a mis tropas sin la ayuda de un bastón. Mi paso era entonces pesado y febril. No era el paso digno de un jefe de las Fuerzas Armadas españolas. Tenía que aceptar los hechos.

Para cumplir con la función de monarca se debe renunciar a la libertad, con convicción y determinación. Los soberanos nunca son dueños de su tiempo: siempre están a merced de un compromiso, son esclavos voluntarios de su país. En las monarquías democráticas, un rey no tiene poder material. No puede repartir dinero, no puede ordenar que se construyan casas o tendidos eléctricos. No puede hacer nada, no puede dar nada salvo su presencia. E incluso eso no lo decide solo: es el Gobierno el que piensa en la coordinación y la eficiencia, y dicta si es apropiado acudir o no. No es solo el deseo espontáneo lo que cuenta. Me sometí como siempre a las exigencias del Gobierno, pero mi cuerpo no podía más. Ya no tenía ni suficiente energía ni voluntad.

Mi hijo estaba más que dispuesto a tomar el relevo. Durante mucho tiempo me jacté de poder contar con el príncipe heredero mejor preparado de Europa. Había llegado el momento de que Felipe tomara el timón. No quería que se marchitara esperando a que llegara su hora. Yo ya no tenía fuerzas físicas para asumir esta agotadora tarea. Durante mucho tiempo estuve madurando esta decisión, sin confiárselo a nadie. Una vez tomada, fue irrevocable. No suelo titubear. Determinadas personas intentaron disuadirme luego, pero yo estaba íntimamente convencido de que era lo mejor para el país. Tenía la conciencia tranquila del deber cumplido. La España que dejaba, pese a sus problemas coyunturales, no se parecía en nada a la España que había heredado en 1975. No tenía nada de lo que avergonzarme. Podía emprender una nueva fase de mi vida con serenidad.

Fue entonces cuando me confié a Rafael Spottorno, jefe de la Casa Real desde 2011, tras una brillante carrera diplomática. Luego se añadieron otras tres personas clave en el que debía ser el secreto mejor guardado de España: José Fernando de Almansa y Alberto Aza, los dos predecesores de Rafael Spottorno al frente de la Casa Real, y el director del Centro Nacional de Inteligencia (CNI), el general Félix Sanz Roldán. Los llamé «mis cuatro mosqueteros» durante esta fase de preparación, que se alargó tres meses. En discretas reuniones, en el CNI o en la Zarzuela, a las que a veces asistía, repasaban todos los aspectos de este procedimiento, que había que inventar desde cero. También me dirigí al brillante jurista Landelino Lavilla, exministro de Justicia del Gobierno de Adolfo Suárez y expresidente del Congreso de los Diputados, que ya había organizado el procedimiento de renuncia a los derechos dinásticos de mi padre en 1977. Se encargó de los aspectos jurídicos, ya que la abdicación no está prevista en la Constitución. Participó en la redacción de una ley orgánica que fue aprobada por el Congreso, luego sancionada por mí y finalmente refrendada por el presidente del Gobierno, Mariano Rajoy, y que me permitió renunciar de forma efectiva a mi cargo.

Era esencial que mi decisión se mantuviera en secreto

para no perturbar los asuntos del país. El primero en saberlo fue, por supuesto, mi hijo Felipe, a quien convoqué a una de mis reuniones con los «cuatro mosqueteros». Mantuvo la calma, pero no pudo ocultar su sorpresa. «¿Estás seguro de tu decisión?», me preguntó varias veces. Tuvimos dos horas de franca discusión. Participaría de cerca en todos los preparativos. Luego me enteré de que Jaime Alfonsín, secretario del Príncipe antes de convertirse en jefe de la Casa Real, estaba convencido de que yo nunca abdicaría. ¡Imagino su asombro! No tardé en anunciárselo a la Reina. Luego se lo comuniqué también al presidente del Gobierno, Mariano Rajoy, que se mostró muy sorprendido, pero que fue menos expresivo que el secretario general del Partido Socialista, Alfredo Pérez Rubalcaba, que soltó un «¡No me joda!». Se quedó de piedra y no pudo contenerse ante mí. También advertí a los exjefes de Gobierno Felipe González y José María Aznar. Lo hice con mucha precaución: nada debía salir a la luz. Todos los documentos escritos se destruían inmediatamente después de las reuniones. Actuamos con extrema cautela y discreción.

Lo más delicado fue encontrar la fecha adecuada o, mejor dicho, la menos inconveniente, teniendo en cuenta el calendario político. El año 2014 se presentaba ajetreado: el 25 de mayo, las elecciones europeas; en junio, el Mundial de fútbol, seguido de las vacaciones parlamentarias; el 9 de noviembre, la consulta independentista catalana y, pocos meses después, las elecciones municipales y generales previstas para 2015. Me habría gustado retirarme tras las celebraciones de mis cuarenta años de reinado, pero el contexto no me lo permitía. El bipartidismo se agotaba, desbordado por una extrema izquierda vehemente y un nuevo centrismo en ebullición. La alternancia de derecha e izquierda, que hasta entonces había jalonado mi reinado, daría paso a Gobiernos de coalición más frágiles. De hecho, mi hijo intentaría constituir un Gobierno durante diez meses, ¡de diciembre de 2015 a octubre de 2016! Ninguna mayoría absoluta, negociaciones sin fin tanto a la izquierda como a la derecha, la disolución de las Cortes, las nuevas elecciones. Una parálisis política como nuestra democracia no había visto desde 1975. Intuía que se avecinaba esta inestabilidad y quería evitar que mi marcha se convirtiera en un pretexto para una crisis política. Además, Alfredo Pérez Rubalcaba ya me estaba haciendo el favor de mantenerse al frente del Partido Socialista, hasta el congreso extraordinario del PSOE de julio, para asegurar la votación en el Congreso de la ley orgánica de la abdicación, pese a haber presentado su dimisión justo después de su fracaso en las elecciones europeas de mayo. La fecha acordada era el 9 de junio de 2014, pero finalmente se adelantó al lunes 2 de junio, por temor a filtraciones.

A primera hora de la mañana, un equipo de RTVE fue convocado al Palacio de la Zarzuela. Con el pretexto de las medidas de seguridad, se les confiscaron los teléfonos móviles. Acabé de firmar mi decreto de abdicación a puerta cerrada en mi despacho. Solo el presidente del Gobierno, Mariano Rajoy, fue testigo del momento. Mientras el equipo técnico de televisión se preparaba, fui a maquillaje. Le dije a la maquilladora: «Es la última vez que nos vemos». El jefe de comunicación de la Casa Real entregó mi discurso al equipo de cámaras para que lo introdujeran en el teleprómpter. Les dijo en tono irónico: «Este es el discurso de Navidad. Este año lo haremos antes». Mi hijo acababa de aterrizar de un viaje oficial a El Salvador y vino a reunirse conmigo. La Reina también estaba allí, preocupada. La emoción nos embargaba a todos. Vi a mi ayudante desde hacía veinte años, Agustín, que se escabullía con lágrimas en los ojos. Me equivoqué al leer el discurso y se me quebró la voz varias veces. Hicieron falta al menos tres tomas para que los pocos minutos de discurso que me había propuesto pronunciar transcurrieran sin melodrama ni arrepentimiento. «Hoy merece pasar a la primera línea una generación más joven, con nuevas energías, decidida a emprender con determinación las transformaciones y reformas que la coyuntura actual está demandando, y afrontar [...] los desafíos del mañana». Mi discurso sería retransmitido poco después de las 13 horas. Al país le pilló por sorpresa. Y yo me retiré a mi antesala antes de reanudar mi agenda oficial habitual. Esa tarde, como ya estaba previsto desde hacía tiempo, recibí en audiencia al presidente de la Cámara de Comercio de Estados Unidos. Un enjambre de periodistas se precipitó al palacio. «¡Nunca os habéis interesado tanto por mí como hoy!», les dije.

Se había pasado página públicamente. Comenzaban las formalidades. Y tengo que admitir que la emoción me embargaba en todo momento. No era tan fácil retirarse, aunque lo hiciera sin amargura ni remordimientos, y con la certeza de que mi hijo actuaría a su manera en interés de la Corona y del país, con ese sentido de servicio que siempre nos ha guiado. El 18 de junio, a las seis de la tarde, ante las más altas autoridades del Estado, y en la misma mesa donde había rubricado el Acta de Adhesión de España a las Comunidades Europeas, en el Salón de Columnas del Palacio Real, firmé la ley orgánica que certificaba mi abdicación. Luego intercambié el asiento con mi hijo, que me abrazó efusivamente. Sin duda por gratitud. Fue entonces cuando de verdad asumí que había transmitido el poder para siempre. Los mejores momentos de mi reinado pasaron por mi mente. Me dejé invadir por las lágrimas, que contuve rápidamente, porque después de todo podía sentirme orgulloso de pasar la Corona a mi hijo, la Corona de un país que había encontrado su lugar en el mundo. Por fin había cumplido mi misión: normalizar la monarquía en España y modernizar el país. Aun así, era dar un paso adelante hacia un futuro por construir.

A la mañana siguiente, en la Zarzuela, entregué a mi hijo el fajín de capitán general de las Fuerzas Armadas, antes de su entronización en el Congreso. Allí pronunció su primer discurso como Rey, un discurso histórico que discutimos y revisamos muchas veces juntos. Anunció «una monarquía renovada para un tiempo nuevo». No quise participar en esta ceremonia para no hacerle sombra. Mi hijo debía ser el único protagonista. No quería que nadie pensara que había dos reyes en ejercicio. Mi esposa estuvo presente, junto a nuestra hija Elena, no en el escenario oficial, sino entre el público, y fue muy aplaudida, lo que me complació. No hubo ni misa ni celebraciones, ni jefes de Estado extranjeros. Esta entronización, muy diferente de la mía treinta y nueve años atrás, fue sobria. Culminó con una recepción en el Palacio Real para dos mil quinientos invitados españoles. Hice una rápida aparición en el balcón del palacio para saludar a la multitud, junto a mi esposa, mi hijo, su esposa y sus dos hijas. Desde el punto de vista simbólico, era importante mostrar unidad. Pero no me entretuve. «¡Abran paso a la nueva generación!», declaré mientras me escabullía. Comenzaba una nueva era. Para mí y para el país.

Mi hija menor, Cristina, fue la gran ausente de estos actos. Tuve que pedirle que no asistiera. Me resultó doloroso y penoso. Cristina estaba, de forma injusta —porque su inocencia ha sido probada por los tribunales, e incluso ratificada por el Tribunal Supremo—, en el punto de mira desde el caso Nóos, que solo afectaba a su marido, Iñaki Urdangarin. Este popular jugador de balonmano de origen vasco, miembro de la selección nacional, entró a formar parte de la Familia Real en 1997, cuando se casó con la infanta.

En dos años casé a mis dos hijas. En primer lugar, a mi hija mayor, Elena, en Sevilla en 1995, con Jaime de Marichalar, economista de formación y consejero del grupo LVMH, procedente de una antigua familia aristocrática. Por aquel entonces, la última boda real en España había sido la de mi abuelo Alfonso XIII con Victoria Eugenia, en 1906, en Madrid. Una boda manchada de sangre, porque un atentado anarquista contra el cortejo nupcial mató a veintitrés personas. Era, pues, la primera vez que celebrábamos una boda de la Familia Real en una época de concordia nacional. La celebración fue alegre, cordial, sin pompa ni circunstancia, y los medios de comunicación españoles estuvieron encantados. Me sentí feliz de compartir esos momentos de alegría familiar con los españoles que habían visto crecer a mi hija.

Me encantaba esta cercanía, que me parecía esencial mantener. Estábamos ahí para ellos y con ellos. Desgraciadamente, tras el nacimiento de sus dos hijos, Felipe y Victoria, la unión de Elena y de Jaime terminó en separación quince años después. Nunca me he inmiscuido en la vida privada de mis hijas. Las apoyé, como haría cualquier padre, en sus decisiones y en sus problemas.

Cristina se casó con Iñaki dos años después en Barcelona, ciudad en la que ambos vivían desde hacía tiempo. Mi hija ya trabajaba, como sigue haciendo hoy, para la Fundación la Caixa —la más importante de España y la segunda a escala europea—, como directora de cooperación internacional, después de licenciarse en Ciencias Políticas por la Universidad Complutense de Madrid y hacer luego un máster en Nueva York y prácticas en la sede de la UNESCO en París. Era muy independiente y vivía su vida en Barcelona con discreción. Iñaki era un deportista muy popular en la época, ganador de numerosos premios en competiciones nacionales e internacionales, seleccionado para los Juegos Olímpicos de Barcelona, Atlanta y Sídney (en los dos últimos ganó la medalla de bronce), y muy vinculado a Cataluña. Tuvieron cuatro hijos —Juan, Pablo, Miguel e Irene—, a los que educaron muy bien y que se han convertido en adolescentes serios y decididos que me llenan de orgullo. Tuvieron que enfrentarse, muy jóvenes, a un cataclismo para el que nadie estaba preparado: el asunto Nóos, que no puedo dejar de lado.

Mis hijas llevaban una vida de familia muy atareada, pero siempre estaban disponibles para representar a la Corona. Nos reuníamos por Navidad, en los cumpleaños y unas semanas en Palma, en verano. Cada vez que nacía un nuevo bebé, nos embargaba la alegría. Mi mujer, a pesar de sus obligaciones oficiales, se tomaba muy en serio su papel de abuela. Estoy describiendo una vida familiar normal, con sus costumbres, sus rituales y, como en todas las familias, sus tensiones. Tenía yernos simpáticos que se llevaban bien con todo el mundo. Acompañaban a mis hijas a los actos oficiales. Eran apreciados por la opinión pública y se mostraban a la altura de las responsabilidades que se les imponían.

Con los años, la carrera deportiva de Iñaki llegó a su fin y obtuvo un máster en una prestigiosa escuela de negocios, ESADE, con vistas a reciclarse profesionalmente. En el año 2003 se asoció con Diego Torres para dirigir la empresa Nóos. Sin duda, Diego Torres previó las conexiones que podría tener mi yerno, o al menos su potencial en el campo de las relaciones públicas y deportivas. Yo estaba encantado de que Iñaki hubiera emprendido con éxito una nueva carrera. Organizaba eventos deportivos y cumbres internacionales de turismo deportivo. Diego Torres se encargaba de la parte administrativa de la empresa. Por ingenuidad, y seguramente por irreflexión, Iñaki, que confiaba en él, firmaba sin pestañear todos los papeles que su socio le pedía. El escándalo estalló en 2011. Los cargos eran graves: malversación de fondos públicos, fraude y tráfico de influencias.

A todos nos pilló por sorpresa esta acusación. Obviamente, como suegro y padre, quise ayudar a Iñaki, y le propuse que contratara los servicios de uno de los mejores abogados españoles. Él no tenía medios económicos para pagarlo, porque sus cuentas bancarias estaban congeladas. Además, no se preveían condenas graves. Así que se lo pidió a uno de sus amigos, el padre de uno de los amigos de su hijo del Liceo francés de Barcelona, con el que jugaba al tenis. Ni él ni nadie sospechaba que aquella acción contra Nóos se convertiría en un asunto explosivo. Desgraciadamente, mi hija se vio salpicada y, de rebote, la Corona también.

En 2013, la infanta fue también imputada por el juez de Palma de Mallorca, que buscaba deliberadamente notoriedad y se empeñó en convertir el caso en ejemplarizante. La justicia suspendió su imputación, por falta de pruebas contundentes, pero el juez desoyó la voluntad del ministerio fiscal y la citó a comparecer. Funcionarios del Ministerio de Hacienda declararon y alegaron su inocencia. No sirvió de nada. El juez fue implacable. Su propósito era llevar a la Corona al banquillo de los acusados. La infanta tuvo que declarar durante cinco horas y responder a más de cuatrocientas preguntas. Ella se mantuvo muy digna, pero la imagen para la Corona fue desastrosa. El proceso se prolongó hasta el juicio en 2016, en el que Iñaki y Cristina comparecieron junto a otros dieciséis acusados. El fiscal no pidió ninguna pena contra la infanta, que finalmente fue absuelta al año siguiente, pero su marido, tras recurrir, recibió una condena de cinco años y diez meses de prisión. Sería encarcelado en la prisión de Brieva, una cárcel de mujeres en la que podría estar aislado, en Ávila. La Casa Real nunca interfirió en el proceso judicial. Lo he dicho muchas veces en mis discursos: «La Justicia es igual para todos». Iñaki no recibió ningún trato especial. Incluso sospecho que, por ser yerno del Rey, tuvo que pagar por su error un precio más alto que otros. Los medios de comunicación se ensañaron con mi hija y su marido; se publicaron filtraciones judiciales sobre su vida privada y se les difamó. Nunca se beneficiaron de la presunción de inocencia: todo lo contrario.

Este juicio tuvo consecuencias desafortunadas para la Corona y para nuestra familia. Ya la relación que yo mantenía había ocasionado grandes tensiones con mis hijas, pero esta vez estábamos llegando a un nivel de disensión sin precedentes. Durante dos años consecutivos, Cristina y su familia estuvieron ausentes de las cenas de Navidad en la Zarzuela. Mi mujer sufrió enormemente al verse privada de la alegre presencia de una parte de sus nietos. La presión mediática llegó a tal extremo, que intenté aplacar las críticas sacrificando la unidad familiar. Lo asumí, no veía otra alternativa. Dado el impacto del asunto Nóos en la opinión pública, la Casa Real intentó establecer un cortafuegos, y desde el año 2011 la pareja fue excluida de las actividades oficiales de la Familia Real. Sugerí a mi hija que renunciara voluntariamente al título de duquesa de Palma que le fue concedido en su boda, como gesto de desagravio por la crisis. ¿Era ceder al clamor popular antes del veredicto final de los tribunales? ¿O era dar la razón a los críticos? En mi opinión, era necesario hacer un gesto simbólico que dejara claro que éramos conscientes del problema. Sí, seguramente fue una visión cortoplacista, porque ella no era responsable de las acciones de su marido. En cualquier caso, el título no era más que un honor que nada le restaba a su condición de infanta y alteza real, y siempre he creído que es mejor anticiparse que sufrir. Yo le decía: «Naciste infanta de España y siempre lo serás. Eso no te lo puede quitar nadie. Lo demás es anecdótico». Pero ella se negaba, convencida de que defendía su honor y el de su marido. Fue mi hijo Felipe, ya en su calidad de Rey, en 2015, quien, en el cincuenta cumpleaños de Cristina, la despojó de su título. Para entonces, ya estaba preparada, y había enviado a la Zarzuela una carta escrita con la ayuda de su abogado en la que lo ratificaba, pero nunca esperó semejante regalo de cumpleaños por parte de su hermano. Cristina e Iñaki tuvieron que vender su casa de Barcelona para hacer frente a los gastos del proceso, y se refugiaron en Ginebra en 2013 para intentar proteger a sus hijos. Ella fue valiente, siguió trabajando y visitaba a su marido casi todas las semanas en prisión. Iñaki, tras su liberación, se instaló con su madre en Vitoria e inició una relación con otra mujer. Mi hija y él ahora están divorciados. Haber pasado por tanto para llegar a esto.

He tenido discusiones terribles con mi hija. Pero sigue siendo mi hija. Nunca hemos dejado de hablarnos, nunca me separó de mis nietos, que me parecen maravillosos: inteligentes, alegres, deportistas, emprendedores, solidarios y guapos. Pero el día de mi abdicación le dije que no era bienvenida. Ella no había hecho ninguna aparición pública desde que habían empezado sus problemas. Pensé que incluso en ese día, tan importante para mí y para toda la familia, sería mejor que mantuviera un perfil discreto. Ahora que estoy recluido en Abu Dabi, me pregunto si hice lo correcto. Hemos sabido dejar atrás nuestras diferencias y nuestras penas para preservar nuestra relación filial. Sus visitas y las de sus hijos me llenan de alegría. Su afecto es precioso para mí.

Los medios me han atribuido el título de «rey emérito», como «profesor emérito» o «papa emérito». No se trata de un título protocolario oficial. Según la ley orgánica que avala mi abdicación, conservo de por vida el título honorífico de Rey. Imagino que la prensa, para evitar confusiones entre mi hijo y yo, inventó el término «rey emérito», que incluso se ha convertido en «el emérito» a secas. No me gusta esta designación. Es prestigioso en las universidades estadounidenses o francesas, pero en España lo es mucho menos. La Casa Real española debería inventar un título específico para los reyes o reinas que abdican, porque me imagino que algún día se repetirá la situación. Un título prestigioso en reconocimiento a los servicios prestados, que no deje lugar a ambigüedades sobre el hecho de que solo hay un rey en ejercicio. La reina Beatriz, de los Países Bajos, tras renunciar al trono recuperó su título anterior, el de de alteza real princesa Beatriz de Holanda, princesa de Orange-Nassau. Aunque tampoco me parece adecuado. Estaría justificado examinar esta cuestión para institucionalizar un título oficial equivalente a «rey padre».

La edad y la experiencia ya no se valoran en la sociedad actual, al contrario que en otras culturas más tradicionales, como la del país que me acoge actualmente. Antes, en España, se respetaba a los mayores, que además seguían viviendo en el seno del hogar familiar. El patriarca ocupaba un lugar privilegiado en la jerarquía social. Hoy está excluido. Es una molestia porque ya no es productivo. No contemplaba que yo también sería dejado completamente al margen. Tomé la decisión de no ocupar un lugar preeminente en la vida oficial, pero imaginaba que al menos me consultarían, en privado, de vez en cuando. Al fin y al cabo, tengo treinta y nueve años de experiencia que me habría gustado transmitir. También pensaba que se reconocería mi legado político. Pero ni siquiera se me invitó al Congreso por el cuadragésimo aniversario de las primeras elecciones democráticas, el 28 de junio de 2017, de las que yo fui la pieza clave. Todo el mundo estaba allí, incluso la nieta de la Pasionaria, la famosa diputada comunista. Yo esperaba seguir siendo útil a la Corona, y lo era, porque a veces mi hijo me pedía que asistiera a celebraciones o funerales cuando él no podía acudir, pero *de facto* estaba marginado. Insistí en dejar claro que seguía a disposición de la Corona, pero al cabo de un año dejaron de hacerme peticiones. Mi último viaje oficial fue a Chile en marzo de 2018. Conservé la presidencia de las fundaciones o premios que había creado y que llevaban mi nombre. Los que había fundado, pero no llevaban mi nombre, como Cotec, por ejemplo, me fueron arrebatados sin miramientos. Lamenté no haber insistido antes en mantenerlos en mi redil; les había dedicado gran cantidad de energía y entusiasmo.

Le cedí a mi hijo mi despacho. Me parecía lógico que un mismo lugar encarnara la continuidad del Estado. Me instalé en un pequeño despacho cercano, donde él a veces entraba a saludarme, pero en adelante recibiría a mis invitados en un salón del Palacio Real, en pleno centro de Madrid, para evitar cualquier confusión entre mis audiencias y las de mi hijo. También pensé en trasladarme a otro lugar para dejarle todo el espacio en la Zarzuela, y no ser una molestia. También en este caso había que inventarse una solución desde cero. No quería ir a vivir en la residencia de Franco, en el Pardo, donde se alojan los jefes de Estado extranjeros en visita oficial. Pensé mudarme al antiguo pabellón de caza de La Angorrilla o a La Quinta, un palacete del siglo XVIII, antigua residencia del presidente Manuel Azaña durante la Segunda República, que se alquila con frecuencia para fiestas y bodas. Desgraciadamente, su rehabilitación era costosa y su ubicación presentaba problemas de comunicación y seguridad. Estos dos proyectos nunca llegaron a materializarse. Incluso consideré opciones en el extranjero, pero era demasiado doloroso vivir lejos de casa. Como la Casa Real no llegaba a ningún acuerdo, finalmente me quedé en la Zarzuela con la idea de que mi nueva libertad me permitiría viajar mucho.

No tenía intención de dormitar. Por fin podía disponer de tiempo para mí, sin tener que dar cuentas a nadie. Ver a los amigos, comer tranquilamente, hacer turismo... Ya no era el Rey, pero volvía a ser el rey de mi agenda. Alargar el café después de una buena comida con amigos se convirtió en uno de mis mayores placeres. Me fui de viaje por primera vez durante todo un verano. En Malibú, me detuve de improviso en un bar de la autopista para tomar algo. Mi ayudante y yo nos sentamos a una gran mesa de madera. Un hombre dijo en español: «Se parece mucho al rey de España, ¡pero no puede ser él!». Me acerqué y acabamos tomando una copa juntos. Era un colombiano que no podía creer que estuviera sentado conmigo.

Apoltronarme no forma parte de mi carácter, pero era

consciente del riesgo que suponía dejar de estar atado a una vida oficial acaparadora. Necesitaba proyectos y deseos lejos de mi reglamentada vida anterior; un objetivo físico que me empujara a perseverar en mi dolorosa rehabilitación. Cuando anuncié que iba a retomar la vela de competición, hubo miradas cautelosas. La clase 6 metros me convenía porque podía encajarme en la popa del barco para sujetar el timón. Con mis fieles cómplices, Pedro Campos e Ib Andersen, compramos en 2015 un barco en Finlandia que no era adecuado. Luego, en 2016, el *Bribón*, amarrado en Sanxenxo. Ib Andersen se había hecho cargo de mi entrenamiento para los Juegos Olímpicos de Múnich de 1972 y había entrenado también al equipo mexicano para los Juegos Olímpicos de 1968. Confiaba plenamente en su profesionalidad. Mi agenda no tardó en organizarse en torno a intensos entrenamientos de vela en Galicia. Como ya he dicho, ese pequeño puerto se ha convertido para mí en un segundo hogar. Participé discretamente en la fundación de un centro de vela adaptado para discapacitados, impulsado por la Fundación Mapfre (la primera compañía de seguros española que creó una fundación con fines sociales), de la que mi hija Elena es madrina. Mapfre se ha ido, pero el centro sigue muy activo. En mi barco llevé a algunos jóvenes discapacitados, muy simpáticos y dispuestos, con los que compartí estupendas salidas al mar.

Cuando anuncié que quería participar en el Campeonato Mundial de Vela, las miradas fueron aún más escépticas. Al llegar a Vancouver en 2017 para la competición, vino a recibirme el famoso patrón estadounidense Dennis Conner, cuatro veces ganador de la Copa América, que se mostró visiblemente condescendiente. Fingí no darme cuenta. Al término de las ocho regatas, nos alzamos con la victoria y él terminó decimocuarto. En la competición de vela, la suerte no existe; todo es cuestión de trabajo duro y determinación, en equipo. Pero hay que saber ganar con elegancia. Para que no quedara ninguna duda, repetí el desafío dos años más tarde. Ya no era Rey del trono español, pero sí de los mares. ¡Y la aventura continuaría!

SÉPTIMA PARTE

MI DIARIO DE ABU DABI

1

Lilibeth nos deja a todos huérfanos

La muerte de Lilibeth, la reina Isabel II, el 8 de septiembre de 2022, me conmovió profundamente. No se puede hacer nada contra el avance de la edad, pero ella gozaba de una salud de hierro, como su madre, la muy simpática *Queen Mother*, la Reina Madre, que murió a los ciento un años. Lilibeth era una prima y una amiga a la que veía regularmente desde mi infancia. Su muerte deja un gran vacío en mi vida. Dada su longevidad y su entrañable personalidad, era un punto de referencia, un ancla, una presencia tranquilizadora, con la que además tenía una estrecha relación familiar. En el fondo, pensaba que era inmutable.

Como he dicho antes, la reina Victoria está emparentada con todos nosotros. Mi abuela, a la que yo estaba tan apegado, la reina Victoria Eugenia, casada con Alfonso XIII, era su nieta. Se educó junto a ella en el castillo de Balmoral, en Escocia, el mismo lugar donde murió la reina Isabel. Y por parte de Sofi, su abuela paterna, Sofía de Prusia, y su bisabuelo materno, Guillermo II de Alemania, también eran nietos de la reina Victoria. El príncipe Felipe, duque de

Edimburgo, marido de Lilibeth, era primo del padre de Sofi, el rey Pablo de Grecia. Nuestros destinos están entrelazados por todas partes.

No soy especialista en árboles genealógicos reales. A menudo le pedía aclaraciones a mi primo, el historiador Miguel de Grecia, quien conocía mejor que yo las historias entrelazadas de las familias reales europeas. Estas antiguas alianzas nos unen, tanto histórica como personalmente. Al fin y al cabo, somos una gran familia, unida por alianzas centenarias, y mantenemos estrechas relaciones de amistad. Desde luego, tengo más trato con unos que con otros, pero compartimos el mismo espíritu y la misma historia. Descendemos de un linaje de reyes y reinas, y también somos camaradas que nos vemos en bodas, cumpleaños, funerales y vacaciones. Me parece que es fundamental preservar esta red de amistad y apoyo mutuo. Espero que las próximas generaciones, las de nuestros hijos y nietos, la perpetúen. Más allá del hecho de que estas relaciones son muy cálidas, estos vínculos directos y duraderos pueden ayudar a resolver muchas crisis políticas o diplomáticas entre nuestros países. No poseemos un poder real, pero sí conservamos cierta influencia, un canal de comunicación siempre abierto que permite hacer llegar mensajes a los Gobiernos. A pesar de los problemas entre Estados que a veces pueden surgir, siempre nos mostramos solidarios porque sabemos distinguir lo personal de lo institucional. Hemos sido educados en el sentido del deber con respecto a nuestras funciones, a las de la Corona, pero también en el respeto absoluto a nuestros lazos familiares. Lo uno no afecta a lo otro. Seguimos siendo amigos y cómplices, incluso cuando hay desacuerdos institucionales. Esta ha sido nuestra fuerza durante siglos.

Por ejemplo, tuve que renunciar a ir a la boda del príncipe Carlos y Lady Di en 1981. Toda la familia estaba invitada y Lilibeth, muy amablemente, nos alojaba en uno de sus castillos. Estábamos encantados de asistir a este maravilloso acontecimiento familiar, en compañía de nuestros primos y amigos, representantes de todas las monarquías. Miles de invitados acudieron de todo el mundo para participar en la «boda del siglo». Pero unas semanas antes, la Casa Real británica anunció los detalles de la luna de miel de los novios en el yate *Britannia*, y se supo que comenzaría en Gibraltar. Este enclave británico en Andalucía, concedido en virtud del Tratado de Utrecht en 1713, es un asunto espinoso entre nuestros dos países. Ya a principios de los años sesenta, España planteó en Naciones Unidas la cuestión de este vestigio colonial británico que pone en entredicho la integridad de nuestro territorio. En el momento de la boda, la frontera entre lo que los ingleses conocen como «*the Rock*» y España estaba cerrada. El hecho de que Carlos y Diana iniciaran oficialmente en Gibraltar su luna de miel fue visto por el Gobierno español, y por mí mismo, como una provocación. El ministro español de Asuntos Exteriores protestó ante su homólogo y también desde el Gobierno se tomaron medidas. Todo fue en vano. Así que no dudé en llamar a la Reina.

—Te propongo recibir personalmente a los Príncipes de Gales en cualquier lugar de España que deseen; en Algeciras, por ejemplo, que es una bonita ciudad portuaria situada justo enfrente de Gibraltar, y luego pueden hacer una escala técnica en Gibraltar antes de irse de luna de miel. Habrán estado primero en España y luego podrán continuar su camino hacia donde quieran.

El hecho de que un rey recibiera a una pareja de herederos me pareció un gesto lo suficientemente importante como para llegar a un compromiso.

—Juanito, no puedo cambiar la ruta de mi yate... —replicó ella, y cuando insistí añadió, inflexible—: No puedo en absoluto, no depende solamente de mí.

Ante tan poca buena voluntad, decidí comunicarle que no podía asistir a la boda. Eso puso fin a nuestra discusión. Me dio pena tener que renunciar a ello, pero, antes que primo, era jefe de Estado. Carlos y Lady Di pasaron unas horas en Gibraltar, suficientes como para despertar el entusiasmo identitario británico en este territorio. Pero ese problema diplomático no afectó a mi relación personal con la Familia Real británica. Sabemos dejar a un lado nuestras diferencias políticas y diplomáticas.

No es la única vez que he tenido que cancelar un viaje: en 2012, no pude asistir al jubileo de diamante de la Reina porque el príncipe Eduardo, el hijo menor de Isabel II, había visitado Gibraltar, además de que los pescadores españoles habían tenido problemas con las patrulleras británicas. Las relaciones entre nuestros dos países volvían a ser tensas y el Gobierno me animó a declinar la invitación. Lo hice a regañadientes, pero no tenía elección. El Gobierno siempre tiene la última palabra.

En 1986 fui de viaje oficial a Londres. La última visita de un rey español a Londres había sido en 1905, y fue cuando mi abuelo Alfonso XIII conoció a su futura esposa,

Victoria Eugenia. La Reina y yo nos alojamos en el castillo de Windsor, el verdadero hogar de la Reina, ya que Buckingham era solo su residencia oficial, la sede de sus funciones; un detalle que demuestra nuestro excelente entendimiento. En el almuerzo familiar, que celebramos justo después de pasar revista a las tropas, tuve ocasión de recordarle a la Reina nuestra primera conversación. Yo debía de tener unos quince años y ella veintisiete, porque nos separaban doce años. Fue durante los primeros meses de su reinado. Mi padre iba de vez en cuando a Inglaterra, a veces en agosto para ir de caza o visitar a amigos, y ella lo invitaba a comer. En aquella ocasión, en 1953, lo acompañé, es posible que el viaje coincidiera con las vacaciones escolares. En la época me resistía a aprender inglés, por patriotismo, por la cuestión de Gibraltar. Durante la Guerra Civil, los británicos habían aprovechado la situación para ganar terreno e incluso construir un aeropuerto, y luego Franco había convertido el peñón en una causa nacional. Para el ministro de Asuntos Exteriores, Fernando María Castiella, Gibraltar sería, años después, su principal preocupación. En cualquier caso, mi padre, que se había formado en la Royal Navy y hablaba inglés con su madre y sus primos, me reprochaba mi terquedad. Era totalmente anglófilo y tenía el sistema británico de monarquía constitucional como modelo político. Cuando mi familia se exilió en 1931, Alfonso XIII preguntó a Jorge V si su hijo podía alistarse en la Royal Navy, porque no podía seguir en la Armada española. Jorge V no lo dudó ni un segundo y mi padre acabó en la Escuela Naval de Dartmouth. Recorrió los mares del mundo, y fue dos veces a la India. De cada uno de esos viajes volvió con una gran serpiente tatuada en el brazo, como cualquier otro marino inglés. Regresó a Roma para cumplir sus obligaciones con la Corona cuando se le designó oficialmente sucesor, pero el mar seguía siendo su pasión. Siempre mantuvo estrechos vínculos con la Familia Real británica, en particular con el almirante lord Mountbatten, el último virrey de la India británica, asesinado por el IRA en 1979, al que en la familia llamábamos «*uncle Dickie*». Ambos compartían la misma devoción por la marina.

Yo había ido a Londres por primera vez con mi abuela en 1947, a los nueve años. Habíamos viajado juntos desde Ginebra. Nos alojamos en el Hotel Claridge. Ella había tenido que vender su casa para financiar su estilo de vida en el exilio. Lo único que recuerdo es haber conocido al rey Jorge VI. Su heredera tenía entonces veintiún años. Y su esposa, Isabel, la futura Reina Madre, se mostró muy cálida y afectuosa. Bebía gin-tonic antes de la cena. Hacía poco que había terminado la Segunda Guerra Mundial y, tras la escasez y los bombardeos, reinaba un ambiente de euforia. Seis años más tarde volvía a estar allí, esta vez con mi padre. Hacía poco que el rey Jorge VI había muerto. El almuerzo fue en Balmoral. Mi padre estaba muy disgustado por mi obstinada actitud hacia el inglés. Pidió a la reina Isabel que me colocara a su lado y que me hablara con naturalidad en su idioma. Me avergonzaba no poder responderle. Continuamos la conversación en francés, pero me di cuenta de que tenía que demostrar mi patriotismo de otra manera. No tardé en aprender inglés. Mi padre y Lilibeth me dieron una buena lección aquel día.

Durante mi visita oficial en 1986, me dirigí al Parlamento de Westminster. Tuve el honor de entrar por la «puerta real», normalmente reservada a la Reina. Al final de mi estancia, como de costumbre, ofrecí una recepción en la embajada de España. Creo que incluso trajimos del Palacio Real de Madrid la vajilla y algunas especialidades culinarias españolas. Había tanta gente que montamos una carpa en los jardines de la embajada. Le dije a Lilibeth: «Y ahora tenemos que salir al jardín y saludar a todo el mundo». «*Oh, really?*», respondió sorprendida. No estaba acostumbrada a mezclarse entre la multitud sin ningún protocolo. Lo hizo de maravilla, todo fue muy bien, pero estar rodeada de gente, e incluso que la tocaran, era poco habitual para ella. Todavía recuerdo que, cuando el buque escuela *Juan Sebastián de Elcano* hizo escala en Hispanoamérica en 1958, llegaron a arrancarme los botones del uniforme de tantos abrazos y besos. ¡Nuestra cultura latina contrasta mucho con la británica!

Con su marido, Felipe, me mantenía en alerta porque podía tener un sentido del humor tan provocador que a veces me hacía sentir incómodo. Tenía personalidad propia y nunca se andaba con rodeos. Era parte de su encanto. Nunca hacía lo mismo que los demás. En 1966, durante la cena en honor de la boda del príncipe Carlos de Hesse, primo de Sofi, en Holanda, los camareros nos pidieron autógrafos a los invitados, entre los que estaban Constantino —entonces rey de Grecia—, la princesa Benedicta de Dinamarca, la princesa Cristina de Suecia y la madre de Felipe, la princesa Alicia de Grecia. Todos firmamos con una pequeña nota de agradecimiento, pero el duque de

Edimburgo puso la huella de su pulgar. Él era así, original, inesperado. A veces metía la pata, lo que nos hacía reír. También se adelantó a su tiempo e hizo mucho por modernizar la Casa Real británica. Supuso un gran apoyo político que aceptara asistir a la misa que marcó el inicio de mi reinado. La Corona británica comprendió lo que estaba en juego en España en aquel momento. Siempre han sido aliados.

Cada vez que iba a Londres en viaje privado, veía a Lilibeth a solas. Le enviaba una nota con las fechas de mi estancia y ella me invitaba a comer. Le enviaba un bonito ramo de flores antes de ir a Buckingham, donde los dos nos reuníamos en un pequeño salón. Le encantaba recibirme y me hacía notar que yo era el único miembro de la familia que iba a saludarla: «*How nice of you to ring up. None of the family rings me up*» (Qué amable por tu parte llamarme. Nadie de la familia me llama). Me llamaba Juanito, como todos los que me conocieron de niño. Me encantaba su sentido del humor inglés, la rapidez de su réplica y la calidez con la que me acogía. Era fácil hablar con ella y era directa. Algunos tienen de ella la imagen de una persona fría e impasible, por la actitud distante que mantenía ante el público, pero en privado era todo lo contrario. La vi por última vez en octubre de 2019. Me comentó, con aire socarrón: «Los dos tenemos problemas matrimoniales en nuestra familia». Enrique y Meghan acaparaban toda la atención mediática en ese momento. Nos reímos juntos de nuestros respectivos problemas familiares. A sus más de noventa años, y con un reinado casi tan largo como el de Luis XIV, seguía siendo extremadamente activa. La mayoría de la gente solo la ha conocido como monarca inglesa. Se había reunido con todos los presidentes estadounidenses, desde Truman hasta Biden. Después de nuestro almuerzo, tuvo que marcharse para inaugurar un hospital y recibir una visita oficial. La última imagen que tengo de ella es la de una mujer dinámica, sonriente y divertida.

Sé que algunos miembros del Gobierno español expresaron su desagrado ante la idea de que yo fuera a su funeral. ¿Cómo podían pensar que me impedirían presentar mis últimos respetos a mi prima, amiga y Reina? Conservo mi libertad de movimientos, aunque siempre me cuido de no interferir en el desempeño de las funciones de mi hijo. No presenté mis respetos ante el féretro de la Reina en la abadía de Westminster, lo cual estaba reservado a los jefes de Estado en ejercicio, ni asistí a su inhumación en Windsor, para dar preferencia a mi hijo. Permanezco vigilante para no hacerle sombra, para no incomodarle. El Palacio de Buckingham había enviado invitaciones personales a la Zarzuela para mi mujer, mi hijo, mi nuera y para mí. Decidimos ir los cuatro, nos pareció lo más obvio. Nos encontramos en la recepción ofrecida por el rey Carlos III en Buckingham, donde tuve el placer de charlar con Isaac Herzog, el presidente de Israel —a cuyo padre, también presidente durante diez años, había conocido en un viaje oficial—, y de ver a algunos amigos íntimos, como Simeón de Bulgaria y Abdalá de Jordania.

Todo el mundo me felicitó por mi forma física. La «dieta de Nurai» me ha ayudado a perder peso y mi entrenamiento físico diario ha mejorado mi movilidad. Sobre todo, he decidido «no dejar entrar al viejo» e instalarse, como dijo Clint Eastwood cuando le preguntaron por su secreto para mantenerse tan activo y seguir haciendo películas con más de noventa años: «Cada mañana, cuando me levanto, no dejo entrar al viejo. Mi secreto ha sido siempre el mismo: mantenerme ocupado. Nunca dejo entrar al viejo en casa. He tenido que sacarlo a rastras porque a veces lo encuentro cómodamente instalado, molestándome a todas horas, sin dejarme espacio más que para la nostalgia. Hay que mantenerse activo, vivo, alegre, fuerte, capaz. Está en nosotros, en nuestra cabeza, en nuestra actitud y mentalidad. Tenemos que aprender a luchar para no dejar entrar al viejo». Son unas palabras que me dicen mucho. Tuve la suerte de conocer a Clint Eastwood en Estados Unidos. Estaba sentado a su lado. Sonó mi teléfono y él empezó a buscar el suyo. Nos dimos cuenta de que teníamos el mismo tono de llamada en el móvil: la banda sonora de *El bueno, el feo y el malo*, el western de Sergio Leone de 1966 protagonizado por él. Ennio Morricone compuso la famosa partitura. Nos reímos mucho de esta coincidencia.

Me agradó que los demás vieran que estaba en buena forma, que no me había descuidado. Hacía dos años que no los veía. A causa de la pandemia del covid, como todas las familias, no habíamos tenido ocasión de reunirnos. Nos reencontramos como si no hubiera pasado el tiempo. Por desgracia, fue por una ocasión triste. Me pareció admirable que Carlos y Camila se tomaran el tiempo de venir a saludarnos uno por uno y a charlar con todos nosotros. La organización de la recepción, al igual que la del funeral, que duró diez días, fue espléndida. La Casa Real británica dio al mundo una gran lección de *savoir-faire*. Me conmovió que Carlos pusiera a mi disposición un coche. Los demás dignatarios iban todos en autobús. Compartí este raro privilegio con el presidente israelí y Joe Biden, que solo viaja en su *Beast*, la famosa limusina blindada que utilizan los presidentes estadounidenses. Fue una muestra de afecto y consideración por mis problemas de salud que me llegó directamente al corazón.

La misa funeral del día siguiente en la abadía de Westminster fue una ceremonia histórica. El protocolo británico me había colocado en el centro de la segunda fila, entre las reinas Letizia y Sofi, que a su vez estaba junto a los reyes de Noruega. Letizia se mostró muy amable y atenta, y me ayudó a levantarme cada vez que fue necesario durante la misa. Teníamos frente a frente a toda la familia de la reina Isabel II. «¡Mira qué unida está la Familia Real británica!», le deslicé a mi hijo. También ellos tienen su parte de escándalos y problemas, muy mediatizados, pero pese a todo saben proyectar una imagen de unidad, dignidad y serenidad. Su actitud de solemnidad y tristeza estaba a la altura de este acontecimiento mundial. Y no solo la de la Familia Real británica, sino la del pueblo británico en su conjunto, los tres mil agentes vigilando el paso del féretro por las calles de Londres, los diez mil voluntarios movilizados para la organización, en medio del silencio y el respeto que reinaban en la ciudad. Se habían congregado todos por ella, con un espíritu de servicio, deber y demostración de unidad nacional, en el marco extremadamente preciso y ritualizado de la pompa real británica. Fue impresionante. Una gran demostración de grandeza que, según dicen, fue seguida por televisión por la mitad de la población mundial.

No dudo que Carlos será un buen rey. ¡Pero ha heredado la Corona a los setenta y tres años, cuando la edad de jubilación es a los sesenta y cinco! Lo vi muy emocionado en el funeral. Le tengo mucho aprecio. Durante nuestras vacaciones juntos, pude captar su ingenio agudo y vivaz, marcado por ese humor tan británico; sus intereses y su actitud siempre elegante. Desde entonces hemos mantenido una sincera amistad. Con Lady Di la relación fue menos armoniosa. En cuanto llegábamos al *Fortuna*, corría a cambiarse en uno de los camarotes para aparecer en bañador ante los fotógrafos. Su imagen era su única preocupación. No hablaba mucho. A la salida de una cena con amigos, mi cuñado Constantino me propuso llevarla en mi Mercedes descapotable. Pensó que así se relajaría y se sentiría más a gusto con nosotros. Intenté hacerla hablar, le pregunté qué le parecía Palma de Mallorca, la comida española y la navegación. Apenas respondió. Tal vez estuviera atravesando dificultades personales.

Yo le había propuesto al gran duque Juan de Luxemburgo que formalizáramos un «club de reyes», para reunirnos en privado con regularidad. Ya se celebran reuniones anuales de los jefes de las Casas Reales europeas para comparar problemas y soluciones, y apoyarse mutuamente. Al fin y al cabo, todos nos enfrentamos a los mismos dilemas. Se mostró entusiasmado y me propuso hablar con los demás para hacerlo realidad. Me temo que ese «club de reyes» nunca vio la luz de manera formal, pero existe *de fac-*

to. Probablemente no hacía falta formalizarlo mediante una organización. Esta red de ayuda mutua se extiende más allá de las fronteras europeas. El rey de Marruecos, Mohamed VI, me llama «mi tío». Esta relación de cooperación es transfronteriza, porque existe un sentimiento de precariedad y fragilidad: si una monarquía europea cae, podría arrastrar a otras con ella. Así que todos debemos permanecer unidos.

Me interrogo sobre la longevidad de nuestras monarquías europeas. ¿Continuarán existiendo a lo largo del siglo XXI? No soy el único que se hace esta pregunta. Otros reyes también se la hacen. Los tiempos han cambiado, las expectativas de los pueblos han evolucionado y la monarquía parece anacrónica para algunos. Pero la Corona, en España, sigue siendo un garante fundamental de la democracia y la unidad nacional. Al elevarse por encima de las reyertas de los partidos políticos, y al trascender a las divisiones internas, constituye una entidad de estabilidad y permanencia, un símbolo que encarna la identidad de una nación. Así se lo recordé a mi hijo Felipe en mi discurso al nombrarle príncipe de Asturias y heredero en 1977. Tenía nueve años y se disponía a asumir las obligaciones de lo que no es un trabajo como otro cualquiera, ni una vocación o un simple ornamento, sino una ascesis cotidiana.

> La función de la monarquía es integradora. Afecta a la esencialidad. Plasma y vincula en su espíritu lo que hay de común [...]. La tierra, las rocas, el cielo son elementos distintos. Pero todos ellos armonizan en una obra acabada y completa en la que se exalta la vida. Los hombres y las re-

> giones, de igual modo, forman una gran familia. Siendo distintos unos de otros, cobran su máxima identidad cuando se sienten armonizados y complementarios. El Rey, la monarquía, sirve a esa profunda identidad común y esencial. Por encima de lo mutable y transitorio, pero respetando sus rasgos, sirve a las identidades plurales de su pueblo. Las quiere todas tal como ellas se quieren a sí mismas en libertad y en paz. [...] Esa Cruz de la Victoria que llevas sobre el pecho es, efectivamente, una victoria que hemos de conquistar todos los españoles. Una victoria sobre el egoísmo y la ambición. Sobre la incultura y la ignorancia. Sobre el atraso y la pobreza. Sobre la pereza y la disgregación. Sobre la incomprensión y las diferencias negativas. Una victoria que es preciso conseguir y consolidar cada día.

Teniendo en cuenta el arrebato independentista en Cataluña, que ha amenazado la unidad de nuestro país, este discurso no ha envejecido demasiado. Insisto: en caso de crisis, la Corona es el último recurso, el último baluarte, la garantía del respeto a la Constitución y al Estado de derecho. Una autoridad simbólica que se sustenta en el fuerte vínculo entre el Rey y el pueblo. El pueblo debe encontrar en la Corona una encarnación de lo colectivo.

La perdurabilidad de nuestros reinados, como demuestra el de Lilibeth, y la continuidad de una dinastía, nos permiten trabajar a largo plazo por el bien de una nación, lo que va más allá de la labor de un Gobierno sujeto a los vaivenes de las elecciones. Pero hoy en día más de la mitad de la población mundial vive bajo un régimen autocrático o populista que manipula a la opinión pública con soluciones falsas y fáciles y con bulos, reavivando heridas y antagonismos. Los españoles sabemos muy bien que es más difícil pasar de la dictadura a la democracia que viceversa. Lamento que los valores de la libertad, por los que tanto he perseverado, hayan decaído en el mundo. ¿Estará la monarquía constitucional a la altura de este desafío?

2

La vejez enemiga

El 5 de enero de 2023 cumplí ochenta y cinco años. Mis amigos pensaron que era una cifra digna de celebrarse, pese a mi expatriación forzosa a Abu Dabi. Ese tipo de sorpresas no suelen gustarme: no soy de las personas que crea ocasiones para las celebraciones, y menos aún en mi honor. Tiene algo de incómodo, de embarazoso, sobre todo cuando traen una tarta llena de velas y todo el mundo se pone a cantar «Cumpleaños feliz». Para mis cumpleaños, solía cenar en familia, en el sentido amplio de la palabra, incluidas mis dos hermanas, en la Zarzuela, sin nada de particular. En mis cuadragésimo y septuagésimo cumpleaños, se organizó una fiesta preciosa con mis primos franceses e italianos y algunos amigos españoles. Para mi octogésimo cumpleaños, comí en la Zarzuela con mi mujer, mis hijos y mis nietos; una reunión que puede parecer banal, pero que hoy sería excepcional. Esta vez, en 2023, me sentí conmovido por la sorpresa que organizaron.

Ese cumpleaños era un hito importante. Quizá porque nunca pensé que llegaría a esta edad y en buena forma, pese a mis diversos accidentes, caídas y operaciones. Se dice que a Franco, cuando ya era muy mayor, a principios de los años setenta, le regalaron una tortuga y él preguntó: «¿Cuántos años vive este animal?». Le dijeron: «Unos cien años». Él contestó: «¡No quiero quedármelo porque, cuando se muera, me pondré muy triste!». No sé si esta anécdota es cierta. Pero sí sé que es mejor imaginar la longevidad que lo contrario, y seguir haciendo planes para el futuro. No hay que interponerse en el camino de la Providencia. Pero uno no puede evitar compararse con los suyos. Mi padre murió a los setenta y nueve años, y mi madre, a los ochenta y nueve. Mi hermana mayor, Pilar, a los ochenta y tres, de un cáncer de colon. Estoy llegando a la edad en la que puede pasar cualquier cosa, en la que la familia y los amigos se van uno tras otro.

Mi padre murió en el hospital de Pamplona el 1 de abril de 1993, tras un largo y doloroso proceso de cáncer de laringe, detectado en Estados Unidos. Incluso después de que lo operaran, siguió fumando. Durante los tres meses que estuvo hospitalizado, lo visité tan a menudo como pude en este centro considerado puntero en la lucha contra el cáncer. Fue una época complicada y dolorosa. No estar junto a él, verle tan disminuido, fue una prueba difícil. Lo repetiré: era mi mejor consejero, mi mejor aliado, mi mejor amigo. La persona a la que le confiaba todo y que me comprendía con una simple mirada. Admiraba su fuerza de carácter. Fue un hombre fuerte y positivo hasta el final. Cuando ya estaba muy enfermo, me dijo: «He tenido mucha suerte en la vida». No había guardado en la memoria las duras pruebas que debió afrontar, pese a que fueron muchas. Las había superado todas con gran dignidad. Su exilio, su incómoda y precaria situación política, la muerte de su hijo menor... Pese a todo, nunca manifestó ningún sentimiento de amargura. Siempre le conocí cálido y cordial. Amigable y franco con sus amigos y sobrinos, que le adoraban. Uno de mis mejores amigos de la infancia en Estoril, Bernardo Pinheiro, que compartía nuestra pasión por la vela, perdió a su padre cuando era adolescente. Mi padre le dijo: «Siempre estaré a tu lado», y así fue. Tenía ese sentido de la amistad. Se lo llevó en su travesía por el Atlántico. Mi padre desprendía cierto magnetismo. Le gustaba la compañía de los jóvenes, le encantaba contar anécdotas e historias a sus nietos: era como hablar con un libro abierto.

No dudé en hacerle un funeral de Rey en El Escorial. Algunos objetarán que solo era hijo de Rey y padre de Rey, pero que nunca llevó la corona. En lo que a mí respecta, fue un rey: dedicó su vida a España y a prepararme para asumir mis responsabilidades lo mejor posible, mientras permanecía en un segundo plano. Se sacrificó y siempre pensó primero en el bien de su país. En eso era admirable. Y yo tuve la suerte de tenerle como padre. Nunca podré repetirlo lo suficiente. Se merecía un funeral de Rey. De hecho, nadie me reprochó mi decisión. Miles de españoles pasaron por la capilla ardiente del Palacio Real. Representantes de todas las monarquías europeas, incluido el príncipe Carlos de Inglaterra, acudieron a su funeral. El presidente de Portugal, Mario Soares, declaró excepcionalmente un día de luto nacional en su país. Portugal sigue siendo nuestra segunda patria y este gesto oficial me conmovió en extremo. En la misa funeral, los españoles me vieron llorar por primera vez. No pude contener mi emoción, y tampoco la Reina a mi lado. Yo le debía tanto a mi padre. Perdía a alguien insustituible en mi corazón. Dejaba de ser un hijo, ya no tenía una figura tutelar, ahora estaba en primera línea. Ese día, me sentí impotente. Y, por una vez, me mostré desnudo. Mi coraza de rey se desvaneció. Fue el momento de la verdad.

Mi madre murió siete años después, el 2 de enero de 2000. «Juanito, este año me gustaría que pasáramos las vacaciones de Navidad todos juntos», me pidió al llegar el otoño. Eran unas fiestas especiales, ya que estábamos a punto de entrar en un nuevo milenio. Era una mujer tan amable y modesta que resultaba difícil negarle nada. Se había roto la cadera en una caída. Iba en silla de ruedas, pero conservaba toda su lucidez y vitalidad. Mantenía la cabeza ladeada hacia la derecha, a fuerza de tejer y de coser. De su infancia en Sevilla había mantenido la pasión por los toros y Andalucía. Era *currista*. Los aficionados a los toros saben que eso significa que admiraba a Curro Romero, un torero mítico pero con una carrera muy desigual y controvertida, que podía negarse a lidiar un toro si le parecía indigno o peligroso, que amaba la belleza del gesto con su capote más pequeño de lo normal. Era un personaje verdaderamente atípico que a menudo abandonaba el ruedo bajo los insultos del público. Cuentan que una vez le preguntaron a mi madre: «¿Cómo ha estado hoy Curro Romero?». Respondió con una inclinación de cabeza: «Pffff...», y desde entonces se quedó con la cabeza ladeada. En aquella época, en España, había mucho humor y circulaban historias divertidas sobre nosotros. ¡Nos hacían reír mucho! Había entre la Familia Real y los españoles una relación amistosa y directa. Cuando paraba de improviso en un bar a tomar una cerveza y unas tapas, los clientes se me acercaban y me contaban esos chistes. Para mí era importante mantener este vínculo sincero y espontáneo.

Para cumplir el deseo de mi madre, llamé a mis hermanas y sobrinos y les pedí que se reservaran las vacaciones de fin de año. Tenía que encontrar el lugar adecuado en donde cupiéramos todos y donde pudiéramos alojarnos con total discreción, sin perturbar la tranquilidad del lugar. Pensé entonces en la villa La Mareta, en la isla de Lanzarote, un remanso de paz rodeado de piedra negra, regalo de mi amigo el rey Huséin de Jordania. Allí pasamos unos días deliciosos, todos reunidos en torno a mi madre. Ella había ido a comprar una radio portátil con sus nietos. Parecía contenta, feliz de estar en medio de este grupo de jóvenes. El 2 de enero, a última hora de la mañana, fui a su habitación.

—Mamá, ¿necesitas algo? Tengo una reunión con José María Aznar, que se quedará a comer —le pregunté. Aznar era en esa época el presidente del Gobierno.

—Ve, Juanito, y nos vemos después.

La dejé allí tranquila, escuchando la radio. Tras mi reunión de trabajo con José María Aznar, en la que repasamos la actualidad y los asuntos de Estado, como cada semana, nos sentamos a comer con el resto de la familia. Después del entrante, se me acercó un camarero y me susurró: «Majestad, su madre ha muerto». El impacto fue enorme. Por supuesto, habría preferido que me lo dijera en privado. No entendí esa falta de sensibilidad. El dolor me invadió. Mi madre se marchó sin molestar a nadie (nunca le gustó molestar), sin duda encantada de tenernos a su lado. Era una de las personas más generosas y complacientes que conozco. Recibía feliz a los amigos que se autoinvitaban en el último momento. Le encantaba meterse en la cocina y organizar una cena improvisada. Se adaptaba a todas las situaciones que le deparaba la vida con dignidad y buen humor, sin buscar nunca el protagonismo, velando siempre por la armonía familiar. Fue una gran señora. Después de una misa familiar en la capilla del Palacio Real de Madrid, pedí un funeral de Reina en el Panteón de Reyes de El Escorial, donde solo reposan las madres y esposas de los reyes. Igual que mi padre, nunca llevó la corona, pero tenía todos los atributos de una gran reina.

El caso es que para celebrar la vida y los años que me quedan, con motivo de mi ochenta y cinco cumpleaños un grupo de unos treinta amigos de España y de Abu Dabi me sorprendieron viniendo a cenar a mi casa de la isla de Nurai. Eran perfiles muy diversos —abogado, piloto de Fórmula 1, médico, empresario— y más jóvenes que yo. Su dinamismo y simpatía me transmitieron una energía tremenda. En la terraza me esperaba una enorme bandera española. El clima, en esos días clemente, de los Emiratos nos permitió pasar la velada al aire libre. Me colmó de placer que un amigo de Granada viniera con uno de los mejores guitarristas de flamenco de España. Él y tres cantaores y bailaores nos ofrecieron un espectáculo excepcional. Unos acordes de guitarra, unas palmas, un zapateado y un braceo, y en cuestión de segundos me sentí en Andalucía. Me emocionó volver a conectar con este ritmo, con esta fuerza que brota de esta música y de este baile. Siempre me ha gustado el flamenco, pero en aquella ocasión lo viví de forma especial. Me di cuenta de que la cultura popular española resonaba íntimamente conmigo y me llegaba al corazón. Más de lo que imaginaba. Fue como despertar, reanimado por un sentimiento de plenitud y familiaridad. Me sentí feliz de poder introducir a mis amigos emiratíes en esta cultura.

Me faltaba una tortilla de patatas, una ventresca o una buena ensaladilla para sentirme como en casa, en España. No necesito manjares refinados y complicados. Los platos más habituales y populares son los mejores. Me gusta la cocina casera y sencilla, la que se degusta de tapas en la barra, rodeado de amigos, en un ambiente distendido y jovial. Nunca he exigido ningún trato especial. No soy sensible a ese tipo de consideraciones, aunque me doy cuenta de que son esenciales en un cargo oficial. Corresponde al Rey ir más allá del protocolo, romper la distancia y hacer sentir cómodo al interlocutor. No por demagogia, sino con sinceridad. Se trata de encontrar el justo equilibrio entre naturalidad y deferencia. Torcuato Fernández-Miranda, del que ya he hablado mucho, solía decirme que había que «actuar siempre con *majestas*». Retuve la lección. Incluso en la proximidad, hay que conservar esa *majestas* que supone altura de miras, imparcialidad, dignidad, amabilidad y respeto. Son cualidades inmutables que se esperan de un rey desde que existe la monarquía.

Esta *majestas* no tiene nada que ver con la sumisión que exige a sus súbditos el rey de Tailandia, por ejemplo.

Los tailandeses no pueden situarse por encima de él ni mostrarle la espalda. La gente se postra literalmente de rodillas ante él y retrocede de espaldas, sin volverse nunca. Si el Rey está sentado en una silla, se tienden en el suelo. Tienen que esperar autorización para mirarle. Incluso los más altos dignatarios del país están sujetos a este protocolo. Siendo yo guardiamarina en la Escuela Naval, en 1957, se unió a nosotros un joven tailandés, Kohlak Charoenrook, como parte de un intercambio militar. No le conocía, pero enseguida me ofrecí a tenerle como compañero. Dormía en un dormitorio con unas cuarenta literas y mi único privilegio era una cortina que me aislaba del resto de la habitación. Dormimos durante tres meses uno al lado del otro, en esa especie de cabina delimitada por una cortina, y nos hicimos amigos. Aprovechaba mis viajes a Tailandia para volver a verle. Gracias a su mediación, España ha construido un portaaviones para Tailandia. Kohlak formaba parte de la comitiva del príncipe heredero, ahora rey Rama X, que estaba de visita en Madrid. Le recibí en la Zarzuela y le pedí que asistiera a mi encuentro con el príncipe. «Conmigo no tendrás que inclinarte», le aseguré. Se había convertido en un brillante almirante en su país y no podía imaginar que a mi amigo y oficial de alto rango se le exigiera esa estricta etiqueta. «No, prefiero esperar en la antesala», me contestó, cohibido. Mientras un camarero tailandés se acercaba de rodillas para traerle un café a su señor, le dije a mi fiel ayudante, Agustín, que estaba de pie detrás de la puerta entreabierta: «¡Yo también quiero que me sirvas así!», y le oí estallar de risa. No quería ser irrespetuoso con el rey de Tailandia, pero quise aligerar el ambiente porque a todos nos sorprendió semejante ceremonia. Sigue siendo chocante, en pleno siglo XXI, imponer una etiqueta semejante, pero forma parte de una cultura nacional en la que el Rey es venerado como un dios.

Mi último viaje a España, a Sanxenxo, se remontaba por esas fechas a siete meses atrás. No había día que no me consumiera la nostalgia. Era como si España se me pegara a la piel. Es donde he dejado mis mejores recuerdos y mis mayores orgullos. He pasado más de setenta años deambulando por España, sin cansarme nunca. Echo de menos los desfiles militares. No solo por haber sido jefe de las Fuerzas Armadas, sino porque me formé en su seno durante cuatro años. Me gusta ese ambiente, entiendo a los militares, aprecio sus esfuerzos y sus inquietudes. Yo fui uno de ellos. Los desfiles son una oportunidad de ponerlos en valor y de reencontrarse con ellos, de verlos en todo su rigor y franqueza. Solo con imaginar las rías gallegas, la niebla envolviendo las colinas de Toledo, las saetas de la Semana Santa de Sevilla, el olor a jazmín y a azahar al atardecer basta para conmoverme. Sé lo que es la nostalgia de verdad. La caza de la perdiz, que era uno de mis pasatiempos favoritos en España, no se parece en nada a la caza en otro país: el ambiente es jovial y alegre, el cielo está despejado y luminoso. En el extranjero todo es más frío, tanto el clima como las relaciones humanas. En España, cada vez que se acierta un tiro, nos aplaudimos y felicitamos. Es este ambiente, este sol, estos paisajes y esta convivencia lo que echo de menos cada día. Y nada puede compensarlo. Me consuelo de vez en cuando con el jamón serrano que me envían ya cortado desde España. Aunque no es lo mismo que un jamón entero en un jamonero, cortado con arte por un cortador que libera todo su sabor. Me tengo que conformar con un sucedáneo.

Cinco días después de mi cumpleaños, el 10 de enero de 2023, Sofi me llamó para anunciarme que su hermano, el rey Constantino de Grecia, había muerto a la edad de ochenta y dos años. Me había enterado de su hospitalización por una de sus sobrinas, pero no tenía ni idea de la gravedad de su estado. Llevaba varios años delicado de salud. No le había visto desde mi traslado a Abu Dabi, pero recibía noticias suyas a través de su entorno. Me entristece decir que ahora veo a mi familia y amigos sobre todo en los funerales. Antes teníamos ocasiones más felices para vernos; había bodas, cumpleaños, bautizos. Hay que asumirlo, hay que aceptar que estamos al final del camino, pero eso no quita el dolor de cada pérdida. En esta ocasión me dije: «Tal vez yo sea el siguiente».

Conocí a Constantino, o Tino para sus amigos, al mismo tiempo que a Sofi, en 1954, durante el crucero en Grecia del *Agamenón* que reunió a las familias reales, pero fue en 1961, en Londres, en la boda del duque de Kent, el príncipe Eduardo, cuando realmente llegué a intimar con él. Tino y yo compartíamos la pasión por el deporte, sobre todo por la vela. Él era un navegante famoso que había ganado la medalla de oro en la clase dragón en los Juegos Olímpicos de Verano de 1960 en Italia. Toda la Familia Real griega navegaba en la clase dragón, y por eso empecé a entrenarme en esta categoría. Sofi era una tripulante excelente y fue la tripulante de reserva de su hermano en los Juegos Olímpicos. Constantino se convirtió en Rey en 1964.

Era entonces el soberano más joven del mundo. Tenía veinticuatro años, y su mujer, Ana María de Dinamarca, tercera hija del rey Federico IX, apenas dieciocho. Perdió la Corona tres años después. Se exilió en Italia, donde el padre de mi primo Álvaro de Orleans, a quien ya he mencionado, le prestó su hermosa villa. Le envié ropa de abrigo, pues se había marchado literalmente con lo puesto. Luego se instaló en Inglaterra, donde vivió bajo la protección de la reina Isabel y de su esposo Felipe, príncipe de Grecia y primo suyo. Pasó muchos veranos con nosotros en el Palacio de Marivent, en Palma, con su mujer y sus cinco hijos. También acudía a menudo a la Zarzuela para ver a su madre, la reina Federica, que solía venir a pasar dos o tres meses en un apartamento que yo le había dispuesto, y a su hermana Irene, que vive allí desde hace treinta y cinco años. Su hijo mayor, Palo, era muy amigo de Felipe: pasaron dos años maravillosos en la Universidad de Georgetown, haciendo un máster, compartiendo el mismo piso y la misma libertad. La Familia Real griega, a la que mi mujer Sofi está muy unida, ha compartido mi vida cotidiana desde su exilio en 1967.

La marcha de Constantino marcó el final de una era. Al menos tuvo la satisfacción de morir en Grecia, adonde pudo regresar y donde llevaba una vida discreta desde el año 2013. Sin embargo, seguía privado de su ciudadanía griega y murió como ciudadano danés. ¡Qué absurdo! ¡Qué triste destino para un hombre tan simpático y abierto que siempre estuvo obsesionado con el futuro de Grecia! Tras un largo proceso, y gracias al Tribunal de Estrasburgo, pudo recuperar algunos bienes y una compensación económica, pero nunca su nacionalidad. Ni tan siquiera tuvo derecho a un funeral de Estado, a pesar de haber sido jefe de Estado. Grecia eligió la república en referéndum en 1974, tras la caída de la junta militar. Sé que a Constantino se le ha criticado por su papel político, pero ¿por qué negar su pasado y su monarquía? Muchos de nosotros fuimos a Atenas a presentarle nuestros últimos respetos, tantos que seguramente me olvidaré de algunos: los reyes de Suecia, Bélgica y los Países Bajos, la reina de Dinamarca, el príncipe Alberto de Mónaco, los príncipes herederos de Noruega, el gran duque de Luxemburgo, la reina Noor de Jordania, el rey Simeón de Bulgaria y la princesa Ana, en representación de la Familia Real británica. Me han dicho que Carlos lloró la muerte de su amigo y primo, que era uno de los padrinos de su hijo mayor Guillermo. Y, por supuesto, mis tres hijos y todos mis nietos, con la excepción de las dos hijas de Felipe: Leonor, que estudiaba en Gran Bretaña, y su hermana pequeña, Sofía, que iba al instituto en Madrid. La hija menor de Cristina, Irene, que cursaba el último año de bachillerato en Ginebra, se las arregló para asistir sin perder demasiadas clases cambiando de avión en Ámsterdam y regresando a medianoche. «Es importante para mí venir al funeral de mi tío abuelo», me dijo. Me emocioné mucho, y Sofi aún más. Hacía mucho tiempo que no estábamos todos juntos en familia. El ambiente era cálido, a pesar de la tristeza. No tuve ocasión de hablar frente a frente ni con mi hijo ni con mi mujer. No era ni el lugar ni la ocasión. Éramos muchos y el programa estaba milimetrado. Me reencontré con amigos griegos que no veía desde mi último viaje allí en 2004, y con el país donde me casé. De hecho, la misa se celebró en la catedral ortodoxa, el mismo lugar de mi unión con Sofi sesenta años atrás, tras la ceremonia católica. Esta vez, curiosamente, todos aquellos lugares me parecieron más pequeños, más estrechos.

No hubo homenaje nacional, sino una celebración privada sin pompa, marcada por un excelente discurso del hijo mayor de Constantino, Palo. A continuación, nos dirigimos al cementerio de Tatoi, al norte de Atenas, junto al ahora decrépito palacio donde vivía la Familia Real griega. Por el camino, recordé las drásticas condiciones impuestas por el Gobierno griego para el funeral de la reina Federica, mi suegra, el 12 de febrero de 1981. Tuvimos que negociar antes de que finalmente nos permitieran pasar apenas unas horas en suelo griego, en un pequeño grupo de no más de cincuenta personas. Constantino descansa ahora junto a sus padres y predecesores.

Aquel día, mientras recorría penosamente a pie los cientos de metros de un camino tortuoso que conduce al cementerio, sentí que se cerraba un capítulo de la historia de una dinastía griega con un destino agitado y triste. Tras períodos de exilio y una restauración inesperada, Jorge II murió siete meses después de su regreso al trono, aprobado por referéndum tras la Guerra Civil que siguió al final de la Segunda Guerra Mundial. A falta de heredero, le sucedió en 1947 su hermano, el rey Pablo I. Garantizó una estabilidad excepcional de su país durante dieciséis años, hasta su prematura muerte en 1964. Dejó un hijo muy joven, Constantino, en un trono inestable que se tambaleó con la llegada de la junta militar. Al final, la Corona griega no arraigó por mucho tiempo. Hay que aprender la lección. Nada es permanente.

Los funerales van y vienen, pero no estoy obsesionado por mi muerte. Pienso en ella con serenidad, a fuerza de ver partir a los amigos. Cuando llegue mi hora, llegará. Entonces podrán hacer lo que quieran conmigo. ¿Seré yo el siguiente? ¿Hay planes para mi funeral? No lo sé. Nadie me lo ha dicho nunca. No es como en el Reino Unido, donde la Corona tiene planificado el funeral de cada miembro, con todo lujo de detalles y con mucha antelación. La pompa real británica se despliega entonces en todo su esplendor y rigor, como vimos en el funeral de la reina Isabel. Sé que el Panteón de Reyes de El Escorial está lleno. Hay sitio para construir otro. ¿Qué decidirá el Gobierno? Todo está en sus manos. Es una cuestión de presupuesto y de voluntad. De momento, me parece que no hay nada decidido ni organizado. La única certeza es el tradicional proceso de la puesta en el ataúd. ¡Una prueba muy lúgubre! El cuerpo reposa durante veinticinco años en una sala que llaman «pudridero», donde el difunto literalmente se pudre. Después, en presencia del jefe de la Casa Real, los monjes del monasterio de El Escorial rompen los huesos del cuerpo. A continuación, estos huesos se colocan en una especie de cofre sellado que sale de la bóveda de espera para instalarse en la necrópolis real. No suena muy atractivo, pero así es esta tradición que se remonta a los Habsburgo. No sé si escaparé a ella, pero no me importa. No me obsesionan ese tipo de consideraciones. Por encima de todo, espero tener una jubilación tranquila, renovar una relación armoniosa con mi hijo y, sobre todo, volver a España, a mi casa. Vivo con la esperanza de redescubrir esa familiaridad con sus paisajes, sus gentes y sus olores. La patria es algo que involucra todos los sentidos. El hogar es donde uno vive. Pero también es donde vibramos, donde todo nos resulta familiar. España dejó un vacío dentro de mí. Y ese vacío seguirá existiendo hasta que pueda volver a vivir allí con total normalidad.

3

Reencuentro con París

A principios de 2023 Mario Vargas Llosa me comunicó que estaría encantado de contar con mi presencia en su ceremonia de recepción en la Academia Francesa. Hasta ese momento, yo había rechazado todas las invitaciones a viajar, salvo por los funerales de la reina Isabel y del rey Constantino, a los que era indispensable que asistiera. Nunca había viajado tan poco en mi vida durante tanto tiempo. Hacía casi tres años desde mi salida de España. Había elegido esta vida sedentaria y recluida para no incomodar a la Corona. Pero aquella vez era diferente. Era una forma de marcar el clímax de mi política de promoción de la cultura hispánica durante mi reinado. Uno de los grandes nombres del boom de la literatura hispanoamericana, a quien había otorgado la nacionalidad española y un título nobiliario, honrado con las más altas distinciones españolas antes de recibir el Premio Nobel, miembro de la Real Academia Española, iba a ingresar en la más prestigiosa y antigua academia, la Academia Francesa. Sentía la inmensa satisfacción del trabajo realizado, de los esfuerzos iniciados desde el primer año de mi reinado y reconocidos por Francia, «la República de las letras». Quise estar presente para celebrar el talento de Vargas Llosa. Él declaró a la prensa: «En la medida en que los reyes puedan tener amigos, yo soy un amigo de él». Le estaba agradecido por no haberme olvidado. El éxito y la fama suelen provocar amnesia, pero él no había cedido a las sirenas de la facilidad. Su lealtad me conmovió.

No sé cuánto tiempo hacía que lo conocía. ¡Y creo que él tampoco! Fue durante la promoción de uno de sus libros en Madrid. Le dije a su editor que quería conocerle, así que se organizó un encuentro en la Zarzuela a última hora. Le sorprendió acabar en el despacho del Rey. Fue una reunión muy alegre, gracias a su ingenio y humor. No recuerdo cuánto tiempo hace de esto; la memoria juega malas pasadas. Lo único que sé con certeza es que un día de 1993 le llamé a primera hora de la mañana para decirle: «¡Me complace comunicarte que, a partir de ahora, eres mi súbdito!». El Gobierno español acababa de concederle la nacionalidad. Había participado en la campaña presidencial peruana como candidato en la oposición a Alberto Fujimori, contra el que perdió en la segunda vuelta. Poco después, el nuevo Gobierno peruano amenazó con quitarle la nacionalidad, alegando que se había convertido en un «enemigo del país». Decidió instalarse en Madrid para concentrarse en escribir. Me pareció esencial acoger a uno de los más grandes novelistas en lengua española. Y quise ser el primero en decirle que podía contar con la nacionalidad española y el apoyo de las autoridades. Luego, cuando obtuvo el Premio Nobel en 2010, le dije: «¡Yo también tengo algo que darte!». Fue entonces cuando decidí otorgarle el título de marqués, que él nunca utilizaba. Ya había recibido los premios literarios españoles más importantes que yo había creado, el Miguel de Cervantes y el Príncipe de Asturias. A Camilo José Cela, Premio Nobel en 1989, también le hice marqués, en su caso de Iria Flavia. Cela encarnó el renacimiento literario español tras la Guerra Civil. Me codeé a menudo con él a partir de 1978, cuando se incorporó al equipo encargado de redactar la Constitución. Yo le había nombrado senador en una época en la que tenía plenos poderes para designar un cupo de miembros del Senado. La Constitución española es el único texto constitucional del mundo que ha sido corregido por un Premio Nobel. Podía enorgullecerme de contar con un texto irreprochable, ¡al menos en términos gramaticales y lexicológicos! Fui el primer Rey que otorgó títulos nobiliarios a personalidades del mundo de la cultura. Antes, solo los militares o algunos políticos habían gozado de este privilegio. Quería que este gesto simbólico y prestigioso premiara los avances intelectuales y artísticos del mismo modo que los sociales o políticos. Era un planteamiento inédito que los ponía en pie de igualdad.

La apertura política de España debía ir necesariamente acompañada de un dinamismo cultural. Nuestra influencia abarcaba múltiples facetas, y la cultura no era la menor de ellas. Para pasar página del franquismo, creé un nuevo premio literario, el Premio Miguel de Cervantes, ya en 1976, a los pocos meses de mi entronización. Necesitábamos un premio para la democracia, para la nueva España, aunque sin herir, claro, los sentimientos franquistas, así que los otros premios anteriores, como el Nacional de Literatura, creado en 1940, siguieron entregándose. Pero este otro premio, entregado el 23 de abril, día de la muerte de Cervantes, en un acto oficial presidido por mí en la Universidad de Alcalá de Henares, una de las más prestigiosas del país, adquirió una importancia internacional. A la ceremonia la seguía una comida a la que asistían los principales protagonistas del mundo intelectual español. Pocos países conceden tanta importancia a los premios literarios ni estos reciben tanto apoyo de la Corona.

En 1980 quise crear una especie de equivalente al Premio Nobel sueco para España. Se creó así la Fundación Príncipe de Asturias, título que ostentaba entonces mi heredero, para premiar anualmente a quienes contribuyeran al progreso científico, humano y social del mundo (en varias categorías: artes, ciencias sociales, cooperación internacional, investigación científica y técnica). Cada galardonado recibe una insignia, una dotación sustanciosa y una escultura de Joan Miró en el transcurso de una ceremonia celebrada en Oviedo, que esos días se convierte en epicentro del pensamiento mundial. En 1981, mi hijo Felipe, que entonces tenía trece años, pronunció su primer discurso y entregó los primeros premios. Hoy se han convertido en unos premios mundialmente conocidos. La lista de ganadores es larga y prestigiosa: los arquitectos Oscar Niemeyer, Norman Foster y Santiago Calatrava, Stephen Hawking, Jacques Delors, Mijaíl Gorbachov, Médicos sin Fronteras, el pintor Roberto Matta, Miguel Induráin, Nelson Mandela y Frederik de Klerk, Helmut Kohl, Václav Havel, el fotógrafo Sebastião Salgado, los escritores Doris Lessing, Günter Grass, Paul Auster y Philip Roth, Jane Goodall, Simone Veil, Bob Dylan, David Attenborough... Imposible nombrarlos a todos. Después de la entrega de premios, se celebran debates muy estimulantes con cada uno de los premiados. Desde que mi hijo me sucedió, la fundación se llama Princesa de Asturias. Ahora le toca a mi nieta Leonor presidirla y entregar los premios, cosa que hace admirablemente bien. Estoy orgulloso de que esta prestigiosa institución que yo inicié continúe de generación en generación.

Venimos de muy lejos, y el camino recorrido es impresionante. Mario Vargas Llosa aún recordaba la España de 1958, que conoció bien —se doctoró en la Universidad Complutense de Madrid—, y pudo advertir el cambio radical del país cuando se trasladó allí treinta y cinco años después. Me contó que, a finales de los cincuenta, los estudiantes limeños estaban más al corriente que los españoles de lo que pasaba en el plano intelectual en Francia; ellos leían a Sartre y a Camus, mientras que, en Madrid, a causa de la censura, era muy difícil acceder a las revistas literarias francesas. Había que correr el riesgo de traerlas de Francia y luego hacerlas circular bajo mano. Para enterarse de las noticias, sintonizaba Radio París por las tardes. Me contó tambíen que algunos estudiantes españoles dejaron de saludarle cuando se enteraron de que estaba casado por lo civil, pero no por la iglesia. Había visto, además, a una joven estudiante ser sermoneada por una señora cuando caminaba por la Gran Vía en pantalones. «¡Es obsceno, es indecente!», le gritaba. Era otra época, muy conservadora y amordazada. Para publicar su primer superventas en España, tuvo que negociar con los censores franquistas durante casi un año antes de que finalmente se publicara con algunos cambios. El control del pensamiento era por entonces opresivo. Hoy nos hemos olvidado del espectacular progreso que nuestra sociedad hizo en un tiempo récord. Pasamos de la censura a la Movida en pocos años.

La cultura debía estar a la altura de nuestro renacimiento, un renacimiento generalizado que se extendió a todos los ámbitos. En la época de Franco, el Teatro Real de Madrid se convirtió en conservatorio de música y sala de conciertos. El foso de la orquesta estaba tapado, probablemente por temor a disturbios políticos. Tras largas obras de renovación, en 1997 se reinauguró el Teatro Real, reconocido hoy como un teatro de la ópera de renombre internacional. Cines y teatros empezaron a producir una gran cantidad de obras en cuanto dejó de existir la censura. Por lo que se refiere a la gastronomía española, era inexistente durante el franquismo. En los años setenta, había muchos cafés y bares de tapas, pero pocos grandes restaurantes. Hoy, los cocineros españoles con estrellas son apreciados en todo el mundo y nuestros restaurantes se han convertido en referencias imprescindibles. Como El Celler de Can Roca, en Gerona, regentado por tres hermanos: uno es cocinero, otro pastelero y otro sumiller. Su madre, también cocinera, es su gran fuente de inspiración. Ha sido elegido mejor restaurante del mundo. He tenido la suerte de probar su cocina sublime varias veces. He frecuentado restaurantes para apadrinarlos y lanzarlos. He llevado a jefes de Estado en visita oficial, como Bill Clinton, al restaurante típico Casa Lucio, en el centro histórico de la capital, para darles a conocer la cocina castellana. La riqueza de nuestra gastronomía regional es uno de nuestros tesoros. Madrid se ha convertido en una ciudad cosmopolita con una oferta cultural digna de las grandes capitales: teatros, cines, discotecas, óperas, conciertos, museos y restaurantes internacionales. En solo quince años, España se puso a la altura del resto del mundo y se convirtió en uno de los principales destinos turísticos del planeta. Pasamos de la autarquía y el letargo a la efervescencia cultural.

El Museo del Prado, una de las pinacotecas más importantes del mundo, es la pieza central de nuestra cultura. Nacido de las Colecciones Reales privadas de mis antepasados, pasó a formar parte de los «bienes de la nación» en 1868, cuando Isabel II partió al exilio. El museo se renueva y amplía constantemente. El Prado, el Museo Thyssen-Bornemisza y el Museo Reina Sofía forman un triángulo de oro, surgido en pocos años, que ha sido declarado Patrimonio de la Humanidad por la UNESCO. El Museo Nacional Centro de Arte Reina Sofía es uno de los mayores del mundo en su categoría. Puse en marcha el proyecto en 1980 y tardó doce años en abrir sus puertas, justo a tiempo para los acontecimientos de 1992. Su éxito hizo necesaria una ampliación, obra de Jean Nouvel. Poco después de la inauguración del Reina Sofía, España adquirió la colección de arte de la familia Thyssen, una de las más importantes colecciones privadas del siglo XX. Las largas negociaciones con el barón Thyssen y con su esposa, Carmen Cervera, corrieron a menudo a cargo de mi cuñado Luis Gómez-Acebo, marido de mi hermana Pilar, que era amigo íntimo de la pareja y padrino de su hijo. Margaret Thatcher quería que la colección fuera a Londres y lamentó mucho que al final se quedara en Madrid. En un tiempo récord, España pasó a contar con museos excepcionales. Hicimos todo lo posible, con el apoyo del Gobierno.

Mi último proyecto fue la Galería de las Colecciones Reales, inaugurada en 2023. La idea se me ocurrió por primera vez en 1971, durante las increíbles fiestas organizadas por el sah de Irán para celebrar el 2.500 aniversario de la fundación del Imperio Persa. Las celebraciones, que parecían un cuento de *Las mil* y *una noches*, culminaron, tras desfiles y pasacalles históricos, con un espectáculo de luz y sonido en las ruinas de Persépolis que me entusiasmó. Luego vi otro frente a las pirámides de El Cairo que me fascinó igualmente. Me puse en contacto con el especialista francés André Castelot para ver si se podía concebir un espectáculo de luz y sonido en el Palacio Real de Madrid, para mostrar los tesoros de las Colecciones Reales almacenados en depósitos, incluida la famosa colección de tapices, pero también los carruajes, los muebles y la vajilla. Por desgracia, aquel proyecto nunca llegó a materializarse. No me rendí y seguí con mi idea de que estos tesoros ocultos debían ser expuestos. Patrimonio Nacional movilizó todos sus esfuerzos. Tras una serie de contratiempos y vericuetos, el edificio del museo, situado entre la catedral y los jardines del Campo del Moro, junto al Palacio Real, se terminó en 2015. Alberga cuarenta mil metros cuadrados de espacio expositivo y de conservación en los que se refleja la historia de España a través de sus artes decorativas. Estoy impaciente por descubrir este ambicioso proyecto, el mayor de Europa en los últimos tiempos, que llevo cincuenta años apoyando.

En 1998, encomendé a Víctor García de la Concha, recién elegido presidente de la Real Academia Española, la tarea de desarrollar una política panhispánica, como puente para estrechar los lazos entre los quinientos millones de hispanohablantes, y unir a España con los países hermanos de América, para crear así una comunidad cultural única que irradie por todo el mundo. Cabe recordar que el Premio Miguel de Cervantes, desde su creación, ha distinguido no solo a autores españoles, sino también a autores hispanoamericanos. Recuerdo que Víctor García de la Concha fue elegido un jueves, durante un pleno de la Academia. En cuanto me enteré, a la mañana siguiente, pedí reunirme con él lo antes posible. Me gusta hacer las cosas enseguida, que se concreten inmediatamente, sobre la marcha. Así es como se avanza, como se motiva, como se moviliza. Lo recibí el sábado por la mañana en la Zarzuela. Le informé de mi intención de establecer una política cultural hispánica y le dije que tendría todo mi apoyo. De hecho, hice una donación personal de un millón de pesetas a la fundación creada para apoyar a la Academia. Fui el primer donante, para incitar así a otros a hacer lo mismo. Esta dimensión hispánica era fundamental para mí. Víctor García de la Concha me confiaría haber hecho durante su mandato más de cincuenta viajes a Hispanoamérica. Gracias a mi intermediación, siempre fue recibido por las más altas autoridades. Impulsé las actividades de la Real Academia Española, por ejemplo, presidiendo los Congresos Internacionales de la Lengua Española, cuya envergadura no tiene equivalente en ningún otro idioma. También presenté la *Nueva gramática de la lengua española*, fruto de once años de trabajo de las veintidós academias de la lengua española. Los directores de todas las academias se reunieron en Madrid en 2009 para celebrarlo bajo mi égida. Recuerdo que un académico me dijo: «¡Nunca pensé que me emocionaría tanto la presentación de un libro de gramática!». Había mucho orgullo por esta misión debidamente cumplida y esta colaboración excepcional. En mi opinión, la lengua es el instrumento más noble de unión entre los pueblos. Yo se lo decía a todos los jefes de Estado hispanoamericanos: «No hablemos más de literatura hispanoamericana por un lado y de literatura española por otro. Hablemos simplemente de literatura hispánica. Esa será nuestra fuerza». El mestizaje de nuestra lengua, sus especificidades y variedades le dan toda su riqueza. La palabra «canoa» fue la primera de origen amerindio que se incorporó al castellano. La primera de muchas. Por eso nuestra lengua es tan poderosa, porque es testigo de nuestro pasado y trampolín para nuestro futuro.

Siempre he creído que la cultura desempeña un papel fundamental en la educación y la elevación tanto de los individuos como de las sociedades. Cualquier actividad creativa tiene un impacto directo en el futuro de un país. «Los escritores podéis influir sobre la colectividad ayudando a configurar determinados ideales y valores, contribuyendo a vivificar la memoria histórica, haciendo fructificar la conciencia crítica y la responsabilidad solidaria, incitando la imaginación, iluminando los rasgos de la sociedad y de la época que nos ha tocado vivir», dije en el discurso de entrega del Premio Cervantes a Vargas Llosa en 1995. Sé que no se me conoce como un hombre aficionado a las artes. A Sofi le encantan los conciertos de música clásica y la ópera; es una gran melómana. Yo no tengo esa pasión. Tengo gustos eclécticos, pero eso no me impide disfrutar de buenos conciertos. El famoso violonchelista ruso Mstislav Rostropóvich y su esposa, Galina, una soprano extraordinaria, llegaron a ser buenos amigos nuestros. Incluso fuimos a visitarlos a San Petersburgo. También tuve la suerte de conocer a Pau Casals en Atenas en 1963, gracias a mi suegro. Casals, el más grande violonchelista español de la época, había abandonado nuestro país por su compromiso político antifranquista y pacifista. Incluso había actuado ante la reina Victoria de Inglaterra y la reina Isabel de Bélgica, y también en la Casa Blanca para los Kennedy. Fue uno de los músicos más influyentes del siglo XX y a menudo olvidamos que era español. Después, durante mi reinado, disfruté del talento del tenor José Carreras, de la cantante Montserrat Caballé, del director indio Zubin Mehta y, por supuesto, de Plácido Domingo, que dio renombre internacional a la zarzuela. Para mi cumpleaños, el 5 de enero, solía ir con mi familia al teatro de la ópera, y él me cantaba el «Cumpleaños feliz» al final de la representación.

Mi educación fue principalmente militar y académica, y estuvo poco orientada a lo artístico. A mi hermana mayor, Pilar, le preocupaba mucho que me convirtiera en un joven sin educación estética, sin refinamiento. «Hay que cultivar más a Juanito», le repetía a mi padre. Siempre estuvimos muy unidos y fuimos muy cómplices. Hasta su muerte en 2020 fue una amiga, una confidente y un apoyo incondicional. Su risa, su energía y su franqueza alegraban mis días. En el verano de 1960, me llevó a visitar los castillos del Valle del Loira. Este viaje en coche para dos fue mi primera estancia larga en Francia. Durante una semana, admiramos todos los castillos, antes de continuar en coche hasta la boda de la cuarta hija del conde de París, Diana, con el duque Carlos de Wurtemberg, en Altshausen, Alemania, donde nos reunimos con el resto de la familia. En Estoril, como ya he dicho, mantenía una relación muy estrecha con los hijos del conde de París, primos por parte de madre, a los que sigo muy unido hasta hoy. Son mi familia francesa y gracias a ellos me familiaricé con la cultura de ese país.

Un día le dije a un famoso sumiller español en Jockey, el restaurante de moda de los años setenta de Madrid: «No sé nada de vino, ¿cómo puedo distinguir uno bueno de uno malo?». Yo era joven entonces y buscaba el consejo de un experto. Me contestó: «Es muy sencillo, o le gusta o no le gusta. No hace falta mirar la etiqueta ni averiguar de qué variedad de uva procede». Fue un alivio escuchar esa respuesta. En el vino, como en el arte, solo tienes que estar seguro de tus gustos, y ser sincero. No soy tan esnob como para apreciar un vino por la prestigiosa etiqueta de la botella. Tampoco finjo que me gusta un pintor por su fama. Me gustan ciertos pintores, inmediatamente, porque me conmueven. Me da igual que sean famosos. Reconozco la importancia del trabajo intelectual y artístico porque da sentido y profundidad a nuestras vidas. Inspira, conmueve, alimenta, te hace viajar, te invita a pensar, te permite evadirte, experimentar vidas distintas a la tuya. Tanto personal como colectivamente. Una sociedad en donde la cultura es dinámica es una sociedad en progreso.

Conocí a algunos artistas españoles legendarios. Un verano que yo estaba, como de costumbre, en Palma de Mallorca, fui en barco con mi familia a visitar a Salvador Dalí a Figueras, cruzando el mar desde las Baleares hasta la costa catalana. Era extravagante, divertido y muy elegante. Un guepardo le seguía a todas partes. Luego vino a comer a la

Zarzuela con su mujer, Gala, pero sin el guepardo. Ella me dijo: «¡Ven, te voy a leer la palma de la mano!». No recuerdo lo que me vaticinó. ¡Cuando nos conocimos, a finales de los años sesenta, mi futuro era más que incierto! En 1979, él me regaló un cuadro: amplió una foto oficial mía en uniforme de la Marina y, a la altura del corazón, pintó una puerta que se abría a un paisaje que representaba España en perspectiva. Le hice una última visita en 1988, en el hospital. Me regaló una edición especial de su poema «Laureada y Oda a la Monarquía»; él, que de joven se había rebelado contra mi abuelo. Un homenaje muy emotivo viniendo de un hombre que, al final de su vida, se declaró «monárquico metafísico, no político». Murió en Figueras unas semanas después de aquel día. Legó toda su obra al Estado español.

También conocí a Joan Miró, cuyo estudio estaba justo detrás de mi casa de Palma. Se decía que era solitario y tímido, pero se mostró muy amable y abierto conmigo. «¿Puedo echar un vistazo?», le pregunté mientras empezaba a mirar las obras apiladas en el suelo, a lo largo de la pared. A algunos artistas puede molestarles que los visitantes curioseen en su estudio, pero él me dejó hacer lo que quise con toda tranquilidad. Me regaló un pequeño lienzo que representaba la isla de Mallorca, pintado en su famoso y característico azul. Se intuía un personaje con nariz de Pinocho. Le tengo mucho cariño a este cuadro, que conservo en la Zarzuela. Estas dos estrellas catalanas me impresionaron por su personalidad magnética y sus magistrales creaciones. Otros también, como Fernando Zóbel y sus cuadros oníricos y abstractos. Este pintor y coleccionista de origen filipino fundó el Museo de Arte Abstracto Español, en Cuenca, en una de sus famosas Casas Colgadas construidas en la Edad Media. Tuve el honor de entregarle la Medalla de Oro al Mérito en las Bellas Artes unos meses antes de su repentino fallecimiento. Me parecía esencial valorar a quienes han contribuido al progreso creativo en España.

No podré enumerar a todos los artistas que conocí, entre ellos a muchos retratistas. Antonio López, uno de los máximos exponentes del hiperrealismo, pintó a la Familia Real. Ricardo Macarrón, que ha tenido éxito internacional, retrató a mi abuela Victoria Eugenia, a mis padres, a mis hijos, a alguno de mis nietos incluso y a mí en varias ocasiones. Todas las generaciones de Borbones han posado para él, y también la Familia Real británica. He posado asimismo para Nati Cañada, al igual que mi mujer y mi hijo. Le tengo mucho cariño a su cuadro, que conservo en la Zarzuela. Hernán Cortés retrató a los políticos de la democracia, incluidos los siete padres de la Constitución, expuestos en el Congreso, y pintó un retrato oficial de mi hijo, el primero como Rey, después de haber pintado mi último retrato como Rey justo antes de abdicar. Son retratos que suelen exponerse en edificios públicos.

Pero volvamos a la Academia Francesa. Llegué a París un día frío y soleado de febrero de 2023, encantado de encontrarme con mi hija menor, la infanta Cristina, que había viajado desde Ginebra para acompañarme. Decir que París es una ciudad hermosa es una perogrullada, pero su belleza me impacta cada vez que voy. No estaba allí desde 2017, en un viaje para animar a Rafael Nadal en el torneo de Roland

Garros. Cinco años y medio después, el encanto era el mismo. Esta vez viví la experiencia de la que se quejan muchos parisinos: ¡los atascos! Nada más llegar, estuvimos parados en la carretera de circunvalación a causa de una manifestación. Al día siguiente, tardé una hora en llegar al hospital donde iba a visitar a una prima de mi mujer. A pesar de todo, estaba encantado de recorrer las calles de París y más aún de ir a la Academia Francesa, esa mítica institución creada por Richelieu, en el corazón de la ciudad. Me enteré de que era la primera vez que un rey acudía a una ceremonia bajo la famosa cúpula. Francia ha conservado su gusto por la pompa, el formalismo y la tradición. Es un esplendor del pasado que el Estado y sus instituciones han asumido y siguen reivindicando como propio. En España nos inclinamos más por la sobriedad. La Real Academia Española, creada siguiendo el modelo de la francesa a instancias de Felipe V, también se reúne los jueves para sus sesiones plenarias, en las que se discute el diccionario de la lengua. Pero un académico español no se convierte en un «inmortal» como en Francia, y su acto de ingreso se limita a los discursos. Ha perdido su glamur. Mario Vargas Llosa iba a convertirse en el primer académico que formaría parte tanto de la Academia francesa como de la española. Un privilegio digno de este autor universal y cosmopolita que, aunque nunca había escrito un libro directamente en francés, sí se había nutrido de la literatura francesa. La Academia hacía una excepción al incluirle.

Cuando llegué al quai Conti, no sabía lo que me esperaba. Había previsto la presencia de algunos periodistas españoles, porque Mario había anunciado públicamente mi asistencia. Allí estaban, con sus micrófonos y sus cámaras. Nunca he entendido por qué los fotógrafos se agolpan a mi alrededor de una manera casi opresiva, en lugar de mantener cierta distancia que les permita apartarse y tomar una mejor fotografía. Imagino que tendrán sus razones, pero se me escapan por completo. También esta vez me sorprendió su afán por rodearme. Pero me sorprendió aún más ser recibido en el patio de honor, rodeado de guardias republicanos, por la secretaria perpetua de la Academia, Hélène Carrère d'Encausse, el presidente de la Academia de Ciencias Morales y Políticas, antiguo gobernador del Banco de Francia y luego director del Banco Central Europeo, Jean-Claude Trichet, y por Xavier Darcos, canciller del Instituto de Francia y varias veces exministro. Darcos me recordó que yo era miembro asociado de la Academia de las Ciencias Morales y Políticas desde 1988. Había olvidado que el presidente François Mitterrand me acompañó a esa ceremonia, en de una de las cinco academias que componen el Instituto de Francia. Otros extranjeros tienen este estatus privilegiado, como Jean-Claude Juncker, Mario Monti e Ismail Kadaré, sucesores de Winston Churchill o Konrad Adenauer. Pero yo soy el único español que tiene esta distinción, concedida por mi papel en la democratización de España. A veces tengo la impresión de que este papel se valora más en Francia que en mi propio país. Agradecí una acogida tan respetuosa y formal, sobre todo porque mi visita era de carácter privado. No tenían ninguna obligación de hacerlo. Desde mi expatriación a Abu Dabi, no he tenido muchas oportunidades de ser tratado de esta manera.

Entré en el templo de la Academia Francesa, junto a mi

hija y mi asistente, que me ayudó a salvar los pocos escalones. El redoble de tambores de la guardia me recordó una anécdota de 1993. Aquella vez estaba de viaje oficial. Me han invitado todos los presidentes de la República Francesa, desde Giscard d'Estaing a Sarkozy. François Mitterrand, con quien me llevaba muy bien y que presidía entonces un Gobierno de derechas, me propuso aprovechar mi visita para dirigirme a la Asamblea Nacional. Pocos jefes de Estado extranjeros han tenido este privilegio, y menos aún un rey. Creo incluso que yo era el primero que, desde la Revolución Francesa, pronunciaba un discurso allí. Los diputados iban a escuchar a un descendiente directo de Luis XIV, ¡cuando dos siglos antes habían decidido guillotinar a Luis XVI! Yo era el rey de España, pero iba a hablar en francés, un idioma que hablo con fluidez desde mi infancia. También tuve la oportunidad de dirigirme a los diputados italianos en italiano, al Parlamento británico en inglés y a la Asamblea de la República Portuguesa en portugués. Hablar varios idiomas significa transmitir mensajes con mayor contundencia. El Gobierno de Édouard Balladur apoyó la idea y me recibió el presidente de la Asamblea, Philippe Séguin, un hombre muy simpático y culto. Me acompañó por un largo pasillo en el que había guardias republicanos vestidos de gala. Justo antes de entrar en el hemiciclo, un largo redoble de tambores anunció mi llegada. Y entonces le pregunté a Philippe Séguin: «¿Qué me espera ahora? ¿La guillotina?». Afortunadamente, lo que me esperaba eran los aplausos. Le había pedido a Jorge Semprún que escribiera el discurso por mí, lo cual fue muy de agradecer. Yo apreciaba mucho a este escritor español, francés de adopción, con el que solía tratar a menudo en su época de ministro de Cultura del Gobierno de Felipe González. Tenía la vivacidad de los hombres valientes: había participado en la Resistencia desde muy joven, hasta el punto de ser deportado al campo de Buchenwald, y luego en la lucha clandestina antifranquista como militante comunista. Tenía una personalidad muy cálida, muy latina, junto con un gran talento como guionista y novelista. Fue importante para España poder contar con él. En la recepción que siguió a mi discurso, me acerqué a él para preguntarle: «Entonces, señor ministro, ¿no he estropeado demasiado tu texto?». La gente se sorprendió mucho de que yo reconociera públicamente que él había escrito mi discurso. Nunca he tenido ningún problema en admitir el talento de los demás. No intento atribuirme méritos que no tengo. Sin duda, mi único mérito es haber buscado a las personas adecuadas en el momento oportuno.

A mi llegada a la sala de la cúpula, el público se levantó para aplaudirme. Me quedé estupefacto durante unos minutos, profundamente conmovido por esta acogida espontánea. Francia vio en mí lo que algunos en España han preferido olvidar. Saboreé ese momento, en especial por lo inesperado. No persigo los honores: he recibido muchos y sé que son efímeros. Pero dada mi incómoda situación actual, cada gesto de simpatía hacia mí cuenta el doble. Con los ojos llenos de gratitud me senté en el asiento que me asignó el protocolo de la Academia, en primera fila, junto a mi hija Cristina y frente al ex primer ministro de Gobierno Manuel Valls. La familia de Mario Vargas Llosa vino a saludarme. Me encontré con amigos franceses, españoles y peruanos a los que hacía tiempo que no veía.

Luego, otro redoble de tambores anunció la llegada de los académicos, con sus trajes bordados de verde y sus espadas en la mano. Mario vino a darme un abrazo antes de ocupar su lugar y comenzar su discurso. Habló durante más de una hora sin beber una sola gota de agua. Le felicité por semejante proeza física.

Después de la ceremonia, se ofreció un cóctel. No esperaba quedarme demasiado tiempo, pero se me acercaron muchísimas personas que querían verme, hablar conmigo, hacerse una foto. «Soy republicano, pero he venido a darle las gracias por todo lo que ha hecho por España», me dijo un hombre vestido de forma excéntrica. Un diplomático español se acercó a saludarme, insistiendo en que se alegraba de poder hacerlo. La prensa española acababa de destapar que el embajador español en los Emiratos me evitaba y no facilitaba ningún servicio consular. Aquel hombre quería demostrarme que algunos diplomáticos no estaban de acuerdo con esa actitud. Hablé con académicos y editores. No me entretuve demasiado para no estorbar a Vargas Llosa. Guardo un recuerdo conmovedor de aquella tarde, de esa inmersión en el entorno intelectual francés.

Al día siguiente, por la noche, fui al Elíseo. Me había cruzado con Emmanuel Macron en el funeral de la reina Isabel. «Avíseme cuando venga a París. Estaré encantado de cenar con usted», insistió. Le anuncié mi visita y cumplió su palabra. Invitó a Mario Vargas Llosa, con quien ya se había reunido para avalar su entrada a la Academia, y al novelista Javier Cercas, que le había entrevistado largamente unas semanas antes. Son dos escritores cuya obra aprecia. Me recibió con los honores de un jefe de Estado, lo que me emocionó mucho, sobre todo porque se trataba de una cena privada. Se mostró cálido, dinámico y muy interesado por la historia de España. Incluso leyó pasajes del libro de Javier Cercas *Anatomía de un instante*, sobre el golpe de Estado del 23F, para hacerme reaccionar. ¡Fue una discusión animada, franca e inteligente que duró mucho más de lo que imaginaba! Me alegré de volver a Abu Dabi con este último recuerdo de París.

4

Mi vida cotidiana en la isla de Nurai

Llevo más de cinco años en Abu Dabi, alejado de la vida española. Cuatro años vividos en virtual reclusión. Cada viaje, rápido y discreto, emprendido para realizar prácticas náuticas en Sanxenxo, provoca una oleada de rumores sobre mí en los medios de comunicación. Yo sigo imperturbable, amurallado en el silencio, confinado en una existencia monótona y privada, para —como ya he señalado— no molestar a la Corona y a mi hijo. He mencionado las visitas regulares de mis hijas, las visitas excepcionales de sus hijos, de mis sobrinos y de mi hermana, personas, todas ellas, por quienes siento un gran apego. Forman mi sólida base emocional. Dado mi aislamiento, sus idas y venidas ocasionales son tanto más preciosas. Lamento amargamente que mi mujer nunca haya viajado para verme. Sospecho que no quiere disgustar a su hijo, con el que siempre ha tenido una relación muy estrecha. Mantenemos el contacto por teléfono, pero no es lo mismo. El bienestar de mi familia será siempre mi prioridad, a pesar del ostracismo que sufro. Me preocupo por ellos incluso en la distancia.

Me queda una satisfacción que ilumina mi vida cotidiana. Hoy tengo la suerte de contar con la presencia del mayor de mis nietos, Felipe, el primer hijo de mi hija Elena, de quien soy padrino. Este apuesto joven de veinticuatro años llegó a Abu Dabi en febrero de 2023. El divorcio de sus padres, y cierta falta de autoridad paterna, le llevaron a una vida desenfrenada. Fue a internados americanos para su educación secundaria, de los que regresó perfectamente bilingüe. De vuelta a Madrid, descuidó sus estudios de empresariales en la universidad. Era la comidilla de la ciudad por su comportamiento poco ejemplar. Iba de fiesta en fiesta, de discoteca en discoteca, metiéndose en peleas y mezclándose con la gente equivocada. Estaba abandonado a su suerte. ¡Qué desastre! Me entristecía mucho. Como cualquier abuelo, sufría al verlo empantanado de esa manera en una etapa de crisis por la que pasan muchos adolescentes. Era un blanco fácil para los amigos de las habladurías. Lo perseguían los paparazzi, que informaban sobre su deriva. Mi hijo le citó en palacio para sermonearle. Le propuse entonces que se trasladara a Abu Dabi, donde podría ayudarle a encontrar trabajo y un piso. No aceptó de inmediato. Se tomó un tiempo para reflexionar y pasó las Navidades en España antes de atreverse a dar el paso.

Primero le acogí en mi casa, antes de que se trasladara a un estudio en la ciudad. La primera mañana, sin que yo se lo pidiera, se levantó a las siete para acompañarme a desayunar. ¡Sé que era la hora a la que solía acostarse en España, sobre todo porque la diferencia horaria jugaba en su contra! Luego me siguió en mis entrenamientos deportivos. En un solo día, se adaptó a una vida sana y regulada. Empezó a hacer deporte y dieta. Se esforzaba mucho en su trabajo. En aquel momento se encargaba de la logística de la COP28. Era el primero en llegar y el último en salir de la oficina. Incluso trabajaba los fines de semana. Se llevaba muy bien con sus compañeros, todos extranjeros y motivados como él. En apenas un mes, sufrió una metamorfosis. Era una inmensa alegría verle florecer así. No dudaba de su potencial ni de sus capacidades, pero no me imaginaba que pudiera transformarse en tan poco tiempo. Disfrutaba de su nueva vida, discreta y tranquila, lejos del foco mediático. Lo tomé bajo mi protección, le di un marco estable y la oportunidad de construir su propio destino. Ahora ha levantado el vuelo y sigue su propio camino con total independencia. Es una de las cosas de las que estoy más orgulloso. Le he quitado una preocupación a Felipe, y a la Corona, y he ayudado a la familia. Nada podría darme más satisfacción personal que tener a mi nieto, ahora un joven equilibrado y alegre, a mi lado. Solo necesitaba una oportunidad. Me alegro de haber podido dársela.

Viene a visitarme muy a menudo. Compartimos una buena comida, vemos partidos en la tele y charlamos. Los pequeños placeres de la vida. Nos tomamos mucho el pelo, el humor sigue siendo el mejor remedio para las tribulaciones de la vida. Es una virtud saber reírse de todo. Intento darle consejos sobre cómo vestirse —¡en vano!— y sobre asuntos prácticos. No sabe cocinar. Le explico: «Hazte unos huevos fritos, son buenos y fáciles. No olvides añadir un chorrito de aceite de oliva cuando calientes la sartén». En mi vida anterior a mi cargo real, sabía perfectamente desenvolverme solo. Es esencial ser independiente. Estoy encantado cuando me dice: «Abuelo, he pasado la tarde jugando al pádel con un amigo del trabajo». Es muy considerado conmigo. Me conmueve su preocupación. Hasta ahora, mi papel era cuidar de los demás. Ahora es él quien se preocupa por mí. Los papeles se invierten. Su compañía me regocija y su amabilidad me conmueve. A pesar de las vicisitudes de la Corona, seguimos siendo una familia.

Corolario

Después de tres años de retiro, tanto físico como psicológico, en Abu Dabi, la rueda giró y por fin llegaron las buenas noticias. La paciencia y la perseverancia fueron mis mejores aliadas y al final dieron sus frutos. Me repetía una y otra vez: «Roma no se construyó en un día». Por eso nunca dejé de entrenarme para poder participar, por tercera vez, en el Campeonato Mundial de Vela en la clase 6 metros. Ese objetivo me obligaba a esforzarme cada día. Como se suele decir, «lo importante es participar». Llegué a Cowes, en la isla de Wight, en Inglaterra, a finales de agosto de 2023, feliz de reencontrarme con mi familia de navegantes, los de mi equipo pero también los demás participantes, a los que conozco desde hace mucho tiempo. En esta comunidad de deportistas reina un ambiente cordial y respetuoso. Aunque seamos competidores en el mar, en tierra somos cómplices. ¡Con ellos no soy un Rey, soy un veterano! Tras una agotadora e intensa semana de competición, y contra todo pronóstico en esta región conocida por sus difíciles corrientes y vientos, bajo un sol tórrido, el *Bribón* se alzó con la victoria. El mar debe ser dominado siempre, nunca se puede dar nada por sentado. Vencerlo de nuevo me llenó de una alegría difícil de describir: ¡a pesar de todas mis preocupaciones en tierra, aún podía triunfar en el mar!

Al mes siguiente, la situación cambió. Seguí a distancia la larga semana de vistas que se celebraban en Londres con motivo de ese procedimiento infundado por un presunto acoso. A la postre, la decisión de la *High Court* falló enteramente a mi favor, desestimando todas las demandas de la querellante, hasta el punto de que le corresponde pagar los honorarios de mis abogados. Ahora estaba oficial y definitivamente exonerado de todas las ignominias de las que ella me había acusado. Me había librado del pesado lastre que me agobiaba, y podía disfrutar de una nueva sensación de paz interior. El alivio fue inmenso.

Con la serenidad de la edad, estoy inmensamente agradecido al destino por haberme dado la oportunidad de hacer tanto por España y los españoles. Ha sido mi razón de ser, un gran honor y también un desafío constante, que pude cumplir gracias al apoyo de la mayoría de los españoles y de mi familia. Sin la dedicación de mis padres y el apoyo inquebrantable de mi esposa y de mis hijos, no habría podido contribuir a forjar un nuevo país en colaboración con una generación de españoles ambiciosos y constructivos. ¿Estamos dándole la importancia que tiene a la fuerza revolucionaria de lo que hemos vivido todos juntos en tan poco tiempo? Hemos pasado de una sociedad de la escasez a una sociedad de la abundancia, la vida de las mujeres españolas ha cambiado totalmente, hemos brillado en todo el mundo con nuestra efervescencia cultural y deportiva, y nuestras empresas se han convertido en dinámicas compañías globales. Mi mayor orgullo es haber podido contribuir a que la sociedad española se desarrolle plenamente, superando sus bloqueos históricos y mostrándose en todo su esplendor. Sigo siendo un rey democrático, moderno y unificador. España es un país extraordinario, como lo demuestran su energía, su valor, su optimismo, su hedonismo y su sentido del esfuerzo. Ha sido un privilegio representarla durante treinta y nueve años. Hice lo que pude, lo mejor que pude, día tras día, por nuestro país, para que los españoles se sintieran orgullosos. Juntos hemos logrado grandes cosas. No tengamos prisa en olvidarlo.

Sé que en los últimos tiempos he podido haber decepcionado a algunas personas que se limitan a considerar únicamente los deslices de mi vida privada. Como he admitido en estas páginas, no soy un santo. El poder no ha domado mi personalidad, que nunca he ocultado. Otros hacen una distinción entre mi persona privada y mi cargo oficial, y todavía recuerdan lo que logré con los españoles, lo que conseguimos cuando pocos observadores internacionales apostaban por nosotros. ¡Solían subestimarme a menudo! Pocos reyes europeos del siglo XX han tenido la oportunidad de hacer tanto por su reino, de devolver la libertad a su país y situarlo de nuevo en la escena internacional. Actué con audacia y sinceridad para derribar muros, para unirnos y hacernos crecer. Muchos hombres que se han enfrentado a enormes desafíos no han recibido un reconocimiento inmediato. Se necesita tiempo para ser juzgado a largo plazo, y no bajo los efectos de la emoción y de los escándalos.

No sé si el sacrificio personal de mi salida de España ha sido beneficioso y apreciado en su justo valor. A mí, desde luego, me cambió como hombre: «Lo que no te mata te hace más fuerte». Me dediqué a los placeres más pequeños: una visita, un viaje, una regata, una llamada telefónica, un plato sabroso. Sé que nada está garantizado, ni los privilegios ni el afecto de los españoles. He regresado al exilio de mi infancia, como en una especie de retorno al punto de partida. Pero me aferro a esta certeza: mi país corre por mis venas. Me despierto con la nostalgia del país y me acuesto con la misma nostalgia. En Abu Dabi llevo a España muy dentro de mí. Nada ni nadie puede arrebatarme ese privilegio y ese orgullo, aunque todavía hoy mis breves visitas a España estén sujetas a la aprobación de la Casa Real y me vea privado de una vida familiar en la Zarzuela. Nunca he sido dueño de mi destino y sigo, pase lo que pase, sometido a los mejores intereses de la Corona y de España.

La monarquía, como garante de los valores democráticos que asegura la estabilidad, la permanencia y la unidad, sigue siendo indispensable para nuestro país, que tiene una clara tendencia a la división. Decía el canciller alemán Otto von Bismarck: «¡España es tan fuerte que lleva doscientos años intentando buscarse su propia ruina y no lo ha conseguido!». Necesitamos un baluarte que nos proteja de nuestra tendencia cainita, de esta leyenda negra que nos persigue desde hace siglos y que nos gusta alimentar. Un rey (o una reina), una persona independiente y neutra, que no pertenezca a ningún partido político, a ninguna región, a ningún grupo de presión, que mantenga una amplitud de miras a largo plazo, que una en lugar de desunir, que tenga como centro de interés el bienestar del país y su influencia, es una brújula indispensable para nuestra sociedad y un embajador de excepción.

España no es automáticamente monárquica. Le corresponde al Rey forjar la monarquía todos los días, porque no se basa en siglos de tradiciones y costumbres que la sustenten y la justifiquen. Nuestra monarquía no tiene la misma profundidad y continuidad históricas, ni una base o una solidez simbólica comparable a la monarquía británica u otras monarquías europeas. La nuestra es más reciente y frágil, pero igualmente valiosa, y en la actualidad se enfrenta a ataques frontales por parte de ciertos partidos políticos. Haré todo lo posible para que mi hijo, el rey Felipe, tenga éxito a la cabeza de nuestra institución, y para que su hija, la princesa Leonor, extremadamente bien preparada, le suceda a su debido tiempo. Dejo con total confianza el destino de la Corona en sus manos. Lo repito: la democracia es un bien frágil que hay que preservar y defender. Tanto en España como en el resto del mundo. Si el actual Gobierno desacredita mi persona, debilita nuestra Constitución y pone en entredicho los logros de la Transición y nuestra reconciliación. Para no dejarle la última palabra en su revisionismo histórico, he querido dar mi versión de la historia, la que viví y la que forjé. A través de estas páginas, he ido directamente a lo esencial. Mi empeño es que todo el mundo me comprenda mejor, que me conozca, y subsanar los malentendidos. Hoy, lo que más me importa es que la Corona me sobreviva y siga haciendo brillar a España; que el espíritu de la Transición que nos unió a todos persista por el bien del país, en el que quisiera volver a encontrar mi lugar. El lugar de un hombre que se entregó por completo a España, y que espera ser enterrado allí con honores. España decidirá, la historia nos juzgará.

¡Por España, todo por España! ¡Viva España, viva el Rey!

Diciembre de 2024

ÁRBOL GENEALÓGICO

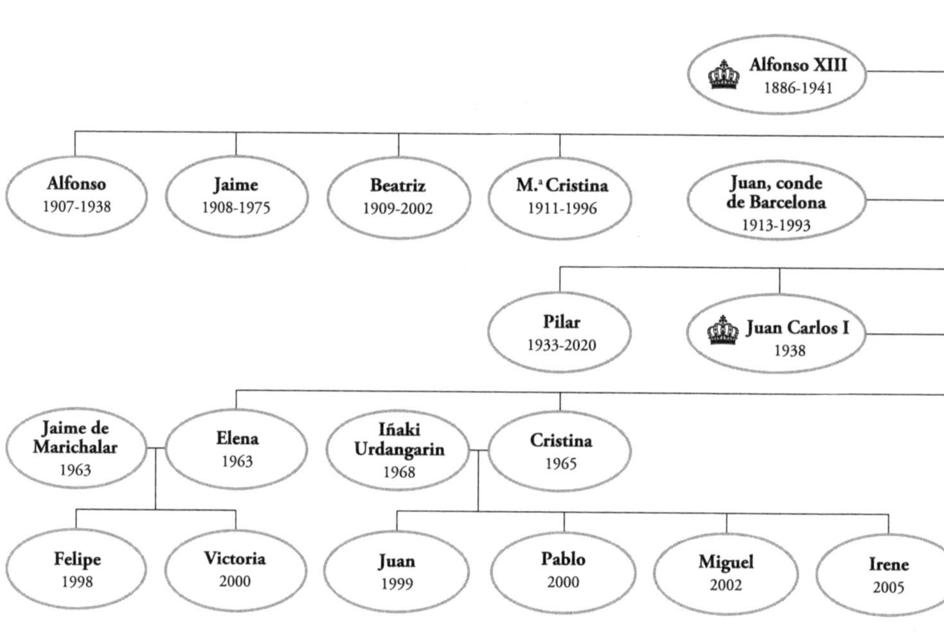

Alfonso XIII
1886-1941
Alfonso
1907-1938
Jaime
1908-1975
Beatriz
1909-2002
M.ª Cristina
1911-1996
Juan, conde de Barcelona
1913-1993
Pilar
1933-2020
Juan Carlos I
1938
Jaime de Marichalar
1963
Elena
1963
Iñaki Urdangarin
1968
Cristina
1965
Felipe
1998
Victoria
2000
Juan
1999
Pablo
2000
Miguel
2002
Irene
2005

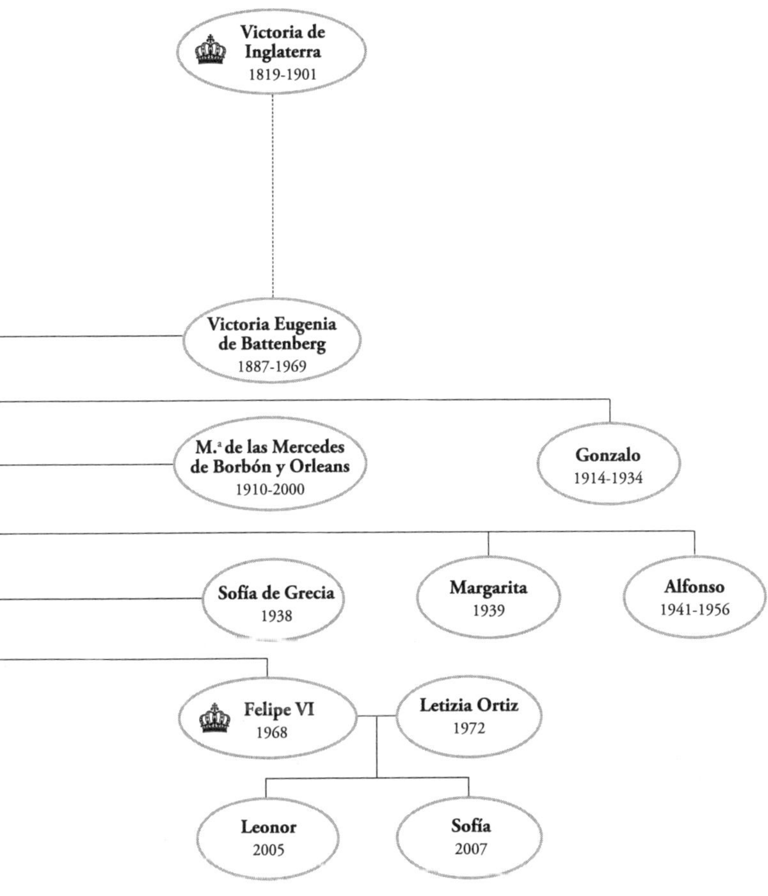

Victoria de Inglaterra
1819-1901
Victoria Eugenia de Battenberg
1887-1969
M.ª de las Mercedes de Borbón y Orleans
1910-2000
Gonzalo
1914-1934
Sofía de Grecia
1938
Margarita
1939
Alfonso
1941-1956
Felipe VI
1968
Letizia Ortiz
1972
Leonor
2005
Sofía
2007

Índice onomástico

Colección personal

Con mi padre y mi hermana Pilar, en Roma el 5 de enero de 1938.

Colección personal

A mi izquierda, mis tres hermanos: Alfonso, Pilar y Margarita, nacida invidente.

Colección personal

Con mi madre, María de las Mercedes de Borbón y Orleans, en Estoril.

Colección personal

Con mi abuela paterna, la reina Victoria Eugenia, nieta de la reina Victoria del Reino Unido.

Sujetando el balón rodeado por mis compañeros de internado en España.

Mi formación militar se desarrolló en las academias de tierra, mar y aire.

Con mi amigo portugués Mana Arnoso, en 1959 durante una escala en Saint-Tropez.

Colección personal

Fotografía que dediqué a mi padre en 1958, realizada en la Academia General del Aire y del Espacio (Base Aérea de San Javier, en Murcia).

© Alamy/Album

En un acto oficial junto al general Franco.

Colección personal

Mi boda con Sofía, hija del rey de Grecia, el 14 de mayo de 1962.
El enlace reunió en Atenas a toda la realeza europea.

Con mis padres
y mis dos hermanas,
Pilar y Margarita,
en las escalinatas del
palacio de la Zarzuela.

Colección personal

Colección personal

Saludo respetuoso
a mi padre. Aunque
don Juan no llevó
el título de Rey, sacrificó
su vida por la Corona.
En reconocimiento,
fue enterrado en el Panteón
de los Reyes de El Escorial.

Colección personal

Con mi padre, don Juan, de quien heredé la pasión por la vela, que también he transmitido a mis hijos.

Colección personal

Con mi mujer, la reina Sofía, conocida como Sofi entre sus íntimos, durante unas vacaciones en Palma de Mallorca.

Colección personal

Un momento de diversión en el mar, con mi primer walkman.

Colección personal

Fotografía que realicé personalmente a mi mujer, por quien siento afecto y admiración.

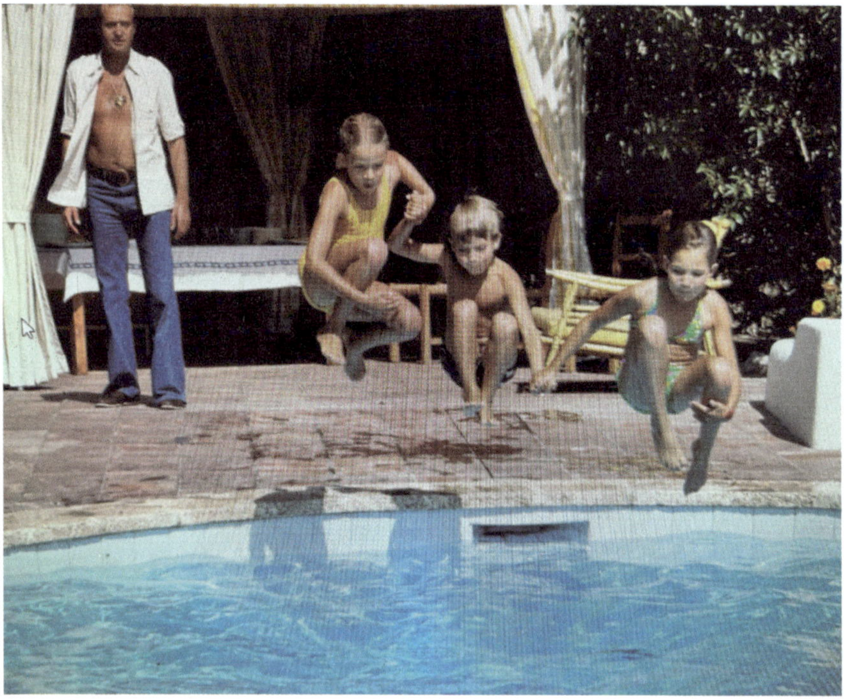

Colección personal

Con mis tres hijos, Elena, Cristina y Felipe, en el Palacio de Marivent.

Colección personal

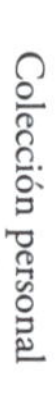

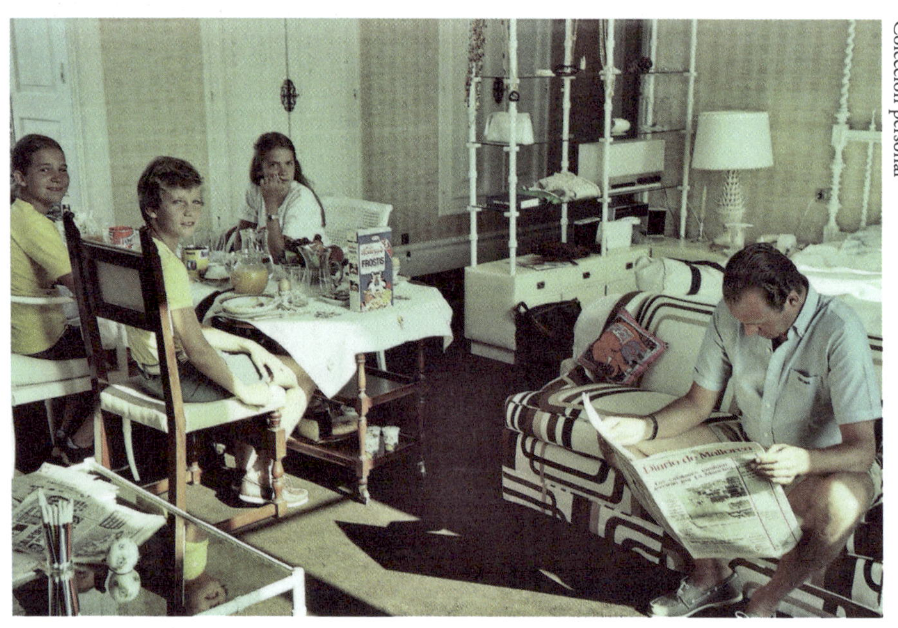

Colección personal

Dos fotografías con mi hijo, por entonces príncipe Felipe.
Abajo, durante la celebración de su cumpleaños en la Zarzuela.

Colección personal

Colección personal

Con mi amigo íntimo, el rey Huséin de Jordania.

Colección personal

Enrique de Orleans e Isabel de Orleans-Braganza, conde y condesa de París. Sus once hijos fueron mis compañeros durante mi infancia en Portugal.

Colección personal

Con Sofía y los príncipes de Mónaco, Rainiero y Grace.

Primera visita a la Casa Blanca, en 1962,
donde nos recibió el presidente John F. Kennedy.

Mi proclamación, el 22 de noviembre de 1975,
dos días después de la muerte del general Franco.

© EFE

Saludando a Torcuato Fernández-Miranda, mi antiguo profesor de Derecho. Lo nombré presidente de las Cortes y del Consejo del Reino, y se convirtió en una figura clave de la Transición.

© Ángel Millán/EFE

Con el líder comunista Santiago Carrillo, al que me unía una relación de confianza.

Colección personal

Con Adolfo Suárez, junto al que lideré un plan de reformas sin ruptura que permitió pasar de la dictadura a la democracia.

Con mi prima y gran amiga, la reina Isabel II del Reino Unido.

Con Valéry Giscard d'Estaing, que siguió de cerca la evolución política de España durante la Transición.

Con mi fiel aliado el canciller alemán,
Willy Brandt, premio Nobel de la Paz en 1971.
En la foto, junto a nuestras esposas.

En la China de Deng Xiaoping en 1978,
la primera visita de un rey occidental al país.

El 23 de febrero de 1981, durante mi histórico discurso televisado para defender la Constitución contra el golpe de Estado.

En los Juegos Olímpicos de Barcelona 92, un sueño que compartí con mi amigo Juan Antonio Samaranch, presidente del Comité Olímpico Internacional desde hacía quince años.

Junto a cuatro expresidentes. Faltan Adolfo Suárez
y Leopoldo Calvo-Sotelo, fallecidos.

Con nuestros tres hijos en la Zarzuela
durante las Navidades.

© Gianni Ferrari/Cover/Getty Images

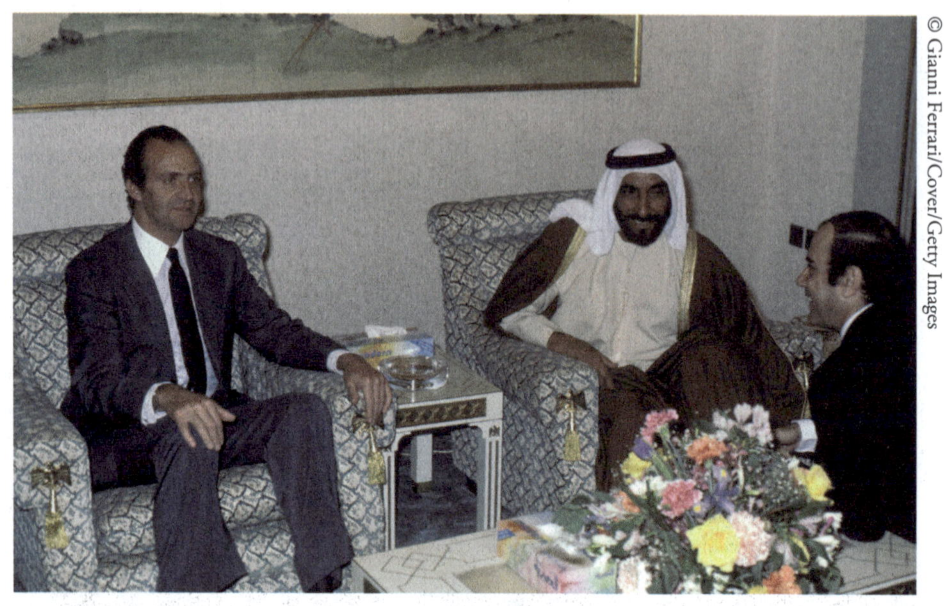

Con el jeque Zayed, fundador de los Emiratos Árabes Unidos, mi lugar de residencia actual.

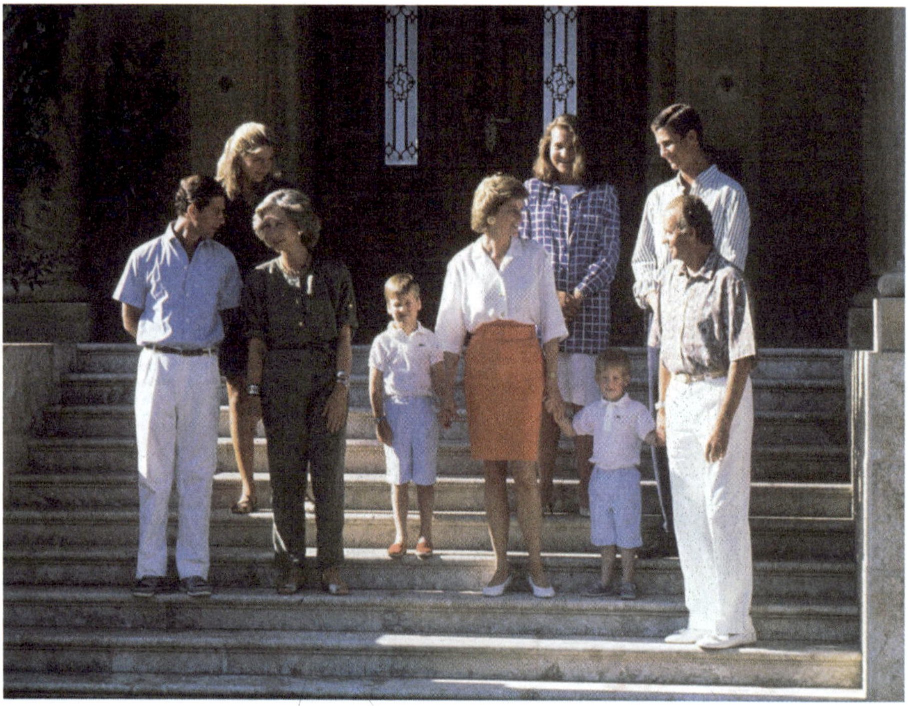

© Picture Alliance/LFI/ACI

Con la familia real británica en una de sus visitas habituales.

© M.H. de León/EFE

Durante la Conferencia de Paz de Madrid de 1991, el Palacio Real fue la sede de las primeras conversaciones directas entre Israel, Siria, Líbano, Jordania y Palestina, acto que apadriné junto a George Bush y Mijaíl Gorbachov.

© Philippe Wojazer/Reuters/Bridgeman Images/ContactoPhoto

El apoyo del presidente francés François Miterrand fue determinante para la entrada de España en la Comunidad Económica Europea y en la lucha contra ETA. En la imagen, con nuestras esposas en las escalinatas del Elíseo.

Con mi amigo Nelson Mandela, en 1999.

Bill y Hillary Clinton también pasaron por el palacio de Marivent, como nuestros invitados personales, en 1997.

Con Fidel Castro, en La Habana, en 1999.

Junto al escritor Mario Vargas Llosa, premio Nobel de Literatura, con ocasión de su ingreso en la Academia Francesa, en febrero de 2023.

Colección personal

Siempre me ha gustado sentarme a los mandos de los aviones y helicópteros en los que viajo.

Tras la victoria en la Copa del Rey de Vela en 1993, mis compañeros de equipo me lanzan a la piscina.

En el Palacio Real, el 19 de junio de 2014,
con motivo de la firma de mi abdicación.

Con mi mujer, Sofía de Grecia, una reina admirable.

© Casa Real

El día de mi abdicación, los españoles me vieron rodeado por la reina Sofía, el futuro rey Felipe VI y la futura reina Letizia.

© Borja fotógrafos

Tres generaciones de monarcas reunidos. Con mi hijo Felipe VI y mi nieta Leonor, heredera del trono.

Colección personal

Cena privada en el palacio de la Zarzuela para celebrar mi ochenta cumpleaños. De izquierda a derecha: el rey Felipe, Felipe de Marichalar, la infanta Sofía, Victoria de Marichalar, la infanta Leonor y la reina Sofía.

Colección personal

Las infantas Elena y Cristina, que siempre han sido un apoyo incondicional para mí.

Celebración de mi cumpleaños en Abu Dabi. De izquierda a derecha: Irene, la hija de la infanta Cristina; uno de sus hermanos, Pablo; las infantas Cristina y Elena, y Victoria y Felipe de Marichalar.

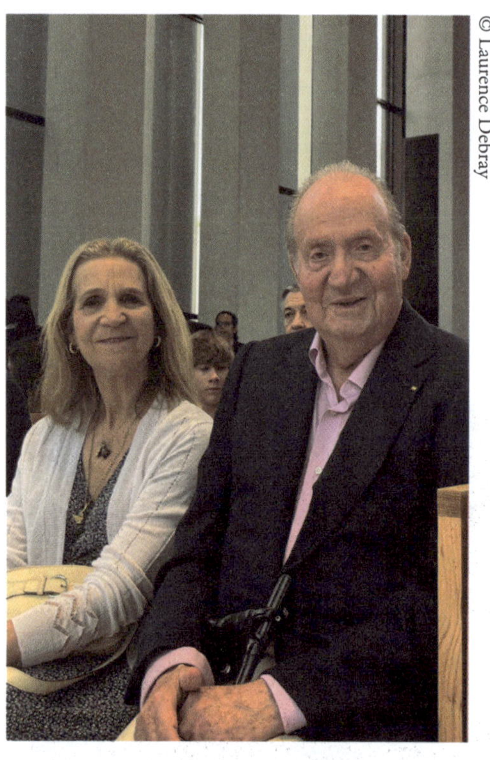

© Laurence Debray

Con mi hija Elena en la misa que se celebró en la Casa de la Familia Abrahámica de Abu Dabi, un espacio interreligioso que reúne una iglesia, una mezquita y una sinagoga.

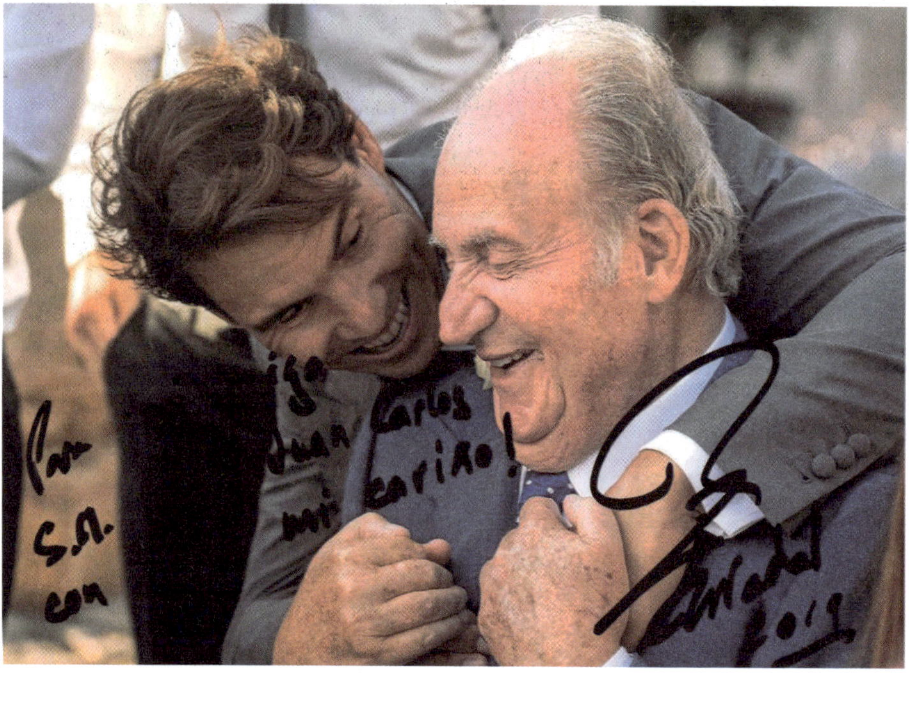

Colección personal

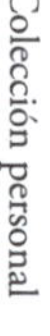

Rafa Nadal me dedicó esta fotografía del día de su boda, en el año 2019, en reconocimiento a mi apoyo incondicional a los deportistas españoles.

Colección personal

En ocasiones regreso a España desde Abu Dabi para disputar las regatas en Sanxenxo. En 2022, mi hija, la infanta Elena, me recibió por sorpresa. Era mi primera visita tras dos años de ausencia.

Colección personal

El mar es el territorio donde me siento más libre, y el que me recarga de energía. He ganado numerosos trofeos, entre ellos seis veces el campeonato del mundo en la categoría de 6 metros.

En pleno proceso de escritura y revisión de mis memorias, en colaboración con Laurence Debray.

Es aquí en Abu Dabi donde resido desde hace cuatro años.
Sigo muy unido al mar y a España, país que siempre echo de menos.